OSTSEE

Kaunas
Wilna

Gumbinnen
Insterburg
Königsberg

OST-
PREUSSEN
Goldap
Heilsberg
Lyck
H

Gdingen
Danzig
Stolp
Bütow
Elbing
Marienburg
C
Allenstein
Johannisburg

Kolberg
Köslin
Neustettin
WEST-
I

Deutsch Krone
PREUSSEN
Bromberg
Neidenburg

argard
R
E

Schneidemühl

andsberg
P O S E N
Weichsel

strin

chwiebus
Posen
POLEN
Warschau

ben
NIEDER-
Lodz

Sorau
Glogau

Bunzlau

Görlitz
Liegnitz
Breslau
Lemberg

SCHLESIEN
Hirschberg
Kreuzburg
Brieg
Oder

chenberg
Waldenburg
OBER-
Oppeln
Neisse

Glatz
Beuthen
Hindenburg
Gleiwitz
Kattowitz

Ratibor
Krakau

Mährisch Ostrau

HECHOSLOWAKEI

Brünn

Das Deutsche Reich
in den Grenzen von 1937

Donau
Preßburg
Wien
——— Grenze des Deutschen
Reiches von 1937

RREICH

200 km

E. u. P. Ruge

Nicht nur die Steine sprechen deutsch...

E. u. P. Ruge

Nicht nur die Steine sprechen deutsch...

Polens Deutsche Ostgebiete

Mit 78 Abbildungen

Langen Müller

1. Auflage April 1985
2. Auflage Juli 1985

© 1985 by Albert Langen · Georg Müller Verlag
München · Wien
Alle Rechte vorbehalten
Umschlaggestaltung: Christel Aumann, München
Herstellung: Franz Nellissen
Satz: Filmsatz Schröter GmbH, München
Gesetzt aus der 10/12 Times auf Linotron 202
Druck und Binden: May + Co, Darmstadt
Printed in Germany
ISBN 3-7844-2056-7

Für unsere Kinder
Europa endet nicht an Oder und Neiße

Inhalt

Elisabeth Ruge
›Teestunde‹ im Außenministerium

Der Anruf kam unerwartet. »Bitte finden Sie sich morgen früh 10 Uhr im Außenministerium ein«, hörte ich eine polnische Stimme. »Pan Raciborski erwartet Sie zu einem Gespräch.«

Das also – durchfuhr es mich – ist die berühmte ›Teestunde‹, vor der westliche Korrespondenten in Warschau uns gleich zu Anfang unseres Polen-Aufenthaltes gewarnt hatten und die hinter sich zu bringen zum Alltag eines Korrespondenten gehört. Man weiß nie, wann und warum es wen trifft. Alt-akkreditierte ›Polen-Hasen‹ geben sich bei der Schilderung ›ihrer‹ Teestunde gespielt gelassen. Weil sie vorgeben, sich daran gewöhnt zu haben, mehr noch, um den Neuling etwas zu kitzeln. Unter ausländischen Berichterstattern, die täglich im Spannungsfeld zwischen Ost und West stehen, mischt sich leicht Sarkasmus in den Umgangston. Die ›Teestunde‹ jedenfalls wurde uns so beschrieben: »Kommst du hin und dir wird ein Tee angeboten, darfst du eine freundliche Plauderstunde erwarten, mit milder Rüge und leicht erhobenem Zeigefinger. Bekommst du nur einen Stuhl angeboten, mach dich auf massives Vorhalten gefaßt. Bekommst du weder Tee noch Stuhl – darfst du deinen Koffer packen!«

Ich bekam einen schönen heißen Tee, und das Gespräch dauerte über eine Stunde. Milde Kritik, höfliche Ermahnungen. Warum? Ich hatte für DIE WELT über ein Thema berichtet, das bei den Lesern im Westen zu den selbstverständlichsten Informationen gehört: »Parlamentswahlen – und wie kommen die Traum-Ergebnisse von nahezu 99,9% für die Kommunisten zustande?«

Offiziell ist das in Polen kein Thema, dem man nachspürt. Man hat das Ergebnis hinzunehmen. Kritiklos?

Pan Raciborski und ich reden über Wahlen ganz allgemein, auch über die im Westen. »Sie hätten es sicher am liebsten, wenn Herr Strauß Bundeskanzler wäre, nicht wahr?«

Ich bin baff: zum erstenmal begegnen mir direkt die dialektisch verdrehten Gehirnwindungen eines kommunistischen Funktionärs: da Journalisten im Osten sich system-konform verhalten müssen, um zu überleben, heißt der logische Umkehrschluß für diesen polnischen Beamten: ein deutscher Korrespondent, der kritisch berichtet, gehört zu den ›Hardlinern‹. Wird er damit von polnischer Seite ins Lager des bayerischen Ministerpräsidenten gerückt? Diese Logik klingt abenteuerlich; begreiflicher ist eher eine andere: kein System hat es gern, entlarvt zu werden. Es verstößt zum Beispiel gegen die ›Spielregeln für West-Korrespondenten‹, wenn jemand darüber berichtet, was Polen in Privatgesprächen immer wieder versichern – im Grunde ihres Herzens seien sie keine Kommunisten, sondern Katholiken. Das sozialistische System sei ihnen nach dem Zweiten Weltkrieg künstlich ›aufgepfropft‹ worden. Wählen würden sie dennoch, obwohl bei den Einheitslisten der Sieger von vornherein feststehe; denn nur wer in den Wahllisten abgehakt sei, entgehe dem Ärger am Arbeitsplatz, sichere sich die kleinen Extras wie den Ferienplatz im Betriebs-Erholungsheim, den Zuteilungsrang bei der Bau-Genossenschaft, den Coupon für den bevorzugten Autokauf.

Oppositionelle hatten mir erzählt, daß das Wahl-Ergebnis gefälscht sein müsse, denn sie alle in ihrer Gruppe würden statt des Wahlzettels Flugblätter mit Werbung für ihre verbotene Partei in den Umschlag stecken. Ich bin also in ein Wahl-Lokal hineingegangen, das war weder erlaubt noch verboten, und ich habe mich mit eigenen Augen davon überzeugt, wie ›Wahlen‹ im Kommunismus ablaufen. Scheinbar geht alles demokratisch zu, so wie im Westen: mit Wahl-Helfern, Brief-Umschlag und Urne. Sogar eine Kabine für die Streichung von Listen-Kandidaten ist vorhanden. Nur: niemand geht hinein. Den Grund wollte ich in authentischen Gesprächen mit Urnen-Gängern herausfinden.

Die im Westen gedruckten Antworten werden mir jetzt von dem Beamten des polnischen Außenministeriums vorgehalten. Das ›Beweisstück‹ liegt wie glühendes Eisen zwischen uns, bei dieser polnisch-deutschen Teestunde. Nach-Zensur also? »Sie wissen, daß wir über unsere Botschaft in Köln jede Veröffentlichung eines bei uns akkreditierten deutschen Journalisten auswerten. Das gilt auch für die Fernseh-Berichterstattung«, fügt der polnische Beamte hinzu und spielt damit auf meinen Mann an, den ZDF-Korrespondenten in Warschau. »Wir registrieren, daß Sie beide nach deut-

schen Spuren in unserem Land suchen. Es gibt in der Volksrepublik
kein Deutschtum mehr!« Ein Tabu-Thema also auch die deutschen Ostgebiete? Ja! Wer
Warschau zu einer Reise durch Polen als akkreditierter politischer
Beobachter verläßt, bedarf des polnischen Beistandes – das gilt vor
allem für Fernsehjournalisten. Für sie gibt es nicht nur den offiziellen polnischen Begleiter, sondern auch eine Vor-Zensur: sie müssen exakte Drehpläne zur Berichterstattung vorlegen. Bei unbe-
quemen Themen lautet der Bescheid etwa:»Das Wojewodschafts-
Komitee würde sich sehr freuen, den West-Korrespondenten zu
empfangen; leider sei jetzt Erntezeit, und daher könne man sich
dem Gast kaum widmen. Man gebe daher die Empfehlung, die
Reise doch besser um einige Monate zu verschieben.«

Lächelnd, die Teetasse vorsichtig balancierend, sagt der Beamte zu
mir:»Wenn Sie sich in unserem Land nicht an die Spielregeln
halten, müssen Sie sich die Konsequenzen selbst zuschreiben.«

Ein Satz, den wir im Laufe der Zeit mehrfach hören sollten.
Während der vier Polen-Jahre erhielt ich noch weitere Einladungen
zu ›Teestunden‹. Bei der letzten wurde mir kein Stuhl angeboten:
Verkündet wurde mir das Schreibverbot für DIE WELT. Für
andere deutschsprachige Blätter, so den RHEINISCHEN MER-
KUR und die Schweizer WELTWOCHE, blieb ich weiterhin akkre-
ditiert. Ich mußte also nicht den Koffer packen, doch mir wurde klipp
und klar bedeutet, daß meinem Mann die Ausweisung drohe, wenn
ich die Berichterstattung über Tabu-Themen nicht unterlassen
würde. Massiver Druck also über mich auch auf das ZDF?

Mein Mann lernte in Warschau ebenfalls Tee-Trinken im Außenministerium, öfters im Stehen. Dreimal wurde er gebeten, das Land
›freiwillig‹ zu verlassen. Mehrfach intervenierte die polnische Botschaft beim ZDF, den Polen-Korrespondenten vorzeitig zurückzu-
ziehen. Zu den Einschüchterungsversuchen gehörten auch vorläufige Festnahmen.

Kommunisten dürfen sich anscheinend bis zum heutigen Tage die
Freiheit herausnehmen, Zensur auszuüben – wann und wo es ihnen
beliebt. Darüber hinaus erwarten sie, daß ihre Kritik in Richtung
Westen, die nicht selten einer innenpolitischen Einmischung
gleicht, insbesondere von der Bundesrepublik duldsam hingenom-

men wird. Der polnischen Interpretation solcher Art von Beziehungen zwischen Deutschen und Polen haben die Bonner Regierungen bisher stets Nachgiebigkeit entgegengebracht. Zwangsläufig entsteht so in den bundesrepublikanischen Medien ein oft sorgsam gefiltertes Bild über die Vorgänge im Osten.

Auf Dauer dient dies nicht dem Wunsch nach ehrlicher Normalisierung auf offizieller Ebene, auch nicht einer herzlichen Aussöhnung zwischen der polnischen und der deutschen Bevölkerung. Daher wird es in diesem Buch Tabus nicht geben.

Peter Ruge
Zellengespräche bei der Miliz

Ein polnischer Soldat, ausgerüstet mit zwei Patronen, sieht aus dem Osten einen Russen auf sich zulaufen, aus dem Westen einen Deutschen – beide mit dem Gewehr im Anschlag. Auf wen schießt er zuerst?« fragt mich der mit den Handschellen zu meiner Linken. Wir sind zu dritt, warten auf unser Verhör. Wie viele andere wurden wir von Greifern aus der Warschauer Kapuziner-Kirche herausgezerrt; aus einer Messe, die Regime-Gegnern angeblich zu einem konspirativen Treff diente. Der mit den Handschellen, ein 25jähriger, stammt aus Waldenburg in Schlesien. Ein Landsmann von mir also, wenn ich's bedenke, denn ich bin in Breslau geboren. Der zu meiner Rechten, der Ältere, ist geborener Lemberger, lebt heute in Bromberg – Vertriebener wie ich.

Ich habe mich als westdeutscher Fernsehkorrespondent vorgestellt, und wie um die Äußerungen des Jungen abzumildern, sagt der Ältere:»Er will Sie nicht provozieren, es ist nur so: wir von der KPN, der ›Konföderation eines unabhängigen Polen‹, kämpfen für ein freies Polen, als Nation gibt es uns zwar wieder, doch in den Grenzen wurden wir rund 350 km nach Westen verschoben. Unerheblich dabei ist, daß schon nach dem Hitler-Stalin-Pakt 1939 die Russen den Ost-Teil Polens bis zum Bug annektierten. Die neuen Grenzen entstanden nach 1945, da wurden wir nach Westen zwangsumgesiedelt.«

»Also«, sagt der Junge zu mir, »sind wir wieder eingeklemmt zwischen Russen und Germanen. Unterdrücker die einen, Revanchisten die anderen. Meine Heimat ist Schlesien, das ist auch der Grund, warum ich zuerst auf den Deutschen schießen würde; denn der Russe garantiert uns die Westgrenze an Oder und Neiße.«

»Und ich«, sagt der Lemberger, »würde auf den Russen zuerst schießen. Er hat mir die Heimat genommen. Aber der Feind steht auch im Westen: Ihr Deutsche verlängert die Agonie des kommunistischen Systems durch euer Geld, das ihr nach Polen hineinpumpt, durch eure Hilfssendungen. Das ist falsch verstandene Menschlichkeit.«

»Wenn Sie damit kritisieren wollen«, sage ich, »daß Politiker in der Bundesrepublik meinen, menschliche Erleichterungen im Osten dürften nicht dadurch gefährdet werden, daß Bonn gewisse Forderungen an die polnische Führung richte, stimme ich dreifach zu. Denn, was folgt daraus, aus dieser Politik des ›Gebens ohne zu nehmen‹? Wenn die erwarteten westdeutschen Groß-Kredite kleiner ausfallen, werden doch von polnischer Seite sofort Vorhaltungen laut, die Deutschen seien eigentlich moralisch zu höheren Leistungen auf ewig verpflichtet. Aber«, halte ich dem Lemberger entgegen, »daß sich die westdeutsche Ost-Politik deshalb die Vorstellungen oppositioneller Gruppen in Polen zu eigen macht, ist doch wohl auch nicht anzunehmen.«

»Ihr im Westen seid Feiglinge«, sagt er darauf, »weil ihr Geschäfte mit dem Osten machen wollt, hat euch Willy Brandt in eine Entspannungs-Euphorie hineingeredet. Und weil jetzt die angebliche Normalisierung nicht leiden darf, laßt ihr das elementarste deutsche Anliegen, die ›Deutsche Frage‹, verkümmern. Als der Rest Polens 1795 unter Preußen, Österreich und Rußland geteilt wurde, kannten wir nur noch ein Ziel: die Wiedervereinigung. Dafür haben wir über 123 Jahre nicht nur täglich gebetet. Ihr Deutschen dagegen löscht die Geschichte aus; in euren Medien, aus eurem Schulunterricht. Vor allem da, wo die SPD die Politik bestimmt. Eine deutsche Experten-Arbeit über die Vertreibung aus den polnisch besetzten Gebieten wurde 1974 nach 5jähriger Arbeit vom Bundesarchiv in Koblenz fertiggestellt, aber nicht zur Veröffentlichung freigegeben, weil es die ›Beziehungen‹ hätte belasten können.«

»Die DDR«, sagt der Jüngere, »hat diese Einsicht in die neue Geschichtsschreibung schon längst vollzogen. 1950 ist von ihr die Oder-Neiße-Grenze als unantastbar und endgültig erklärt worden. Die ›Friedensgrenze‹ bestätigt, was den Slawen seit Jahrhunderten gehört.«

»1950«, sage ich, »haben auch die Vertriebenen in der Bundesrepublik ihr Verhältnis zu den Polen neu bestimmt. In der Stuttgarter Charta heißt es: ›Nein‹ zu Vergeltung und Gewalt, ›Ja‹ zur Versöhnung und Zusammenarbeit. Dies hat doch wohl erst die neue westdeutsche Ost-Politik möglich werden lassen. Ohne diese Hal-

tung von rund acht Millionen Vertriebenen in der Bundesrepublik wäre der Warschauer Vertrag von 1970 nicht denkbar, gäbe es die offizielle Wiederaufnahme von Beziehungen zwischen Polen und Deutschen nicht.«
»Was die Verbands-Funktionäre der Vertriebenen bei euch zu sagen haben, weiß ich nicht«, sagt der Ältere. »Aber in Polen sorgt schon die kommunistische Propaganda dafür, daß sie wie einflußreiche Drahtzieher wirken. Die meisten Polen können das schon richtig einschätzen, die Herren Hupka und Czaja müssen eben wieder herhalten, wenn es bei uns innenpolitische Schwierigkeiten gibt. Sie sind immer gut als Schreckgespenster, um vor allem bei den Neusiedlern in den alten deutschen Gebieten Angst um ihre neue Heimat zu schüren. Das macht es auch nicht gerade leichter für die zurückgebliebenen Deutschen in der Volksrepublik. Eure westliche Propaganda spricht von über einer Million, die noch hier sind. Ja, in der Not hat wohl jeder Pole eine deutsche Urgroßmutter.«
Unser Bewacher, einer der Greifer aus der Kapuziner-Kirche, ein primitiver Schlägertyp, der mich zum Verhör ins Warschauer Polizei-Gefängnis gebracht hatte und der bisher scheinbar teilnahmslos unserem Gespräch zuhörte, wendet sich mir zu, dem offiziell akkreditierten Korrespondenten des ZDF in Polen: »Die beiden«, sagt er, »haben Ihnen bisher die Wahrheit über die polnische Armee vorenthalten: Vor die Frage gestellt, auf wen zuerst zu schießen wäre, kann die Antwort nur lauten: zuerst auf den Deutschen, dann auf den Russen – zuerst die Pflicht und dann das Vergnügen.«

1
Stettin
Szczecin

Deutscher Kreuzfahrer im Hafen
(Foto: ZDF)

Als sich die schwarzen Rauchwolken verziehen und der Blick frei wird auf das Stettiner Haff, sagt der polnische Zollbeamte zu mir: »Da fährt einer der alten deutschen Kohlendampfer, heute auf letzter Reise zum Abwracken. Ja, der Sozialismus bringt uns wirklich den Fortschritt. Sehen Sie da hinten, ein Tragflügelboot, es verkehrt täglich mehrmals zwischen Świnoujście und Szczecin. Haben wir von den Russen«, und ohne jegliche Überleitung wendet er sich zu den deutschen Touristen an Deck: »Bitte, jetzt Ihre Devisen zum Umtausch bereithalten.«

Wir sind seit 4 Uhr morgens auf einem polnischen Zollkutter dem deutschen Kreuzfahrer entgegengetuckert. Mit mir ein polnisches Kamerateam, das dem akkreditierten Polen-Korrespondenten des ZDF zugeteilt ist. Ich will mir selbst ein Bild machen, warum Deutsche nach Polen fahren, nachdem in *Trybuna Ludu* – dem offiziellen Parteiorgan der polnischen Kommunisten – wieder ein scharfer Angriff auf die deutschen Heimweh-Touristen zu lesen war: »Sie kommen in die Volksrepublik nicht als Gäste, sondern wie Besitzer, die bei ihren Pächtern nach dem Rechten schauen.«

»Natürlich fahre ich auf meinen ehemaligen Hof bei Stargard«, antwortet der 78jährige vor der Kamera. »Vor 10 Jahren wollten die Polen mich noch mit Hunden davonjagen, aber heute sind wir Freunde; das Dach muß repariert werden, ich werde Westgeld dalassen für ein paar Ziegel.«

»Hier«, sagt der Vater und führt seinen 18jährigen Sohn an die Reeling, »hier im Haff habe ich mir allein das Segeln beigebracht. Dort drüben ist der Polder, wo ich beinahe gerammt worden wäre; ich habe dir das schon oft erzählt.«

»Neugier auf ein mir unbekanntes Land«, die 22jährige Lehrerin aus Stuttgart beruft sich nicht auf ein Erbe im Osten. Sie hat diese Reise angetreten, ohne jegliche Vorkenntnisse, auch ohne Vorbehalte gegenüber diesem Land – so wie heute junge Menschen aus der Bundesrepublik ihren Urlaub auf Mallorca oder für Indien buchen.

Polnische Funktionäre nehmen sich mit Vorliebe dieser Gruppe von westdeutschen Touristen an. Seit 1970, als der Warschauer Vertrag über eine Normalisierung der Beziehungen zwischen den beiden Ländern unterzeichnet wurde, öffnete sich Polen für den Tourismus aus der Bundesrepublik. Es kommen immer jüngere Leute, und sie bleiben immer länger. Der Anteil der ›Heimweh-Touristen‹ – ursprünglich über 55% – ging auf 30% zurück. Auf diese ›Neugier-Touristen‹ setzt der polnische Propaganda-Apparat. »Die Unwissenheit der jungen deutschen Nachkriegsgeneration ist wie ein unbeackertes Feld, das die Samen begierig aufnimmt und reiche Ernte zu tragen verspricht«, freut sich ein Funktionär, denn: »Aus Ansichten werden Einsichten.«

So wird ein Bild in Szene gesetzt für die Polen-Touristen, das schon deshalb so glaubhaft wirkt, weil von den Reisebegleitern nicht angelernte sozialistische Parolen pflichtgemäß heruntergeleiert werden, sondern polnische Patrioten sich zu ihrer neuen Heimat freudig bekennen.

Vor allem der unkritische, junge Westbesucher, der unbelastet von Geschichtskenntnissen über den deutschen Osten nach Polen reist, verfällt sofort dem Charme des Landes und seiner Menschen. Ohne Argwohn nimmt er deswegen auch auf, was ihm vorgesetzt wird: Die polnische Reiseführerin, die mit einem Lächeln bei ihrem deutschen Vortrag polnische Begriffe dann verwendet, wenn es gilt, deutsche Spuren zu verwischen. Der Bauer, der mit Pferd und Pflug den Boden bestellt, vor einem polnischen Ortsschild, dessen amtlicher Anstrich keinen Zweifel über die Zugehörigkeit der Siedlung aufkommen läßt. Der Priester, der über der Haustür die heiligen Zeichen anbringt, im Namen des Herrn, damit das Anwesen unter dem besonderen Schutz Gottes stehe, dessen Stellvertreter auf Erden ein polnischer Papst ist.

Ein friedliches Bild zieht vorüber, als der Kreuzfahrer gegen Stettin stampft. Schon draußen in Świnoujście, dem alten Swinemünde, entringt sich manches »Ah« und »Oh« den deutschen Touristen, denn an der alten Promenade stehen schöne Villen im klassizistischen Stil. Daneben – vereinzelt – neue, viereckige, nichtssagende graue Kästen. Insgesamt eine Nachkriegs-Szenerie, die den Eindruck von einer nahtlosen geschichtlichen Übernahme vermittelt.

Wer dahinter schaut, sieht freilich in eine sozialistische Scheinwelt, die alte Fassaden bestehen läßt, um von innen heraus um so gründlicher die gewachsene Substanz zu verändern.

Die meisten Häuser an der Promenade sind Erholungsheime von polnischen Industrie-Unternehmen. Sie sind besser ausgestattet in Einrichtung und Service als manche Erste-Klasse-Hotels. Nur Betriebsangehörige bekommen hier einen Ferienplatz an der Ostsee vermittelt, durch ein gewerkschaftlich besetztes Betriebs-Komitee, das für Wohlverhalten alle möglichen Vergünstigungen bereithält: die Zuteilung einer Wohnung, von Möbeln, eines Autos, West-Reisen. Erst als die freie Gewerkschaft ›Solidarität‹ längst zerschlagen ist, wird klar, was der polnische Arbeiter eigentlich an Lebensqualität aufs Spiel setzt, wenn er sich von der staatlichen Gewerkschaft abkehrt.

Privathäuser sehen wir nur ganz vereinzelt. Dafür liegen am Ostseestrand Badegäste wie die Ölsardinen. »Genau wie bei uns«, erstaunen sich die Kreuzfahrer, und einer fragt: »Warum bauen die Leute hier keine Burgen?« Darauf die Antwort des polnischen Zöllners: »Weil der Sozialismus nicht auf Sand baut!«

Die vorgefundene Realität also soll den Touristen überzeugen, daß er ein ›fremdes‹ Land betritt. Dazu erfährt er von der charmanten Reiseleiterin noch, daß seine eigenen Vorfahren dieses Land lange besetzt hielten, schlimmer noch, daß dieses Land von den Deutschen ausgebeutet worden sei. Und dann sagt die Polin mit leiser Trauer in der Stimme: »Unter dieser deutschen Vergangenheit leidet das Land noch heute.« Ist der unkundige Reisende aus dem Westen einmal soweit eingestimmt, reagiert er erwartungsgemäß: mit einem moralischen Kater. Darauf folgt unweigerlich die drängende Frage: »Wie können wir diese Schuld abtragen?« Um gleich darauf selbst die Antwort zu geben: »Ich persönlich werde alles tun und zu Hause berichten, Polen muß geholfen werden!«

Sie betreten ein von Kommunisten regiertes Land, dessen Machthaber sich nicht scheuten, am 13. Dezember 1981 eine Armee gegen ihr eigenes Volk marschieren zu lassen, müßte man all den Deutschen entgegenhalten, die aus diesem Schuldgefühl heraus für Nachsicht und Mitleid plädieren. Die Polen haben es verstanden, seit Kriegsende einen ›Schuldkomplex‹ bei den Deutschen offen zu halten. Sie haben daraus nicht nur politisches Kapital geschlagen. Sie nehmen es auch als Freibrief für Beschimpfungen, Verdächtigungen, Unterstellungen, weil sie damit rechnen können, daß die offiziellen Stellen in der Bundesrepublik immer zu Verbindlichkeiten bereit zu sein scheinen.

Der nun über 40 Jahre während Vorgang eines polnischen Dranges, übereifrig in den deutschen Ostgebieten nach slawischen Wurzeln zu fahnden, ist bisher von vielen deutschen Politikern verniedlicht worden als ein »besonderes Nachholbedürfnis eines Volkes, dem es immer schwer gemacht wurde, seinen geographischen Standort zwischen Ost und West zu finden«. Eines wird dabei leicht übersehen: es gibt einen Parteiauftrag an die polnischen Historiker, zu einer veränderten Geschichtsschreibung zu finden. Damit soll nicht nur die Herkunft des neuen sozialistischen Menschen belegt werden; es gilt vielmehr, die anderen Zeitgenossen außerhalb der eigenen Grenzen an eine neue Geschichtsauffassung zu gewöhnen. Behutsam, unmerklich werden so die sogenannten historischen Wahrheiten verrückt – und die Zeit arbeitet für Polen.

In der angesehenen *Enzyclopaedia Britannica* ist zum Beispiel zu lesen, daß die Geschichte Stettins auf ein kleines slawisches Fischerdorf im 9. Jahrhundert zurückgeht. Dann wird mancherlei erklärt, was sich auch ohne den Gebrauch des Wortes ›deutsch‹ ausdrücken läßt: Mitgliedschaft in der Hanse, Verbindung zum Hause Brandenburg, Besetzung durch Schweden und Preußen. Eindeutig eine Entwicklung weg von Polen, doch die *Britannica* schreibt, Stettin sei später dann »unter deutsche Kontrolle geraten, bis es nach 1945 zu Polen zurückkehrte«.

Auf welches Abenteuer haben wir uns eingelassen – ich denke an meine Familie, die mit dem Stettiner Schiff ebenfalls angekommen ist, einschließlich dem Dackelmischling Erasmus. Der wittert mit untrüglicher Nase Neuland. Doch die Kinder? Auch sie betreten ein unbekanntes Land, obwohl sie auf altem deutschen Heimatboden ankommen. Wie wird diese Generation reagieren auf die geschichtliche Hypothek, die für die Deutschen auf Schritt und Tritt spürbar wird. Welchen Einflüssen und Schwierigkeiten, gegen die wir unter Umständen hilflos sind, werden sie ausgesetzt sein?

Wir hatten den Wechsel nach Warschau lange vorher in der Familienrunde diskutiert. Doch sowohl die 14jährige als auch der 10jährige entschieden energisch:»Wir machen das Abenteuer mit!« Für die Kinder war damit das Thema erledigt, nicht für uns freilich. Sie sollten ihre neue Umgebung liebgewinnen, sich wohlfühlen in dem Lande, wo wir uns vier Jahre aufhalten würden. Das mußte behutsam vorbereitet werden.

Der Vater schleppte Bücher mit nach Hause, immer neue. Herrliche Landschaftsbilder lockten, vor allem die glasklare Seenplatte inmitten unberührter masurischer Natur-Einsamkeit.

»Angeln werden wir«, begeisterte sich der Vater, die Kinder ergänzten prompt:»Und Boot fahren!« So wurde die Idee mit dem schönen großen Schlauchboot geboren, das auch gekauft und mit zwei Angeln im Umzugsgut verstaut wurde. Wir konnten freilich nicht ahnen, daß wir in einen Strudel von Ereignissen hineingeraten würden, der uns kaum Luft holen ließ – schon gar nicht auf einem schönen klaren Masurensee.

Vorläufig waren die Kinder ganz im Banne der neuen Eindrücke, die zunächst nur aus Büchern auf sie einströmten. Der Vater, schon vorausgereist wegen der Umzugsvorbereitungen, übermittelte farbige Berichte von der neuen Umgebung und von den polnischen Menschen, deren herzliche und gastfreundliche Art uns bereits im voraus einnahmen. Um uns auch auf die Sprache einzustimmen, schickte der Vater polnische Zungenbrecher:»chrząszcz brzmi w trzcinie ...« – »der Käfer summt im Schilf«. Uns summte er im Kopf herum! Ob wir diese Sprache je lernen würden, die so gar keine Parallele bot zu Englisch, Französisch, Spanisch oder gar der europäischen Basissprache Latein? Die Notwendigkeit zum Polnischlernen entstand schneller und zwingender, als wir geahnt hatten, zumindest für unsere Tochter.

In den Ostblock lassen sich normalerweise nur wenige Journalisten-Kollegen oder Diplomaten-Familien mit schulpflichtigen Kindern versetzen. Das Schulproblem schreckt ab. In Warschau gab es zum Zeitpunkt unseres Umzugs keine westdeutsche Schule; erst später wurde – dank einer Eltern-Initiative – eine deutsche Schule für die ersten fünf Jahrgangsstufen eingerichtet.

Die DDR-Schule schied für unsere Kinder aus, schon aus Alters-

Tollatschen
eine süß-saure pommersche Angelegenheit

Zutaten
500 g Mehl
150 g Panierbrösel
200 g Zucker
100 g Rosinen
1 Prise Zimt, Anis, Thymian, Salz,
dazu den Abrieb einer Zitrone
50 g Schmalz
2 Tassen Schlachteblut
(vom Schwein) mit Essig verrührt
Wurstbrühe
4 – 5 Äpfel, grün-sauer

Klöße
Mehl, Panierbrösel und Zucker mischen. Dazu Rosinen und Gewürze geben. Für den Teig Schmalz und Schlachteblut zufügen.
Den Teig rollen, zweifingerdicke Klöße davon abstechen und in einer Wurstbrühe gut eine Viertelstunde garziehen lassen.

Apfelringe
Äpfel schälen, in Scheiben schneiden und in ausgelassenem Fett braten. Dazu wahlweise süße Blutwurst oder Grützwurst mit Rosinen anrichten.

gründen: DDR-Kinder lernen als erste Fremdsprache Russisch. Zudem ist in der Oberstufe ein Wechsel zu einem russischen Gymnasium obligatorisch.

Die französische und die amerikanische Schule kamen zwar für unseren Sohn Oliver in Frage, nicht aber für unsere Tochter Nicola. Beide Schulen führten nur bis zur 8. Klasse und gingen danach in Korrespondenzschulen über. Das setzt zudem bei einer 14jährigen die Beherrschung der entsprechenden Fremdsprache voraus und bedeutet ferngesteuertes Lernen ohne Klassenverband.

Allein im Kinderzimmer, ohne Kontakt zu Schulkameraden oder Gleichaltrigen? Für eine 14jährige sind dies die schönsten Jahre für unbeschwertes, vorurteilsfreies Zusammensein mit Altersgefährten. Als ich im hessischen Kultusministerium dieses Problem anschnitt – wir mußten ja auch an die Wiedereingliederung, die Fortsetzung ihrer Ausbildung denken – bekam ich den ›guten Rat‹: »Lassen Sie Ihre Tochter doch aus der Schule ausscheiden. Sie kann sich dann in aller Ruhe in Warschau per Fernstudium aufs Abitur vorbereiten.« So einen Rat kann nur ein Junggeselle geben, dachte ich. Dann schon lieber die letzte aller Möglichkeiten: ein polnisches Gymnasium.

Peter hatte herausgefunden, daß in Warschau ein altrenommiertes polnisches Gymnasium existierte, benannt nach dem polnischen Dichter Modzelewski. Das Gymnasium steht unter der Schirmherrschaft des polnischen Außenministeriums. Viele polnische Diplomaten und Angehörige hoher Behörden geben ihre Kinder auf diese Schule. An diesem humanistischen Lyceum waren damals Versuche im Gange, mindestens vier Unterrichtsfächer in deutscher Sprache abzuhalten. Dies vor allem bewog uns, unsere Tochter dort anzumelden. Es stand auch Latein auf dem Lehrplan, das bis zum ›großen Latinum‹ führte.

Die Anmeldung war freilich keine Kleinigkeit. Den Fall eines westdeutschen Kindes auf einem polnischen Gymnasium hatte es nach dem Krieg noch nicht gegeben. Viele Behördengänge, viel Erstaunen, schließlich das ›Ja‹ vom polnischen Außenministerium: »Wir werden sie aber im Auge behalten!« hieß es augenzwinkernd.

Am wenigsten schien sich der ›Kleine‹ zu sorgen. Ihm gefiel es hier im Hafen von Stettin, und voller Stolz führte er Erasmus an der

Leine zum ersten polnischen Laternenpfahl: »Ab jetzt müssen wir polnisch lernen, hörst du? Sonst verstehst du nicht, was sie dir sagen«, flüsterte er dicht an seinem Ohr, als ob er sich selbst Mut zusprechen wollte. Er hatte begriffen, daß er mit Englisch zwar auf seiner neuen amerikanischen Schule zurechtkommen würde, nicht aber mit den anderen Menschen, die ihn für die nächsten Jahre umgeben würden.

An diesem ersten Tag in Polen machen die Kinder Bekanntschaft mit zwei Neulingen, die von nun an fester Bestandteil auch in unserem Familienleben werden sollten: Betreuer und Bewacher.

Den Betreuer bekommen westliche Fernseh-Korrespondenten von der staatlichen Presse-Agentur *Interpress* zugeordnet. Er muß dafür sorgen, daß der westliche TV-Korrespondent nicht von den vorgeschriebenen Richtlinien der Berichterstattung abweicht. »Um ihn vor Unannehmlichkeiten zu schützen«, heißt es in der eleganten Sprache der Kommunisten. In der Praxis bedeutet das für Peter: kein Drehvorhaben läßt sich umsetzen ohne staatliche Genehmigung. Der staatlich verordnete Begleiter ist also ständig dabei.

Der dem ZDF-Korrespondenten zugewiesene Betreuer heißt Tomek. Auch an Wochenenden sitzt er mit im Auto, wenn das Team zu Dreharbeiten über Land muß und die Familie manchmal mitfährt. Kindliche Neugier ist schwer zu bremsen, Fragen schon gar nicht; auch nicht die, die man im Osten nicht stellt, weil sie tabu sind. So ergeben sich nun die merkwürdigsten Konversationen. Die Kinder fragen nach allem, was für sie neu ist, und sie bekommen auf alles eine Antwort. Wir Eltern halten manchmal die Luft an, weil wir gespannt sind auf die dialektischen Windungen, mit denen der kommunistisch geschulte Funktionär einfache Wahrheiten ideologisch verbrämt.

An diesem heißen Sommernachmittag sitzen wir auf der Terrasse des Stettiner Cafés Kaskada, das frühere Café Ponath. »Gibt's wirklich Kaffee?« ruft einer zu uns herüber. »Ich hab' mich von der Gruppe losgemacht, ich wollte mal wieder so essen wie zu Hause«, erklärt der schon ältere deutsche Kreuzfahrer seine Extra-Tour. »Die kochen aber hier nicht mehr so wie damals«, sagt er. »Ich habe einige Restaurants abgeklappert, aber ›Tollatschen‹ sind nirgendwo zu finden, ›Pommersches Gänseklein‹ auch nicht. Mir wäre schon wohler, wenn ich jetzt einen echt ›Vorpommerschen Umtrunk‹ bekäme. Aber man darf hier anscheinend auch das nicht erwarten, es fehlen sicher die spanischen Pomeranzen zur Bowle.« »Was sind denn Tollatschen?« wollen die Kinder wissen. »Als ich so klein war wie ihr, da steckten die Metzger nach dem Schlachten die Fähnlein heraus, da wußten wir, jetzt gibt's daheim Klößchenscheiben aus der Wurstbrühe und dazu heiße Apfelringe. Das war ein Leckermahl für uns, besonders, wenn es dazu vom Schlachtefest noch Grützwurst mit Rosinen gab.«

»Kaffee ist alle«, sagt der Kellner. Dem Kreuzfahrer und uns steht bei der Hitze der Sinn mehr nach Eis. Peter fragt den Kellner, der zuckt erneut die Schultern, bedauert: »Nie ma« – Gibt's nicht auf der Terrasse, nur drinnen. Das haben die Kinder noch nicht erlebt, entsprechend erstaunt bedrängen sie unseren Betreuer, den Interpress-Mann: »Warum?« Der ist um keine Antwort verlegen: »Das müßt ihr verstehen, die Leute sollen doch keinen Herzinfarkt kriegen. Draußen würden sie das Eis in der Hitze viel zu schnell hinunterschlingen, davor muß man sie schützen!« Später haben wir immer wieder Gelegenheit, die Interpretations-Kunststücke unserer Betreuer zu bewundern. Mitten auf der Straße torkelt ein Mann, beinahe wäre er uns in den Wagen gelaufen. »Der hat ganz schön einen in der Krone«, bemerkt Oliver mit analytischem Blick. »Ach was«, sagt Tomek, »der ist nur müde von der Sonne.« In der Familie wurde darauf ›zuviel Sonne‹ zum geflügelten Wort für jemanden, der einen über den Durst getrunken hat. Wir lernten, im sozialistischen System sind selbst Pannen eingeplante Unterbrechungen, auch der Stau auf der Landstraße.

Mühsam quält sich der Verkehrsstrom an dem Hindernis vorbei. Ein Traktor steht am Straßenrand, offenbar defekt. Er ist umringt von fünf Männern. Oliver, niemals müde, wenn es im technischen Bereich etwas zu entdecken gibt, trommelt aufgeregt gegen die Fensterscheibe: »Laßt uns zugucken, wie sie den Traktor reparieren!« Da verblüfft uns Tomek: »Der Traktor ist nicht kaputt, der Bauer hat nur eine Pause eingelegt, um seinen Nachbarn die Funktion des neuen Motors zu erklären.«

Durch die Fragen unserer Kinder sollten wir bald auf etwas stoßen,

Nachkriegs-Architektur der Stettiner Innenstadt *(Foto: ZDF)*

Fast vergessen: Geburtsstätte der Zarin Katharina II. von Rußland *(Foto: ZDF)*

was auch für uns in der ganzen Tragweite vorher nicht erkennbar war: wir selbst als Journalisten, als Mittler der Informationen von Ost nach West, gaben das noch weitaus intensivere Ziel ab für die agitative Arbeit unserer polnischen Begleiter. Korrespondentenfrage: »Warum hat der polnische Botschafter in Finnland Wladimierz Wiśniewski in den USA um politisches Asyl gebeten?« Antwort polnisch: »Er hat auf Staatskosten eine unerlaubte Urlaubsreise in den Westen unternommen und fürchtet jetzt, dafür bestraft zu werden.«

Das ist keine Scherzantwort, sondern veröffentlicht am 16. 4. 1982 im *Słowo Powszechne*. Übernimmt ein West-Korrespondent eine solche Meldung, ist die Absicht erreicht: Die Nachricht läuft über den Westen in den Ostblock zurück. Polens Bevölkerung nämlich traut den eigenen Massenmedien bzw. Presseorganen nicht, obwohl jeder gelernt hat, zwischen den Zeilen das Ungesagte herauszufiltern; aber Zweifel bleiben auch dann. Erst durch das ›feed-back‹ aus westlichen Informationsquellen wird daher aus einer Mitteilung eine wirkliche Nachricht, und diese wird angenommen, geglaubt und befolgt. In Polen werden westliche Rundfunksender empfangen, und westliche Zeitungen zu lesen, ist nicht verboten – so man sie bekommt.

Nicht alles, was da aus dem Westen nach Polen an Informationen zurückströmt, paßt der Obrigkeit. Oppositionelle Ansichten und kesse Priesterworte, in westlichen Medien wiedergegeben, werden schnell zum Dorn im Auge der östlichen Zensur. Dabei geht es gar nicht um die Dreistigkeit einzelner Polen, sich so offen in der ›freien Welt‹ zu äußern. Im kommunistischen Machtbereich läßt sich das auf jeden Fall ›lokalisieren‹, die Staatssicherheitsorgane haben darin Übung. Der Zorn richtet sich vielmehr gegen den oder die Vermittler solcher Informationen, weil etwas ›Unerwünschtes‹ über westliche Medien in zu viele polnische Gehörgänge zurückfließen könnte. Deshalb sieht es *Interpress* wohl als vornehmlichste Aufgabe an, die West-Korrespondenten so zu führen, zu gängeln und zu beeinflussen, daß nur das gewünschte Bild der Volksrepublik im Westen entsteht. Der polnische Sicherheitsapparat scheut sich dabei nicht, jedes Mittel anzuwenden, um akkreditierte Journalisten an die Leine zu nehmen. Mehr oder weniger sind alle

Kollegen dem psychologischen Druck in Form von beeinflussenden Gesprächen, Abhören und direkter Beschattung ausgesetzt. Der Übergang von Betreuern zu Bewachern ist dabei fließend. Die im Osten üblichen Fallstricke werden ausgelegt: weibliche Versuchungen, Devisen-Umtausch- bzw. Schwarzmarkt-Angebote sowie Trinkgelage. Auf Fehlleistungen oder auf zu Tage tretende menschliche Schwächen folgen dann unter Umständen Erpressungen durch den Staats-Apparat.

Dem Neuankömmling wird von den alten Korrespondenten-Hasen folgender Ratschlag gegeben: »Du magst dich hier über manches wundern, du magst auch manchen Drangsalen ausgesetzt sein; aber solange es dir nicht an Leib und Leben geht, wird über persönliche Korrespondenten-Unbill nicht berichtet – im Sinne der guten deutsch-polnischen Beziehungen.«

So geht vieles unter vom persönlichen Schicksal der wenigen westdeutschen Journalisten, die zum Teil schon 10 Jahre und länger aus Polen berichten – allenfalls wird in den Heimatredaktionen oder im Auswärtigen Amt darüber getuschelt, obwohl doch so vieles offensichtlich ist, wie zum Beispiel:

der Fall Zimmerer. Der ehemalige WDR-Korrespondent für Hörfunk ist verheiratet mit einer Polin. Dem Sammler polnischer Volkskunst wird die Ausreise mit den Kunstgegenständen verweigert, so daß er beschließt, in seinem Museum sein Leben zu verbringen;

der Fall Renate Marsch. Die dpa-Korrespondentin ist mit einem Polen verheiratet und hat zwei Kinder. Der Ehemann entzieht den Kindern ab und zu die deutschen Pässe – vorsorglich;

der Fall Günther Schubert, ZDF-Korrespondent vor 1978, versetzte die Kollegenrunde in Unruhe: ihm wird eine Alkohol-Falle gestellt; er verliert alle Ausweise, wird zum Rendezvous mit der Staatssicherheit ins Warschauer Grand-Hotel bestellt. Der Vorgang wird danach aktenkundig beim Auswärtigen Amt in Bonn. Schubert verläßt Polen. Vier Jahre später wird Schubert erneut zum ZDF-Korrespondenten nach Polen berufen. In Warschau wundern sich nicht nur die Kollegen: »Kann man sich bei euch nicht vorstellen, daß der Mann erpreßbar ist?« werden wir mehrfach angesprochen. Auf den Korridoren heißt es, Herbert Wehner persönlich habe seinen ehemaligen Stallgefährten in Warschau empfohlen: Der soll seine Scharte auswetzen!

Die Beispiele zeigen: Wohlverhalten wird erwartet, sowohl auf der polnischen als auch von der deutschen Seite. Wer die deutsche Korrespondenten-Liste im Osten zur Zeit der Entspannungspolitik der sozial-liberalen Koalition unter die parteipolitische Lupe nimmt, kann unschwer feststellen, daß die Zahl der links-liberal eingestellten, engagierten Korrespondenten eindeutig überwiegt. Kritiker mußten ferngehalten werden; das war aus damaliger Regierungssicht verständlich – aber wie ist es heute?

Wie Unbotmäßigkeit bestraft wird, erfuhr Jörg Bremer von der FAZ. Er bezog Schelte in einem Artikel, der in der Partei-Zeitung *Trybuna Ludu* über ihn veröffentlicht wurde. Autor Michał Misiorny betitelte seinen Verriß: ›Das Rädchen in der Maschine.‹

Der neue Korrespondent der Frankfurter Allgemeinen Zeitung in Warschau heißt Jörg Bremer. Das ist ein Journalist, der gut orientiert ist. Es ist nicht lange her, als er aus Warschau meldete, daß in der neuen Regierungszeitung ›Rzeczpospolita‹ in diesen Tagen ein eher ›unbekannter Schriftsteller‹ auftrat. Wenn ich behaupte, daß jemand gut orientiert ist, betrifft das bezogen auf diesen Tatbestand, die sogenannte materielle Wahrheit. Eher würde ich sagen, daß Bremer gut orientiert ist, was die FAZ drucken möchte. So wie die Zeitung bekannt gab, daß z. B. Andrzej Wajda verhaftet wurde, weil sie eine solche Nachricht gerade brauchte, so kann man sich nicht wundern, daß Bremer über einen bekannten Schriftsteller schrieb, daß er ein eher ›unbekannter Novellist‹ ist: Nicht auszudenken wäre, daß in einem grausamen Land, welches Andrzej Wajda verhaftet, irgendein hervorragender Schriftsteller etwas für eine staatliche Zeitung schreiben möchte.

Die Hauptregel der Informationen über Polen, die heute in solchen Zeitungen wie der FAZ gedruckt werden, lautet, daß alle anständigen Leute die Zusammenarbeit mit dem Militärregime und seinem Anhang ablehnen. Auf diese Weise, logisch gedacht, läuft in Polen überhaupt nichts, alles funktionierte nur bis zur Machtübernahme am 13. Dezember 1981, und nachher – nichts mehr. Bremer, der sich an diesem Prinzip orientieren muß, schreibt also Dutzende von

verschiedenen Lügen, aber zu seiner Rechtfertigung muß man sagen,
daß er wahrscheinlich Deckung in den von ihm aufgetanen ›Quellen‹
hat. Eine bekannte Schauspielerin mit glühendem Blick versicherte
mir letztens, daß in Polen niemand arbeitet, bald werde hier alles
zusammenstürzen. Für sie auch: vor dem 13. Dezember arbeiteten
alle und es wurde immer besser, aber nachher – offene Niederlage,
und es wird immer schlimmer. Es ist möglich, daß diese Schauspiele-
rin ihre Akkumulatoren dort auflädt, in denselben Kreisen nämlich,
die dem Bremer andere staunenerregende Neuigkeiten servieren,
z. B. über Nullförderung der Kohle in Schlesien oder, daß die
polnischen ›rogatywki‹ (Eckmützen) vor dem Kriege in blau-weißer
Farbe waren, auf keinen Fall anders.
Es wäre sehr lustig mit Bremer, wenn eine Kleinigkeit nicht stören
würde: er spielt nur in einem Konzert mit, er ist nur ein willenloses
Werkzeug einer gigantischen Maschinerie, die gegen die Wahrheit
spielt, denn so wurde sie eben programmiert. Im Falle der ›Frankfur-
ter Allgemeinen Zeitung‹ ist es eine zusätzliche Pikanterie, daß alle
diese Lügen arrangiert sind, vielleicht weniger gegen Polen, mehr
aber gegen solche Politiker in der BRD wie Schmidt oder Brandt, die
der Idee der Entspannung noch kein Begräbnis machten und deswe-
gen aus der Sicht dieser Zeitung das Schlimmste verdient haben.

Soweit dieser Auszug aus *Trybuna Ludu.* Die Palette der Möglichkeiten, Druck auszuüben, weist noch einige Schattierungen mehr
auf. Dennoch, auch ohne offizielle Sprachregelung haben viele
deutsche Journalisten – drüben wie hüben – sehr schnell mit neuen
Vokabeln umzugehen gelernt, wollten sie sich weder von den
Sozialdemokraten im Westen noch von den Parteigenossen im
Osten als Ketzer, als Gegner der vereinbarten Entspannungspolitik
im deutsch-polnischen Verhältnis anprangern lassen. Es war schick,
von Szczecin zu sprechen statt von Stettin, weil es doch Verständnis
für die polnischen Belange ausdrückte. Hingegen fällt es bis heute
keinem Polen ein, von ›Monachium‹ abzulassen und stattdessen die
Stadt München beim deutschen Namen zu nennen. Umgekehrt
halten die Polen hartnäckig an der polnischen Bezeichnung der
Stadt Wilna fest, obwohl die Russen dieser alten polnischen Univer-
sitätsstadt nach der Annexion einen russischen Namen gaben.

»Szczecin ist so wunderschön, ich bin ganz überrascht«, sagt die Stuttgarterin, als wir die Gruppe wiedertreffen. Dabei bricht sich die Lehrerin fast die Zunge ab, als sie den polnischen Namen ausspricht. Ich frage sie, warum sie nicht einfach Stettin sagt. »Aber wissen Sie«, bekomme ich zu hören, »das heißt jetzt so, und den alten Namen zu verwenden, würde gegenüber den Polen nicht nur eine Unhöflichkeit bedeuten. Ich möchte keineswegs zu den deutschen Revanchisten zählen, über deren Treiben bei uns im Westen ich hier in Polen zum erstenmal richtig ausführlich informiert wurde. Von anderem zu reden als von Szczecin, hieße, mich einer politischen Gruppe in der Bundesrepublik hinzurechnen zu lassen – wo ich doch von Politik überhaupt nichts wissen will.«

Die Gruppe der Kreuzfahrer hat sich bei dieser Diskussion um uns versammelt. Bei den Jüngeren sehe ich eifriges Kopfnicken. »Wir sind hier, um die Wahrheit über Deutsche und Polen herauszufinden«, sagt einer. Die Älteren schweigen, leider. Keiner sagt es diesen Arglosen, diesen jungen Ostreisenden, daß sie, weil sie vermeintlich politische Abstinenz üben, bereits von der Politik der östlichen Seite vereinnahmt worden sind, und dies, ohne es zu merken.

Mit unserer Hotel-Reservierung in Stettin hat etwas nicht geklappt. Tomek verhandelt an der Rezeption, um die Panne zu beseitigen. Schließlich bekommen wir zwei ineinander gehende Zimmer, in die ein viertes Bett hineingestellt wird. An Hotels mangelt es in Polen. »Der Wohnungsbau hat Vorrang«, erklärt unser Interpress-Betreuer entschuldigend. Der Raumbedarf hinkt weit hinter den Planziffern hinterher: »In manchen Städten stehen den Einwohnern noch immer pro Kopf nur acht Quadratmeter Wohnfläche zur Verfügung«, sagt Tomek. Ich multipliziere unsere vier Familienköpfe mit acht Quadratmetern: Zweiunddreißig Quadratmeter! Das sind in vielen deutschen Wohnungen die Ausmaße von Wohn- und Eßzimmern. Da muß man schon ein Lebenskünstler sein, um in diesem Raummaß für vier Personen, Schlafzimmer, dazu Küche, Bad und WC unterzubringen. Wir sollten später noch viele Lebenskünstler in Polen kennenlernen, junge Ehepaare, die seit 10 Jahren auf eine eigene Wohnung warten.

Im Zimmer unseres Hotels geht unser kleiner ›Techniker‹ sofort ans Werk. Oliver schaltet den Fernseher ein, es dauert eine Weile, bis es schwarz-weiß über den Bildschirm flimmert. »Kein gutes Bild«, stellt der 10jährige lakonisch fest und wendet sich dem Radio auf dem Nachttisch zu. »Der läuft nur mit halber power«, diagnostiziert er und fragt aufgeregt: »Ob da Wanzen drin sind?« Seine Klassenkameraden in Wiesbaden haben ihm das Versprechen abgeluchst, sofort auf Wanzen-Suche zu gehen, sobald er den ›Eisernen Vorhang‹ durchschritten habe. Diese hartgesottene krimigewohnte Fernseh-Generation kennt überhaupt keine Scheu, und unser kleiner Wanzen-Sucher klopft wahrhaftig die Wände ab, obwohl wir alle todmüde sind. Er hatte nämlich bemerkt, wie sich vor dem Hotel ein Mann an unsere Fersen heftete. Von Anfang an, seitdem wir uns am Empfang angemeldet haben, folgt uns dieser Mann. Er beobachtet genau, wenn wir das Hotel verlassen, und wir haben das Gefühl, daß er nur darauf wartet, unsere Zimmer zu durchstöbern. »Wir wollen Sie nur beschützen«, würde Tomek jetzt wieder sagen, »um Sie vor Unannehmlichkeiten zu bewahren.« Auch mit unseren Bewachern bzw. Aufpassern werden wir leben müssen.

Die deutsche Kreuzfahrer-Gruppe in Stettin hat programmgemäß das wiederaufgebaute Schloß der Herzöge von Pommern besichtigt, sucht aber nun vergebens nach dem Geburtshaus von Katharina der Großen, der Deutschen Sophie von Anhalt-Zerbst. Sie wurde am 2. Mai 1729 in Stettin geboren und stieg später zur Zarin von Rußland auf. Als ich die polnische Reiseführerin darauf anspreche, fällt es ihr plötzlich wieder ein: »Die Tafel ist abgenommen worden, sie mußte dringend renoviert werden.«
Drunten, im Hafen, preist die Polin mit Stolz in der Stimme den Ausbau Stettins zum größten Eisenbahn-Umschlagplatz an der Ostsee. Über Kanäle sei hier die Oder mit Berlin verbunden. »Ja«, füge ich ergänzend hinzu, »weil Stettin seit 1720 in der Preußen-Zeit zur Provinzhauptstadt avancierte und erster preußischer Seehafen wurde.«
Das bleibt aber genauso unerwähnt in den offiziellen Darstellungen wie die Tatsache, daß die DDR heute auf der Insel Rügen einen eigenen Transithafen anlegt, über den künftig der Güter-Transport der DDR, der CSSR und Ungarns abgewickelt werden soll. Stettin,

eine der Streik-Hochburgen während der Solidaritätsbewegung 1980/81, ist nicht mehr verläßlich genug für die sozialistischen Länder.

So entsteht beim Fischerdorf Mukran, rund 5 km südlich von Saß- nitz, in einem Landschaftsschutzgebiet der neue Fährschiffhafen mit der Planung, dort bis Ende des Jahrhunderts rund 6 Millionen Tonnen Fracht jährlich umzuschlagen. Auch Militärgüter für die in Mecklenburg liegenden Panzer- und Artillerie-Verbände der Roten Armee.

Was ebenfalls ungesagt bleibt: es wird eine neue Eisenbahn-Fähr- verbindung geben zwischen Mukran und Klaipeda in der UdSSR, dem alten Memel, wobei die Spurbreite der Bahntrasse zwischen dem neuen Hafen auf Rügen und den sowjetischen Standorten im Norden der DDR der russischen Breitspur-Norm angepaßt wird.

Die DDR reicht der UdSSR gewissermaßen die Hand zu einer Umarmung Polens. Über den Seeweg läßt sich die Volksrepublik sogar in die Zange nehmen, ohne eine Gegenleistung der Polen erbitten zu müssen. Die kommunistische Führung in Warschau erhält damit von den sozialistischen Nachbarn eine Quittung für inneren Aufruhr und Abweichlertum von der roten Generallinie: Das Mukran-Unternehmen der DDR erlaubt es künftig, einen Bogen um den unsicheren Kantonisten Polen zu schlagen. Für den Hafen von Stettin aber sind die Folgen schon jetzt spürbar: Der Verlust der international üblichen Transitgebühren macht alle wei- teren Ausbaupläne zunichte – der alte preußische Handelsplatz dürfte damit in einen Abschnitt geschichtlicher Bedeutungslosig- keit zurückfallen.

Niemand in der deutschen Gruppe fragt, wieso überhaupt Stettin unter polnischen Einfluß geriet – liegt doch der Stadtkern westlich der Odermündung. Und hatten nicht die Siegermächte vereinbart, daß die Oder-Neiße-Linie als vorläufige Grenze zu gelten habe?

Daß die Grenze über die Oder hinweg weiter in den Westen vorgeschoben wurde, verdanken die Polen den Sowjets. In zwei bilateralen Vereinbarungen vom Sommer/Herbst 1945 wurden Hunderte von Quadratkilometern westlich von Stettin zusätzlich unter polnische Verwaltung gestellt.

Für diese Gebietsabtretung fehlt bis heute die formelle Anerken-

Beispiele für polnische Spurensuche: Vom Stettiner Schloß heißt es, ›der letzte Herzog von Pomorze starb 1630, danach nahmen die Schweden die Stadt in Besitz‹. *(Foto: ZDF)*

Wallensteins Besitz, des Kaisers Feldherrn Residenz in Sagan. Żagań dagegen war nach *Interpress*-Darstellung einst Hauptstadt eines Herzogtums der Piasten. Heute dient der ehemalige Barock-Palast als Kulturhaus. *(Foto: Ruge)*

nung durch die Westmächte. Die Russen handelten, ohne die verbündeten Alliierten lange zu fragen, nahmen sie doch nur eine ›interne Regelung innerhalb ihres Einflußbereiches vor‹. War dies gar von deutscher Seite bei der Verhandlung des Warschauer Vertrages vergessen worden? Im Vertragswerk heißt es nämlich: ». . . daß die bestehende Grenzlinie, deren Verlauf im Kapitel 9 der Beschlüsse der Potsdamer Konferenz vom 2. 8. 1945 von der Ostsee unmittelbar westlich von Swinemünde und von dort die Oder entlang bis zur Einmündung der Lausitzer Neiße und die Lausitzer Neiße entlang bis zur Grenze mit der Tschechoslowakei festgelegt worden ist, die westliche Staatsgrenze Polens bildet.«

Eigenartig berührt auch, daß damals – nach der Paraphierung am 18. 11. 1970 – in der VR Polen lediglich der erste Teil des Warschauer Vertrages veröffentlicht wurde – nicht dagegen der Notenwechsel zwischen der Bundesrepublik und den westlichen Alliierten über die ›Nichtberührung der alliierten Rechte und Pflichten durch den Vertrag‹ sowie die Erklärung der polnischen Seite zu den ›humanitären Fragen‹. Wollte so die Führung der Volksrepublik verschweigen, daß es Begleitdokumente gibt, in denen die Bundesregierung weder auf den Friedensvertrags-Vorbehalt verzichtet noch auf die Lösung der deutschen Volksgruppen-Frage?

2
Breslau
Wrocław

Blumenregen bei 8.-Mai-Feier vor dem alten Rathaus
(Foto: ZDF)

Es regnet Blumen vom Himmel. Am alten Markt recken sich die Arme. In Reih' und Glied marschiert eine braune Kolonne auf uns zu, die Stiefel dröhnen im Takt. Ich kneife die Augen zu. Es ist wie vor 1945: Meine Mutter steht da, ich halte ihre Hand, wir warten an der Rathausecke. Gleich wird mein Vater, der Stadtamtmann, aus dem gotischen Portal treten, gleich wird sich ein Zeremoniell wiederholen, das sich mit dieser Ecke am Rathaus unauslöschlich in mein Gedächtnis eingegraben hat: »Eine Bemme«, sagt der Vater, »und ein Viertel Wurst für das Söhnchen, bitte sehr.« Und die Musik spielt dazu. Bin ich wieder daheim?

»Przepraszam«, stößt mich ein Mensch an, »wollen Sie tauschen?« »Ja«, sage ich, »wenn ich für einen Moment dafür den Würstchenmann von damals eintauschen könnte.« Als der Pole mich verständnislos angrinst, versuche ich ihm zu erklären, daß Erinnerungen nicht zu kaufen sind, daß hier für uns beide eine Kulisse unverändert besteht, aber zu einer anderen Wirklichkeit benutzt wird. Sie feiern den Befreiungstag der Stadt mit militärischen Aufmärschen und Abordnungen aus allen Teilen Schlesiens. Über dem Marktviereck, das seit Jahrhunderten so manchen Sturm erlebte von Mongolen, Russen, Österreichern, Preußen und Franzosen, dröhnen Bomber, fallen Maiglöckchen und Nelken zur Erde.

Der Kapitulationstag der Deutschen ist Anlaß für die Siegesfeier in der Jahrhunderthalle oder, wie die Polen sagen, in der ›Halle des Volkes‹. Da das Volk von der Parteiprominenz repräsentiert wird, bleibt es aus Sicherheitsgründen auch draußen vor der Halle. Der Inhalt ihrer Reden ist sowieso bekannt: Dank an die Sowjets für die Befreiung, gemeinsamer Kampf um Berlin, Rückkehr der deutschen Ostgebiete an Polen – »das ist unverrückbar«, hallt es von den Wänden, »das ist eine geschichtliche Tatsache. Angesichts der tragischen Erfahrungen hat das polnische Volk eine moralische Pflicht, die ganze Welt immer wieder an das unverletzliche und unveräußerliche Recht des Menschen zu erinnern, das Recht auf ein Leben in Frieden.«

Die über die polnische Nachrichtenagentur PAP verbreiteten Reden finden auch in einem Teil der deutschen Medien starke Beachtung: *Frankfurter Rundschau*, 25. Januar 1985, Seite 1, Schlagzeile: ›Warschau-Schlesien ist altes polnisches Gebiet.‹

Während einer Feierstunde zum Auftakt des 40. Jubiläums der ›Rückkehr der West- und Nordgebiete zum Mutterland‹ sagte der polnische Staatspräsident Jablonski, Schlesien sei seit der Zeit der Piasten-Herzöge uraltes polnisches Gebiet, dessen Bevölkerung zwangsgermanisiert worden sei. Noch nie seien Kultur und Wirtschaft so reichhaltig gewesen wie heute.
Es gebe keine Frage der Grenzen mehr, sondern nur eine Frage des Friedens. Man dürfe nie vergessen, daß zwei Weltkriege von deutschem Boden ausgegangen seien. In deutlicher Kritik an Bonn fügte er hinzu, daher sei es besonders gefährlich, wenn man die These von einem vorläufigen Charakter der Grenzen verkünde, die bestehenden Verträge in Frage stelle, die Geschichte verfälsche und den ›Mythos von der Existenz einer sogenannten deutschen Minderheit‹ verbreite. Die ›revisionistischen Kräfte‹ in der Bundesrepublik seien durch ›imperialistische Kreise‹ in den USA ermutigt worden.
Im Beisein führender Vertreter von Partei und Regierung, unter ihnen Partei- und Regierungschef General Wojciech Jaruzelski, rief Jablonski aus: ›Jeder, der uns schwächen will, um den Kurs der Geschichte zu revidieren, jeder, der das gerechte Urteil der Geschichte nicht akzeptieren will, ist nicht nur ein Feind Polens, sondern auch ein Feind des Friedens in Europa und der Welt.‹

Auf der Rückfahrt zum Stadtkern hat mein Taxi einen Fast-Zusammenstoß mit einem Panje-Wagen. »Pjerunie«, flucht der Fahrer. Wie unser Hausmeister, wenn wir ihm vor die Füße hüpften beim Spiel ›Himmel und Erde‹ und er vorsichtig um uns herumbalancieren mußte, um seinen Krug mit frischschäumendem Bier zu retten. »Deutscher?« frage ich den Taxifahrer. »Nein, Schlesien-Ober, rozumiesz?« Ach je, denke ich, ein ganz spezieller Heimatloser! »Woher? Aus Kattowitz?« »Nein, Gleiwitz, war im Bergwerk. Immer gut Freund mit Deutschen, immer verstanden mit Polen. Wir ›Wasserpolaken‹, rozumiesz? Jetzt keine Rente-West, und wenig Złoty-Ost.« Er öffnet das Fenster und wirft die Zigarette so hinaus, daß ich die Geste verstehe: »Wszystko jedno.« Es ist schon alles egal – wir gelten weder für die eine Seite was, noch für die andere; wir sind hier der letzte Dreck!

Ich rolle einen Zehnmarkschein zusammen und ändere das Fahrtziel. »Zum jüdischen Friedhof bitte«, sage ich, denn da liegt einer, den sie schon ganz vergessen haben. »Ich brauche aber den Schlüssel.« Er wendet, weiß er also, wo er anklopfen muß? Wir steuern ein Blumengeschäft an, ein privates. Das ist schon vielversprechend. Hinter Gerberas und Kränzen versteckt sich ein Stück heimliches Polen – das der Händler, der Schieber, der Lebenskünstler, die wissen, wie man auch dem Alltag im sozialistischen System ein Schnippchen schlagen kann. Sie haben den Schlüssel zu allem, was dem Normalsterblichen in Polen nicht zugänglich ist.

Nach dem Schlüssel zum Juden-Friedhof fragen allerdings wenige; mit Juden will man nicht unbedingt etwas zu tun haben. Der kommunistische Apparat selbst hat sich mehrmals im großen Stil von jüdischen Elementen gesäubert. Der Judenhaß ist nicht offen, aber latent vorhanden, mit einem Unterschied: Sprechen die Polen von der Vorkriegsgeneration, meinen sie jüdische Hauswirte und Händler, die ihnen angeblich die Wege zu eigenem Wohlstand verlegten. »Die Juden hatten immer die besten Wohnungen, die schönsten Häuser, die elegantesten Geschäfte«, sagt mein Taxifahrer. »Wir Polen – höchstens Untermieter.« Daraus erklärt sich, daß sich bei manchen Polen eher Schadenfreude als Mitgefühl regte während der Zeit, als die Juden von den Nazis abgeholt wurden.

Was nach 1945 passierte, entflammte vor allem national gesinnte Polen, die von einem selbstregierten, unabhängigen Staat träumten. Mit Moskauer Hilfe waren nämlich Juden in Ämter eingeschleust worden, und sie erwiesen sich als treueste Erfüllungsgehilfen der Sowjets. Daß diese neue Kaste in der unter bürgerkriegsähnlichen Wirren entstehenden Volksrepublik die Fäden so auslegte, daß sie zu Herren über Karrieren und Positionen wurde, hat zu dem geführt, was schamhaft mit dem Stichwort ›Ausreiseermächtigung für Volksgenossen jüdischen Glaubens‹ kaschiert wird. Noch einmal, nämlich 1968, kommt es in Polen zu einer Hetzjagd gegen angebliche jüdische Zirkel, die das Wohl der Volksrepublik

bedrohen. Was folgt, ist ein vor allem intellektueller Aderlaß.
Tausende wandern nach Israel aus.

1981 – mitten in der Solidaritätsbewegung – wird erneut der Versuch unternommen, den Volkszorn gegen die Juden zu schüren.
Der Augenblick ist gut gewählt: Während drüben in der Universität
von Warschau Studenten sich um Regime-Kritiker zu versammeln
beginnen, wird durch ein großes Polizei-Aufgebot die Regierungs-
Allee, die Ujazdowska, abgesperrt. Das fällt auf, zieht viele Neugierige an. Ein Demonstrationszug, überwiegend alte Leute, naht.
Es sind sog. Nationalisten, bekannt als Gruppe ›Grunwald‹. Auf
mitgeführten Schildern wird der Terror einer Juden-Clique ange-
prangert. Der Zug nähert sich dem ehemaligen Gebäude der Ge-
heimpolizei. Hier, so schreien es die Sprechchöre, seien zwischen
1949 und 1953 polnische Kommunisten von Juden gefoltert worden.
Eine Gedenktafel für die Opfer wird enthüllt. Von heute an, so
verkündet ein Sprecher, verstehe sich die Gruppe der Nationalisten
als Sammlungsbewegung der Patrioten. Der Kampf gegen Juden
und ihre Anhänger der ›Solidarität‹ werde aufgenommen.

Die Anti-Demonstration läuft praktisch auf eine Rechtfertigung
der Geschehnisse von 1968 hinaus. Damals wurde die Säuberungs-
welle gegen Juden von einem Mann ausgelöst, der nun seinen Platz
im Polit-Büro hat: Mieczysław Moczar. Die Nationalisten gelten als
Moczar-Anhänger. Aber der Funke springt in diesem Solidaritäts-
Frühling nicht über. Obwohl in Warschau tagelang antisemitische
Schmähschriften zirkulieren, bleiben die Studenten besonnen,
lachen die Arbeiter über die in Umlauf gesetzte Verleumdung, ihre
›freie Gewerkschaft‹ werde aus Tel Aviv ferngesteuert.

Doch 1984 stehen Mitglieder des ›Komitees für Gesellschaftliche
Selbstverteidigung‹ KOR vor polnischen Gerichten. Bei der ihnen
zur Last gelegten ›Verschwörung gegen den Staat‹ werden sie als
Handlanger des ›Internationalen Zionistischen Freimaurertums‹
bezeichnet.

Ich wandere zwischen Gräbern. Meine Vorfahren sind woanders
verscharrt, zugeschüttet vom Schutt einer Stadt, die dem Erdboden
gleichgemacht und mit Beton übergossen wurde – vielleicht schon
während der Festungszeit 1945. Ich weiß nicht, welche Mittel die

Eroberer danach noch anwandten, um deutsche Spuren zu tilgen – in Schlesien wie in Pommern oder Ostpreußen.

Der jüdische Friedhof in Breslau ist sich selbst überlassen; aber immerhin, er existiert. Hinten links, an der Mauer, so hatte man mir die Grabstätte beschrieben. Ich hebe die üppigen Efeuranken ab. Schließlich, unberührt in Blätter und Unkraut eingehüllt, die Grabplatte. Schwarzer Marmor, links und rechts Säulen, die sich an die Friedhofsmauer lehnen, darüber ein steinernes Dach, abgeblätterte Schrift, Farbreste in den Runen, noch lesbar: Ferdinand Lassalle, 1825 in Breslau geboren. Nur 39jährig kam er bei einem Duell in Genf um. Hier also ruht einer der ersten deutschen Arbeiterführer. Ein Philosoph, ein Romantiker, ein Patriot, der 1863 in Leipzig den ›Allgemeinen deutschen Arbeiterverein‹ gründete.

Daß er der Vergessenheit entrissen wurde, verdankt Lassalle eigentlich einer Bundestags-Delegation. Doch die hat das Grab seinerzeit nie gesehen. Damals erklärten die verschreckten polnischen Gastgeber, der Programmpunkt Breslau lasse sich leider nicht mehr realisieren. Ich bin wohl der erste Deutsche nach dem Kriege, der sich des Grabes annehmen wird.

Das polnische Kamera-Team hilft bei der Säuberungsaktion. Wir schaffen Unkraut weg, kehren Unrat beiseite und legen einen Kranz und Blumen nieder. Später wird das ZDF diese Friedhofs-Verschönerung als Produktionsaufwandskosten bezahlen.

Als nach uns eine offizielle SPD-Delegation von Bonn nach Breslau reist, um einen der Ersten der deutschen sozialdemokratischen Bewegung zu ehren, wird der polnischen Seite ausdrücklich für die hervorragende Grabpflege gedankt...

Denkmalpflege in Polen – das kann auch anders aussehen. »Baczność«, ruft eine helle Kinderstimme – »Achtung, rührt euch«, tönt es 30 Schritte links vom Schweidnitzer Keller, am Rathaus von Breslau. Die Grußhand der beiden Pfadfinder-Mädchen fällt herab. Die Füße springen in die Grätsch-Stellung. Das ist der Aufzug der Ehrenwache vor einem besonderen Denkmal, dessen Figur allerdings ausgewechselt wurde: Vom Podest herab steigen mußte Preußenkönig Friedrich Wilhelm – hinaufgeholfen haben

die Polen einem Possendichter: Graf Aleksander Fredro. Ihm gilt
der Salut der Pfadfinder.

Mehr ist es jedoch eine Reverenz vor Polens geschichtlichem Erbe.
Fredro, der Dichterfürst, kam im Fluchtgepäck nach Schlesien. Er
stammt aus Lemberg – wie viele der neuen Bewohner Breslaus. In
der nach dem Zweiten Weltkrieg zum russischen Territorium
erklärten altgalizischen Garnison wollten die Polen ihn nicht
zurücklassen. Als sie umgesiedelt wurden, hoben sie ihn heimlich
vom Podest und schleppten den steinernen Grafen versteckt im
Güterwagen mit, über 500 km Richtung Westen. Ein Entwurzelter,
ein Vertriebener – auch ein Mahner?

Der junge Pfadfinder-Führer, bei dem wir abends eingeladen sind,
bestätigt mir, daß dieses gerettete Stück Lemberg immer mit Blumen geschmückt werde, von Passanten – und das nicht nur an hohen
Feiertagen. »Ein Mahnmal für was?« frage ich den jungen Polen.
»Fredro stand schon da, als ich geboren wurde«, sagt Stanek. »Er
gehört zur Stadt, die wir wiederaufgebaut haben, so wie die Partei
es uns versprach: Was ihr aufbaut, gehört euch.«

Und dann schnurrt er Daten und Zahlen herunter wie ein Fremden-
führer: »Wrocław, 600000 Einwohner, zu 70 Prozent im Krieg
zerstört, die Stadtteile nahe dem Zentrum sogar zu 100 Prozent.
Wrocław ergab sich am 6. Mai 1945 nach über dreimonatigem
Widerstand. Gauleiter Hanke flüchtete.« Er bricht ab, das ist die
heikle Stelle. Denn nun müßte er eigentlich erklären, woher denn
die Kommunisten ihre neue Bevölkerung genommen haben für die
deutschen Ostgebiete, und wie dadurch die zweite Fluchtwelle der
Deutschen ausgelöst wurde, die Vertreibung.

Wir hatten ein Tabu-Thema berührt: die Ost-West-Verschiebung.
Nach offizieller polnischer Auslegung hat sie einfach nicht stattgefunden. Man sei eigentlich nur dahin zurückgekehrt, wo man schon
vor Jahrhunderten siedelte. Stanek erklärt es so: »Meine Eltern
sind aus der Nähe von Lemberg, sie wurden dort als Polen geboren;
doch in ihren polnischen Pässen stehen heute die Geburtsorte in
den russischen Bezeichnungen, weil Lemberg jetzt zur UdSSR
gehört. Warum sollten sie nicht dahin umsiedeln, wo schon ihre
Urahnen im Dienste polnischer Könige standen?«

Ich zeige ihm meinen Paß. Der Visa-Beamte hatte bei der letzten

Einreise meinen Geburtsort Breslau durchgestrichen und ›Wrocław‹ dafür eingesetzt. Obwohl die Abmachung zwischen der Volksrepublik Polen und der Bundesrepublik Deutschland besteht, bei Namen und Orten vor 1945 die alten Bezeichnungen zu belassen. Nach der Korrektur, die bei der Einreise vorgenommen worden war, mußte ich also in der VR Polen geboren sein – so jedenfalls las es sich und trug den amtlichen Stempel. Jetzt mußten wir beide lächeln.

Stanek, im Range eines Fähnlein-Führers, darf sich mit Recht zur Elite der polnischen Jugend zählen. Der stramme Drill der DDR-Jugendorganisation FDJ fehlt zwar den polnischen Pfadfindern, dafür aber nicht eine ideologische Ausrichtung. Die Pfadfinder-Hochburg steht in der Nähe von Breslau, in Oels. 1918 hatte in diesem Schloß noch Kronprinz Wilhelm von Preußen seinen Wohnsitz. In der Halle vor dem Kamin schwören heute die Kader auf die polnische Fahne.

Pfadfinder sind die Lieblingskinder der Nation, sie finden überall im Volk Applaus, weil sich die Meinung hält, diesen uniformierten Kindern sei die Fahne der Tradition übergeben worden. Ein Pfadfinder wird in erster Linie als Patriot betrachtet, und das macht sich die kommunistische Partei zunutze. Mit einem rein kommunistischen Jugendverband in Polen hätte sie keine Chance; Patriotismus hingegen ist unverdächtig, erhaben über Ideologie. Die sozialistische Ideologie der heranwachsenden Generation auf dem Transmissionsriemen des Patriotismus schmackhaft zu machen, ist daher wohlgeplante Langzeit-Strategie der Partei.

Schon der Erstklässler wird in den Bann der Pfadfinder gezogen. In der Schule erlebt er gleich in den ersten Tagen eine Überraschung: der Unterricht wird unterbrochen, weil Besuch erscheint. In die Klasse kommt ein Mädchen oder Junge, selbst noch Schüler, aber im Pfadfinder-Dress. Der Lehrer tritt zur Seite und übergibt den Unterricht an den Pfadfinderbesuch. Dieser darf mit einer Werbeaktion beginnen.

Zur Demonstration hat er Uniformen mitgebracht. Die ABC-Schützen dürfen Mützen aufprobieren. Abzeichen in die Hand nehmen und den Stoff betasten. »Bardzo slicznie«, staunen die Kinder, wunderschön finden sie die Tracht, der Stoff ist von bester

Von Polen alle Jahre wieder gefeiert: die
Land-Rückgewinnung *(Foto: ZDF)*

Polnisches Denkmal für einen Vertriebenen:
der Dichter Graf Aleksander Fredro wurde
im heute sowjetischen Lemberg geboren
(Foto: ZDF)

Qualität. Kinderkleidung gehört in Polen zu den trostlosesten Kapiteln. Jedes Kleinkind erfährt jedoch, daß in den großen Pfadfinderabteilungen – in Warschau gibt es sogar ein ganzes Kaufhaus nur für Pfadfinder – all die Dinge zu erstehen sind, vom Taschenmesser und Fußball bis zur fabelhaften Campingausrüstung. So träumt es dem Tag entgegen, an dem es Mitglied wird in dieser Wunderwelt. Dem Pfadfinderbesuch in der Schule fällt es also nicht schwer, Antwort zu bekommen:»Wer will bei uns mitmachen?« Fast alle Hände gehen hoch. Der Unterricht fällt an diesem Tag aus, die Erstklässler werden in das Pfadfinder-Zimmer geführt. Jede Schule besitzt einen solchen Freiraum für Spiele, Abenteuer, gemeinsames Erleben.»Wir sind die jungen Pfadfinder«, singen die Kleinen,»wir regen uns nicht auf, und wir sind es, die unbekümmert und fröhlich durch das Leben marschieren.«

Von nun an steht der Pfadfinder-Unterricht auf dem Stundenplan. Bis eines Tages der große Moment kommt, wo die kleinen Pfadfinder ihren ersten Eid sprechen. Auf dem Schulhof, vor der versammelten Schüler-Gemeinschaft. Mehrere Pfadfinderzüge sind angetreten. Mit erhobener Fahne stehen sie stramm, wenn die Jüngsten des Landes feierlich das Gelübde ablegen:»Ich verspreche, ein guter Pfadfinder zu sein, Rechte und Pflichten zu befolgen.«

Ehe die ABC-Schützen zum Ritter geschlagen werden, müssen sie mit ihrem Fingerabdruck den Eid besiegeln – zum Schreiben reicht ihre Schulweisheit ja noch nicht. Niemand auf dem Schulhof bleibt unberührt von dem Pathos dieses feierlichen Zeremoniells. Die Fahne des Vaterlandes eint alle. Der Schuldirektor läßt es sich nicht nehmen, die funkelnagelneuen Pfadfinderabzeichen persönlich an den Aufschlag der Uniformen zu stecken.

Die polnischen Pfadfinder-Trachten gleichen tatsächlich eher den Uniformen der polnischen Armee. Diese Anlehnung an militärische Vorbilder wird mit ›Traditionspflege‹ erklärt. Denn lange waren die Pfadfinder-Symbole verboten. Erst 1956, nach Stalins Tod, durften die alten Ränge und Abzeichen wieder vorgeholt werden. Doch die traditionellen Symbole können nicht darüber hinwegtäuschen, daß in den wiedergegründeten Pfadfinder-Verband bald der neue sozialistische Geist einzog: Die Ziele der Pfadfinder verschmolzen mit den Ideen der Partei. Die Vorteile

Wiederentdeckt auf dem jüdischen Friedhof
von Breslau: die Grabstätte von Ferdinand
Lasalle   *(Foto: ZDF)*

Von den neuen Schlesiern 1968 auf die Sand-
Insel geholt: Papst Johannes XXIII.
                           (Foto: Ruge)

einer Mitgliedschaft sind indessen so offensichtlich, daß die meisten Eltern nichts gegen einen Beitritt ihrer Kinder haben. In vielen Krankenhäusern gibt es spezielle Abteilungen für Pfadfinder. Ältere Pfadfinder, die Patenschaften übernommen haben, betreuen die kranken Bund-Genossen. Jeder Pfadfinder-Neuankömmling ist von vornherein ein Freund, denn er besitzt die gleiche Uniform, hat ebenfalls den Eid geleistet. Die Älteren betreuen nicht nur, sie verscheuchen mit Spielen und Beschäftigungen auch die Langeweile vom Krankenbett; selbst religiöse Bastelarbeiten sind hier nicht verpönt. In der Truppe freilich bleibt das Thema ›Gott‹ ausgeklammert.

Politischer Drill ist auch für das argwöhnischste Elternpaar in der Altersstufe der sieben- bis elfjährigen Pfadfinder noch nicht erkennbar. Die Maxime heißt: es ist deine Verpflichtung, auch für den Schwächsten im Lande zu sorgen. Und da schon die Kleinen diesen Nächsten-Dienst am eigenen Leib erfahren oder miterleben, wird es für sie selbstverständlich, daß sie ihrerseits Behinderten, Taubstummen, Blinden oder Gebrechlichen helfen. Polnische Pfadfinder bauen mit an Straßen, Brücken, Krankenhäusern; sie beteiligen sich an Armee-Einsätzen, wenn es um sogenannte gesellschaftliche Aufgaben geht. Alles im ›Dienst an Polen‹.

Die öffentliche Anerkennung bleibt nicht aus; für besondere Leistungen werden Verdienst-Abzeichen verliehen: »Pfadfinder tragen Verantwortung«, soll der Gesellschaft sichtbar gemacht werden, »sie dienen einer guten Sache«.

›Angewandten Sozialismus‹ nennen die kommunistischen Funktionäre diesen Dienst an der Sache des polnischen Staates. Mit dem Hintergedanken: die Jugend Polens kann gar nicht anders als in sozialistischen Begriffen denken. Was die Partei natürlich nicht sagt: Sozialismus ist allein für den etwas Normales, der in seiner Welt dieses politische System als einzige Ideologie vorfindet.

Zur Traditionspflege gehört für einen Pfadfinder vor allem die Ehrung der Toten des Vaterlandes: Auf dem Warschauer Friedhof ruhen die Gefallenen des Warschauer Aufstandes von 1944 gegen die Deutschen. Hier liegen auch die ›Grauen Reihen‹, so nannten sich jene Melde- und Aufklärungstrupps der Pfadfinder, die an den Kämpfen teilnahmen. Ihre Gräber wurden zur Heldengedenkstätte

Schloß Oels, einstiger Wohnsitz des preußischen Kronprinzen, heute Pfadfinder-Hochburg *(Foto: ZDF)*

Mahnwachen: die Erinnerung an die Schuld
der Deutschen gehört zum Erziehungspro-
gramm in ganz Polen *(Foto: ZDF)*

der polnischen Pfadfinder – zum patriotischen Angelpunkt der polnischen Jugend. Im Gedenken an die Opfer für das Vaterland werden an dieser Stelle 11jährige Pfadfinder erneut vereidigt; diesmal umrahmt von Standartenträgern, die die alten Kampfhelme von 1944 tragen. Wenn die Pfadfinder in die zweite Altersstufe aufgenommen werden, bekommen sie neue Abzeichen, und das Gelübde wird deutlicher: »Ich verspreche, mit meinem ganzen Leben Dir, Vaterland, zu dienen ... dem Sozialismus treu zu bleiben, um den Frieden und das Wohlergehen der Menschen zu kämpfen ...«

Freiwillig schließen sich die nun 11jährigen zum zweitenmal einer Gemeinschaft an, die das Vaterland über alles stellt. Die anschließende Helden-Ehrung gleicht einer sakralen Handlung. Ein Pfadfinder-Halstuch wird der Stätte geweiht, Kerzen entzündet – wie auf dem Altar.

Über 40 Jahre sind seit dem Warschauer Aufstand vergangen; aber die Erinnerung an eine Schreckenszeit unter der deutschen Besetzung Polens wird wachgehalten. Die neu aufgenommenen Pfadfinder haben von nun an das Recht, an Gedenkstätten, die überall im Lande mit Blumen, Kerzen und Bändern geschmückt sind, Plaketten zum Zeichen ihrer Verbundenheit abzulegen oder als Ehrenwache an den Gedenktagen auf Posten zu gehen – wie vor dem Denkmal des galizischen Dichterfürsten Graf Fredro in Breslau. Bitter ist für uns die Erkenntnis: So lange die Erinnerung an polnisches Leid in jugendliche Herzen gesenkt wird, so lange werden wohl kaum die Deutschen von Schuld freigesprochen.

Der andere Aspekt der Traditionspflege steht nur scheinbar in Widerspruch zum Sozialismus: das Wiederanknüpfen an die Glanzzeiten der Vergangenheit. Im Stil des Mittelalters wurde mit der Warschauer Altstadt auch das prachtvolle Königsschloß kunstvoll rekonstruiert. Für die Polen, die sich nach einer Volksbefragung mit überwältigender Zustimmung im Sinne des Wiederaufbaus entschieden, wurde das von den Deutschen zerstörte Königsschloß zum Symbol für den eigenen Leistungswillen hochstilisiert, zur Identifikation quasi mit dem neuen Polen nach dem Zweiten Weltkrieg. Das ganze 36-Millionen-Volk wurde motiviert, sich mit

Spenden an der Vollendung dieses Volks-Symbols zu beteiligen. Und auch die Lieblingskinder der Nation, die Pfadfinder, halfen mit, um diesen alten Sitz polnischer Könige aus den Trümmern neu erstehen zu lassen. Auf die erheblichen Beiträge aus dem westlichen Ausland, besonders aus der Bundesrepublik, wird im Zusammenhang mit dem Wiederaufbau – wenn überhaupt – nur diskret hingewiesen.

Die Bewunderung, die Besucher mit Recht der Sanierung der Altstädte von Warschau, Danzig oder der Königsresidenz Krakau zollen, darf aber nicht darüber hinwegtäuschen, daß die schlesische Metropole vor einer baulichen Katastrophe steht. Die Altstadt von Breslau ist nach einer Veröffentlichung in der polnischen Zeitung *Wieczor Wrocławia* dem Verfall preisgegeben, da von den 2300 denkmalgeschützten Objekten, vor allem bei 750 Häusern, die Dächer völlig neu gedeckt werden müßten – von einer notwendigen Restaurierung der übrigen über hundertjährigen Bauten ganz abgesehen. Solche Schreckensmeldungen kommen überwiegend aus den deutschen Ostgebieten. Die Aufbaupläne der kommunistischen Partei setzten bis dato andere Prioritäten – weil man sich seiner Sache vielleicht doch nicht ganz sicher ist, nämlich daß die deutschen Territorien, die den Polen 1945 bis zu einer friedensvertraglichen Regelung nur zur Verwaltung übergeben wurden, auch wirklich eines Tages der Volksrepublik von den vier Siegermächten zugesprochen werden.

Wo renoviert wird in den deutschen Ostgebieten, geschieht dies in Anknüpfung an einen slawischen Ursprung. Daß die Geschichte dabei oft verbogen, verdrechselt, vergewaltigt wird an Oder und Neiße, Warthe und Netze, Weichsel und Nogat – auch dies ist ein Tabu-Thema.

Völlig ausgelöscht ist das Deutsche in Schloß Oels, der ehemaligen Residenz des preußischen Kronprinzen – der jetzigen Hochburg der polnischen Pfadfinder.

Hier werden die Führungskräfte der mit drei Millionen größten Jugendorganisation Polens ausgebildet. Jährlich einige Tausend.

Im polnischen Reiseführer von *Interpress* heißt es über die Geschichte von Oels, das jetzt Oleśnica genannt wird:

Die Stadt wurde nach starken Kriegszerstörungen wiederaufgebaut.
RENAISSANCE-SCHLOSS der Piastenherzöge von Oleśnica und
später der Podiebrad-Herzöge (16. Jh.) mit gotischen Elementen
(14. Jh.). In letzter Zeit restauriert, befindet sich hier gegenwärtig
die Zentralschule der Pfadfinder sowie ein archäologisches Mu-
seum.

Kein Hinweis auf den Preußen-Sitz. Was aber schwört die polni-
sche Pfadfinder-Elite am Kamin des preußischen Kronprinzen:
»Ich übernehme die Pflichten eines Instrukteurs der polnischen
Pfadfinder. Mit meiner ideologisch-erzieherischen Arbeit will ich
Volkspolen dienen, dem Frieden und dem Sozialismus. Ich werde
die Jugend zu bewußten Bürgern und heißen Patrioten erziehen.«

Im Pfadfinder-Dress steht feierlich eines Tages auch unser Sohn
vor uns. Nicht als flammender Patriot freilich, sondern als stolzer
Boyscout, der an der amerikanischen Schule seinen Pfadfinder-
Eid im Geiste internationaler Verständigung abgelegt hat. Das
Wahrzeichen der amerikanischen Schule ist an seinem Ärmel auf-
genäht, eine Weltkugel, die umschlossen wird von einem Kreis mit
Kindern aller Nationen. Sie reichen einander rund um die Welt die
Hände. In dieser Schule begegnen sich Kinder aller Hautfarben,
ein buntes Völkergemisch, das im Kleinen die friedliche Koexi-
stenz der unterschiedlichen Nationen aller Rassen übt und praktiziert. Schon die Kleinkinder in der Vorschulklasse basteln Weltku-
geln, die sie mit Fähnchen und eigenen Namensschildern bespik-
ken, um zu demonstrieren: jeder ist ein Teil des Ganzen.
In Olivers Klasse 6 gibt es eines Tages einen Zwischenfall. Zwei
Klassenkameraden haben einem nougatfarbenen Negerknaben
den Spitznamen ›Schokoladenfabrik‹ verpaßt. Der dunkelfarbige
Krauskopf fühlt sich gehänselt, und dicke Tränen tropfen aus
seinen kugelschwarzen Kulleraugen. Der Lehrer duldet dies nicht.
Unter einem Vorwand wird die unglückliche kleine ›Schokoladen-
fabrik‹ ins Sekretariat gerufen; dafür erscheint drohend der Direktor im Türrahmen. Er hält den betreten dreinschauenden Kindern
einen geharnischten Vortrag, und die zwei ›Sündenböcke‹ müssen
einen Aufsatz verfassen: »Wie ich mir meinen persönlichen Bei-

trag zur Völkerverständigung vorstelle.« Das Wort ›Schokoladen-fabrik‹ ist nie wieder gefallen.

Auch Oliver erlebt am Anfang, daß Gleichaltrige ihm scherzhaft den Hitler-Gruß zurufen oder »jawohl, mein Führer« zu ihm sagen. Oliver erledigt das auf seine Weise, indem er seine Muskeln zeigt. Respekt aber verschafft er sich vor allem dadurch, daß er den anderen Kindern einen Salto über den Kasten vormacht.

Die amerikanischen Boyscouts unternahmen mehrfach Versuche, Begegnungen mit polnischen Pfadfindern zu arrangieren. Auf der polnischen Seite wurde jedoch diskret abgewinkt. Weil die polnischen Pfadfinder ein Teil der Föderation der sozialistischen Jugendverbände sind und nicht dem Weltverband angehören? Die Lilie trägt auch die polnische Jugend im Pfadfinder-Symbol.

Welche Ressentiments und Animositäten werden auf unsere Tochter zukommen, die ihrem ersten Tag an dem polnischen humanistischen Gymnasium entgegenbangt?

Das Schuljahr beginnt feierlich mit einem Zeremoniell. Pfadfinder bilden eine Kette in der Aula des Warschauer Modzelewski Gymnasiums und gruppieren sich um das Rednerpult. Zwei ausgesuchte Schüler tragen die schuleigene Fahne herein, den weißen polnischen Adler auf rotem Tuch, an dem mehrere Bänder mit Aufschriften befestigt sind: für hervorragende Leistungen, für gesellschaftlichen Einsatz, für sozialistisches Verhalten. Die Fahnengruppe nimmt vor dem Rednerpult Aufstellung. Ein Pfadfinder tritt vor, spricht die Eidesformel, die Fahne senkt sich. Auf diese Fahne legen auch die Schüler einen Eid ab, sie geloben: »Ich werde meine Pflicht treu erfüllen, nicht nur in der Schule, vor allem gegenüber dem Vaterland.« Aufmarsch, Fahnen, Eide – mancher polnische Jugendliche mag das als Inszenierung durchschauen; der Appell jedoch an ihren Patriotismus, an ihre Liebe und Treue zum Vaterland verfehlt nie seine Wirkung. Die polnische National-Hymne beschließt auch dieses offizielle Zeremoniell.

Zu den ersten Selbstprüfungen, über die Nicolas Klasse einen Aufsatz schreiben muß, gehört das Thema ›Patriotismus‹. Wie gut, daß ihr Polnisch noch nicht ausreicht. Denn was hätte die 14jährige schreiben können? Der Generation ihrer Eltern hat man nach dem

Krieg nationale Gefühle in der Schule radikal ausgetrieben. Wie hätte sie es formulieren sollen, daß ihre Heimat zweigeteilt ist, daß es keine gemeinsame Fahne gibt, auf die der Eid abgelegt wird, und daß ihr Vater in seine schlesische Heimat nicht zurück kann? Die Bundesrepublik – das ist die bitterste Pille, die sie in den ersten Schultagen schlucken muß – ist ein ›gefährlicher Gegner‹ der Volksrepublik Polen. Das ist das Ergebnis der täglichen kommunistischen Propaganda-Hetze, die in den Massenmedien ein Feindbild aufbaut und bundesdeutsche Revanchisten ausmacht – von denen jeder weiß, daß sie keine Minute lang aufgehört haben, nach polnischem Territorium zu trachten. Kein Wunder also, daß das westdeutsche Kind am Anfang von den Mitschülern mit äußerster Skepsis beäugt wird.

In der ersten Zeit kommt es vor, daß Mitschüler hinter vorgehaltener Hand ›Nazi‹ zischen, wenn sie an Nicola vorbeigehen. Sie leidet schrecklich darunter, kann sich nicht wehren, weint, will nicht mehr in die Schule. Ich gehe zur Klassenlehrerin, einer sehr vernünftigen, verständnisvollen Polin. Sie verspricht, mit der Klasse darüber zu reden.

Die unbedachten Worte legen sich schnell, besonders als die Schulkameraden entdecken, daß die ›Fremde‹ sich als willkommene Hilfe entpuppt für die Schularbeiten im Fach Deutsch. Und je weiter sie im Polnischen fortschreitet und die Mitschüler im Deutschen, desto leichter wird die Annäherung, so daß schließlich eine ganz normale Beziehung entsteht. Sogar Freundschaften.

Eine Mahnung hat mir die Klassenlehrerin noch mit auf den Weg gegeben:»Lassen Sie nicht zu, daß die Schule zum Schauplatz für einen Mode-Wettbewerb wird.« Das klingt fast komisch, denn die ›moda polska‹ findet eher im Ausland statt als in den karg dekorierten polnischen Geschäften. So geben wir diese Mahnung unserer Tochter besonders mit auf den Schulweg. Auf den Effekt waren wir freilich alle nicht gefaßt: die polnischen Klassenkameraden reagieren zutiefst enttäuscht. Ein westliches Kind hat man sich anders vorgestellt: immer nach der neuesten westlichen Mode gekleidet, up to date, davon kann man noch was lernen. Wir wissen zu dem Zeitpunkt noch nicht, wie gefragt westliche Schnittbögen aus kapitalistischen Mode-Journalen sind.

Diesen Fauxpas will sie wieder gutmachen. In der Disco, zu der sich
die Klasse am nächsten Samstag verabredet, erscheint sie mit
neuestem westlichen Chic. Die Schulfreunde sind entsetzt. Nicola
begreift nun überhaupt nichts mehr. Warum distanzieren sich die
Klassenkameraden? Małgosia nimmt sie beiseite und deutet auf
ihre modische Krawatte zum Hosenanzug. Im Westen gerade der
letzte Schrei, besonders die Farbe Rot. Rote Krawatten aber tragen
in Polen die Pfadfinder-Mädchen, und rote Krawatten sind auch der
Partei-Jugend bei offiziellen Anlässen vorgeschrieben. Doch alles,
was ›von oben‹ verordnet ist, wird von vielen Jugendlichen als
notwendiges Übel betrachtet; um Ärger zu vermeiden, trägt man es
halt. Partei- und Privatleben werden streng voneinander getrennt.
Daraus ergibt sich eine Art Doppel-Dasein. Für einen Westler
etwas Irritierendes, womit sich nicht nur unsere Tochter zurechtfinden muß.

Immer wieder stoßen wir auf diese Abgrenzungen zwischen sozialistischer Scheinwelt und realem Verhalten. In Breslau kommt es zu
einer unerwarteten Begegnung am Oder-Ufer. Ich lehne am Geländer und beobachte Lastkähne, als neben mir jemand ruft:»Bringst
du mir morgen den Original-Grass mit?« Höre ich richtig:
DEUTSCH! Die Stimme klingt jugendlich. Von der Brücke antwortet eine helle Mädchenstimme:»Nein, ich habe ihn Jolanta
ausgeliehen.«
»Was meint sie mit dem Original-Grass?« frage ich den jungen
Mann, der an mir vorbeigehen will. Wahrscheinlich ist er Student.
Er mustert mich und erkennt den West-Deutschen – wohl am
Schuhwerk:»Wissen Sie, in deutscher Literatur gibt es bei den
Vorlesungen Lücken. Grass ist zwar jetzt runter vom Index, aber
sie haben ihn nur in gesäuberter Form freigegeben. Ich würde gern
das Original lesen, doch die Nowa-Ausgaben sind vergriffen.«
Damit war alles ausgedrückt. Bisher wurden einige deutsche Auto-
ren der Gegenwart in der Volksrepublik Polen nicht zugelassen,
daher die Untergrund-Verlage wie ›Nowa‹. Nun werden zensierte
Ausgaben offiziell veröffentlicht, aber wohl nur, um vor allem im
Westen zu demonstrieren, daß der Freizügigkeit der Gedanken
durch Kommunisten keine Schranken gesetzt sind.

Mein Wunsch, mit dem Dekan des Germanistik-Instituts der Universität Breslau zu diskutieren, wird mit dem Vorschlag beantwortet, ich könne eine Vorlesung besuchen. Am nächsten Tag wird mir ein potemkinsches Theater vorgeführt. Grass steht auf dem Programm. Die Zitate, die der Professor ausgewählt hat, sind unangreifbar. Das gilt auch für das, was er wegläßt – freie Lehrmeinung. Fragen von Studenten werden nicht laut. Alle schreiben mit, weil das einzige Buchexemplar auf dem Tisch des Dozenten liegt. Eine Original-Ausgabe. Als die Scheinwerfer im Hörsaal ausgehen, legt sich die Finsternis wie eine Beklemmung über jeden einzelnen. Es ist totenstill. Plötzlich steckt mir eine Hand einen Zettel zu: »Warum schickt uns Eure Regierung keine deutschen Bücher?«

Wir geben die Frage weiter in Warschau, als die alljährliche internationale Buchmesse stattfindet. Die deutschen Buchhändler stellen das größte westliche Aufgebot. Die Frage aus Breslau scheint sofort auf Empfindlichkeiten zu treffen: »Die deutschen Verlagshäuser können ihre Bücher doch nicht umsonst hergeben«, sagt einer der Händler pikiert. »Für die staatlichen polnischen Buch-Einkäufer mit ihren bescheidenen Devisen-Etats werden jedoch deutsche Bücher immer teurer – und zwar überproportioniert. Das liegt nicht an polnischen Zoll-Bestimmungen, diese Situation wird durch unsere eigene Kultur-Politik hervorgerufen.«

Wir sind erstaunt, bitten um nähere Aufklärung. Ein Verlagsdirektor faßt die Ansicht der übrigen deutschen Vertreter zusammen: »Wir sind zwar auf der alljährlichen Buch-Messe die Größten, unsere Umsätze aber schrumpfen immer mehr zusammen. Ich habe schon zu lange zugebuttert, um hier weiter vertreten zu sein. Nächstes Jahr komme ich nicht wieder. Dabei könnte ich jede Menge verkaufen, wenn es die günstige Regelung mit dem Auswärtigen Amt weiter gäbe: Bisher konnten wir den Polen einen ordentlichen Rabatt einräumen – 40 Prozent, 35 Prozent. Dieser Rabatt wurde uns vom Auswärtigen Amt ersetzt, alle waren zufrieden. Dann aber hat Bonn noch zu Zeiten der SPD/FDP-Koalition den Rabatt erst um 15 Prozent gekürzt, später nochmals, so daß sich die deutschen Druck-Erzeugnisse, von den Büchern bis zu den Fachzeitschriften, entsprechend verteuerten. Auf der polnischen Seite aber haben sich die Devisen-Zuteilungen nicht verändert, eher

verringert. Folge: die Bestellungen gehen zurück. Heute lohnt sich
das Geschäft praktisch nicht mehr.«
»Warum setzen sich wohl bei uns in Wrocław Ingenieure, Mediziner, Baufachleute wieder auf die Schulbank und lernen Deutsch?«
fragt mich der Student vom Oder-Ufer, »wenn wir doch von deutscher Fachliteratur abgeschnitten werden? Wie können ohne die
notwendigen Kenntnisse von neuen deutschen Verarbeitungstech-
niken aus dem Osten Kauf-Order für deutsche Maschinen kommen? Das müßten doch eure Politiker begreifen!«
Igor, der Student, schaut mich eindringlich an: »Bitte, jetzt keine
Fehlschlüsse. Deutsch zu lernen, das tun wir nicht etwa euch zuliebe
– vielleicht gar, um Schlesien besser kennenzulernen. Die umgesie-
delten Polen haben nicht die Absicht, in ihrer neuen Heimat das
Deutsche wiederzuentdecken«, warnt er. »Die Wiederkehr der
deutschen Sprache entlang der Oder hat allein praktische Gründe:
Die einen wollen in der DDR arbeiten, die anderen ihr Wissen
verbessern und dadurch womöglich zur Weiterbildung in die Bundesrepublik geschickt werden. Sie mögen deswegen vielleicht überrascht sein, aber es ist so: In den Grenzgebieten zur DDR wählen
heute schon 60 Prozent der Oberschüler Deutsch als erste Fremdsprache nach dem obligatorischen Russisch.«
»Übertreiben Sie mal nicht«, sage ich, »das trifft doch nur für einige
Großstädte zu. Auf dem Dorf steht der Deutsch-Unterricht wohl
kaum auf dem Stundenplan.«
»Denken Sie!« sagt er. »In ganz Polen wird sogar regelmäßig zu
einer Deutsch-Olympiade aufgerufen. Den Gewinnern winken
attraktive Belohnungen: Stipendien in der DDR zum Beispiel, vor
allem aber ist ihnen der Germanistik-Studienplatz an einer polnischen Uni sicher. Dafür nimmt mancher die Paukerei gern auf sich,
um den Numerus clausus zu überwinden. Denn auch in Polen
platzen die Universitäten aus den Nähten.«
Auf dem Weg entlang der Oder erreichen wir die Sandinsel. »Terra
sancta – die heilige Erde«, sage ich, »so hieß dieses Stadtviertel bei
den Schlesiern, weil hier eine Kirche neben der anderen steht.« Igor
zählt die Gotteshäuser auf: »Da, wo sich die Oderarme teilen,
erhebt sich unsere Marienkirche ›na piasku‹ – Verzeihung«, sagt er,
»auf dem Sande, meine ich. Drüben, am anderen Ufer bis zum Dom

hin stehen die Krzyza-Kirche, die Marcina, die heilige Idziego und die Basilika – der Dom von Wrocław. Von uns wieder aufgebaut als polnisch-katholische Kathedrale.« Benutzt er deshalb nur die polnischen Namen?

»Den Dom«, sagt er, »habt ihr selbst kaputt gemacht. Die dort von der Wehrmacht eingelagerte Munition explodierte 1945. Noch vor der Befreiung!«

»Und herunter stürzte der Cornelius, die große Glocke des Doms, die Johannes dem Täufer geweiht war«, von der meine Eltern erzählten, daß sie nur zu besonderen Anlässen geläutet wurde. An Weihnachten, wenn das ›Transeamus‹ erklang, das Weihnachtslied der Schlesier, das von Breslau aus ganz Deutschland eroberte.

»Ein Stück von Wrocław haben wir auch dem Johannes geweiht«, sagt Igor. »Wir entdeckten am Ufer bei archäologischen Ausgrabungen nach dem Kriege nicht nur weitere Reste einer Wehrmauer der ehemaligen Herzogsburg. Wir fanden auch, daß hier schon eine slawische Burg aus dem 10. Jahrhundert gestanden hat. Und auf dieses Stück Erde setzten die neuen Schlesier ein Denkmal für Papst Johannes XXIII., im Jahre 1968.«

»Und was sagte die kommunistische Partei dazu?« frage ich. Igor lächelt: »Uns stört er nicht.«

Wir bleiben am Dom stehen. Nach polnischer Sitte kleben an den Wänden oder am Eingang Todesanzeigen. Aus schwarzem Rahmen springen mir Kreuze, Palmenwedel, Namen ins Auge: Wanda, Jurek, Stanisław. Dazwischen mit einer Heftzwecke befestigt eine Anzeige in deutscher Sprache:

Johanna Czojor, geb. Rombock, *1899
Der Herr hat's gegeben, der Herr hat's genommen

»Eine Hiergebliebene«, sagt Student Igor, »eine der letzten, dann ist es vorbei mit den Deutschen. Höchstens noch auf Grabsteinen.« Am liebsten möchte ich der Toten zurufen: »Es ist nicht wahr, nicht nur die Steine sprechen deutsch!«

3
Schweidnitz
Świdnica

Schlesische Bauernhöfe vom Verlassen bedroht
(Foto: Ruge)

Peter hatte nicht ›Nein‹ gesagt, als die Bitte an ihn herangetragen wurde:»Sollte Sie der Zufall in die Gegend führen«, legte ihm Graf Lambsdorff ans Herz,»dann schauen Sie sich doch einmal auf dem Rittergut um. Vielleicht gelingt es Ihnen, die Bilder zu finden.« Deutsches Kulturgut, das bei der Flucht aus der alten Heimat zurückbleiben mußte – noch immer ein ›heißes Eisen‹ zwischen Polen und Deutschen.

Über die Herausgabe der Bilder führt die Familie Lambsdorff seit Jahren einen Briefwechsel über das Auswärtige Amt mit polnischen Behörden. Bisher vergeblich. Es ist nicht der materielle Wert, um den es der Familie des Grafen geht, sondern die Erinnerung an zwei Vorfahren, festgehalten in Öl auf 0,60 × 1,00 Meter Leinen: Gräfin Anna Lambsdorff und Graf Matthias Lambsdorff; ehemals kaiserlich russischer General der Infanterie, gestorben 1828. Die beiden Porträts im Empire-Goldrahmen hatte die Familie auf dem Heuboden des angrenzenden Pferdestalles verstaut, bevor sie Haus und Hof verlassen mußte. Die Nachforschungen aus der Ferne verliefen im Sande. Ob es an Ort und Stelle eine Spur gibt?

Wir kommen mit dem Wagen aus dem Waldenburgischen. Die polnische Landkarte auf dem Knie, die deutsche Adresse in der Hand. Um Tomek, unserem ›treuen‹ Begleiter und Aufpasser den Umweg zu erklären, erzählt Peter von seiner alten Tante aus Breslau. Nach den letzten Lebenszeichen hat sie in Frauenhain bei Schweidnitz, dem heutigen Chwatów, Zuflucht gefunden. Eines Tages war die Verbindung abgerissen.»Vielleicht liegt sie dort begraben«, wendet Peter sich an Tomek.»Wir halten hier mal«, sagt unser Interpress-Begleiter.»Ich werde jemanden fragen.«

»Ob er jetzt nach Warschau telefoniert?« mutmaße ich.»Na, eine Verbindung dürfte schwierig sein, dazu sieht es hier zu verlassen aus«, antwortet Peter, und erst jetzt fällt uns auf, daß etwas Entscheidendes im Ortsbild fehlt. Es ist nicht die Tünche an den Häusern, denn durch halbverfallene Dörfer mit schiefen Fensterläden und schadhaften Dächern sind wir schon öfter gekommen.

Tomek hat das mit ›Mangel an Material‹ erklärt. Nach Dorfbewohnern schaut man um diese Zeit sowieso vergeblich aus, weil die Bauern auf dem Feld sind. Normalerweise jedoch quibbelt und schnattert es auf den Dorfstraßen, so daß wir im Schritt vorsichtig um das viele Federvieh herumfahren müssen. Hier jedoch kommt uns keine Kolonne im Gänsemarsch entgegen, auf dem Tümpel plätschert keine Ente mit dem flaumigen Nachwuchs im Gefolge – höchstens Entengrütze gibt's. Nicht einmal ein Hund bellt uns freudig entgegen. Auf einem windschiefen Gatter klappert nur leise ein umgestülpter Kochtopf im Winde.

Tomek kommt kopfschüttelnd zurück. Irritiert steigt er wieder zu uns in den Wagen: »Kaum zu glauben, alles verlassen – wieder so ein Dorf!«

Unser Begleiter spielt auf Berichte an, die in der Warschauer Partei-Zentrale seit einiger Zeit als alarmierend empfunden werden. Die Polen geben die deutschen Höfe auf. Warum die neuangesiedelten Polen in den von Deutschen geräumten Gegenden nicht heimisch werden, hat die polnische Wochenzeitschrift *Polityka* mit Beispielen zu analysieren versucht. Das Blatt schreibt:

Agnes S. lief ihr Mann weg. Er hat sie mit ihrem Kind zurückgelassen und ihr eine Nachricht geschickt: ›*Ich gehe nach Waldenburg. Wenn Du diesen verfluchten Hof verkaufen kannst, kannst Du mit Marek zu mir kommen, und wir werden es gut haben. Aber ohne den notariellen Akt über den Verkauf brauchst Du mir gar nicht unter die Augen zu kommen!*‹

Das ist leichter gesagt als getan, findet die Polityka und wundert sich: *Wer kauft denn schon, wenn auch fast umsonst, einen Acker und eine Wirtschaft in den Bergen? Die Leute flüchten. Im Lauf der letzten sechs Jahre haben 61000 Menschen die Dörfer im Waldenburger Gebiet verlassen. Auf diese Weise sind 3600 Bauernhöfe frei geworden, insgesamt 9000 Hektar Ackerland und Weiden.* ›*Dieses Mostowice (Langenbrück, Kreis Habelschwerdt) war vielleicht mal ein Dorf mit 360 Hausnummern*‹, *sagt ein dortiger Landwirt, der Abgeordnete Gulij,* ›*aber heute sind es noch vier!*‹ *Wenn dies aber nur das einzige Dorf wäre! Gäbe es nicht die Waldarbeit, würden die Leute hier zugrundegehen.*

Fünf Dörfer in der Wojewodschaft Hirschberg sind laut *Polityka* vollständig von der Landkarte verschwunden. Dort liegen 17000 Hektar Land brach, das niemand haben will. Ähnlich sieht es in den Wojewodschaften Breslau und Liegnitz aus. In den übrigen Wojewodschaften mit Gebirgsanteil – in Südpolen z. B. – ist es vielleicht nicht gerade besser, aber doch anders. Das Leben ist dort zwar ebenso schwer, doch flüchten viel weniger Menschen vom Lande. Der Vorsitzende des Verbandes der Landwirte und der landwirtschaftlichen Organisationen der Wojewodschaft Hirschberg, Jozef Hasek, sagt:»Das ist nicht nur deshalb so, weil von denen aus dem Podhale oder dem Gebiet von Neu Sandez (in der Tatra) jeder zweite einen Verwandten in den USA hat. Die können mit Hilfe der Grünen (in Polen sind Dollars damit gemeint) investieren. Vor allem aber geht es darum, daß man mit den Bergen in mehreren Generationen verwächst; diese Leute sind dort sozusagen verwachsen und werden es auch bleiben. Aber hier sind es Leute aus dem Osten, die mit ihren Wurzeln aus der väterlichen Heimat herausgerissen wurden, und die Würzelchen, die sie bisher in dieses steinige Land hinabgesenkt haben, sind noch ganz schwächlich und leicht zerreißbar.«

»Es liegt sicherlich nicht an der Landschaft«, sagen wir.»Freiwillig geht doch aus einem solchen Paradies keiner weg!« Vor uns öffnet sich die Naturpracht, für die Schlesien berühmt ist – für uns die Kulisse einer Kindheitssehnsucht, die Erwachsene mit ihren Erzählungen früh geweckt haben. Goldgelbe Kornfelder wachsen in die Hügel hinein, dazwischen kleine Weiher, umgeben von Pappeln und Trauerweiden, Störche stolzieren über die Flur, Bäche fließen durch Mischwald, vor dem sich Birken und Heidekraut abheben. Einsame Wege sind gesäumt von schattigen Baumalleen mit ineinandergreifenden Akazien- und Platanen-Kronen oder uralten Eichen und Linden. Von der schlesischen Landschaft hatte schon der Hamburger Großvater geschwärmt, den vor dem Krieg sein Gewürzhandel von der Elbe bis an die russische Grenze geführt hatte. Wenn er von seinen Schlesienreisen erzählte, bekam er ›Märchenaugen‹, wie wir Kinder es ausdrückten.

Es duftet nach Pilzen. Am Straßenrand winken Kinder mit großen Körben: Pfifferlinge, Reizker, Steinpilze – so groß und knusprig wie frisch gebackene goldbraune Brötchen. Am liebsten möchten wir anhalten. Doch wir haben noch etliche Etappen zurückzulegen.

Auf der Suche nach dem Namen ›Chwatów‹ entziffern wir jedes Ortsschild, hinter dem sich das ehemalige Frauenhain verbergen könnte, bis wir unvermittelt am Ort sind.

Der alte deutsche Gutshof muß einst prächtig gewesen sein, doch welcher Anblick: Ein wüstes Durcheinander, am Herrenhaus weht Wäsche, verdeckt die schlimmen Spuren von Verfall und mutwilliger Zerstörung. Nur die Nebengebäude scheinen intakt zu sein; sie wirken relativ in Ordnung. Ist es die Angst der Polen, die sie befürchten läßt, die ehemaligen Herrschaften könnten eines Tages zurückkommen, weswegen niemand einen Złoty in diese deutsche Erbschaft stecken will?

Mitten auf dem Hof halten wir an. Ich möchte fotografieren, steige aus. Doch mit den Gänsen habe ich nicht gerechnet, sie stürzen plötzlich flügelschlagend und wild schnatternd hinter einem Geräteschuppen hervor, direkt auf mich zu. Ich rette mich ins Auto. »Gänse beißen, das lernt schon das Kleinkind«, sage ich zu dem grinsenden Tomek. »Berufsrisiko«, spottet er. Ich mache meine Aufnahme aber doch lieber durch das Schiebedach.

Peter hat sich inzwischen auf die Suche nach dem Gutsverwalter begeben.

Er kommt, vom Lärm der Gänse aufgeschreckt, mißtrauisch aus dem Haus. Tomek erklärt die Geschichte von der alten Tante. Der Gutsverwalter schüttelt den Kopf. Wir haben es nicht anders erwartet; diesen Mann jetzt nach den Lambsdorff-Bildern zu fragen, hieße, der Mission ein vorzeitiges Ende bereiten.

»Wie lange sind Sie auf dem Hof?« fragt Peter. »Ein Jahr, es können auch zwei sein«, sinniert der Gutsverwalter. »Ja, dann sollten wir doch jemanden fragen, der schon früher hier gelebt hat«, schlägt Peter vor.

Im Herrenhaus wohnen heute Landarbeiter, Kinder tollen über die Korridore, Vorhänge unterteilen Gänge und Zimmer in Familienbereiche. Es riecht nach Rote-Beete-Suppe. Wir beenden die Führung unverrichteter Dinge.

Im Gelände haben die Familien auf kleinen Parzellen Gemüsebeete angelegt; dort, wo ein prächtiger Park gewesen sein muß, wachsen

Tomaten und Kartoffeln. Von einem Pferdestall, auf dessen Dachboden die Familie des Grafen Lambsdorff vor der Flucht die Bilder verstaut hatte, ist nichts zu sehen. »Er ist abgerissen worden«, sagt der Verwalter, »wurde nicht mehr gebraucht.« Doch wir lassen nicht locker. Irgendwo muß doch noch jemand aus der alten Zeit wohnen. »Es gibt da eine Familie im Ort«, bequemt sich der Verwalter endlich, »vielleicht haben Sie da Glück.« So wie dieser Gutsverwalter sich nur widerstrebend herbeiläßt zuzugeben, daß eine deutsche Familie am Ort existiert, so tun sich viele seiner Landsleute der jüngeren Generation schwer damit, das Deutsche in Polen zur Kenntnis zu nehmen. Nicht absichtlich, das muß man ihnen zugute halten. Sie lernen es nicht anders. Was wird der polnischen Jugend überhaupt über die Deutschen gesagt, und wie verhält sich die Schule zu unserer Tochter, die ja das Kind eines Vertriebenen ist?

Bei dem ersten Gespräch mit ›Pan Direktor‹ in der Modzelewski-Schule ist Ewa, eine Germanistin, dabei und verdolmetscht ihm Nicolas Ängste vor all dem Neuen, Unbekannten. Pan Direktor ist ein Spaßvogel; er beruhigt sie und lacht mit dröhnendem Baß: »Du brauchst keine Angst zu haben, ich führe dich überall herum – aber nur, wenn du regelmäßig wiederholst: der Direktor ist der Schönste, Klügste, Tapferste!« Bei diesem ersten Aneinanderherantasten erfahren wir sehr schnell, daß Lernen an polnischen Schulen nach dem alten Rollenverständnis vor sich geht: der Lehrer ist eine Autorität, wer in der Schule nicht paukt, hat das Nachsehen. Heiterkeit löst deswegen Nicolas Frage aus, ob denn die Zensuren, wie sie es in Hessen gewohnt war, in der Klasse mit den Lehrern erörtert würden: »Ob 5 oder 1«, sagt Pan Direktor und schüttelt sich vor Lachen, »bei uns muß der Schüler zu allem sagen: dziękuję bardzo – dziękuję bardzo!« Dankeschön, dankeschön ... Unser Optimismus hat aber dennoch bei diesem Besuch einen erheblichen Dämpfer erhalten. Das ursprüngliche Konzept an dieser polnischen Schule, wonach mehrere Fächer in deutscher Sprache unterrichtet werden sollten, war inzwischen schon wieder eingestellt worden. »Entweder fanden sich gute Fachlehrer, die nicht ausreichend Deutsch sprachen«, bedauert Pan Direktor,»oder hervorragende Deutschlehrer, die das Fach nicht genügend beherrschten.«Unsere Betretenheit muß auf unserer Stirn ablesbar gewesen sein; denn das bedeutete für Nicola nicht nur, daß sie den Stoff des Fachunterrichts bewältigen mußte, sondern das alles auch noch in polnischer Sprache. Zwei steinharte Nüsse als Pensum bis zum Abitur, wie sich herausstellen sollte.»Aber«, beruhigt uns Pan Direktor,»wir haben in Polen sehr tüchtige Germanisten. Nicola wird Nachhilfe bekommen, das wird schon zu meistern sein.« Alle schauen wir wie auf Kommando zu Ewa hinüber. Und sie nickt, das heißt, sie wird Nicola jeden Nachmittag begleiten, bei den Schulaufgaben und beim Polnischlernen. Es werden noch ein paar Probleme auftauchen, wir ahnen davon in diesem Augenblick allerdings nichts. Das hat aber nichts mit Ewa als Fachkraft zu tun. Sie ist eine gewissenhafte und gründliche Germanistin, und menschlich wächst sie uns jeden Tag mehr ans Herz. Trotz aller Gegensätze.

Polnische Germanisten werden in der DDR geschult; es ist daher nicht verwunderlich, wenn sie den polnischen Kindern ein Deutschland-Bild aus DDR-Sicht vermitteln. Kennen sie es anders? Die nachgiebige Ost-Politik der damaligen sozial-liberalen Bundesregierung führte dazu, daß man sich in Bonn seit Abschluß des Warschauer Vertrags 1970 vergebens um ein ausgefülltes Kultur-Abkommen bemüht, das auch einen ausgewogenen Lehrer-Austausch beinhalten müßte.

Ewa, ›unsere‹ Germanistin, ist wie die meisten Polen eine glühende Patriotin. Sie verteidigt den polnischen Schul-Atlas mit Vehemenz. Auf den heutigen Karten ist die Volksrepublik zwischen Bug und Oder dargestellt, ohne Hinweis, daß bis zur Regelung durch einen Friedensvertrag, den die Siegermächte auszuhandeln hätten, die deutschen Ostgebiete nur unter polnische Verwaltung gestellt sind. Polen erscheint aber auch in den Geschichtstafeln bis vor 1900 in den heutigen Umrissen. Zwar grenzen sich durch hauchdünne Linien die früheren Gebiete der ›Besatzer‹ ab, aber diese Karten erwecken doch den Eindruck, das heutige Territorium sei historisch immer polnisch gewesen und habe nur im Laufe der Zeit Eindringlinge über sich ergehen lassen müssen.

Wie oft sollte uns im Osten der polnische Standpunkt entgegengehalten werden: Die wiedergewonnenen Gebiete seien altes polnisches Land gewesen, man habe also niemandem etwas weggenommen, was man nicht schon vorher besessen hätte.

Die in Schlesien nach dem Zweiten Weltkrieg von den Polen forcierten ethnologischen und archäologischen Forschungen erbrachten jedoch statt Gewißheit zusätzliche Zweifel: Nach diesen neuesten Funden fühlen sich gerade die jüngeren deutschen Archäologen in ihrer Auffassung bestätigt, daß germanische Stämme von Skandinavien kommend in den beiden letzten Jahrhunderten vor Christus den Weichselbogen erreichten und von dort aus den Ostseeraum, vor allem aber das Oder-Gebiet bis zum Riesengebirge, bevölkerten.

Tacitus, der römische Geschichtsschreiber, vermutet die Lugier oder die Lygier als germanische Urbevölkerung in Schlesien. Diese Frage sollte auch andere bedeutende Beobachter der Geschichte, wie Plinius, Cassius Dio oder Prokopius beschäftigen, denn germanische Stämme aus dem Oder-Raum sind es, die später als ›Vandalen‹ in die Weltgeschichte eingehen.

Im oberen Oder-Tal ist es vor allem der Stamm der Silingen, zu dem sich über sieben Jahrhunderte lang bis zum Untergang Roms Spuren verfolgen lassen. Die Stammesbezeichnung gibt der Gegend den Namen Silesia – Schlesien.

Um die Zeit der Völkerwanderung, um 375 n. Chr., beginnen die Vandalen ihren großen Aufbruch nach Westen. Sie ziehen über Spanien nach Nordafrika. Ihr späterer Anführer Geiserich wird die Römer von Karthago aus das Fürchten lehren. Doch Teile der Silinger bleiben auch weiterhin im Oder-Gebiet: Sie wollen ihr Heiligtum, den Zobten, einen aus der Ebene bei Schweidnitz aufragenden 718 m hohen Bergkegel, den späteren Hausberg der Breslauer, nicht aufgeben.

Dieser Zobten weckt auch die Phantasie der im 5. und 6. Jh. n. Chr. in das Oder-Gebiet nachdrängenden Slawen. Auch sie nehmen den Berg als Heiligtum an. Nach dem nahe vorbeifließenden Bach Zlenza erhält der Zobten den Namen ›Zlens‹, aus dem wiederum die polnische Bezeichnung für die ganze Landschaft abgeleitet wird: Silensi.

Die spätbarocke Benediktiner-Abtei auf dem Schlachtfeld von Liegnitz erinnert an die Mongolenschlacht von 1241 *(Foto: Ruge)*

Für Schloß Fürstenstein hatte Hitler geheime Pläne *(Foto: Ruge)*

Was ist für den Verlauf der Geschichte festzuhalten: Böhmen, Mähren und Polen raufen sich jahrhundertelang um Schlesien, besetzen es, verlieren es – bis 1163, als sich aus dem Piasten-Geschlecht die Stammväter der schlesischen Herzöge herausbilden und das Land eine gewisse Selbständigkeit erlangt. Um den verwüsteten Oder-Raum wieder zu bevölkern, holen diese Herzöge vor allem deutsche Siedler heran, unter ihnen auch viele Ordensleute, die deutsches Recht und deutsche Gebräuche nach Schlesien einführen. So auch das Magdeburger Stadtrecht, das zum Vorbild der im Osten so typischen Marktplatz-Anlagen wird mit dem Rathaus in der Mitte des Platzes.

1327 begeben sich fast alle schlesischen Fürsten unter die Lehenshoheit des böhmischen Königs Johann, der Abfall wird von Kasimir III. von Polen 1335 vertraglich anerkannt. Mit Böhmen erleidet Schlesien jedoch 1526 das Schicksal, in Habsburger Besitz überzugehen – bis zum siebenjährigen Krieg, als Maria-Theresia die Eroberung des Landes durch Friedrich den Großen endgültig hinzunehmen bereit ist. Schlesien verbleibt von da an unter preußischer Herrschaft.

Wie immer, wenn wir Ewa geschichtliche Tatsachen vorhalten, bekommt sie funkelnde Augen. Wir würden das alles ganz falsch sehen, faucht sie uns an. »Auch in bezug auf die Ost-West-Verschiebung?« fragen wir. Im polnischen Atlas dehnt sich östlich vom Bug auf den Geschichtstafeln eine weiße Fläche – leer, als ob nie Polen, Ukrainer und Weißrussen dort gesiedelt hätten. Alte polnische Städte wie Wilna oder Lemberg werden nicht ausgewiesen, statt dessen ziehen sich über die weiße Fläche die dürren Buchstaben: UdSSR – auch auf den Karten vor der Jahrhundertwende.

»Für die 350 km, die Stalin uns im Osten weggenommen hat, versprach er den Polen Schlesien und Ostpreußen«, ereifert sich Ewa. Den nächsten Satz sagt sie nicht; aber wir haben ihn öfter aus älterem polnischen Mund gehört: »Wir sollten uns doch an den Deutschen schadlos halten.«

Wenn später am Warschauer Gymnasium im Geschichtsunterricht von den Deutschen die Rede ist, die nach 1945 ihren Besitz für die Polen räumen mußten, findet die Lehrerin eine diplomatische Lösung: Nicola darf eher nach Hause. Das Thema der enteigneten

Gespenstische Leere auf der einstigen Reichs-
autobahn zwischen Breslau und Liegnitz
(Foto: Ruge)

Viele der einst reichen schlesischen Gutshöfe
sind heute Genossenschaftsbetriebe
(Foto: Ruge)

polnischen Gebiete in der heutigen UdSSR wird an der Schule sowieso nicht behandelt.

Auch Ewa, die junge Germanistin, weiß angeblich nichts davon, daß die Annexion polnischer Gebiete im Osten durch die Russen zwischen Molotow und Ribbentrop ausgehandelt wurde, ein Pakt, den Hitler und Stalin schlossen. Was sich die Russen nehmen wollten, waren die Nazis zu dulden bereit. Daß Stalin nach dem Kriegsschluß den fetten Brocken vor der Haustür behielt und seinerseits eine rigorose Vertreibung aus den vorher polnischen Gebieten in Gang setzte, ist in den Schulen absolutes Tabu-Thema. Danuta bestätigt das. Sie ist Ewas Freundin und arbeitet in der Schulbuch-Kommission, die sich seit Jahren mit den Deutschen um die Darstellung der Geschichte aus ganz und gar nicht einvernehmlicher Sicht rauft. Mit ihr diskutieren wir oft und heiß.

»Gebt doch zu, daß sich gegenüber der Zeit vor der Normalisierungs-Phase einiges geändert hat!« ruft sie uns leidenschaftlich zu. Das stimmt. Früher kannte das Deutschunterrichts-Buch an polnischen Oberschulen nur ein Deutschland-Bild: das Gesicht der DDR mit Berlin als Hauptstadt der DDR. Kein Wort darüber, daß mit diesem Anspruch der Viermächte-Status der Stadt verletzt wird.

Bald nach dem Inkrafttreten des Warschauer Vertrages mit der Bundesrepublik wurden in Polen die Schulbücher erweitert. Heute ist der Unterrichtsstoff auf den gesamten deutschen Sprachraum ausgedehnt, wobei der Schweiz und Österreich etwa die Darstellungsbreite eingeräumt wird, wie auch die Bundesrepublik Platz bekommt. Vorrangig bleibt die Behandlung der DDR, vor allem in den Lesestücken.

In den Schulbüchern – hüben wie drüben – stand lange viel Unsinn übereinander. Gemeinsam wurden daher 1976 erste Schulbuch-Empfehlungen ausgearbeitet. Doch der Streit hält an. Neuralgische Punkte sind nach wie vor: die Vertreibung, die Grenzziehung vor und nach dem Kriege, die deutschen Städtenamen.

Die 26 Empfehlungen für die Schulbücher der Geschichte und Geographie, ursprünglich als ein Schritt zur Verständigung gemeint, sind heute eher zum Gegenteil geworden. Ein Bundesland, nämlich Bayern, hat die Empfehlungen rundherum abge-

lehnt. Die Staatsregierung in München erklärt: »Sie sind gekennzeichnet von einer sprachlichen Verharmlosung der Massenvertrei-
bungen und verschweigen nach wie vor historische Fakten.«
Dagegen sagen die Polen, »die Deutschen betreiben eine tenden-
ziöse Interpretation der Geschichte«. Weitere Vereinbarungen
werden von ihnen von der »verbindlichen Ausformung der Empfehlungen im westdeutschen Unterricht« abhängig gemacht.
»Warum sind die Polen so starrköpfig?« fragen wir; aber da haben
wir in ein Wespennest gestochen. Danuta, voll slawischem Tempe-
rament, gerät in Rage: »Ihr Deutschen seid doch Papier-Tiger. Mit
den Russen haben wir bei diesem Thema noch viel mehr Ärger als
mit euch – doch euch braucht man nur in die moralische Ecke zu
stellen, dann gebt ihr schon nach.«
Da ist er wieder, dieser Schuldkomplex, der den Deutschen zugewiesen wird. In polnischen Köpfen hat sich die Vorstellung festge-
setzt, man brauche die Deutschen nur an ihre historische Schuld zu
erinnern, um jedes Ziel zu erreichen. Danach funktionierte bisher
das Melksystem, das bei deutschen Bundesregierungen meistens
gewirkt hat – ohne daß die Kuh immer merkte, wenn ihr das Fell
über die Ohren gezogen werden sollte.

Wenn wir schon schwer damit fertig werden, wie mögen die Dortgebliebenen mit dem Komplex leben, der ihnen wie ein Spiegel
vielleicht immer wieder vorgehalten wird? Und müssen wir uns gar
noch schuldig fühlen, wenn wir nach den Gräbern unserer Toten
forschen? Der Hinweis auf die deutsche Familie in Frauenhain hat
uns Hoffnung gemacht. Voller Erwartung suchen wir nach der
angegebenen Adresse.
»Spitzengardinen«, sage ich zu Peter, »das müssen Deutsche sein.«
Eine Frau öffnet uns, skeptisch erst, doch sie taut zunehmend auf,
als sie die altvertrauten deutschen Laute hört. Bald sitzen wir bei
Tee und Napfkuchen auf ihrem Sofa. Aus einem bauchigen, blau-
glasierten Keramiktopf mit Bauerngartenblümchen-Dekor dampft
heiße Milch.
»Ist dies das berühmte Bunzlauer Geschirr?« frage ich. Damit habe
ich wohl den Damm endgültig gebrochen, der zur Vorsicht gegen
die Fremden aus dem Westen errichtet worden war. Sie strahlt:

»Unsere Tippel aus Bunzlau, die stammen noch von meiner Mutter.«
»Daraus hat die ›schlesische Blaubeersuppe‹ wohl am besten geschmeckt«, sage ich. Und schon sind wir bei den alten Heimatrezepten. »Sie müssen mal wiederkommen, wenn ich ›Galuschel‹ mache« – fragende Blicke –»na, Pfifferlinge mit Speck und Zwiebeln, 'nem Schuß Sahne und viel Petersilie«, gerät die Schlesierin ins Schwärmen. »Meine Mutter hat mir ihr handgeschriebenes Kochbuch hinterlassen, alles können wir heute nicht mehr zubereiten – vom ›Schwärtelbraten‹ träume ich nur noch, aber ab und zu gibt's ›Schlesisches Himmelreich‹ – Rauchfleisch mit Backobst und ›Kließla‹, den schlesischen Klößchen. Doch zu Weihnachten, da kann kommen, was da will – und wenn wir uns beim Schlangestehen rund um die Uhr ablösen: da essen wir ›polnische Sauce‹ mit Karpfen oder Würstel.«

Tomek guckt verblüfft. »Nie gehört«, sagt er, »auch wenn's polnisch klingt.« Unsere Gastgeberin steht auf und holt das Kochbuch ihrer Mutter. Während sie bedächtig die Handschrift entziffert, habe ich längst den Bleistift gezückt, um das Original-Rezept mitzuschreiben.

Solange Tomek dabei ist, dreht sich das Gespräch nur vorsichtig um die ehemaligen deutschen Gutsleute. »Meine Mutter«, sagt die Deutsche, und sie redet sich freudig erregt in ihre Heimatsprache wieder hinein, »lebt leider nicht mehr. Sie hat früher der Herrschaft geholfen, ich durfte manchmal mit, wenn Putztag war.«

»Wo ist sie begraben?« fragt Peter. »Vielleicht liegt da auch meine Tante.« Nochmals erzählen wir also die Geschichte von der Tante und erfahren, daß der deutsche Friedhof heute eine verwahrloste Stätte ist. »Gräber und Steine sind verwüstet worden«, sagt unsere Gastgeberin, »da ist alles von Unkraut und Dornen überwuchert.« Tomek will nicht mit. Als er die Dornen und Brennesseln sieht, kehrt er auf dem Absatz um. Wir gehen also zu dritt. Ein schmaler Fußpfad deutet darauf hin, daß sich hier jemand ab und zu den Weg zu den Gräbern bahnt. Vor einem umgestürzten Baumstamm stockt der Fuß. Peter zupft unsere deutsche Begleiterin am Ärmel. Und hier mitten im Gestrüpp fragen wir sie nach den Lambsdorff-Bildern. »Natürlich kann ich mich erinnern«, sagt die Frau lebhaft,

Polnische Sauce

ein schlesisches Weihnachtsessen

Zutaten

3 Pfund Karpfen, 5 Wurzeln, 1 Pasternak,
2 Petersilienwurzeln, 5 Zwiebeln, ½ Sellerieknolle,
125 g Butter, Zucker, Suppengrün, Zitrone,
3 Lorbeerblätter, Nelken, Essig, 250–500 g Pfeffer-
kuchen, 1 Liter Fleischbrühe, ca. 1 Liter Braunbier

Grundsauce

Am Vortag in 1 Liter Fleischbrühe die Gemüse verkochen, dann
sämig schlagen – in separater Schüssel den Pfefferkuchen in dem
Braunbier aufweichen.

Karpfen

Wenn der Karpfen ausgenommen ist, längs dem Rückgrat in zwei
Teile zerlegen, Köpfe der Länge nach spalten, Rumpf in drei
Finger breite Stücke schneiden und so in den Kessel auf ein
Fischsieb legen: Auf den Boden eine Handvoll Salz, Köpfe mit
Schuppen nach oben, ebenso die Karpfenstücke. Dazu einige
Kerne Gewürz und 4–5 mit Nelken bestickte kleine Zwiebeln
sowie die Lorbeerblätter geben. Man setzt die Fische auf ein
schnelles Feuer und schäumt sie gut aus. Das Wasser abgießen. Zu
den Fischen auf dem Sieb nun die Grundsauce geben, so daß sie
mit den Fischen gleichsteht, dazu vorher den in Bier aufgeweich-
ten Pfefferkuchen mischen, bis die Sauce dicklich wird. Butter
anfügen, und nach Geschmack Braunbier nachfüllen. Fisch und
Grundsauce etwa eine Viertelstunde kochen lassen.

Polnische Sauce

Fische herausnehmen, warm stellen – an die Sauce jetzt den Saft
einer Zitrone geben, aus der die Kerne genommen sind, dazu das
vorher aufgefangene Karpfenblut (ein Weinglas), das in Essig
aufbewahrt wurde. Wenn der Geschmack austariert werden soll:
Mit etwas Zucker und einem Viertelglas Rotwein abschmecken.
Nochmals aufkochen lassen.

Würstel

In polnische Sauce Würstchen (weiße und braune oder rote)
legen, ziehen lassen.
Es werden gedämpfte Kartoffeln und ein herzhaftes Sauerkraut
dazu gereicht.

»ich durfte ja manchmal mit ins Gutshaus, meine Mutter erlaubte mir sogar, die Bilder abzustauben. Das eine Gemälde steht mir noch deutlich vor den Augen: Minz und Maunz – so wurden die Zwillinge der Familie genannt. Meine Mutter hat sie gut gekannt.«

»Was ist aus den Bildern geworden?« drängen wir. Ängstlich schaut sich die deutsche Frau um. »Polnische Vandalen«, flüsterte sie. »Nachdem die Herrschaft weg war, haben sie alles besetzt und verwüstet. Die Bilder wurden aus dem Rahmen gerissen, die Leinwände zerfetzt. Sie haben sie zu Zielscheiben für ihre Pfeilwurf-Spiele gemacht«, empört sie sich. »Als niemand von der Herrschaft mehr da war, haben wir uns nicht mehr aus dem Haus getraut. Auf alles was Deutsch gesprochen hat, sind diese Polen mit Latten und Stöcken losgegangen.« Das Entsetzen steht ihr noch im Gesicht geschrieben, als wir bei den deutschen Grabstätten angekommen sind.

Ich stolpere über einen umgeworfenen, zerbrochenen Stein-Sarkophag. Mit Peters Hilfe läßt sich die schwarze Deckplatte umdrehen, leicht schaudernd entziffern wir einen deutschen Namen: »Gudenfrei«. Es ist nicht die Tante; doch der Gedanke genügt: hier liegen deutsche Schicksale, um die wir uns nicht kümmern dürfen. Wie können wir das jemals unseren Kindern plausibel machen?

Über die Tante werden wir hier nichts mehr in Erfahrung bringen, auch nicht über die Bilder. »Wissen Sie«, sagt unsere deutsche Begleiterin, »bisher habe ich 16 Gutsverwalter kommen und gehen sehen. Jeder von ihnen hat wagenweise die Sachen aus dem Haus geschleppt. Von der Einrichtung ist so gut wie nichts mehr vorhanden. Vielleicht haben sie es auf dem Flohmarkt verhökert.« So, wie sich die Spuren verlieren bei den Lambsdorff-Bildern, ist es vielen Kulturgütern der Vertriebenen ergangen – es ist ein Beispiel, das für Millionen anderer Fälle steht.

Wir haben später ein Stück deutsches Kulturgut teuer zurückgekauft, obwohl das Schild »No Export« drangeklebt war. Die Polen haben rigoros alles, was vor 1945 fabriziert wurde, zur Antiquität erklärt und für die Ausfuhr verboten. Auf unserem erbeuteten Steingut-Teller steht in verzierten deutschen Lettern: ›Hier herrscht nicht Prunk noch Eitelkeit, nur schlesische Gemütlichkeit.‹ Vielleicht hat er der Tante gehört?

Es gibt eine zweite Bildergeschichte. Diesmal handelt sie von Geschenken der Bundesregierung, genauer: von vier Bildern, die 1973 den Polen überlassen wurden und von denen dann sieben Jahre lang niemand mehr etwas hörte.

Auch an der deutschen Botschaft in Warschau zuckt der Kulturattaché mit den Achseln, als ich mich nach den Gastgeschenken für den Wiederaufbau des Warschauer Schlosses erkundige. 1977 hatte der damalige Bundeskanzler Schmidt weitere vier Bilder übergeben. Schwer zu übersehen, diese mannshohen Gemälde, trotzdem – auch sie sind nicht aufzufinden.

Von den insgesamt acht Porträts gehörten einige zur Brautmitgift der polnischen Kronprinzessin Anna Constanza, die 1642 den Wittelsbacher Philip Wilhelm von Neuburg heiratete. Seit dieser Zeit befanden sich die Porträts in Deutschland. Die Bonner hatten Mühe gehabt, die Bayerischen Staatsgemäldesammlungen zur Herausgabe zu bewegen. Nur ungern trennte man sich von den Gemälden, die an diese bayerisch-polnische Hochzeit erinnerten.

Es hat noch weitere Geschenke für das Schloß in der polnischen Hauptstadt von deutschen Regierungs-Besuchen gegeben: Insgesamt sind es 15 Gemälde, 15 Bildhauer- und 25 Mobiliar-Stücke. Unter den Gemälden sind zwei weitere besonders interessant: ein Reiterbildnis des polnischen Königs Johann III. und zwei Porträts der Maria Casimira und ihrer Tochter Therese Kunigunde, Gemahlin eines bayerischen Kurfürsten.

Zu den wertvollen Skulpturen gehören unter anderem eine Büste des polnischen Königs Stanislaus August und eine Statue der Maria Leszczyńska, Königin von Frankreich. Außerdem eine Serie von acht Marmor-Büsten italienischer Bildhauer aus dem 16. bis 18. Jahrhundert.

Auch die Mobiliar-Geschenke sind Kostbarkeiten. Das wertvollste ist ein sechstüriger Archiv-Schrank aus Florenz, Mitte des 16. Jahrhunderts hergestellt. Außerdem drei Spätrenaissance-Truhen, italienische Arbeiten aus dem 16. Jahrhundert und acht genuesische Sessel aus dem Jahre 1600 sowie vier französische Sessel aus dem 18. Jahrhundert.

Der Wert dieser Kunstschätze beträgt um die zwei Millionen Mark. Doch alles schien dem Staub der Vergessenheit preisgegeben; die polnische Bevölkerung erfuhr nichts davon, daß diese Geschenke aus Deutschland-West existierten – dafür wurden ihr im National-Museum stolz die Schloßgaben der DDR in einer Extra-Ausstellung präsentiert.

Ich stecke meine Nachforschungen nicht auf.»Wir geben uns alle Mühe«, versichert der Presse-Verbindungsmann im polnischen Außenministerium.»Bis jetzt war die Suche in den Magazinen erfolglos, wir haben so viele Geschenke aus aller Welt erhalten, vom französischen Präsidenten, von der englischen Königin, vom amerikanischen Präsidenten – Sie verstehen, daß ich um Geduld bitten muß.« Ich nicke:»Sicher höre ich von Ihnen, wenn die Ausstellung der DDR-Schloßgeschenke beendet ist.«

Er hält Wort. Einen Tag nach Schließung der Warschauer DDR-Ausstellung scheinen sich die Magazine zu öffnen. Wir beginnen selbst mit der Suche, denn auf polnischer Seite will sich nach so vielen Jahren die Erinnerung nicht einstellen. Das Resultat verblüfft, die Bilder sind aus den Magazinen verschwunden.

Polnische Künstlerfreunde, denen wir von unseren Erlebnissen berichten, schütteln den Kopf.»Unbegreiflich«, sagen sie,»wir werden uns mal umhören.« Die Bildersuche wird zum Rundgespräch in Warschau. Und eines Tages kommt Nachricht. Ein diskreter Hinweis, der Informant möchte unerkannt bleiben. Und wie immer in solchen Fällen, wenn ein Gespräch für allzu neugierige Mithörer am Telefon oder für die ›Wanzen‹ nicht geeignet ist, machen wir einen Spaziergang. Treffpunkt ist der Łazienki-Park. Und wir erfahren eine erstaunliche Geschichte. In einem Seitengebäude des kleinen Wasserschlosses hat ein Kustos sein Büro. Mit sehr weißen Wänden, wie er beim Einzug feststellte. Der Kahlheit wußte er abzuhelfen, er holte sich passende Bilder aus dem Magazin, und schon war sein Zimmer wunderschön dekoriert wie mit einer wertvollen Tapete.

Monate nach der DDR-Ausstellung führen die Polen dem staunenden Publikum auch die Schloß-Geschenke aus der Bundesrepublik vor. Nicht im National-Museum.»Remont«, hieß es zur Entschuldigung, wegen Renovierungsarbeiten habe die Ausstellung ins Łazienki-Schlößchen verlegt werden müssen.

Es gibt eine dritte Geschichte vom deutschen Kulturgut. Tun sich die Polen schon schwer, nach Bildern der ehemaligen Besitzer zu forschen, scheint es ihnen auch Schwierigkeiten zu bereiten, mit deutschen Regierungsgeschenken umzugehen, so stellt sich die Frage: Was fangen sie bloß mit dem deutschen Erbe an, das von ihnen nach 1945 nicht als Beutegut verschleudert werden konnte. Schlösser zum Beispiel, Klöster und andere historische Bauten. »Laßt uns nach Fürstenstein fahren«, schlage ich unserem Interpress-Begleiter vor. »Auf dem Weg dahin machen wir einen Abstecher nach Liegnitz.«

Über die uralte deutsche Autobahn ist es von Breslau nach Liegnitz ein Katzensprung, wenn die Geschwindigkeitsbeschränkung nicht wäre.

In dieser Gegend liegen – nach Meinung von Fachleuten – die größten Kupferfelder Europas. Sie waren noch in den letzten Kriegstagen von deutschen Wissenschaftlern entdeckt worden. Erst seit Mitte der 60er Jahre allerdings werden die Kupfer-Vorkommen gefördert. Mit Milliarden-Krediten der Bundesregierung, die sich diese Rohstoffquelle damit auf Jahrzehnte hinaus sicherte.

Die ganze Umgebung von Liegnitz ist überzogen mit einem ätzenden Geruch, der von den Gruben herüberzieht; selbst im Zimmer unseres Hotels ›Cuprum‹ bleiben wir nicht verschont davon.

In der Fußgängerzone begegnen wir auffällig vielen Soldaten. Russen in Uniform, immer in Gruppen. Es besteht der Befehl, auf Stadtbummel nicht allein auszugehen. Liegnitz ist heute das Hauptquartier der Sowjets für ihre Versorgungs- und Luftlandetruppen. In greifbarer Nähe zur DDR und der CSSR, ein idealer Standort.

Erst draußen vor der Stadt, als wir zum Liegnitzer Feld hinausfahren, können wir wieder durchatmen. Ziel ist das historische Schlachtfeld, das heute den Namen ›Legnickie Pole‹ trägt. Dort, wo die Zuflüsse der ›Schnellen Deichsel‹ und der ›Wütenden Neiße‹ den Katzbach oft plötzlich zu einem reißenden Fluß anschwellen lassen, wurde vor über 700 Jahren dem Einbruch der Mongolenflut nach Europa Einhalt geboten.

Unter Führung des schlesischen Herzogs, Heinrich des Frommen, warf sich ein kleines Heer den asiatischen Reiterscharen entgegen. Tomek will uns überzeugen, daß Europa heute noch den polnischen

Helden von damals zu Dank verpflichtet sei dafür, daß der Mongolensturm aufgehalten wurde. Die erste Heerschar hätte nämlich die Ritterschaft Großpolens gebildet, die zweite sei von Bolesław von Mähren angeführt worden, dann wären noch die Ritter von Oppeln zu nennen, der Deutsche Ritterorden unter seinem Hochmeister Osterna habe auch eine Abteilung in die Schlacht geführt, und schließlich seien – unter dem Herzog Heinrich – die Schlesier angetreten.

Die Schlacht, das wird von den Historikern auf beiden Seiten nicht bestritten, fand am 9. April 1241 statt. Heinrich wird im Kampfgetümmel getötet und seiner Rüstung beraubt. Da an der Leiche der Kopf fehlt, kann er nur dadurch identifiziert werden, daß sein linker Fuß eine Anomalie aufweist: er hat sechs Zehen.

Seine Mutter, die spätere Heilige Hedwig von Schlesien, läßt auf dem Schlachtfeld ein Benediktiner-Kloster errichten. Ein kulturhistorisches Kleinod, dem über Jahrhunderte viele prächtige Details angefügt wurden. Pläne und Entwürfe des berühmten Wiener Architekten Dientzenhofer erweiterten die Propstei um eine der schönsten Barockkirchen Schlesiens. Die Wandmalereien stammen von dem bekannten bayerischen Künstler Asam. Tomek nennt ihn Asamów. »Haben wir die Kirche nicht wunderbar restauriert?« fragt er und sieht uns mit Stolz von der Seite an. Es stimmt. Es ist eine sorgsam und liebevoll wiederhergestellte Kunst aus Stuck und Mörtel. Die Polen sind berühmt für ihre Spezialisten, die weltweit zu Restaurierungs-Arbeiten herangezogen werden. »So auch beim alten Rathaus in München«, klärt uns Tomek auf.

Die Geschichte der Liegnitzer Wahlstatt dagegen weist bei Tomek erhebliche Lücken auf. Von der Heiligen Hedwig hat er, der überzeugte Parteigänger, zwar gehört. Auch, daß sie noch als Schutzpatronin Schlesiens verehrt wird. Von Friedrich dem Großen will er nichts wissen, der hier am 15. 8. 1760 die Österreicher schlug. Sein Denkmal stand bis zum Kriegsende in Liegnitz. Auch Blücher fällt uns ein, der preußische Heerführer, der 1813 in der Schlacht an der Katzbach Napoleon besiegte und dafür den Titel eines Fürsten von Wahlstatt verliehen bekam. Doch es hat keinen Zweck, mit Tomek darüber zu diskutieren, denn die Erinnerungstafeln wurden seiner Generation nicht mitgegeben. Statt dessen spannt sich vor unseren Augen ein rotes sozialistisches Spruchband über die historische Stätte. Es will sich so gar nicht einfügen in die Harmonie der barocken Architektur, doch es verpflichtet:»Alle sind wir die Gastgeber des Landes«, lesen wir,»alle sind wir verantwortlich für Polen.« Für alles? Auch für das Verlassene, von Deutschen Aufgegebene? Schon am nächsten Tag erfahren wir, wie sehr das Problem der Erhaltung deutscher Baudenkmäler den Polen unter den Nägeln brennt.

»Wozu Geschenke für ein Schloß in Warschau«, meint der Landeskonservator,»wollt ihr nicht ein Schloß in Schlesien kaufen?« Wir stehen auf einer Anhöhe am Waldrand; der Blick gleitet über ein Tal, bleibt hängen an einem Felsenschloß, das in seiner Größe und Pracht schon Kaiser Wilhelm II. beeindruckt hat: Schloß Fürstenstein, 600 Zimmer, Stammburg einst der Herzöge von Schweidnitz, später Besitz der Fürsten von Pleß, Reichsgrafen von Hochberg, Freiherrn zu Fürstenstein.

Der Landeskonservator schaut uns erwartungsvoll an:»Wenn ihr der DDR Geld für den Autobahnbau zahlen könnt, warum übernehmt ihr dann nicht auch die Restaurierungs-Kosten kunsthistorischer Bauten bei uns? Schlesien ist besonders arg dran«, drängt der Konservator,»wir haben schon mal Alarm gegeben – vor über einem Jahrzehnt. Damals fanden sich polnische Großunternehmen, die die verfallenden deutschen Schlösser kauften; sie wollten sie in Ordnung bringen, um Erholungsheime und Schulungszentren daraus zu machen. Aber jetzt nach dem Kriegszustand, wo die Wirtschaft zu Boden gestreikt wurde, wollen alle diese Herrschaftssitze wieder loswerden. Polam, die Lampenfabrik, will das Wasserschloß Fischbach bei Zillerthal-Erdmannsdorf abstoßen. Von der Wilhelmsburg in Nimmersath bei Jauer trennen sich die Motorwerke Lublin. Mehr Glück hat die Talkenbergsche Burg in Wekkersdorf, ein Bürger aus Lodz hat sie erstanden. Er will ein Hotel für West-Touristen daraus machen. Schloß Wernersdorf wurde ebenfalls von Privatleuten aufgekauft. Die müssen sich nur verpflichten, mit uns Landeskonservatoren zusammenzuarbeiten.« Über 16000 erhaltenswürdige Kultur-Objekte sind allein in Niederschlesien registriert. Immer wieder rufen die örtlichen Zeitungen dazu auf, dem Verfall entgegenzutreten. Die in Breslau erscheinende *Słowo Polskie* fragt offen,»ob die Zentral-Verwaltung in Warschau wirklich diese Kultur-Denkmäler retten wolle«. Die Antwort des polnischen General-Konservators, Professor Zinn, läßt Zweifel aufkommen: Es stünden nicht die Finanz-Mittel zur Verfügung, es fehle an Fachkräften – außerdem aber wolle man erst zu einem späteren Termin an die schlesischen Bauten denken. Von Bauarbeiten ist auch auf Fürstenstein nichts mehr zu sehen. Die Renovierungen wurden wohl auch hier eingestellt. Als wir den Marmorsaal mit seinen prachtvollen Kaminen betreten, kann ich den Stolz der Restaurateure verstehen.»Nach alten Plänen wieder hergestellt«, begeistert sich der Landeskonservator und zeigt auf Wände und Decken.»1945 plünderten Russen das Schloß, rissen Böden raus, kampierten in den Zimmerfluchten, zerstörten das Mobiliar. Danach drangen ›Schatzsucher‹ ein, immer wieder; in den Gängen lagen noch bis vor wenigen Jahren Berge von Büchern, Briefen und Dokumenten. Diese sogenannten Schatzsucher«, sagt der Landeskonservator augenzwinkernd,»sind auf etwas ganz Bestimmtes aus. Schloß Fürstenstein sollte im Krieg für Adolf Hitler zum Ausweichquartier ausgebaut werden, ähnlich wie der Obersalzberg. Es geht die Sage um, im Felsen sei ein Goldhort angelegt.« Der Hitler-Schatz, den bisher niemand gefunden hat, erregt also immer noch die Gemüter.

Von den Umbauten existieren noch Aufzeichnungen des ehemaligen Schloßverwalters. Danach waren zeitweise über 3000 Arbeiter damit beschäftigt, den Sitz Fürstenstein zu einem Reichsgästehaus umzugestalten. Alle Wasserleitungen im Park wurden herausgerissen, ein 50-Meter-Stollen in den Berg getrieben; er sollte als Zufahrt zu einem Fahrstuhl dienen. Eine Bahnverbindung mußte nach Nieder-Salzbrunn angelegt werden. Die Arbeiten hatten höchste Geheimhaltungsstufe, sie wurden unter dem Code-Wort ›Gästehaus Waldwiese‹ verschleiert.

Im Schloß war das ganze Erdgeschoß vorgesehen als Kanzlei und Sekretariat; einen Teil des Kellers bekam die SS eingeräumt. Damit Hitler ungesehen in seine Privaträume gelangen konnte, führte im Stollen ein weiterer Fahrstuhl durch den Felsen. Für den ›Führer‹

Landflucht aus den deutschen Ostgebieten – der Kirchgang am Sonntag ist ein gefährlicher Bauerntreff in den Augen der Kommunisten. *(Foto: Ruge)*

Die schwere Arbeit in Gebirgsgebieten kann nur ertragen, wer tief in der Heimat wurzelt – wie die Bauern hier in der Tatra. Dazu wird es im Riesengebirge Generationen brauchen. *(Foto: Ruge)*

wurden das Gobelin- und das italienische Zimmer extra mit Bädern ausgestattet. Die Möbel für das ›Gästehaus Waldwiese‹, rund 300 Schlafzimmer und Teile der Einrichtung aus dem Berliner Schloß ›Bellevue‹, lagerten bereits in Bad Salzbrunn. Es gab immer neue Wünsche: Die Decken des ›Krummen Saales‹ mußten tiefer gesetzt werden, um die Akustik zu dämpfen; hier sollte das Speisezimmer sein. Der halbe Weinkeller wurde zur Küche umfunktioniert, und die Kaiserzimmer sollten in kleine Appartements für das Gefolge umgebaut werden – doch zu diesen baulichen Veränderungen kam es nicht mehr. Während die Russen auf Breslau zumarschierten, löste sich auf Fürstenstein der Bau-Stab auf.

Durch das Schloßfenster sehen wir hinunter: Im Tal rauscht der Hellebach, auf den abgestuften Terrassen blühen wieder Blumen, die Brunnen plätschern; zurückgeblieben aber ist ein Gespenster-schloß, leer, kahl, ausgeplündert. Wie das Rittergut in Schweidnitz.

Zu diesem Zeitpunkt können wir freilich nicht ahnen, daß uns die Familienbilder des Grafen Lambsdorff noch einmal beschäftigen werden.

4

Posen
Poznań

Viel Jubel zur Messe-Zeit
(Foto: ZDF)

Zehn Kilometer vor der Stadt werden wir von der Polizei gestoppt. Fahrzeug-Kontrolle, Ausweis-Überprüfung, Identitätsvergleich. Wir sind mit zwei Wagen unterwegs, unser Dienstwagen ist zugelassen in Warschau, das andere Fahrzeug ist ein Privatwagen mit Zulassung in Posen. Er wird von einem deutschen Kaufmann gesteuert. Damit wir für jeden Dorf-Milizianten auszumachen sind, haben die Nummernschilder, die an Ausländer vergeben werden, giftgrüne Farbe. »Pan Direktor«, salutiert der Beamte respektvoll vor dem deutschen Kaufmann, »wen haben Sie denn da mitgebracht?«

»Freunde«, sagt der Deutsche mit dem Posener Kennzeichen. »Ihre Freunde sind auch unsere Freunde – ich wünsche Ihnen gute Fahrt«, grüßt der Milizant und gibt auch uns den Weg frei. Später fragen wir den Deutschen, was ihn diese Freundschaft kostet – das Übliche? Er lacht: »Ich habe drei Fabriken in Posen. Eine Kaffeerösterei, die fast ausschließlich einer Bremer Firma zuliefert; eine Konservenfabrik für Blaukraut, Gurken, Apfelmus, Schattenmorellen usw. – Sie wissen schon«, sagt er, indem er seinen Zeigefinger so ans Auge führt, daß er mich mit heruntergezogenem Lid anschaut: »Aus deutschen Landen frisch auf den Tisch.« Fast entschuldigend ergänzt er seine Aufzählung: »Eine Getränkefabrik gehört noch dazu, in der ich auch Sinalco herstelle. Dafür hat mich die polnische Regierung mit einem Sonderausweis ausgestattet. Mit meinen 300 Mitarbeitern exportiere ich nicht nur, ich beliefere auch hohe Parteifunktionäre. Da kann ich doch nicht die Polizei zu kurz kommen lassen, oder?« lächelt er amüsiert.

Posen, Stadt der deutschen Straßenbahnen, die aus Breslau, aus Görlitz nach dem Zweiten Weltkrieg herübergeschafft worden waren. Messeplatz seit Jahrhunderten, im Drehkreuz zwischen Ostsee und Schlesien, Brandenburg und Rußland gelegen. Vor 1000 Jahren entsteht nahebei das Königtum Polen; seit 1793, nach der zweiten Teilung Polens, preußischem Recht unterworfen. Mit Protest, Widerstand und Aufruhr müssen nicht nur die Preußen fertig werden. Auch für die kommunistischen Machthaber wird Posen zeitweilig zum Alptraum: Poznań steht für Unruhen, die sich schnell zu Aufständen verdichten können.

1956 – mitten in der Messezeit – beginnt hier die erste große Arbeiter-Revolte gegen das kommunistische System in Polen. Dem Handel hat das auch in Spannungszeiten keinen Abbruch getan. Zwischen der Bundesrepublik Deutschland und der Volksrepublik Polen wechseln jährlich Waren für rund 4–5 Milliarden Mark über die Grenze. Auf der Messe in Posen sind die Deutschen die größten westlichen Aussteller. Sie sind gelitten, denn »wer geliebt werden will, muß dafür zahlen«, sagt ein alter Messehase. »Hoesch hat's gerade am eigenen Leib erfahren«, plaudert er weiter. »Über 20 Jahre schon reisen Leute von der Firma hierher nach Posen. Man kennt sich also, denn die Geschäfte wickeln sich über die staatlichen Handels-Organisationen oder direkt über die Ministerien ab. Die Polen zeigten sich in der üblichen Verlegenheit: die Kassen leer, dafür Schulden über Schulden und kaum Aussicht auf neue West-Kredite. Da man sich jedoch – im Zeichen der berühmten Annäherung – mit der Zeit nähergekommen ist, sagt der Hoesch-Mann: ›Also, ich helfe euch, wir finanzieren euch einen Kredit über unsere Hausbank.‹ Ein Geschäft, so um die 50–80 Millionen Mark.« Ich frage den Messehasen, wer denn bei solch einem Entgegenkommen für das Risiko haftet.

»Keine Absicherung natürlich über ›Hermes‹, die deutsche Export-Versicherung, die im Auftrage des Bundes politische und wirtschaftliche Risiken auf Auslandsmärkten abdeckt«, sagt mein Messe-Gesprächspartner. »Die Hoesch-Leute wollten den Kredit durchziehen, auch ohne Bürgschaft. So sagten sie zu den Polen: ›Wir vertrauen euch, lange genug kennen wir uns doch. Wir sorgen dafür, daß ihr die Devisen bekommt, liefern euch, was ihr dringend braucht, und ihr zahlt das Geld an unsere Hausbank zurück!‹ Klingt sauber, nicht wahr?«

»Was weiter?« frage ich. »Was ist daran so ungewöhnlich?«

»Sie werden's gleich sehen«, erwidert mein Gesprächspartner. »Alles klappt wie vereinbart. Hier auf der Messe wird der Kaufvertrag unterzeichnet. Das Geld wird im Westen freigegeben und im Osten angewiesen, die Ware geliefert. Nur der Rücklauf des Geldes bleibt aus. Nix vonwegen Ware gegen Geld. Hoesch fragt nach, das deutsche Bankhaus wird unruhig. Doch die Polen zucken mit den Achseln, da man die Devisengeschäfte ja nicht selbst abwickeln könne, sondern alles über Warschau zu regeln sei. Schließlich wird es offenbar: Der Kredit ist für andere, noch dringendere Devisengeschäfte verplant worden. Man bittet um eine weitere Zwischenfinanzierung.«

Für die polnischen Geschäftsleute ist das eine ebenso peinliche Angelegenheit wie für die deutschen.»Der Hoesch-Mann«, sagt mein Gegenüber,»hat im Vertrauen auf die polnische Zuverlässigkeit fast seinen Job riskiert. Das macht sich in Polen ja keiner klar, weil niemand dort Verantwortung persönlich tragen muß. Der Pole kann sich doch immer, wenn es brenzlig wird, hinter ›dem System‹ verstecken.«

Ich muß an ein Gespräch mit dem Oppositionellen Leszek Moczulski denken, der für seine freimütigen Äußerungen über den wirtschaftlichen Teufelskreis in Polen mit Gefängnis büßten mußte. Der Kopf der ›Bewegung für ein unabhängiges Polen‹ (KPN) sagte:»Hört auf mit den West-Krediten, ihr verlängert nur die Agonie des kommunistischen Systems!«

Eine wahrlich unbequeme Äußerung! Die Polen hören und zitieren da lieber, was deutsche SPD-Politiker sagen, wenn sie in einer Art Reisebilanz ihre Polen-Eindrücke zusammenfassen:»Die erneute Diskussion über die polnische Westgrenze, über deutsche Minderheiten in Polen, über politische Bedingungen zur wirtschaftlichen Zusammenarbeit und nicht zuletzt das Verhältnis der deutsch-deutschen Staaten, das sich ›beängstigend gut‹ entwickle, führen dazu, daß maßgebliche polnische Politiker sich zwangsläufig für eine stärkere Anlehnung an die Sowjet-Union aussprechen.«

Das Abdriften ins östliche Lager ist eine beliebte Drohung der Polen, die nur denjenigen West-Politiker erschrecken kann, der nicht sehen will oder nicht begreift, wie er auf diese Weise für neue Kredite weichgeklopft werden soll.»Es gehört zu der feingesponnenen Masche polnischer Funktionäre, die ihre Arme weit öffnen, so daß der Gast gerührt in eine Vertrauensseligkeit hineingerät, über die er dann noch stolz daheim berichtet«, sagt mein deutscher

Gesprächspartner in Posen.»Am Anfang ist es mir ganz genau so gegangen. Ich bin nach Hause gekommen und habe geschwärmt: Stellt euch vor, die Burschen sind gar nicht so eisenhart, wie es hier immer heißt. Wenn sie mal die ersten Gläser Wodka getrunken haben – und dort kommt ja der Wodka in Flaschen auf den Tisch wie bei uns der Wein –, dann fangen sie an zu plaudern. Sie hätten doch immer zum westlichen Kulturkreis gehört, fühlen sich noch heute dazugehörig und würden am liebsten auf unserer Seite sein – aber die Russen, sagen sie, das müßt ihr doch verstehen, wir liegen zwischen der DDR und der Sowjet-Union! Ich bin also ganz weich von so viel unerwarteter Offenherzigkeit. Wir trinken Brüderschaft. Mein Gott, sage ich gerührt zu meiner Familie, das sind keine Kommunisten, das sind Menschen wie du und ich – wir dürfen sie nicht im Stich lassen!«

Leszek Moczulski würde da erwidern:»Freunde aus dem Westen, ihr seid doppelt getäuscht worden. Hinter der sympathischen Maske lauert der russische Wolf, und das Geld, das ihr hinüberschickt, kommt nicht dem Volk zugute, es dient vor allem zur Entlastung der Sowjets, die auf diese Weise freigestellt werden von ihrer Fürsorgepflicht, die Mißwirtschaft des Systems bei ihren Satelliten zu beheben.« Um somit die Hände frei zu haben, die eigene Rüstung voranzutreiben, ließe sich noch hinzufügen.

Diese östliche Strategie der Umarmung dürfte auch bei Helmut Schmidt und seinen Genossen ihre Wirkung nicht verfehlt haben, als sie das Erdgas-Röhren-Geschäft abschlossen. Die Sozialdemokraten feierten die Tat, die darin besteht, Röhren und Pump-Stationen an die UdSSR zu liefern gegen eine wachsende Menge an Erdgas aus Sibirien für die Bundesrepublik, als einen entscheidenden Beitrag zur Arbeitsplatz-Sicherung.

Das Geschäft belastete in der Folge nicht nur die deutsch-amerikanischen Beziehungen. Manche West-Korrespondenten warnten damals schon vor einer drohenden Abhängigkeit von unseren Nachbarn im Osten – in zweierlei Hinsicht: Die Pipeline aus der Sowjet-Union läuft durch die Volksrepublik Polen und die Anrainer-Staaten, ist also dadurch verletzbar im materiellen Sinne und benutzbar als politisches Druckmittel. Den warnenden Stimmen war jedoch im Westen entgegengehalten worden, daß die Bundesrepublik, angesichts eines Fünf-Prozent-Anteils an den russischen Erdgas-Lieferungen, nicht in eine Abhängigkeit geraten könne. Das gelte auch für weit höhere Quoten, da man für den Fall der Fälle jederzeit Lücken durch das westliche Verbundnetz in Europa schließen könne.

Häme ergoß sich über uns von offizieller Seite auch in Polen, wie wir es wagen könnten, an der Verläßlichkeit der Sowjetunion zu zweifeln. Nie würde der Hahn aus ›politischen Gründen‹ zugedreht.

»Die Situation ist da«, hätte Konrad Adenauer gesagt. Im Herbst 1984 wird vom Sekretär der sowjetischen Kohlearbeiter-Gewerkschaft, Bjeloussow, im sowjetischen Fernsehen mitgeteilt, seine Organisation habe aus Solidarität mit den streikenden englischen Bergleuten beschlossen, die Lieferung von Kohle und anderem Brennstoff nach Großbritannien einzustellen. Der Kreml dementierte zwar Tage später, dennoch bleibt die Tatsache bestehen, daß das Erdgas-Embargo als ein Werkzeug des politischen Drucks im Führungskreis der Sowjets ins Kalkül gezogen wurde. Der Vorgang müßte eigentlich alle die Politiker im Westen nachdenklich werden lassen, die ihre eigenen Maßstäbe an sowjetisches Denken und Handeln anlegen – besonders, wenn ihre Länder bereits mit einer Nabelschnur an Moskau hängen.

Fast alle großen westlichen Industrie-Nationen sind inzwischen zum Osten in eine Art Abhängigkeit geraten: durch ihre Finanzierungshilfen für die von den Kommunisten bestellten Lieferungen. Es ist immer wieder die Frage aufgeworfen worden, ob es nicht besser sei, Abstand von solchen Geschäften zu halten, als letztlich noch draufzuzahlen. Nüchtern betrachtet sehen westliche Banken die Volksrepublik als bankrott an. Polen werde in den nächsten Jahren unfähig sein – auch ungeachtet mancher Zeichen wirtschaftlicher Besserung –, seine Schulden von über 35 Milliarden Dollar abzuzahlen, da allein 25 Prozent der Devisen-Einnahmen jetzt schon für den Schuldendienst aufgewendet werden müssen.

»Öffnet uns eure Märkte, baut die Einfuhr-Kontigentierung im EG-Bereich ab«, bekommen daher immer wieder gerade die Deutschen zu hören, ihr bedeutendster westlicher Handelspartner. Der West-Export ist die polnische Weichstelle; doch wie um davon

Für zehn Tage Messe: Illusion vom Überfluß
(Foto: ZDF)

Polnischer Traum von westlichen Status-Symbolen: die Bundesrepublik ist der größte westliche Aussteller auf der Posener Messe
(Foto: ZDF)

abzulenken, setzen die Funktionäre gleich hinzu:»Wenn ihr den Markt erschwert, kaufen wir woanders.«
Für den offenen Zugang zu den Märkten im Westen sind Kommunisten daher bereit, auch einen besonderen Preis zu zahlen: Sie führen Wohlverhalten vor, wenn es diesen Handelsinteressen dienlich ist.

Als auf die Verhängung des Kriegsrechtes 1981 in Polen der Westen unter der Führung des amerikanischen Präsidenten Reagan mit Sanktionen antwortete, wurde ein stufenweiser Abbau der polnischen Isolation für den Fall angekündigt, daß»die Militärs zu bedeutenden Fortschritten bei der nationalen Aussöhnung gelangen würden«. Polens Machthaber erließen eine Amnestie.

Das sieht dann so aus: Für die Führer der ›Solidaritäts‹-Bewegung, Lis und Mierzewski, wird die Haft aufgehoben, dafür werden zwei Gründer des Stettiner ›Menschenrechts-Komitees‹, Baluk und Kostecki, wegen illegaler Aktivitäten angeschuldigt. Die eine Geste also in Richtung Westen – damit der Dollar rollt; die andere in Richtung Moskau, damit der Kreml sich auch künftig nicht sorgen muß um die sozialistische Ordnung in Polen.

Als ich den zur Messe nach Posen angereisten polnischen Außenhandelsminister Karski anspreche auf eine mögliche stärkere Anlehnung der Volksrepublik an die Sowjet-Union, sagt er:»Ihr müßt euch doch nicht wundern. Ihr habt uns doch nur Schrott verkauft; jetzt bleiben wir auf dem alten Mist sitzen, weil ihr das Zeug nicht zurücknehmen wollt.«
»Das ist richtig«, bestätigt das auf der Messe eingerichtete Büro für den ›Wiederverkauf importierter West-Waren‹. Die Angestellten blättern in einem Stapel von Schriftstücken.»Wir können Ihnen zum Beispiel eine Brotstraße anbieten, noch original verpackt, Fließbänder und Backanlagen.« Daß die Montageteile seit fünf Jahren im Regen stehen, weil die staatliche Planung vergessen hat, eine Halle für die aus dem Westen importierten Maschinen vorzusehen, wird allerdings nicht mitgeteilt.
»Wir können Ihnen aber auch eine Käsefabrik günstig offerieren«– verblüfft schauen wir uns an. Mit ›polnischem Brie nach Art der Franzosen‹ will man den Handel schmackhaft machen. Der polni-

Gerüstet für gesellschaftliche Aufgaben des realen Sozialismus: Führerschein mit 16 Jahren – auch für Nicola *(Foto: Ruge)*

Gerüstet für ein Zusammenleben ohne staatliche Lenkung: Oliver wird an der amerikanischen Schule in Warschau für freiwilligen Dienst am Nächsten ausgezeichnet
(Foto: Ruge)

sche Einheitskäse könnte in der Tat eine Auffrischung gut vertragen. Die Sache interessiert Elisabeth, und sie beginnt zu recherchieren.

Offenbar sind wir Deutschen nicht die einzigen, die im Ost-Geschäft ihre Erfahrungen gemacht haben; das zeigt die Geschichte von der ›Laiterie Gierek‹: Sozialistischer Käse schmeckt nicht jedem. Zu dieser Einsicht gelangten auch hohe Funktionäre eines Tages in Warschau. Sie sannen deshalb auf Abhilfe. Besseren Käse glaubte jeder einmal gegessen zu haben, und zwar in Frankreich.

Aber importieren konnte man solchen Käse nicht – wo wäre da der sozialistische Fortschritt geblieben! Da allerdings Lenins Wort einem nicht entgegenstand, nämlich dem Abgucken, wurde in Warschau folgender Plan erwogen: Die Franzosen sollten eine Käsefabrik mit allen dazu nötigen Apparaturen in Polen aufbauen. Polnische Wissenschaftler hätten sich an die Analyse von französischem Camembert zu machen, und als polnisches Produkt müßte sich dann ein Camembert ergeben, der – weil ja sozialistisch, also besser – so vorzüglich wäre, daß er sich obendrein noch exportieren ließe. Man müsse schließlich auch an die Rückzahlungskosten denken.

Der Idee folgte die Ausführung: die Franzosen mußten nicht erst an Chopin und ehemalige Waffenbrüderschaft erinnert werden; sie lieferten den Polen nicht nur eine komplette Käsefabrik, sie stellten dafür sogar Kredite bereit. Verwunderung machte sich allerdings bei den Franzosen breit, als sie erfuhren, wo der Standort der Käsefabrik geplant war: auf einem Gelände nahe bei Kattowitz. Die Franzosen fragten zweimal nach, um sicherzugehen, daß sie sich nicht verhört hatten. Denn nach Meinung der Vertreter des Landes mit der höchsten Käseproduktion in Europa gehörte die Fabrik dorthin, wo die Kühe vor der Tür weiden. In Kattowitz fällt der Blick weit und breit auf keine weidende Kuh – dafür auf rauchende Schlote.

»Kühe gibt es dort zwar nicht«, räumten die polnischen Experten ein, »dafür aber Hunderttausende von Bürgern, die den Käse essen wollen.« Die Milch würde man herantransportieren, zum Teil aus der Tatra, das seien etwa 100 Kilometer. Außerdem:

gleich um die Ecke wohnte Parteichef Gierek. Von nun an hatte das Projekt seinen Namen: die ›Laiterie Gierek‹. Es wurde zügig gebaut, und schließlich – ganz nach Plan – stand der Übergabetag bevor. Aus Frankreich reiste eine neunköpfige Delegation an, gestandene Käse-Spezialisten aus der Normandie, die sich nun ehrenamtlich, gewissermaßen aus Freundschaftsdienst, eine Zeitlang als Helfer beim Käsemachen zur Verfügung stellen wollten. In der polnischen Hauptstadt gab es einen großen Empfang für die Delegation, viele käsefreundliche Worte und Toasts. Nach dem sechsten Toast auf die französisch-polnische Zusammenarbeit freilich ließen die Polen die Katze aus dem Sack: sie hätten sich entschieden, die französischen Käsespezialisten nicht nach Kattowitz reisen zu lassen. Inzwischen hätten nämlich polnische Wissenschaftler ein neues Käse-Rezept entwickelt – ein Betriebsgeheimnis natürlich. Die Franzosen hätten sicher Verständnis dafür, daß man es nicht preisgeben könne, zumal man ja mit dem französischen Camembert in Konkurrenz eintreten wolle. Als kleines Trostpflaster versprach man, jedem Teilnehmer der Delegation eine Kostprobe vom ersten polnischen Camembert zu schicken – per Kurier.

Die Delegation reiste ab, und alle warteten nun gespannt auf das polnische Käse-Wunder. Es vergingen Wochen. Da endlich wurden die französischen Agrarfachleute aus der Botschaft ins polnische Außenhandelsministerium gebeten. Die Fabrik, so erklärten die Polen, könnten die Franzosen einpacken und wieder mit nach Hause nehmen. Der Camembert sei ein Flop. Am polnischen Rezept könne es keinesfalls liegen, das sei unfehlbar. Auch nicht an den polnischen Kühen, die würden sich ihrem sozialistischen Auftrag, gute Milch zu produzieren, nie entziehen. Könne es schließlich nur an den französischen Käse-Apparaturen hapern, daß aus dem polnischen Camembert nichts geworden sei: Sicher habe man den Polen unmodernes Zeug geliefert, längst veraltete Maschinen. Aber von solchen Täuschungsmanövern ließen sich Kommunisten nicht blenden. Man werde keinen Centime bezahlen, der Vertrag sei null und nichtig.

So warten bis heute polnische Bürger auf den versprochenen neuen sozialistischen Käse.

An der Außenwand der ›Laiterie Gierek‹ steht von unbekannter Hand hingepinselt:»Geschlossen, weil in diesem System selbst die Milch sauer wird.«

»Ich kann nicht mehr lachen, sieh dir das an.« Ich gebe Elisabeth ein Fernschreiben vom Auswärtigen Amt in Bonn; es bestätigt, daß in der Zeit des Kriegszustandes unsere Agrar-Importe aus Polen fast normal mit der Bundesrepublik abgewickelt wurden. Das heißt, während in Polen die Menschen hungerten, exportierte das Regime Lebensmittel! Geschäfte, die zum Teil in Posen getätigt werden. Auf der Messe machen daher allerlei Gerüchte und Geschichten die Runde. Abends an der Bar erzählt uns ein deutscher Geschäftsmann von dem Oetker-Vorhaben.»Die Puddingfirma ist jetzt auf polnisches Trockengemüse scharf, aber aus dem Geschäft ist nichts geworden.« Die Bielefelder, so wird auch von anderer Seite kolportiert, haben den Polen eine moderne Anlage zum Gemüsetrocknen angeboten. Aufstellung kostenlos! Gegenleistung sollte eine Warenlieferungs-Garantie für fünf Jahre sein. Die Polen aber wollten mehr, eine Abnahmeverpflichtung der Deutschen für weitere fünf Jahre – gegen Vorauszahlung. An dieser Klausel soll das Geschäft gescheitert sein.

»Dafür liegt ›Wiesenhof‹ gut im Rennen«, weiß ein anderer,»die staatlichen Geflügelfarmen in Polen haben nämlich Konkurrenz aus Ungarn bekommen und mußten ihre Preise senken. Polnische Gänse sind zu fett geworden.«

Ein deutscher Viehhändler hat einen anderen heißen Tip:»Neuester Exportschlager sind polnische Kälber, sie sind die einzigen in Europa, die noch tief stehen.« Als ich ihn verständnislos ansehe, erklärt er:»Die Bauern im Westen haben lange eine hochstehende Milchkuh bevorzugt, schon allein wegen der Melkapparate, die besser unter die Euter paßten. Diese Züchtung brachte zwar Kühe mit großen Milch-Reserven hervor, aber die Rinder waren zu mager. Als bei uns nun die Milchüberschüsse wuchsen, war plötzlich wieder die Fleischkuh gefragt, und die gibt's in Polen.«

Posen – eine Scheinwelt für 10 Tage? Die Schaufenster am Markt spiegeln eine Sättigung vor, ein Warenangebot, das sonst nicht zu sehen ist. An den Ständen drängeln Frauen, reißen sich um Stoffe, um Haushaltsartikel. In den Kneipen fließt das Bier.

Wenn vom Rathausturm mit seiner berühmten Renaissance-Fassade die Uhr zur fünften Morgenstunde schlägt, zieht ein anderer Spuk auf. Schweren Trittes bewegt sich ein Sträflingstrupp durch die Stadt. Aufräumen, säubern, heißt das Kommando. Die Bewacher sind mit Maschinenpistolen bewaffnet. Ein Betrunkener ist auf dem Bürgersteig zusammengesunken. Vom Laternenpfahl abgeglitten, hat er sich am Bordstein eine dicke Beule hinter dem Ohr zugezogen. Er versucht sich hochzuziehen, fällt aber immer wieder zu Boden. Keine Hand rührt sich, um ihm aufzuhelfen. »Wer sich aus dem System ausklinkt«, sagt der Uniformierte drohend neben dem Betrunkenen, »muß die Folgen selbst tragen.«

Das bekommen schon Polens Kinder in der Schule eingetrichtert: »In der neuen Gesellschaft ist kein Platz für antisozialistische Elemente.« Was die polnische Jugend freilich nicht daran hindert, den gepredigten Sozialismus auch anders auszulegen, menschlich, indem sie durch die kleinen Maschen zu schlüpfen versuchen, die das System ihnen gelassen hat.

Zum Leben eines polnischen Staatsbürgers – das erfahren wir an unserem ersten Elternabend in der Modzelewski-Schule – gehören einige gesellschaftliche Pflichtübungen, denen sich niemand entziehen darf.

Jeder Schüler muß z. B. innerhalb eines Jahres 15 Kilogramm Altpapier sammeln und an einer bestimmten Adresse abliefern. In Polen herrscht chronischer Papiermangel. Für Sonderleistungen gibt es Prämien. Und so kommt es, daß Nicola, das Mädchen aus dem Westen, eines Tages vor der ganzen Schule ausgezeichnet wird: für die höchste Quote an Altpapier. Sie hatte das Zeitungsarchiv des Korrespondenten-Vaters der Schule abgeliefert.

Zu den sozialistischen Pflichtübungen gehört die ›Selbstverwaltung‹ der Schulklasse. Das heißt Aufräumen, Ordnung halten und selbstverständlich ›nach Plan‹ den Boden wischen. »Die Schule verfügt nur über zwei Putzfrauen für 1000 Schüler«, erklärt die Klassenlehrerin. Als Nicola an der Reihe ist und mit Eimer und Wischlappen einsame Bahnen auf dem Klassen-Fußboden zieht, stecken die Klassenkameraden irritiert den Kopf zur Tür herein. Schließlich nimmt die resolute Małgosia energisch den Schrubber in die Hand und sagt:»Du bist unser Gast, es kommt nicht in Frage, daß du wischen mußt!« Gemeinsam wird das Werk beendet. Ein polnisches Sprichwort heißt: ›Gast im Haus – Gott im Haus.‹ Dieses Sprichwort werden wir immer wieder bestätigt finden, wenn wir bei polnischen Familien zu Gast sind. Polnische Kinder werden von klein an zu dieser Höflichkeit erzogen. Das fängt schon mit den kleinen Gesten an: der Junge wird ermahnt, dem Mädchen die Tür aufzuhalten, damit sie vorangehen kann. Im Bus habe ich es selten erlebt, daß ein Kind nicht aufsteht, um älteren oder gebrechlichen Leuten seinen Sitzplatz anzubieten, und schon der Jüngling beherrscht perfekt die galante Begrüßung einer Dame per Handkuß.

Einmal im Jahr ist ›Jungentag‹ – natürlich finden auch ein ›Mädchentag‹ und ein ›Lehrertag‹ statt. Die Mädchen haben jedem von den Jungen ein Wollknäuel auf den Schultisch gelegt und einen Zettel drangepickt:»Es gibt nichts, was ich nicht kann.« Aber auch ohne diese liebenswerte Aufforderung wissen die Jungens, daß bei den gesellschaftlichen Aufgaben keine Unterschiede existieren. Es gehört selbstverständlich dazu, daß der Straßenteil vor dem Schulgebäude in Ordnung gehalten wird – also: Park-Bänke regelmäßig frisch anstreichen, weiße Striche am Bordstein sowie den Mittelstrich auf der Straße erneuern. Und natürlich das Laub vom Bürgersteig und aus dem Park kehren. Für alle diese Pflichtübungen winkt Belohnung: einmal im Monat ein Ausflug ins Theater oder in die Stadt bzw. die Umgebung von Warschau, wie auch ein Betriebs- oder Museums-Besuch. Tatsächlich fällt auf, wie viele Schulklassen in polnischen Museen oder an historischen Stätten anzutreffen sind. Die Vergangenheit begegnet diesen Jugendlichen auf Schritt und Tritt. Nicht nur bei den Mahnwachen, die an blumengeschmückten Hausecken und Gedenktafeln an die Erschießung von Mitbürgern, die Deportation von Juden erinnern. Geschichtsbewußtsein wird mit Bedacht in die Köpfe getrichtert.

Da der kommunistische Staat sowieso an alles denkt, erübrigt sich eigentlich auch die Wahl eines Elternvertreters auf dem ersten Klassenabend. Dennoch schickt die Klassenlehrerin aufmunternde

Blicke in die Runde. Einer muß sich doch finden. Schließlich meldet sich eine zaghafte Stimme.»Muß man da viel machen?«Die Lehrerin lächelt:»Theater- und Fahrkarten holen, ab und zu ins Eltern-Komitee.«Ob er dann wolle?»Unter diesen Umständen – ja!«Damit ist die Wahl des Elternvertreters bereits besiegelt. Keine Stimmzettel, keine Wahlurne, kein Wahl-Ausschuß. Für eine ehemalige Elternvertreterin im Westen ein etwas ungewöhnliches Schauspiel.

Zum Abschluß des Treffens werden Formulare ausgeteilt, Personalbögen, die für die Kinder ausgefüllt werden müssen. Unter anderem wird darin auch nach der Gesellschaftsklasse der Eltern gefragt: Arbeiter, Bauern oder Intelligenz. Arbeiterkinder bekommen einen Bonus nach dem Abitur, der ihnen den Zugang zur Universität erleichtern soll. Bei der Frage nach der Parteizugehörigkeit stocken wir und fragen die Lehrerin, ob diese Frage von Bedeutung sei.»Nein«, antwortet sie schnell abwinkend,»das ist nur für statistische Zwecke.«

Für uns – die frisch in Polen angekommenen Westler – ist mit diesem Elternabend der erste Kontakt zu anderen polnischen Eltern lange auch der letzte. Die Verschmelzung von Ost und West wird privat nicht gern gesehen. Es will uns am Anfang nur schwer in den Kopf, denn dort sitzen Eltern mit den gleichen Schulproblemen. Man müßte und möchte sich gern mitteilen, Probleme austauschen. Wir nicken uns auch gegenseitig Sympathien hinüber und herüber. Doch das Zögern auf den polnischen Bänken ist erkennbar. Wie soll die große Politik sich normalisieren, wenn man sich schon auf dieser simplen unteren Schiene so schwer tut, fragen wir uns.

Das Gegenstück erleben wir in Olivers amerikanischer Schule. Die Integrationshilfe der Amerikaner erstreckt sich auch auf die Familien der Kinder an der amerikanischen Schule. Als Neuankömmling werde ich gleich zu einem ›Welcome-Treff‹ bei Diplomatenfrauen eingeladen. Unkonventionell geht es zu. Kleiner Imbiß mit Selbstbedienung. Ich erfahre über die kulturelle Situation der Mexikaner ebensoviel wie über die sozialen Spannungen in Indien. Bei diesem Treff werden nicht nur Adressen ausgetauscht, sondern auch neugeborene Katzen unter die Familien gebracht. Integrationshilfe in der Alltagspraxis. Wer hier seine Chance nicht ergreift und keine neuen Kontakte knüpft, hat sich seine Außenseiterrolle selbst zuzuschreiben.

Unterschiedliche Sitten und Gebräuche – das macht uns alle neugierig. Einmal im Monat ist Kochtag international an der amerikanischen Schule. Jedes Kind kommt an die Reihe, ein typisches Gericht seiner Heimat für Klasse und Lehrerschaft in die Schule mitzubringen. Das birgt freilich ein ungeahntes Risiko in sich. Die ganze Familie legt sich ins Zeug und taucht die ganze Küche in Mehl, um bis weit nach Mitternacht für 35 Mägen etwas speziell Deutsches zu fabrizieren. Doch bei späteren Gelegenheiten läßt der Sproß ganz ungerührt einfließen:»Also, das japanische Huhn von dem Tudaschi hat mir aber viel besser geschmeckt, und die griechischen Weinblätter mit Reis von der Titi Papas könntest du auch mal machen.«

Was die Kinder im freiheitlich westlichen System so zwanglos und natürlich zueinander finden hilft, zwingt die Kinder des ›realen Sozialismus‹ zu Umwegen. Sie erfahren früh, daß es darum geht, ein Leben auf verschiedenen Ebenen zu führen: Die Schul-Ebene, die Spiel-Ebene, die Pfadfinder-Ebene, die Erwachsenen-Ebene, die Berufs-Ebene. Innerhalb jeder Ebene sind Berührungspunkte gegeben mit anderen, doch ist tunlichst zu vermeiden, diese Kontakte über die jeweilige Ebene hinaus auszudehnen.»Einer soll möglichst wenig vom andern wissen«, sagt eine Freundin von Nicola zu uns viel später.»Wenn dich einer verpetzt, soll er nie den ganzen Kreis mitreißen können, sollen Rückschlüsse auf dich von deinem Umgang her möglichst schwierig sein – nur so retten wir ein Stück privaten Daseins.«

Überleben im sozialistischen System heißt also Lücken finden, Nischen auftun. So wie es der findige deutsche Kaufmann anstellte, der in Posen zum Unternehmer wurde, geht es freilich auch nicht immer gut. Ich treffe ihn, am Boden zerstört.

Er hatte in Warschau eine Lebensmittel-Versorgung für Devisen-Zahler aufgezogen. Mit all den Kostbarkeiten aus dem Westen: deutsche Wurst, vakuum-verpackte Milch, Joghurt, Orangen, Toastbrot, Wein, Säfte, Waschpulver, Seifen, Zahncreme. Die

Mit dem Panje-Wagen dem wirtschaftlichen Aufschwung entgegen: Die Bundesrepublik ist Polens größter westlicher Handelspartner. *(Foto: Ruge)*

Da die Arbeitskraft billig ist, lassen viele deutsche Firmen hochwertige Erzeugnisse in der Volksrepublik fertigen. Die Deutschen stellen Maschinen und Rohstoffe für den Lizenzbau – wie hier in einer Fabrik für elektronische Geräte. Am polnischen Markt laufen solche West-Produkte meistens vorbei. *(Foto: Ruge)*

Waren stapelten sich in drei Garagen. Der Umsatz florierte, alle Botschaften waren Kunden. Aber die Quelle sprudelte nicht lange. Eines Abends erscheint die Miliz. »Zeitweilig«, erzählt er, »waren 20 Leute in meiner Wohnung und wühlten in meinen Unterlagen.« Das Warenlager wurde zuerst versiegelt, dann beschlagnahmt. »Wer weiß, wohin sie die Sachen gebracht haben«, resümiert er. »Ich konnte nicht mal telefonieren, alle Leitungen wurden abgeschaltet, meine Familie stand mit mir unter Hausarrest.«

»Aber die Sonder-Ausweise von der polnischen Regierung«, bohre ich, »ihre Freunde in den Ministerien, bei der Partei?«

Er lacht: »Klug ausgedacht – die Razzia fand an einem Freitagabend statt, bis Montag haben sie mich zappeln lassen – vermutlich hatte ich vergessen, auch den zuständigen Beamten des Innenministeriums von meinem Projekt entsprechend zu unterrichten! Die Waren wurden mir später erstattet – in Złotys. Doch auf meinen Antrag auf Wiedereröffnung meines Magazins gab es bislang keine Antwort.«

5
Krummhübel
Karpacz

Auf dem Freundschaftsweg zur Schneekoppe
(Foto: ZDF)

Der polnische Bergführer Tadeusz Steć lebt seit Kriegsende im Riesengebirge. Mit den Deutschen hat er längst einen historischen Kompromiß geschlossen. »Gemeinsam ist unseren Völkern die Liebe zu diesem Stück Heimat«, sagt er beim Lichtbilder-Vortrag im modernen Hotel ›Skalny‹, immer mittwochs vor Touristen aus Gelsenkirchen oder Berlin – vor den Deutschen-West also. Donnerstags ist er drüben im staatlichen polnischen Betriebsheim, da spricht er zu den Deutschen-Ost.

»Die polnische Gastfreundschaft kennt weder Grenzen noch Nationalitäten«, sagt Steć, »nur manchmal ergeben sich auch im Sozialismus kleine Unterschiede.« Wie in Krummhübel, wo sich die nach 1945 für die West-Touristen gebauten Nobel-Herbergen problemlos in das Landschaftsbild einfügen. Sie gleichen Inseln, denn der Alltag der Einheimischen bleibt draußen vor der Tür. Eine Welt, von der sich viele ausgesperrt fühlen. Nicht zuletzt die Deutschen aus Rostock oder Weimar.

Der augenfällige, vordergründige Vergleich: hier Unterkünfte West – dort Unterkünfte Ost. Doch was den Devisen-Deutschen vermutlich nicht unbedingt ins Auge fällt, ist der Ärger der DDR-Bürger, daß sie auch im sozialistischen Nachbarstaat Polen Deutsche zweiter Klasse sind. Und doch kommen sie gern ins Riesengebirge – 80 km von der Grenze entfernt läßt es sich im Privatquartier bei polnischen Familien freier, unreglementierter leben als im heimischen Ferienheim der FDJ oder des VEB. Bundesdeutsche sehen diesen Kurswert für die anderen Deutschen kaum.

Auch die touristischen Merkmale des Riesengebirges wirken oft unterschiedlich auf Deutsche-Ost und Deutsche-West. Vor allem die Deutschen aus der Bundesrepublik zieht es zur Holz-Kirche Wang. Sie stammt aus dem 13. Jahrhundert und stand ursprünglich in Norwegen. 1841 kaufte der preußische König Friedrich Wilhelm IV. den Abbruch für 120 Goldtaler und ließ das Kirchlein in Brückenberg wieder aufbauen. Eigentümer ist heute die Evangelisch-Augsburgische Kirche von Karpacz.

Auf dem Friedhof mit den sich selbst überlassenen deutschen Grabsteinen kommt dann doch Heimweh auf. Der Blick gleitet hinüber zu den Gipfeln, bleibt hängen an der Spitze der Schneekoppe. Und mancher stimmt leise in die Melodie ein, die er im Wind zu hören vermeint, der aus den Tälern herüberweht:»Oh, du mein liebes Riesengebirge.« Meist nicht so sentimental bewegen sich die Bürger aus der DDR in den ehemaligen deutschen Ostgebieten. Für sie ist der Weg auf die Koppe mehr ein Ausflug, das Riesengebirge ist gewissermaßen ihr Hausberg geworden. Oben auf der Schneekoppe, dem mit 1602 m höchsten Berg Schlesiens, hat sich viel verändert: Neu sind ein Restaurant und eine Wetterstation, vollgestopft mit Antennen – wohl auch für die Militärs.

Den Wanderern wird die Riesengebirgs-Tour heute leicht gemacht. Zur ›Kleinen Koppe‹ führt ein Lift. Bis zur Schneekoppe folgt nur noch eine Stunde Fußmarsch. Das letzte Stück auf dem Freundschaftsweg, dem Kammpfad, der die Grenze zwischen der VRP und der CSSR markiert.

»Geh mal a bissele rieber«, sagt die Frau,»du hust gemeent, mir beede g'leebtn das nie.« Der Mann will den historischen Moment im Bild festhalten, er bewegt sich mit dem Fotoapparat ein paar Schritte über den Weg.»Nie wolno!«ruft es da aus dem Kriechholz: »Mach schon, s'wird schon nicht der Rübezahl sein, der dich holen kommt«, drängt die Frau.»Nie wolno«, warnt die Stimme wieder, diesmal schärfer. Klick macht der Fotoapparat. Aus dem Gebüsch stürzt ein Grenzsoldat hervor, ruft erneut»nie wolno« und packt den Fotoapparat. Der Tourist will die Kamera festhalten, doch der Griff des anderen ist stärker, der Deutsche taumelt zu Boden.»Laß dir das nicht gefallen, Wilhelm«, feuert die Frau ihren Mann an. Doch das Handgemenge auf dem Freundschaftsweg – oben auf dem Kamm des Riesengebirges – entscheidet der Pole für sich. Der Deutsche wird abgeführt in Richtung Grenzhaus. Seine Frau erreicht weinend das Hotel, berichtet von dem Vorfall. Für viele Gäste ist die Urlaubsstimmung dahin. Nach stundenlangem Telefonieren erfährt die deutsche Reiseleitung dann:»Der Mann sitzt in Hirschberg im Gefängnis.«

Daß die Landesverteidigung auch an den Grenzen zwischen den sozialistischen Nachbarn sehr ernst genommen wird, hat mehrere Gründe: Angst vor einer Infiltration von Westspionen, Abwehr antisozialistischer Elemente, Kontrolle über mögliche illegale Verbindungen zwischen oppositionellen Gruppen.

Für unsere Kinder das verblüffendste Erlebnis im Ostblock ist die sogenannte ›Friedensgrenze‹ am Übergang zum Territorium der Sowjet-Union. Bei einer Eisenbahnfahrt nach Moskau glauben wir uns einen Moment an den Eisernen Vorhang zwischen der DDR und der Bundesrepublik versetzt. Als der Zug über die Brücke am Bug rollt, sehen wir eine langgestreckte Betonmauer, Minenfelder, sowjetische Wachtürme mit bewaffneten Posten, Sperr-Anlagen und Stacheldraht. Kaum sind wir durch das Tor mit dem roten Sowjetstern in den Bahnhof von Brest-Litowsk eingefahren, werden die Waggons von Soldaten umstellt. Ein Grenzer im langen grauen Filzmantel herrscht uns an, wir sollen von den Fenstern zurücktreten, uns still in den Abteilen verhalten und die Pässe bereithalten. Seine Gesten sagen alles. Daß wir keine Polen sind, kann er noch gar nicht wissen. »Wieso heißt es Friedensgrenze, und vor wem müssen sich die Russen schützen?« fragen die Kinder fassungslos. Der Abschirmungswall liegt auf dem Terrain des sowjetischen Imperiums.

Das Thema Landesverteidigung steht als Unterrichtsfach sogar auf dem polnischen Stundenplan. Als PO – Militärkunde – wird es auch an Nicolas humanistischem Gymnasium in Warschau gelehrt. Ein Jahr lang hörten wir im Schweiße unseres Angesichts ab, wie viele Streifen ein polnischer Gefreiter, Offizier oder General an seinem Ärmel bzw. auf der Schulterklappe trägt und wie sich die einzelnen Ränge auf polnisch buchstabieren. Bevor der Unterricht zu den Schießübungen überging, stellte die Schule zu unserem Aufatmen dann doch fest, daß dieses Fach einem westdeutschen Mädchen wohl kaum etwas bringen würde, und sie wurde von PO befreit. Den wahren Grund hinterbrachte uns eine Lehrerin. Von der Staatssicherheit sei eine Anweisung an die Schule gekommen, man müsse der Weitergabe militärischer Geheimnisse vorbeugen.

Diese übertriebene Sorge vor West-Spionen ist immer wieder ein dankbares Thema unter westlichen Diplomaten in Warschau. Mit

der Begründung nämlich, einen Spion dingfest gemacht zu haben,
operiert der Geheimdienst gern und oft, um ›unliebsame Gäste‹ aus
dem Land zu komplimentieren. Gerade hat es zwei amerikanische
Diplomaten erwischt. Das ist Gesprächsstoff auch beim festlichen
Diner in der Residenz des deutschen Botschafters.

Meine Tischnachbarin, die Frau eines mexikanischen Diplomaten,
fragt mich, ob wir Auslandskorrespondenten mehr über diese
Ausweisung wüßten.»Ja«, sage ich,»wie man hört, sind sie reinge-
legt worden – wie in einem billigen Kriminalstück. Als sie den
polnischen Wissenschaftler Dr. Herczynski vom Institut für Grund-
lagenforschung zu Hause aufsuchten, wurden sie von Sicherheitsbeamten ›überrascht‹. Dann geschah in einer Blitzaktion folgendes:
Die Amerikaner Zerolis und Howard mußten sich an die Wand
stellen, die erhobenen Hände gegen das Mauerwerk gestützt. Ihre
Taschen wurden entleert, und der Inhalt in der Mitte des Wohnzim-
mers auf einen Tisch geworfen. Bei der Durchsicht fanden sich wie
zufällig zwischen den persönlichen Sachen auch belastende
Papiere. Die Amerikaner versichern, diese Papiere nicht in den
Taschen gehabt zu haben.«

»Na, der Beweis lag doch auf dem Tisch«, mischt sich ein hoher
Beamter aus dem polnischen Außenministerium ins Gespräch, der
mir gegenüber seine Tomatencremesuppe löffelt. Ich komme nicht
dazu, ihn zu fragen, ob auch erwiesen sei, wer die Papiere auf den
Tisch gelegt habe, denn er ereifert sich:»Ganz klarer Beweis für die
Einmischung von Diversionszentren, Spionagediensten und diplomatischen Vertretungen einiger NATO-Länder«, ergänzt er.

Es ist derselbe Mann, der noch vor kurzem daran beteiligt war, als
›man‹ mich dreimal mit der Ausweisung bedroht hatte. Mir wurde
›Verletzung der Spielregeln‹ vorgeworfen, wozu die Polen beispielsweise die Ausstrahlung eines Interviews mit dem KPN-Führer
Mocszulski zählten.

»Zum Wohle«, sage ich, als mir der hohe polnische Beamte zupro-
stet, mit deutschem Rheinwein vom Botschafter. Inzwischen gehört
mein ›Fall‹ zu den Akten: Ich habe den Nervenkrieg überstanden
und nicht freiwillig das Land verlassen. Das alles widerspricht zwar
Buchstaben und Geist der Abmachungen von Helsinki über den
freien Informationsfluß zwischen Ost und West. Doch die Unbe-

kümmertheit der Polen ist entwaffnend:»Trinken wir auf die gute deutsch-polnische Zusammenarbeit«, sagt mein polnisches Gegenüber und greift zum Wodka, der den östlichen Gästen zuliebe vor jedem Gedeck steht.

Die Kellner haben inzwischen die leeren Suppentassen abgeräumt und den Hauptgang serviert. Kalbfleisch mit Gemüse. Danach ist der Augenblick, ans Glas zu klopfen. Der deutsche Botschafter Negwer verleiht diesem Diner einen besonderen Glanz, mit einer Rede, die herausstreicht, daß sich die deutsch-polnische Freundschaft in dieser schweren Zeit ganz außerordentlich bewähre. Jedermann ist nachdenklich.»Gespenstisch«, sage ich, denn mir fällt die andere Runde ein, in der wir, alle in Polen akkreditierten deutschen Korrespondenten, mit dem Botschafter gesessen hatten. Das Kriegsrecht hatte uns am 13. 12. 81 Telefon, Telex und jede Arbeitsgrundlage genommen. Einzige Verbindung nach drüben: die Funkbrücke der Diplomaten.

Doch der oberste deutsche Beamte hatte ›nein‹ gesagt zu unserem Ansinnen, diese Verbindung zur Nachrichten-Übermittlung an unsere Redaktionen zu nutzen – es wäre ein Verstoß gegen internationale Regeln. Nach deutscher Beamtenauffassung korrekt. Nur was sind diese internationalen Regeln noch wert bei einem polnischen Ausnahmezustand? Die Polen lagen im Krieg mit sich selbst, nicht mit uns.

Betroffen von den Auswirkungen wurden wir jedoch alle. Regeln und Recht wurden uns gegenüber willkürlich außer Kraft gesetzt: keine Kontaktmöglichkeit mit unseren Heimatredaktionen, totale Zensur, Stadt-Arrest, Sperrstunde – wie bei Internierten. Obwohl wir Deutsche sind, durften wir nicht einmal in die eigene Botschaft, ohne peinliche Kontrolle durch polnische Miliz. Amerikanische, französische und englische Diplomaten wehrten sich gegen diese einseitigen, rigorosen Beschränkungen energisch. Sie erlaubten zudem ihren Korrespondenten, den Diplomaten-Funk zu nutzen über die Absperrungen hinweg.

Die Lage-Beurteilung in Bonn in den ersten Wochen nach der Verhängung des Kriegsrechts durch die Militärs in Polen, die sich allein auf die Berichte der Warschauer Botschaft stützte, nahm damals groteske Züge an. Die öffentliche Meinung wurde quasi von

Für den polnischen Bergführer Steć ist das alte Riesengebirge seine neue Heimat
(Foto: Ruge)

Beamten des auswärtigen Dienstes geprägt, denn für Zeitungen, Rundfunk und Fernsehen in der Bundesrepublik war das Auswärtige Amt vorübergehend die einzige Informationsquelle über die Vorgänge in der Volksrepublik. Diverse Fehleinschätzungen waren die Folge.

Bundeskanzler Schmidt weigerte sich lange, dem Sanktionsbeschluß der Länder der Europäischen Gemeinschaft beizutreten, weil ihm suggeriert worden war, aus Warschau würden bald neue Signale kommen.

Herbert Wehner setzte seine rosarote Brille auf und reiste auf eigene Faust nach Polen. Mit dem Altersstarrsinn eines Mannes, der die deutsch-polnischen Verträge mit Militärstiefeln zertreten sah, wollte er den irritierten Glauben an die Vertrauenswürdigkeit der Kommunisten retten, auf die die SPD jahrelang ihre Ost-Politik aufgebaut hatte – wo es eigentlich genügt hätte, zuerst einmal von Bonn aus nach den polnischen Gesten zu fragen, die nun einer neu zu beginnenden Annäherung vorauszugehen hätten.

Die Proteste gegen die Behinderung unserer Pressearbeit, unserer Bewegungsfreiheit wurden mit einem Lächeln auf polnischer Seite abgetan: »Wozu regen Sie sich auf, in Bonn vertraut man uns!«

Die deutschen Korrespondenten in Warschau stellten sich damals die Frage: »Hat uns Bonn im Stich gelassen?« Es gehört zu den internationalen Gepflogenheiten, Zugeständnisse im Verkehr miteinander durch eigenes Entgegenkommen zu erwidern. Wie verhält man sich aber, wenn der Partner die gewährten Erleichterungen plötzlich abbaut oder künftig erneut wieder zu restriktiven Maßnahmen greift: reziprok? Doch das Wort ›Reziprozität‹ hat anscheinend nur bei Kommunisten einen guten Klang. Da gehört es zum guten Ton zu sagen: »Haust du meinen Lukas, hau ich deinen – also laß die Finger weg!«

Manchen Deutschen, der sich wie der Wanderer im Riesengebirge unversehens hinter polnischen Gittern wiederfindet, mag ein ähnliches Gefühl der Hilflosigkeit beschleichen. Es dauert oft Tage, bis die deutsche Botschaft überhaupt von einer solchen Festnahme erfährt. Wenn sich dann schließlich ein Beamter auf den Weg begibt, vergeht auch noch einige Zeit. Die meisten Inhaftierten sind bis zu diesem Augenblick eines Zusammentreffens mit dem deut-

Krummhübel – heute Karpacz: Treffpunkt für Deutsche aus Ost und West *(Foto: ZDF)*

Gipfeltreffen der Warschauer Pakt-Mächte: Zeremoniell am Grabmal des Unbekannten Soldaten in der polnischen Hauptstadt
(Foto: Ruge)

schen Konsular-Vertreter so entnervt, daß sie bereit sind, auf
Kautions-Vorschläge der polnischen Justiz einzugehen. »Hauptsache, raus hier«, sagte uns ein freigelassener Deutscher, der lieber
auf das Geld verzichten wollte, als zur Verhandlung in die Volksrepublik jemals zurückzufahren.

»Den Fremden gegenüber, aber auch den Freunden, ist stete
Wachsamkeit oberstes Gebot«, predigen kommunistische Funktionäre tagtäglich. Doch es zeigt sich: Jedes auch noch so perfekte
System hat seine Schwachstellen, seine Lücken. Durch so eine
Lücke schlüpften wir eines Tages hindurch, ohne daß wir es überhaupt bemerkten.

25 Jahre Warschauer Pakt: Festlicher Gala-Abend im ›Großen
Haus‹, dem Nationaltheater der polnischen Hauptstadt. Alles, was
in der kommunistischen Welt Rang und Namen hat, ist mit einer
Einladung zu diesem Festakt geehrt worden. Auch die Auslandspresse wurde gebeten. Peter hat mich in der Nähe des Theaters
abgesetzt, denn rund um das Operngebäude hat ein Großaufgebot
von Sicherheitskräften Absperrungsriegel gezogen. Auf den
Opern-Parkplatz durfte schon am Vortag niemand mehr mit dem
Pkw. Jetzt stehen hier Militär-Fahrzeuge und andere Schutz-Einheiten. Mit meiner Einladungskarte habe ich aber keine Schwierigkeiten, in die Opernhalle zu gelangen. Kurz nachdem ich meinen
Mantel an der Garderobe abgegeben habe, ist auch Peter bei mir,
und wir beschließen, an der großen Marmortreppe auf den ›Einmarsch‹ der Ostblock-Führer zu warten. Wie wirkt Breschnew aus
der Nähe? Wir wollen an Ort und Stelle uns selbst überzeugen,
nachdem es über seinen Gesundheitszustand immer nur Gerüchte
gegeben hat und die Ostblock-Fernseh-Medien gehalten sind, keine
Nahaufnahmen zu übermitteln.

Das erste Klingelzeichen ertönt. Kein Breschnew, überhaupt keine
Anzeichen für den Auftritt der Spitzen-Delegationen. »Wahrscheinlich werden sie unten im Parterre sitzen oder benutzen einen
anderen Eingang«, kombinieren wir. »Dann werden wir sie mal von
oben anschauen.« Wir haben Loge K-II-Balkon – beste Plätze, wir
wir anerkennend feststellen. Im Stillen bitten wir *Interpress* einiges
wieder ab für das, was sie uns sonst an Knüppeln zwischen die Beine

Hirschberger Marktplatz: von Rübezahl keine Spur
(Foto: Ruge)

werfen. Mit diesen Gedanken spazieren wir die Treppe hinauf. Oben wartet schon die Platzanweiserin. In diesem historischen Gebäude sind wir oft gewesen, haben herrliche Aufführungen des klassischen Opern-Repertoires miterlebt. Auf dieser Etage kennen wir uns gut aus. Die Platzanweiserin nimmt unsere Einladungskarten entgegen, zieht uns am Ärmel hinterher und führt uns zu den Plätzen in der Loge. Erstaunlich leer ist es vor uns; beide Reihen noch unbesetzt, und links und rechts im Halbrund des Rangs sind ebenfalls noch Plätze frei. »Typisch wieder, die unpünktlichen Korrespondenten«, konstatieren wir beide, »sicher kommen sie wieder in der allerletzten Minute.«

Seitlich, durch einen Gang von uns getrennt, erkennen wir eine Reihe schwarz gekleideter Herren, sie schauen herüber, ich bin wohl hier das einzige weibliche Wesen, scheint mir. Einer der Schwarzgekleideten erhebt sich, kommt grüßend herüber und gibt uns die Hand. Es ist der ehemalige polnische Botschafter in Bonn, Piatkowski. Jetzt erkennen wir auch andere: DDR-Außenminister Fischer, Verteidigungsminister Hoffmann, sogar UdSSR-Außenminister Gromyko sitzt schon auf seinem Platz.

Plötzlich öffnet sich links neben uns die Tür am großen Zugang, und da kommen sie alle herein, die alten Männer, die Spitzen der Ostblock-Staaten. Parteichef Gierek dirigiert den unsicher tastenden Kreml-Boß zu seinem Platz. Ich könnte beide am Schopf zupfen, so nah gehen sie an unserer Loge vorbei; doch vorher muß ich mich selbst in den Arm zwicken, um zu prüfen, ob ich kein Trugbild vor mir habe: die ganze Riege der Ostblock-Führer nimmt vor uns Platz, keine drei Meter entfernt. Auch links und rechts von uns setzen sich schwarzgekleidete Herren. Von Gierek und Breschnew sind wir nur durch den Dolmetscher getrennt. Beide verständigen sich also über diesen Vermittler. Wenn Breschnew antwortet, redet er laut genug, daß wir ihn vernehmen können, besonders, wenn er sich nach den weiblichen Darstellern auf der Bühne erkundigt; er klatscht dann auch mal wie ein begeistertes Kind. Manchmal auch an einer falschen Stelle, und Gierek dämpft ihn dezent. Ein Bild, das fast Mitleid erregt. Vom ungarischen Parteichef Kadar, der seitlich von ihm sitzt, versucht er, Zustimmung zu erheischen, doch der beugt sich angestrengt übers Geländer.

Auf der Bühne läuft inzwischen ein Stück ab, das weit entfernt von dem ist, was wir uns unter einem ›Gala-Abend‹ vorgestellt haben. Auf den westlichen Beobachter macht die Aufführung den Eindruck einer scheußlichen militärischen Selbstbeweihräucherung. Soldaten tanzen, besingen und verherrlichen den Bund der Ostblock-Völker, die gemeinsame Abwehr des Imperialismus, die Stärke der Warschauer-Pakt-Staaten. Einen Augenblick überlegen wir, vorzeitig wegzugehen. Doch die Höflichkeit gebietet, bis zum Ende auf unseren Plätzen auszuharren. Auch beim Applaus.

Gierek erhebt sich, zieht Breschnew mit hoch; der will sich wieder setzen, doch Gierek zerrt ihn erneut nach oben, deutet nach vorn: überall surren die Kameras, Objektive und Scheinwerfer sind direkt auf die Ostblock-Prominenz gerichtet. Nun beginnt das Klatschen. Sollen wir oder sollen wir nicht? Peter sagt, wir dürfen jetzt nicht auffallen, also klatschen wir mit – minutenlang. Ein Bild äußerlicher Geschlossenheit – so wird es vom Fernsehen in die Länder des Warschauer Pakts übertragen. Live – als Direktsendung. Millionen sehen zu. Es gibt nur einen kleinen Webfehler in der Collage: uns beide. Doch davon ahnt draußen niemand etwas, am wenigsten wir selbst auf unserem Logenplatz.

Breschnew und Gierek bewegen sich mit ihrem Gefolge auf den Ausgang zu. Sicher weil ich die einzige Frau hier oben bin, schauen mich die Ostblock-Führer an, vermute ich. Einige sind verwundert, das irritiert mich. Auch der polnische Außenminister schickt mir einen fragenden Blick zu. Nun verlassen auch wir unsere Loge, wollen durch den Zwischengang, doch er ist blockiert. Plötzlich sind wir umringt von drei Männern. »Zeigen Sie Ihre Ausweise«, fordern sie uns auf. Höflich, aber bestimmt. Peter hat Glück, auch im Abendanzug hat er Platz für seine Brieftasche. Aber ich? Mit ›Gala‹-Kleid und ›Gala‹-Täschchen? »Tut mir leid«, sage ich und zeige auf das Miniformat meines Abend-Accessoires, »ich habe nur meine Einladung dabei.« »Können wir Ihre beiden Einladungen mal sehen?« Wir übergeben die Karten. »Stimmt etwas nicht?« fragt Peter, als die Männer anfangen, darin herumzustudieren. »Wir sind ordnungsgemäß von Ihrer polnischen Regierung eingeladen worden, und die Plätze stimmen auch«, sagt Peter gelassen. Doch die Männer mustern uns immer noch streng. Endlich gibt der ältere der drei Sicherheitsbeamten die Papiere zurück, grinst Peter an, grinst mich an:»Ich kenne Sie beide. Ihre Plätze stimmen – nur, Ihre Loge ist ein Stockwerk höher...« Das Spektakel ist zu Ende. Für uns beginnt es erst richtig. Unten in der Halle warten die Kollegen – all jene, die wir der Unpünktlichkeit geziehen hatten. Schadenfreude und Ironie blitzen uns entgegen, und dann müssen wir einiges über uns ergehen lassen, was sich Kollegen halt so in ihrem liebenswürdig-schonungslosen Umgang miteinander auf dem Silbertablett des Sarkasmus servierten.»Während wir ganz oben über den Scheinwerfern auf Stehplätzen schwitzen mußten, sitzt ihr in vorderster Reihe, gleich hinter den Ostblock-Bonzen! Seid ihr vielleicht inzwischen zu neuen Politbüro-Mitgliedern avanciert?« Kaum etwas ist so schwer zu durchbrechen wie die Spottlust von Berufs-Kollegen.»Wenn wir daraus eine Story machen«, frotzelt der FAZ-Korrespondent,»das gäb 'ne Sensation! Ich seh' schon die Überschrift: ZDF und WELT direkt hinter dem Kreml-Boß!« Das Gelächter will sich nicht beruhigen – wer kann sich auch schon vorstellen, daß der ›Sicherheit‹ im Ostblock ein solcher Lapsus unterlaufen könnte? Zu Hause erwartet uns unser Sohn. Freudig begrüßt er uns:»Ich habe Euch im Fernsehen gesehen«, berichtet er.»Die Kamera hat einen Schwenk gemacht über Breschnew, Gierek, Kadar, Ceausescu und Honnecker« – er zählt sie alle auf, die Männer in der ersten Reihe des kommunistischen Blocks –»und gleich dahinter wart ihr...« Ein Logenplatz aus Versehen – wir werden noch oft damit gehänselt.

Nicht immer gehen die Staatsschützer im Osten so gnädig um mit Leuten, die sich unvermittelt in Konflikt geraten sehen mit den Spielregeln des Ostens. Für den Deutschen im Gefängnis von Hirschberg sieht es schlecht aus, er steht unter Anklage.»Widerstand gegen die Staatsgewalt«, heißt es. Seine Frau versucht mehrmals, Sprecherlaubnis zu erhalten. Ihr wird bedeutet, es sei besser, abzureisen. Auch die deutsche Botschaft in Warschau weiß keinen anderen Rat.»Wie viele Deutsche sitzen eigentlich in polnischen Gefängnissen?« wollen wir

wissen. »Einige«, lautet die diplomatische Antwort. »Verkehrs-
delikte, Spionage, Schmuggel von Antiquitäten – berichten Sie
darüber lieber nicht, das würde die deutsch-polnischen Beziehungen belasten.«

Elisabeth und ich haben uns wiederholt gefragt, wem eigentlich
mit dieser Art von Berichterstattung aus dem Osten gedient ist,
die ständig sogenannte Hinweise, Empfehlungen und Verbote zu
beachten hat, die die Unterlassung schweigend hinnimmt, ob sie
nun von polnischer oder deutscher Seite verlangt wird.

Die Vermittlung von Informationen mit kritischer Distanz zu den
Vorgängen, auch da, wo andere sich subjektiv engagieren, definiert etwa das Prinzip der Arbeit von Journalisten in der westlichen Welt. Es fällt dabei oft schwer, nicht an die Folgen zu
denken, die die Weitergabe einer Information auslösen können;
es würde aber darauf hinauslaufen, daß der Journalist sich selbst
einen Maulkorb umhängt. Schon ein Abschwächen von Tatsachen wäre ein erster Schritt in Richtung Unaufrichtigkeit, Manipulation. So sieht sich die westliche Welt manchmal schonungslos
oder sensationell aufgemacht mit ihren eigenen Krisen konfron-
tiert: Arbeitslosigkeit, Drogensucht, Alkoholmißbrauch, Verbrechen, Jugend-Kriminalität. Der Filter im Osten verhindert die
Weitergabe solcher Wahrheiten. Über Jahre hinweg entsteht in
der westlichen Öffentlichkeit somit das Bild eines ›friedlichen‹
Systems‹ dort drüben, in dem sich die Sehnsucht aller Menschen
nach Ruhe und Beschaulichkeit zu erfüllen scheint – erreichbar
für jeden, der sich nur dazu durchringt anzuerkennen, daß der
Weg zur Glückseligkeit über den Sozialismus führt.

Diese Unaufrichtigkeit im deutsch-polnischen Verhältnis gibt es
zwischen Politikern, zwischen Kirchenfürsten, zwischen Funktionären – sie findet sich aber auch im Kleinen. So wie im Heimat-
Museum von Krummhübel, das heute Karpacz heißt. Die neu
angesiedelten Schlesier sollen ihre Heimat verstehen lernen,
anhand von ausgesuchten Fakten. Für alte schlesische Legenden
rund um das Riesengebirge bleibt dabei kein Raum. So fehlt auch
eine Erklärung für die Gestalt auf einer verputzten Wand am
›Haus der Laboranten‹ in der Straße des 1. Mai: Rübezahl, der

Berggeist, hat sich hinter einen Schleier von Staub und Schmutz verzogen.

»Rübezahl lebt noch«, sagt die alte Frau, als sie die Teekanne auf die Kerzenflamme stellt. In ihrer warmen Stube duftet es nach Fichten und Äpfeln. Mollig warm ist es, richtige alte schlesische Gemütlichkeit. Wir sind in einem Haus in Wolfshau – eines der letzten, dem man ansieht, daß noch Deutsche drin wohnen. Über dem blanken Holztisch hängt eine alte Lampe, die das Zimmer in ein behagliches warmes Licht taucht. Ich streiche über die Risse in der dunklen Vertäfelung der Wand, die Großmutter-Gardinen an den kleinen Sprossenfenstern scheinen sich im Rhythmus der Worte zu bewegen, mit denen die alte Frau bedächtig die Geschichte erzählt.

»Rübezahl soll aus den Bädern von Warmbrunn einst eine Prinzessin in seinen unterirdischen Palast im Riesengebirge entführt haben. Um sie zu erheitern, verwandelte er Rüben in viele Gespielinnen. Aber das Herz der Prinzessin gehörte dem Fürsten Ratibor. Dem unterirdischen Reich entkam sie mit einer List. Sie schickte den Berggeist zum Rübenzählen aufs Feld. Und da er sich dauernd verzählte, brauchte er lange, ehe er in den Palast zurückkehrte. Da fand er die Prinzessin nicht mehr vor, sie war entflohen. Der Gnom nahm diesen Betrug so übel, daß er sich seither an seiner Umgebung mit unberechenbaren Zornesausbrüchen rächt: aus heiterem Himmel schickt er Nebel, der die Hänge des Riesengebirges einhüllt, urplötzlich Hagel oder Regen – auch heute noch.«

Die alte Frau rührt schweigend in ihrem Tee, nachdenklich fährt sie nach einer Weile fort: »Er ist nicht der einzige Geist, der im Riesengebirge weiterlebt.« Fragend schauen wir sie an. »Ja, ich habe Gerhart Hauptmann noch gekannt. Als er am 6. Juni 1946 starb, wollten wir hinüber nach Agnetendorf. Die Polen wollten das verhindern. Wir haben dann beim russischen Kommissariat die Passierscheine bekommen. Auch bei der Überführung nach Hiddensee waren wir dabei, lange bevor sich die SED darum kümmerte.«

Gerhart Hauptmanns Zinksarg stand fast drei Monate im Sterbezimmer von ›Haus Wiesenstein‹: Im Park seines Hauses, das er im Jahre 1900 erbauen ließ, wollte er zurück in den Schoß der schlesischen Erde, mit der er sich Zeit seines Lebens so stark verwurzelt fühlte. Morgens um vier Uhr bei Sonnenaufgang – so war es Gerhart Hauptmanns Wunsch gewesen – sollte der Sarg in die Grube gesenkt werden; doch polnische Milizianten verhinderten die Beerdigung. Sie drohten, sie würden das Grab aufbrechen und berauben. Gerhart Hauptmanns Witwe Margarete verzweifelte, flehte die Vertreter des polnischen Landrates, den Adjutanten des russischen Marschalls aus Liegnitz an – immerhin waren sie zur Leichenfeier am offenen Sarg im ›Haus Wiesenstein‹ erschienen. Es half nichts. In Warschau war nämlich inzwischen beschlossen worden, Gerhart Hauptmanns Haus nach seinem Tode einem ›Verein zur Förderung der polnisch-russischen Freundschaft‹ zur Verfügung zu stellen. Ein deutscher Leichnam in dieser Erde hätte peinlich gestört. So erfüllte sich der letzte Wunsch des großen deutschen Dichters nicht.

Noch während seine sterbliche Hülle im Hause aufgebahrt war, klopfte bereits ein Beamter des polnischen Justizministeriums an: er habe den Auftrag, sich in ›Haus Wiesenstein‹ eine Wohnung zuweisen zu lassen. Was das bedeutete, war jedem klar.

Nun wurde jeder Tag des Bleibens zur wachsenden Qual. Margarete Hauptmann hatte sich zu lange auf das Wort eines sowjetischen Offiziers verlassen, der früher monatlich aus Berlin herübergekommen war, um sich nach dem Befinden des kranken Dichters zu erkundigen. Gerhart Hauptmann war in der UdSSR bereits gut bekannt, seine Werke wurden dort mit Erfolg aufgeführt. Die Russen versprachen Hilfe bei der Umsiedlung, sie wollten den Hauptmanns sechs Eisenbahn-Waggons und einen Salon-Wagen zur Verfügung stellen. Die Hauptmanns packten – und warteten. Vergebens.

Der Dichter starb darüber, und damit schloß sich das traurigste Kapitel im Dasein dieses großen Geistes, der sich in der Kutte eines Franziskanermönches bestatten ließ, weil er in der Natur, besonders der Sonne, die Quelle seiner Kraft sah – ähnlich wie der Heilige Franz von Assisi.

Heute ist ›Haus Wiesenstein‹ ein polnisches Kinderheim. Besuche stören hier. Auf unserer ersten Fahrt wurde uns noch nicht einmal ein Blick ins Innere gestattet, das Gerhart Hauptmann mit wunder-

schönen Wand- und Deckengemälden des Malers Avenarius zu
einer einzigartigen Dokumentation seiner dichterischen Vorstel-
lungskraft gestalten ließ. Am Haus fand sich keine Gedenktafel,
kein Hinweis auf den Nobelpreisträger, den auch polnische Bühnen
heute spielen. Inzwischen haben sich freilich die Nachfragen von
Besuchern vervielfacht, so daß wenigstens eine Erinnerungs-Gra-
vur das Haus im heutigen Jagniatków kennzeichnet. Sogar eine
Drehgenehmigung erhielten wir später.

Wenn Rübezahl leben würde, dann hätte er vielleicht Gerhart
Hauptmanns letzten Wunsch, für immer seinem geliebten ›Haus
Wiesenstein‹ nahe zu bleiben, erfüllt. Oder er hätte den Deutschen
aus dem Gefängnis in Hirschberg befreit, wie seinerzeit den Schnei-
dergesellen Benedix, eine von vielen Gestalten in den Sagen der alten Schlesier. So zieht sich das diplomatische Geplänkel zwischen
der deutschen Botschaft und dem polnischen Außenministerium
über sechs Monate hin. Der Deutsche kommt endlich frei: gegen
hohe Kaution – wieder ein Kredit à fond perdu.
Daß sich ein Wandel der Beziehungen da vollzieht, wo das
Geschäftsinteresse es erfordert, ist gerade im Riesengebirge
unübersehbar. Die deutsche Touristenwelle schafft ein Nebeneinander, das bisher von Polens Führung mehr geduldet als gefördert
wird. Die Straßen von Karpacz weisen wieder Inschriften in deutscher Sprache auf. In den Geschäften spricht man zum Teil deutsch.
Daß eine amtliche Billigung vorliegt, läßt sich daran ablesen, daß
nicht nur Wegweiser und die Gebührenordnung auf Parkplätzen
zweisprachig ausgeführt sind; auch Verbote in deutschen Buchstaben regeln die gemeinsamen Freiheiten: für die Polen, für die
Deutschen-Ost und für die Deutschen-West.
Bei Schmiedeberg auf der Schweizer-Baude treffen wir Tadeusz
Steć wieder:»Ein Bigos gefällig? Unser gutes polnisches National-
gericht.« Spät am Abend erklingen alte schlesische Lieder.»Die
Deutschen«, sagt Steć,»sollen sich hier wie zu Hause fühlen.«
Alle Deutschen? Für DDR-Bürger bleibt montags, wenn die Deutschen aus der Bundesrepublik zur schlesischen Gemütlichkeit ein-
geladen werden, die Schweizer-Baude geschlossen.

6
Görlitz
Zgorzelec

Begegnung auf der Friedensbrücke: SED-Chef Honecker überschreitet die Grenze
(Foto: ZDF)

In der Telefonzelle ist es schmuddelig, und es riecht nach Pomade. Ich warte bereits seit drei Stunden auf das Gespräch nach Warschau. Freunde hatten uns gewarnt. »Wenn ihr nach Zgorzelec kommt, seid ihr im trübsten Winkel Polens. Dorthin wurden Leute umgesiedelt, die aus den Tiefen hinter der Ukraine zu stammen scheinen. Nimm dich in acht; wir Polen meiden diese Ecke an unserer Westgrenze, wir nehmen lieber die anderen Übergänge zur DDR, wie Forst oder Frankfurt/Oder.«

Zgorzelec, der Grenzort, hatte früher einen anderen Namen: Görlitz. Die 1000 Jahre alte Stadt, die den Zweiten Weltkrieg nahezu unzerstört überstanden hat, wird durch den Grenzfluß Neiße zweigeteilt, so daß der eine Stadtteil deutsch und der andere heute polnisch ist.

»Proszę pana, Warszawa kommt gleich«, höre ich die Telefonistin. »Bitte *Interpress*«, sage ich, »den Chef – dringend!« Während ich weiter warte, lasse ich noch einmal das Unglaubliche an mir vorbeiziehen. Aufregend genug ist es, was ich entdeckt hatte: Aus Gesprächen mit Arbeitern war mir klar geworden, daß die DDR im Reichenauer Zipfel, an den auch die CSSR anstößt, im Begriff war, die Grenze um 15 km zurückzunehmen.

Bei dem Hin und Her im innerdeutschen Dialog, zum Beispiel über die Grenzziehung am Elbufer oder beim Bau der Saale-Brücke, hatte die DDR deutlich gemacht: Wenn sie nur will, ist sie bereit, in Grenzfragen zumindest mit sich reden zu lassen. Aber welch langer Weg bis zu einem beiderseitigen Abkommen. Hier dagegen: Scheinbar ohne Mühen ließ sich eine solche Frage unter sozialistischen Nachbarn regeln.

Um das Beispiel dieser Übereinkunft zwischen Berlin-Ost und Warschau publik zu machen, war ich in den letzten Stunden pausenlos unterwegs gewesen, dennoch: Die örtlichen Behörden verweigerten mir die Dreherlaubnis.

»Hallo«, rufe ich ins Telefon, »wo bleibt die Verbindung mit Warschau?« Ohne *Interpress* kam ich jetzt nicht mehr weiter. Das war mir sofort klar geworden, als ich den Sekretär des örtlichen Parteikomitees im Rathaus aufgesucht hatte: »Die beiden Stadtteile haben seit der Öffnung des Grenzübergangs 1972 gutnachbarschaftliche Beziehungen begonnen. Es wurden gemeinsame Kommissionen eingerichtet für Stadtplanung, medizinische Vorsorge, Anbauberatung, um beispielsweise Düngemittel-Schäden durch Windeinfluß zu vermeiden. Auch ein gemeinsames deutsch-polnisches Orchester hat sich aufeinander eingespielt. Warum sollte das West-Fernsehen nicht über ein zusätzliches Entgegenkommen der DDR berichten«, frage ich den Parteisekretär: »Die Verlegung der Grenze, um Polen den Abbau eines weiteren Braunkohlefeldes zu ermöglichen?«

Mein Gesprächspartner schaut mich entgeistert an. Seine Kinnlade klappt hörbar herunter. »Woher wissen Sie das, öffentlich ist es nicht bekannt. Über eine Drehgenehmigung kann nur das ZK entscheiden.« Ich frage mich: Bin ich auf ein Staatsgeheimnis gestoßen?

Das würde bedeuten: Jetzt könnte es unter Umständen unangenehm werden, vielleicht sogar gefährlich. Er wird telefonieren. Ich muß mit *Interpress* telefonieren, schon um mich zu schützen vor eventuellen Übergriffen örtlicher Sicherheitsorgane. *Interpress* wird sicherlich Rücksprache nehmen mit ›oben‹ – dem Apparat des Zentralkomitees.

Die DDR-Nachbarn waren, zumindest bis vor kurzem, für das offizielle Polen, die ›besseren‹ Deutschen. Ost-Berlin hatte nämlich schon 1950 die Oder-Neiße-Grenze anerkannt, sie sogar als ›unantastbar‹ bezeichnet, was die Polen seither als historische Wende in der 1000jährigen Geschichte der deutsch-polnischen Nachbarschaft feiern: Auf der Friedensbrücke in Görlitz finden daher immer wieder Freundschaftstreffen statt – ein Küßchen auf die linke Wange, eines auf die rechte Wange; doch die heftige Umarmung täuscht.

»Was unser Verhältnis zur DDR bestimmt«, äußert ein polnischer Funktionär nach so einer feucht-fröhlichen sozialistischen Familienfeier, »das ist ganz einfach die Tatsache, daß man sich Verwandte nicht aussuchen kann.« Eine Einstellung, die auf Gegenseitigkeit zu beruhen scheint.

Drüben in Görlitz blühen die Polen-Witze: Die neueste Verordnung von General Jaruzelski soll verlangen, daß in allen Fleischerläden ab sofort zwei Würste zu hängen haben – damit endlich die
Nachfragen aufhören, ob es sich bei diesen Läden um Fliesengeschäfte handelt. Oder der: Warum schieben drei Polen eine Schubkarre? Antwort – weil der vierte krank ist. Und der kürzeste Witz
aus der DDR über den Nachbarn: Zwei Polen arbeiten . . .
Die Volksrepublik klammert jedoch Gefühle zur DDR aus, solange
nur der polnische Grenzanspruch gewahrt bleibt. Auch die Bundesrepublik hatte, um die Normalisierung überhaupt in Gang zu
setzen, bestätigt,»Polen müsse in gesicherten Grenzen leben«. So
heißt es im Warschauer Vertrag von 1970, daß die bestehende
Grenzlinie die westliche Staatsgrenze Polens bilde. Bonn machte
auch klar, daß es sich bei dieser Grenzregelung um den»Ausschluß
jeder gewaltsamen Veränderung der bestehenden Grenzen« handele. Nach Artikel 7 des Deutschland-Vertrages werde aber die
endgültige Grenzfestlegung bis zu einem Friedensvertrag aufgeschoben. Die Entschließung vom 17. Mai 1972, getragen von allen
Bundestags-Parteien, enthält daher die Feststellung, daß die Ost-
Verträge keine Rechtsgrundlage für die heute bestehenden Grenzen schaffen würden. Völkerrechtlich also hält die Bundesrepublik
die Grenzfrage bis zur Regelung durch einen Friedensvertrag mit
ganz Deutschland offen. Dennoch wird bei vielen Deutschen
zunehmend der Verdacht laut, daß von Politikern der SPD, aber
auch der FDP, den Ost-Verträgen eine weitergehende Bedeutung
zugemessen wird: Es wird befürchtet, daß die Abkommen als
vorweggenommene Grenz-Anerkennungsverträge verstanden werden. Willy Brandt, dem Kanzler der Ost-Verträge, wird der zynische Ausspruch zugeschrieben:»Wir haben auf nichts verzichtet,
was wir nicht schon verloren haben.«
Auf der Friedensbrücke von Görlitz stellt Polen daher den ›Sinn der
DDR für die Nachkriegsrealitäten‹ betont heraus. Die Bundesdeutschen sind in solchen Momenten dem polnischen Propaganda-
Apparat hilflos ausgeliefert. Wenn es ein Reiz-Thema vermag, das
polnische Volk und seine Machthaber einander näherzubringen,
dann ist es der Wink mit der Bedrohung der eigenen Identität durch
Mächte von außen – vor allem, wird den Polen eingehämmert,

komme die Gefahr von den Deutschen-West. In diesem eigenartigen Konsens nationaler Verständigung tritt dann sogar der Schrekken vor der sowjetischen Hörigkeit zurück, vor der ebenfalls von außen auferlegten Bündnisverpflichtung zum Warschauer Pakt: weil es doch allein die Sowjets sind, die den Polen – erstmalig in der Geschichte – ihre Grenzen garantieren.

So freundschaftlich wie man sich auf der Friedensbrücke von Zgorzelec begegnet, so lebhaft funktioniert auch der Schüler-Austausch zwischen Polen und der DDR. Nicolas Modzelewski-Schule hat eine Partnerschaft mit der Immanuel-Kant-Schule in Ost-Berlin. Eines Tages kommt Post von den Schülern der Klasse 9a. Der Inhalt aller Briefe ist ähnlich:

Ich heiße Vera P. und bin Schülerin der Klasse 9a der Immanuel-Kant EOS. Durch den Schüleraustausch werde ich Eure Hauptstadt Warschau besuchen können. Da ich im nächsten Schuljahr Eure Muttersprache erlerne, freue ich mich, daß ich vorher Eure Gewohnheiten, Euch und Eure Stadt kennenlernen kann. Besonders interessiert mich die Architektur Eurer Stadt und Eure Formgestaltung. Auch interessiert mich, wie Ihr Gebrauchsgegenstände gestaltet.
Ich werde viele Anregungen mitnehmen können.
Im Sommer werdet Ihr uns besuchen.
Ich wohne in Berlin P.
Auf Euren Besuch warte ich mit Spannung.
Ich hoffe, daß Euch auch meine Heimatstadt gefällt.
Bis zum Sehen
Vera P.

Die Briefe stecken in Umschlägen ohne Anschrift, denn die Verteilung der Austausch-Schüler nimmt die polnische Schule vor. Man kennt sich ja noch nicht. Auch Nicola bringt einen Briefumschlag mit, der ihr den zweiwöchigen Hausbesuch einer DDR-Altersgefährtin ankündigt. Sie ist aufgeregt, gespannt, neugierig: wie wird sie sich mit dem DDR-Mädchen verstehen? Wir Eltern sind auch neugierig, vor allem deswegen, weil wir bis zum letzten

Augenblick daran zweifeln, daß man uns wirklich ein DDR-Kind zuteilen wird. Nach kommunistischer Denkweise ist das durchaus nicht logisch, geschweige denn natürlich. Etwa wie es Oliver an der amerikanischen Schule erlebt. Bei ihm wird das Prinzip internationale Verständigung nicht nur in den Klassenzimmern geübt. Unser ›Boyscout‹ reist mit seinem Schul-Chor durch die Lande, von Warschau nach Krakau, an die Küste und über die Landesgrenze nach Prag und Budapest. Aber auch in Richtung Westen geht die Reise. Nach England. Eines Tages ergibt sich ein Treffen, das in dieser Konstellation den Geist der Schule am besten wiedergibt: unser Sohn, Deutscher, Schüler einer amerikanischen Schule, singt in britischen Kirchen für die polnischen Gefallenen des Zweiten Weltkrieges, die auf der Seite der Alliierten gekämpft hatten. Vielleicht saß gar ein Angehöriger mit in der Kirche von dem Flugzeug-Piloten, der eine alliierte Bombe auf das Haus von Olivers Hamburger Großeltern warf?

Diese für West-Kinder schon fast selbstverständlichen Stippvisiten bei anderen Völkern in Ost und West sind für die Kinder des Ostblocks bekanntlich längst nicht das Normale. Schon gar nicht der Austausch zwischen DDR-Kindern und Schülern aus der Bundesrepublik.

Wir sollten jedoch eine Überraschung erleben: Der Ankunftstag der Immanuel-Kant-Schüler aus Ost-Berlin rückt heran. Vorsichtig bereiten wir unsere Tochter darauf vor, daß ›ihre‹ Vera vielleicht im letzten Augenblick die Grippe bekommt. Doch unsere Befürchtung, daß Vera aus Ost-Berlin von der DDR-Führung eine solche diplomatische Krankheit auferlegt wird, trifft nicht zu: Keine Absage. Voller Spannung eilt die ganze Familie zum Warschauer Hauptbahnhof. Der Zug rollt pünktlich ein. Die Kinder steigen aus. Werden begrüßt von den polnischen Partner-Schülern, die Lehrerin ruft die Namen auf. »Nicola – hier ist Vera!« heißt es plötzlich. Und da kommt sie auch schon auf uns zu, etwas abwartend und gespannt – genauso wie wir.

Die Verblüffung steht ihr ins Gesicht geschrieben, als wir sie in deutscher Sprache begrüßen. »Mensch, bin ik froh, dat in eurer Familie deutsch jesprochen wird«, berlinert sie. »Die anderen brechen sich einen ab mit ihren paar Brocken polnisch, die wir mit

Ehrung für polnische Soldaten auf dem Heldenfriedhof von Görlitz   *(Foto: ZDF)*

Noch weit entfernt von deutsch-polnischer
Aussöhnung: Außenminister Genscher bei
Polens Militärdiktator Jaruzelski   *(Foto: Ruge)*

auf den Weg gekriegt haben.«Erst nach und nach begreift sie, was ihr in der Kant-Schule wohl niemand gesagt hat: daß zu der polnischen Partner-Klasse auch ein Kind aus der Bundesrepublik gehört.

Die Mädchen finden schnell Kontakt zueinander, Nicola führt Vera durch die Wohnung in ihr Zimmer.»Schläft nebenan deine Keule?« will Vera wissen.»Bitte, was?« Ratlos schaut das West-Kind auf das Ost-Kind.»Na, dein Bruder – habt ihr etwa keine Umgangssprache?« Oh ja doch, und schon sind die beiden mittendrin im Austausch von Mode-Jargons, die auf beiden Seiten gerade ›in‹ sind.

Daß sich die deutsche Sprache teilweise auseinander entwickelt hat, haben wir schon vorher erfahren, nicht erst, als Vera fragt, wann denn morgens der ›Wohnblock-Zusteller‹ – der Briefträger – kommt. Für die beiden Mädchen ist die Begegnung in Warschau eine gegenseitige Entdeckung des anderen Deutschlands. Sie bauen Vorurteile ab, weil sie Gemeinsames finden – ganz anders als etwa bei vielen Polen, für die nur das Deutschland-Bild real ist, das sie im sozialistischen Sinne vermittelt erhielten.

Nicola hat in ihrer Schule mit keinem Lehrer nennenswerten Ärger, dafür bekommt sie mit ihrem Deutsch-Lehrer öfters Schwierigkeiten. Gleich in den ersten Tagen macht sie einen unverzeihlichen Schnitzer. Sie korrigiert den Lehrer, als er laut dekliniert:»Ich backe, du bäckst, er buk.« Vernehmlich genug, daß er es hören kann, echot sie aus der hinteren Bankreihe:»Ich backe, du backst, er backte.« Ein kleiner Disput entspinnt sich, und es stellt sich heraus, daß er nach einem veralteten DDR-Duden lehrt. Verständlicherweise rächt er sich. Da er bei unserer Tochter, da sie ja aus Deutschland stammt, voraussetzt, daß sie alles über die DDR weiß, muß sie Städte-Porträts von Weimar bis Leipzig und Dresden wie am Schnürchen abspulen – und wehe, sie läßt etwas aus. Dann droht er mit einer schlechten Note in Deutsch. Konnte er begreifen, daß in ihrem hessischen Gymnasium das Thema DDR bisher kaum behandelt worden war, daß wir als Westdeutsche überhaupt nicht einfach dorthin reisen können – so wie es beim Schüler-Austausch zwischen Polen und der DDR möglich ist?

Polnisches Veto gegen offizielle Ehrung eines deutschen Soldaten auf Warschauer Friedhof

(Foto: Ruge)

Ein Kranz, der nicht niedergelegt werden durfte: der Bundesminister des Auswärtigen ließ sich von seinem Programm abbringen

(Foto: Ruge)

Die ehemals offene Grenze an Oder und Neiße weist heute nur noch wenige Ost-West-Passagen auf. Die Sorge vor einem Überschwappen des polnischen Freiheitsdranges sitzt den sozialistischen Nachbarn weiter in den Knochen. Die Friedensbrücke von Zgorzelec dürfen längst nicht mehr alle Polen betreten, und die DDR schickt zu dem Völkertreffen an der Neiße auch nicht mehr die großen Delegationen früherer Jahre. In der Neustadt von Görlitz, auf der Zgorzelecer-Seite, liegt der Heldenfriedhof der 2. polnischen Armee, die sich im Kampf um Berlin auszeichnete. Dahin bewegt sich der deutsch-polnische Friedensmarsch von der Brücke, um der polnischen Opfer dieser beiden Völker zu gedenken, die jetzt Freunde sind. Es geht still zu, aber die stumme Anklage wiederholt sich. Die Deutschen stehen moralisch weiter in der Schuld – die Westdeutschen mehr, die DDR-Deutschen weniger. So jedenfalls darf es die polnische Propaganda behaupten. Die Botschaft der Bundesrepublik schweigt dazu. Es kommt kein Widerspruch.»Diplomaten arbeiten bekanntlich auf Weisung«, wird uns entgegengehalten. Man orientiere sich am Verhalten des deutschen Außenministers. Der hatte schon mal in Warschau ein Lehrstück abgegeben für den Umgang mit kommunistischen Funktionären: Vor einem deutschen Soldatengrab. So geschehen im Frühjahr 1981.

Der Botschaftswagen mit dem Kranz wartet in Warschau vor dem Friedhofstor. Drei Stunden und länger. Die Blüten lassen die Köpfe hängen und senken sich auf die schwarz-rot-goldene Kranzschleife mit der Aufschrift ›Der Bundesminister des Auswärtigen‹. Doch der deutsche Außenminister bleibt unsichtbar.»Der Besuch von Hans-Dietrich Genscher in Warschau ist ein Arbeitsbesuch, und bei Arbeitsbesuchen ist es sonst nicht üblich, Kränze niederzulegen«, erklärt das Protokoll auf unsere Anfrage.

Genscher hatte sich die Ehrung des ›Unbekannten deutschen Soldaten‹ deswegen für den privaten Teil seines Besuchsprogramms in Warschau aufgehoben – abseits vom offiziellen Protokoll. Um so überraschender wirkt daher, was wir in den Botschaftskorridoren erfahren: es sei der Wunsch der polnischen Seite, die deutsche Regierungsdelegation möge, wenn überhaupt, ein anderes Grab offiziell mit einer Kranzniederlegung ehren: die letzte Ruhestätte des ›Unbekannten polnischen Soldaten‹. Der deutsche Außenminister läßt darauf mitteilen: wenn Kränze niedergelegt werden müssen, dann an beiden Gräbern.

Hinter den Kulissen, so wurde gemunkelt, setzte nun ein heftiges Gerangel um die erste Kranzniederlegung an dem Grab eines deutschen Soldaten ein. Die Polen sträubten sich, doch Genscher zeigte sich in diesem Punkt fest: Was in Moskau und Prag möglich gewesen sei, sollte einem deutschen Soldaten auch in Warschau nicht verwehrt bleiben. Den Toten hatten polnische Bauarbeiter in der Innenstadt bei Wiederaufbauarbeiten gefunden. Der Soldat wurde auf dem Warschauer Nordfriedhof zur letzten Ruhe gebettet. Ein schlichtes Kreuz aus Birkenholz bezeichnet heute seinen Platz. Keine Aufschrift, kein Schmuck. Lediglich der frische gelbe Sand um den mit Tannen abgedeckten Grabhügel verrät, daß hier pflegende Hände tätig sind. Das Grab wird von Angehörigen der Bonner Botschaft in Warschau betreut – privat, wie die Diplomaten versichern.

Doch der offizielle Akt ließ bei diesem Besuch auf sich warten: Der deutsche Außenminister verpaßte angeblich den Termin –»weil er im Programm nicht mehr unterzubringen war«, wie den West-Korrespondenten eilends von der deutschen Delegation versichert wurde. Die polnische Seite hatte ihr Ziel erreicht: Sie verhinderte, daß mit einer symbolischen Geste ein wesentlicher Teil polnisch-deutscher Ressentiments für immer begraben wurde. So bleibt es für den Volksbund Deutscher Kriegsgräberfürsorge auch weiter ein Problem, deutsche Soldatengräber in Polen zu betreuen, nicht zuletzt deshalb, weil sich ein deutscher Außenminister scheute, den Konflikt vor Ort auszutragen. Der Kranz mit der Schleife wurde am nächsten Tag, nach der Abreise Genschers, von einem Mitglied der Botschaft ans ›Grab des Unbekannten deutschen Soldaten‹ gelehnt. In aller Stille, ohne Aufsehen, ganz privat.

Die verhinderte Kranzniederlegung wurde von Hans-Dietrich Genscher nicht vergessen. Im November 1984 stand dieser Wunsch wieder mit obenan bei dem ersten Besuch eines deutschen Außenministers nach Verhängung des Kriegsrechts in der Volksrepublik. Die Polen lehnten erneut ab.

In Bonn wird danach von einer nicht mehr länger hinzunehmenden

Einengung der Bewegungsfreiheit des deutschen Außenministers gesprochen. Das sind neue Töne, denn bislang drängte sich die deutsche Ost-Politik, mit ihren Versöhnungsgesten und ihrer Bereitschaft zu dulden, den kommunistischen Machthabern jahrelang geradezu auf. Sie ließ dabei manchmal sogar die nationale Würde vermissen.

Ist nun ein neuer Wind zu spüren, dank der Rückenstärkung, die der deutsche Außenminister durch Bundeskanzler Kohl erfährt? Als weitere Auflagen von polnischer Seite bekannt werden – wie die Visa-Verweigerung für einen WELT-Korrespondenten der Genscher-Delegation, oder das Mäkeln Warschaus an der Gästeliste beim deutschen Botschafter, auf der auch einige Regime-Kritiker namentlich aufgeführt waren –, reagiert das Auswärtige Amt: die Reise Genschers wird buchstäblich in letzter Minute abgesagt.

Die Ehre, die die Volksrepublik einem deutschen Soldaten verweigerte, häuft sie dafür überreichlich auf andere deutsche Kombattanten – sofern sie den Titel ›Verdiente Kämpfer des Sozialismus‹ tragen. Ein Deutscher wurde sogar Ehrenbürger in einer polnischen Gemeinde, nicht weit von Görlitz entfernt. Ein paar Kilometer flußabwärts liegt an der Neiße das kleine Städtchen Guben, dort wurde Wilhelm Pieck geboren, der erste Präsident der Deutschen Demokratischen Republik. Als Elternhaus wird heute das Haus Nr. 12 in der Osterbergstraße bezeichnet, wo die Piecks drei Mansarden-Zimmer mieteten, wo Wilhelm Pieck zum erstenmal ein eigenes Bett bekam, denn vorher wohnten sie in der Königstraße, in einer noch ärmlicheren Behausung.

Heute ist das Haus der Piecks ein Museum, Pflichtbesuch für polnische Schulklassen. Jedes Detail im Leben dieses Deutschen ist dargestellt. Die Polen verwalten das Andenken mit einer Hingabe – man meint, es gelte ihren eigenen Präsidenten zu ehren. Droben in den Dachkammern, wo die Piecks 11 Jahre lang wohnten, mußten selbst DDR-Historiker den Eifer der Polen bremsen, denen die Ausstattung der Räume zu ärmlich erschien. Nur mit Mühe konnten sie davon abgehalten werden, bessere Gardinen aufzuhängen oder vor das Bett der Piecks einen Teppich zu legen.

Natürlich findet sich ein Bildband des DDR-Präsidenten auch im

Kultur-Zentrum der DDR in Warschau. In der Świętokrzyska-
Straße dürfen die Deutschen-Ost all das, was den Deutschen-West
bislang verwehrt wird: Sie vertreiben Bücher, Schallplatten,
Kunstgewerbe, sie haben einen Filmraum, eine Ausstellungsflä-
che, und sie bieten vor allem deutsche Sprachkurse an.
Nun ist es nicht so, daß der Kulturattaché in der Warschauer
Botschaft der Bundesrepublik die Däumchen dreht. Ab und zu
reisen Schauspieltruppen aus Stuttgart oder Hamburg an, gibt es
einzelreisende Künstler zu betreuen; aber rund 15mal mehr in
Anspruch genommen wird der kulturelle Austausch von Polen, die
in die Bundesrepublik reisen. Viele dieser Kontakte laufen –
zusätzliche Crux durch das föderative System unserer Kulturland-
schaft – an der Botschaft vorbei, werden bilateral vereinbart, so
wie es die Polen am liebsten haben.
Es gibt kaum einen westdeutschen Bürgermeister, der sich einer
Anfrage aus Warschauer Regierungskreisen oder von der diplomatischen Vertretung in Köln verschließen dürfte, wenn sie so
formuliert ist:»Sie sind doch auch für die deutsch-polnische Verständigung, da werden Sie uns doch sicher bei unserem Vorhaben
unterstützen, in Ihrer Stadt eine ›polnische Woche‹ durchzu-
führen.«
Die Magistratsherren fühlen sich geschmeichelt, das Stadtsäckel
öffnet sich – bei all dieser Begeisterung fällt es dem einen oder
anderen Stadtrat vielleicht doch noch ein, die Frage nach einem
Gegenbesuch zu stellen.»Selbstverständlich vereinbaren wir einen
Austausch«, antwortet die polnische Delegation, aber sie läßt den
Termin offen. Und so warten viele Stadtoberhäupter womöglich
noch heute auf die Einlösung von Zusagen, die sie vertrauensvoll
einem kommunistischen Funktionär abgenommen haben. Wenn
jemand aus Deutschland dann vorsichtig nachfragt, kann es passieren, daß die Antwort aus Polen lautet:»Ja, der Herr Sz. oder Z.
habe das vielleicht versprochen, der sei aber längst nicht mehr auf
seinem Posten. Sein Nachfolger weiß leider von nichts.« Und dann
fängt das Gespräch wie so oft wieder bei Null an.
Dieser Umgang miteinander in seiner Gutgläubigkeit, um nicht zu
sagen Naivität auf westlicher Seite, hat den Polen nicht nur eine
Selbstdarstellung in der Bundesrepublik ermöglicht. Sie führte –

wie in Düsseldorf – sogar soweit, daß die Volksrepublik ein ›Haus der Polen‹ eröffnen konnte.

»Was schadet uns das schon«, wird denen entgegnet, die auf die Wirkungen solcher Kirchturmspolitik hinweisen. »Wir verkraften das in unserer Demokratie spielend. Hier wird eine Maus zum Elefanten hochstilisiert.« Doch die Mühelosigkeit, mit der die Kommunisten im Westen Fuß fassen können, erschwert es den Bonnern im Osten, ihren Wunsch nach einer eigenen Kultur-Darstellung umzusetzen – zum Beispiel in Form eines Goethe-Instituts. Bei diesem deutschen Ansinnen brauchen die Polen sich nicht einmal auf ihre alte Furcht vor einer neuen Germanisierung zu berufen. Es genügt für sie, einfach den kommunistischen Grundsatz zu beherzigen:»Was sollst du einen Preis bezahlen, wenn dir der andere sein Terrain freiwillig überläßt.«

»Unsere Stärke liegt im Nachgeben«, hat einmal ein hoher Diplomat in Warschau die deutsche Position zu erklären versucht. Die Erfahrung lehrt aber: Jedes Zurückweichen des Westens wird nach kommunistischer Lesart als Schwäche ausgelegt, es sei denn, es wurde eine entsprechende Kompensation ausgehandelt.

›Geben und Nehmen‹ als ein Mittel der Ost-Politik – damit erzielen andere westliche Regierungen nicht auf den großen, spektakulären Feldern der Politik ihre Erfolge, sie beweisen es im Alltags-Geschäft. Als den Franzosen einige Visa-Anträge für Wissenschaftler vom polnischen Außenministerium abgelehnt werden, stoppt der französische Konsul in Warschau sofort eine entsprechende Anzahl polnischer Reisewünsche. Wie zu erwarten, einigte man sich sehr schnell.

Als nach Ausrufung des Kriegsrechts am 13. Dezember 1981 den ausländischen Fluglinien die Landrechte in Warschau verweigert wurden, die polnische Gesellschaft LOT aber einen – wenn auch reduzierten – Flugbetrieb in den Westen aufrecht erhalten wollte, schlossen die Österreicher als erste im Westen ihren Flugplatz Schwechat bei Wien. Die Schweizer folgten, entsprechend reagierten alle Europäer, bis auf die West-Deutschen: die Flughäfen in Frankfurt und Köln/Bonn blieben für die Polen weiter geöffnet. Politik auf Gegenseitigkeit. Der Vergleich drängt sich auf bei dem Schauspiel, das Polen und Deutsche auf der Friedensbrücke von

Görlitz geben. Aber selbst dort, wo die Annäherung nur von wenigen Schritten aufeinanderzu bestimmt ist, bleiben Vorbehalte auf beiden Seiten. Das wird mir sehr deutlich, als endlich der Telefon-Rückruf aus Warschau angekündigt wird. 40 Stunden warte ich bereits in der zweigeteilten Grenzstadt Görlitz auf Dreherlaubnis. Dann kommt der Bescheid:

»Die polnische Regierung würde nichts dagegen haben, daß vom West-Fernsehen über die Grenzverlegung im Braunkohlegebiet berichtet wird, die im Sinne einer besseren Zusammenarbeit sozialistischer Bruderländer vereinbart wurde«, übermittelt *Interpress.* »Aber mit Rücksicht auf die Interessen der DDR müssen wir Sie bitten, in Berlin beim Ministerrat eine Genehmigung einzuholen.« Eine sehr elegante Ablehnung, mit der sich die polnische Führung aus der Schlinge zieht, wohlwissend, wie schwer sich beide deutsche Staatsführungen mit Vereinbarungen an ihrer Grenze tun. »Aus und vorbei, Ende der Dreharbeiten«, sage ich daraufhin zum Team.

Als wir zermürbt vom Warten zum Abendessen in den Speisesaal des Hotels in Zgorzelec hinübergehen, bemüht sich eine überlaute Kapelle um einen flotten Tanzrhythmus. Die einzige Abwechslung offenbar in dieser trostlosen, finsteren Umgebung. Hundert Augen starren uns an. Wir starren zurück.

Mir fallen die Warnungen wieder ein, die uns polnische Freunde vor unserer Reise nach Görlitz mitgegeben hatten: »Ihr trefft dort auf dunkle Typen, primitiv, klein, aber kräftig im Körperbau.« Das also sind die Umsiedler, die Folgen der russischen Vertreibung aus den einst polnischen Gebieten. Sie stammen aus den Ostteilen, die sich die UdSSR einverleibte. Dieser Menschenschlag zwischen Wilna und Lemberg oder dahinter siedelt jetzt vor Berlin. Ich frage Tomek, unseren Aufpasser, ob wir hier den repräsentativen Durchschnitt der polnischen Bevölkerung antreffen. Er zieht die Luft ein, läuft rot an und schweigt zum erstenmal.

»Es sind Entwurzelte. Menschen, denen man besser abends nicht im Dunkeln begegnet«, hatten die Freunde in Warschau gesagt. Sie erinnerten uns an einen Überfall auf einen Deutschen-West. Weil bei jedem gut gekleideten Durchreisenden gleich der Geschäftsmann mit der dicken Brieftasche erwartet wird, war der Korrespondent der ARD abends an der Friedensbrücke niedergeschlagen worden. Peter Bauer büßte sein West-Geld ein. Die Brieftasche mit allen Ausweisen fand die Polizei später am Ufer der Neiße wieder. Beim nächsten Auftakt einer Tanzmelodie schaukeln jetzt wodkaselig zwei der ›Neusiedler‹ auf uns zu. Mit unmißverständlichen Gesten fordern sie Elisabeth zum Tanzen auf, wetteifern, wer der erste sein wird. Spontan erhebt sich das polnische Kamerateam, stellt sich schützend vor uns und wehrt die Betrunkenen ab. Eine gereizte Atmosphäre entsteht, so daß Tomek mit dem ›Saal-Rausschmeißer‹ droht. Wir ziehen es vor, den Abend im Hotelzimmer fortzusetzen, wo wir noch lange mit dem Team diskutieren. »Was können eure Landsleute denn dafür, daß sie dieses Schlesien als Lebensraum, als neue Heimat zugewiesen erhalten haben. Das ist doch in den meisten Fällen ohne ihr Zutun oder sogar gegen ihren Willen geschehen«, sage ich. Unsere Argumente, die schon fast wie eine Verteidigung klingen, beeindrucken das Team jedoch überhaupt nicht. So ist es schon eine paradoxe Situation, daß jetzt wir es sind, die Deutschen, die Verständnis für die Aufsässigkeit, die Verdrossenheit dieser verpflanzten Bevölkerung aus dem Osten aufbringen, die daran erinnern, daß Polen lange Zeit in Europa das Land war mit der größten Toleranz gegenüber anders denkenden, anders fühlenden Menschen. Spät in der Nacht räumt dann das Team ein, daß sich die kommunistische Führung – indem sie vor 40 Jahren die Annexion polnischer Gebiete durch die Sowjets hinnahm – bis heute wohl allerhand Probleme eingehandelt habe, als sie Zigtausende von Polen aus dem tiefen Osten zur ›schlesischen Blutauffrischung‹ in die von Deutschen leergefegten Gebiete an Oder und Neiße lockte.

7
Oppeln
Opole

Oberschlesische Schein-Idylle: zum Hochzeitszug sind die alten Trachten erlaubt
(Foto: ZDF)

Ton läuft, Kamera ab, bitte Klappe:»Oberschlesisches – zum erstenmal«, ruft der Assistent und schlägt mit dem Kantholz, das an einem Scharnier befestigt ist, gegen eine schwarze kleine Tafel mit der Aufschrift ›ZDF – Bauernhochzeit‹. Es gibt einen kurzen Knall. Die Braut faßt die Hand des Jünglings, er zupft am Revers seines Trachtenanzugs, streicht vorsichtig über den Maiglöckchenstrauß. Der Zeremonienmeister hebt den Stock, die Kapelle beginnt zu spielen, der Hochzeitszug setzt sich in Bewegung. Wir drehen in dem Dorf Bierkowice, etwa sieben Kilometer von Oppeln entfernt: ein Stück wie aus einer anderen Welt, fast wie im Märchen. Nur ein Dutzend Häuser säumt die kleine Dorfstraße. Eine gewölbte Brücke führt über den Mühlenteich, an dem Trauerweiden von alten Zeiten erzählen könnten. An der kleinen Holzkirche mit den grauen Schindeln sind die geschnitzten Türen weit geöffnet. Innen im Seitengang strecken sich dem Besucher Arme aus bemaltem Holz entgegen. Sie sind an der Wand befestigt, um den Kirchenschmuck, Kränze oder Girlanden aufzunehmen. Draußen um das Kirchlein herum gruppieren sich weißgekalkte, tiefgeduckte Häuser, deren kleine, blau-umrahmte Fenster den Gast freundlich einladen.

Zu diesem Festtag in Bierkowice haben sich auch die Latten der frischgestrichenen Vorgarten-Zäune kerzengerade aufgerichtet, genauso wie die Sonnenblumen dahinter, die neugierig auf den Umzug der Hochzeitsgesellschaft zu warten scheinen.

Über den gepflasterten Hof vor dem Kirchlein geht ein bärtiger Alter zu einem Holzpfahl, in dessen Astgabel oben eine kleine Glocke befestigt ist. Ein Holzdach, wie über einem Marterl, schützt vor Wind und Wetter. Von der Glocke hängt ein Seilzug herab. Die Hand des Alten greift danach.

»Dies ist eine Besonderheit, eine Rarität«, sagt stolz der Mann in der Oberschlesier-Tracht, der den Zeremonienmeister spielt bei diesem Fest-Umzug.»Es ist eine Hochzeitsglocke, wie sie kaum noch in unseren Dörfern zu finden ist. Im Krieg wurden alle

Glocken eingeschmolzen – für Kanonen; auch die Kirchenglocken.«
Was war seinerzeit im Zweiten Weltkrieg geschehen? Alle Kirchenglocken wurden auf Anordnung der Reichsstelle ›Eisen und Metalle‹, Hauptabteilung M, Berlin, beschlagnahmt. Zuerst in den besetzten Gebieten wie in Zentralpolen, dann auch im Reichsgebiet wie in Oppeln. Ein Vorgang, der heute noch einige Bonner Ministerien beschäftigt.»Die 1940 durchgeführte Enteignung von Kirchenglocken im Reichsgebiet war rechtswirksam, und somit erlangte das Deutsche Reich Eigentum an den Glocken«, steht in einem Rechtsgutachten des Auswärtigen Amtes in Bonn, dem sich der Bundesminister des Innern anschloß.

Soweit es sich damals um sogenannte A-Glocken handelte, d. h. um kulturhistorisch weniger wertvolle, wurden die Glocken an deutsche Hütten zum Einschmelzen geliefert. Wie man sich bei der ›Norddeutschen Affinerie‹ in Hamburg erinnert, mußten die angelieferten Glocken nach der Ankunft im Werk sofort zerschlagen werden. Das traf besonders für die Glocken aus Polen oder der Ukraine zu.

Die als kulturhistorisch wertvoll eingestuften B-Glocken aus dem Reichsgebiet blieben dagegen als letzte Reserve erhalten. Sie wurden auf Sammel-Lager gegeben, zum Beispiel in den Hamburger Hafen. Die Alliierten fanden dort nach dem Krieg etwa 30000 Glocken vor. Auf Anordnung der damaligen Militärregierung begann eine beispiellose Rückführungsaktion. Die Abteilung R. D. + R. Branch, 609 Mil. Gov., Hamburg, erfaßte nicht nur die vorhandenen Glocken, sie registrierte auch die noch nicht eingeschmolzenen Glockenscherben. In der Zeit vom 3. Februar bis 23. März 1948 wurden allein von der ›Norddeutschen Affinerie‹ über 385000 kg Glockenscherben in die Volksrepublik Polen verladen, in 19 Eisenbahnwaggons – von denen nie wieder jemand etwas hörte.

Bei den 30000 erhalten gebliebenen Glocken im Sammel-Lager Hamburg konnten rund 28000 Eigentümer ermittelt werden. Die übrigen Glocken, bei denen die Identifizierung Schwierigkeiten machte oder die ›Verhältnisse‹ eine Rückführung erschwerten, wurden als Leihgaben an kirchliche Gemeinden in West-Deutschland verteilt; denn nach Auffassung auch der westlichen Alliierten war das vom Deutschen Reich beschlagnahmte Kirchengut in Rechtsfolge auf die Bundesrepublik übergegangen. Aus der Haager Landkriegsordnung Art. 46,56 von 1907 leitet sich zwar für die Bundesrepublik Deutschland eine völkerrechtliche Rückgabe-Verpflichtung ab, wie heute Bonner Regierungskreise bestätigen. Im Falle der alten Kirchenglocken aus den unter polnischer Verwaltung stehenden deutschen Ostgebieten, ließe sich aber wegen des unklaren völkerrechtlichen Status dieser Territorien eine Überführung so einfach nicht arrangieren. Zudem besitze die Volksrepublik Polen ihrerseits deutsche Kulturgüter, die sie aufgrund eines polnischen Gesetzes von 1946 als ihr Eigentum beanspruche. Eine Gegenseitigkeit bei der Herausgabe von Kulturgütern sei bisher nicht gewährleistet, erklären diese Bonner Regierungskreise weiter. Über eine bilaterale Regelung zu verhandeln, lehne die polnische Seite stur ab.

Während in Bierkowice die Hochzeitsglocke bimmelt, erinnere ich mich an ein Gespräch mit dem ZDF-Chefredakteur, 1000 Kilometer entfernt in seinem Büro:»Wenn wir den Polen Glocken anbieten – vielleicht verbessert sich die Suche nach den Lambsdorff-Bildern«, meint er, als ich ihm von unserer vergeblichen Suche nach den Familien-Erbstücken in Schweidnitz erzähle.
Reinhard Appel, geboren in Königshütte bei Kattowitz, hat Verwandte in Oberschlesien. Eine Tante liegt ihm seit Jahren in den Ohren, er möge doch dafür sorgen, daß der Gemeinde Syrin ihre zwei Glocken zurückgegeben würden. Sie wisse auch, wo die Glocken in der Bundesrepublik zu finden seien. Sie wären nach dem Krieg an eine westdeutsche Gemeinde ausgeliehen worden.

Der Bierkowicer Hochzeitszug stoppt vor einer Hof-Einfahrt, hinter der Stroh aufgehäuft ist. Vier Jungfrauen mit buntem Kopfschmuck – passend zum Mieder und den weitschwingenden Röcken – sind ausgewählt worden, mit Dreschflegeln nach alter Art aus dem Stroh ihr Glück herauszuschlagen.»Mancher Jüngling soll dabei schon weich geworden sein«, kichert eine alte Bäuerin und macht sich keine Mühe, ihre schwärzlichen Zahnstummel zu verbergen.

Perplex drehe ich mich noch einmal um. Ich bin deutsch angesprochen worden.

Beim Umzug bekommen jetzt auch die verheirateten Frauen ihren Spaß. Sie stimmen Spottlieder an auf die Mauerblümchen des Dorfes. Die alte Bäuerin schiebt sich langsam an mich heran. »Drüben, der Jurek mit der Posaune, das ist meiner«, stößt sie mich an. »Wir alle hier sind Deutsche.«

Ich wußte zwar, daß es noch immer einige Dörfer um Ratibor herum gibt, in denen deutsch gesprochen wird; aber hier bei Oppeln ist die Begegnung überraschend. Kleine Gruppen haben bis heute vielerorts in den ehemaligen deutschen Ostgebieten dem Polonisierungsdruck widerstanden – in Beuthen, Gleiwitz, Cosel, Rybni, Bielitz-Biala stärker als in Ostpreußen, wo die letzten Masuren kaum noch Kontakt untereinander halten. Aber diese Oberschlesier im Grenzgebiet zwischen Germanen und Slawen wiesen schon immer ein eigenes Selbstverständnis auf. 1921, als es zur Abstimmung kam über ihre Volkszugehörigkeit, entschieden sich 60 Prozent für den Anschluß an die Deutschen. 1945 zogen es viele vor, ihr Heil bei den Polen zu suchen. Doch die Eingliederung in die polnische Gesellschaft wurde ihnen erschwert, wie Warschau heute eingesteht. Vor dem Krieg waren sie verlacht worden, weil ihr Akzent unüberhörbar war, nach dem Krieg blieben sie die ›Bodenständigen‹, weil sie sich wehrten, ganz im ›Polnischen‹ aufzugehen. Was blieb übrig: ein Volksstamm mit Heimat, aber ohne Rechte.

Jurek, der Posaunist, hat sich inzwischen zu uns gesellt. Als er hört, daß wir aus der Bundesrepublik kommen, macht er seinem Herzen Luft. Über die vergleichsweise miese Wirtschaftslage in der Volksrepublik, über die Situation der ortsansässigen Deutschen, über ›die da oben‹, von denen nicht viel zu erwarten sei, schon gar keine Sonderrechte. »Kaufen Sie doch Oberschlesien den Polen ab«, eskaliert er sich. »Mit den Polen kann man doch für Devisen über alles reden«, sagt er in seiner naiven Denkweise, die ihn gelehrt hat, daß sich in Polen mit der D-Mark oder dem Dollar so vieles erledigen läßt. »Ist es wirklich so abwegig, deutsche Volksgruppenrechte einzuhandeln gegen harte Währung – für das also, was sie im Westen begehren? Es muß Schluß sein mit der Vorstellung, daß die Polen mit der ständigen Mahnung an die ›Bringschuld‹ der Deutschen endlos Zugeständnisse umsonst erhalten! Ihr müßt lernen, wie sie zu denken: Auge um Auge, Zahn um Zahn – das steht sogar schon in der Bibel!«

Mieczesław Rakowski, den ich in seiner Datscha an einem masurischen See auf die deutschen Volksgruppen in Polen angesprochen habe, ist dem Thema nicht ausgewichen. Dieser hohe kommunistische Funktionär gilt seit Jahren als Deutschland-Spezialist, als einer der Drahtzieher polnischer West-Politik. Ein Berater, der mehreren Parteiführern Polens unentbehrlich schien. Daß er unter General Jaruzelski zum Vize-Ministerpräsidenten ernannt wurde, läßt unschwer darauf schließen, zu welchen Anpassungskünsten dieser Mann fähig ist, der für ein Fernseh-Interview mit dem West-Fernsehen ein DM-Honorar ebenso elegant einsteckte wie die feinen Strumpfhosen für seine Frau, die er sich von einem Schweizer Reporter erbeten hatte. Was ihn freilich nicht daran hinderte, denselben Schweizer Journalisten Monate später des Landes zu verweisen, weil dieser angeblich mit Oppositionellen konspiriert hatte. So die Begründung polnischer Sicherheitsorgane, uns gegenüber beschwört der Schweizer seine Unschuld.

Rakowski also, den seine erste Frau – bevor sie außer Landes ging – verlassen hat, dessen Kinder in den Westen flüchteten, dessen zweite Frau ein führendes Mitglied in der Solidaritätsbewegung wurde, sagte hart und unmißverständlich: »Wenn Sie glauben, daß wir 100 000 Bergleute aus Oberschlesien ziehen lassen werden, dann täuschen Sie sich. Was dann passieren würde, wissen Sie genau: unsere Kohleförderung bräche zusammen, und Kohle ist nun mal Polens Exportschlager Nummer eins. Eher räumen wir ihnen Minderheiten-Rechte ein. Darüber ließe sich verhandeln.«

Die Botschaft der Bundesrepublik Deutschland in Warschau hat etwa 500 000 Deutschstämmige in Polen namentlich registriert. Davon wollen, wie die Botschaft mitteilt, 120 000 in die Bundesrepublik umsiedeln. Andere Zahlen werden in Bonn genannt: danach sollen es 140 000 Ausreisewillige sein, so der CDU-Abgeordnete Hupka, der sich auf Erhebungen des Deutschen Roten Kreuzes bezieht.

Wer aber Deutscher im Sinne des Artikels 116, Grundgesetz, ist, bleibt umstritten. »Von den 11 Millionen Einwohnern im Oder-Neiße-Gebiet ist heute noch jeder Zehnte ein Deutscher«, sagt das Auswärtige Amt.

Denn als Deutscher ist auch der anzusehen, der als Ehegatte oder Abkömmling in dem Gebiet des Deutschen Reiches nach dem Stand vom 31. Dezember 1937 Aufnahme gefunden hat. Das gilt auch für diejenigen, die oder deren Eltern sich auf der ›deutschen Volksliste von 1941‹ eintragen ließen.

So kann heute noch der Enkel einer deutschen Großmutter den Antrag auf Feststellung seiner deutschen Staatsangehörigkeit beim Bundesverwaltungsamt in Köln einreichen, auch wenn der Großvater und beide Elternteile Polen sind, so daß die deutsche Sprache inzwischen verloren ging.

Der stellvertretende polnische Außenminister Kucza könnte – wenn er wollte – einen solchen Antrag stellen: er hatte einen deutschen Vater. Der polnische Sejm-Abgeordnete Osmanczyk besaß vor dem Krieg die deutsche Staatsangehörigkeit. Der Bischof von Oppeln, Nossol, könnte sich ebenfalls der deutschen Volksgruppe in Polen zurechnen, wenn er das wollte. Rakowski dagegen, der Regierungsberater – bei Posen aufgewachsener Pole –, spricht bestes Deutsch, was er auch nicht verleugnet, obwohl sein Vater von den Deutschen verschleppt wurde. Ist das vielleicht sein Trauma?

Als er wenige Tage nach der Machtergreifung der Militärs in Polen zu Bundeskanzler Schmidt reist, um die ›guten Freunde‹ in Bonn zu beruhigen, benutzt er sein Vertrauensverhältnis zu dem westlichen Regierungschef ohne Skrupel dazu, den ›guten Freunden‹ Sand in die Augen zu streuen, um die Isolierung der ersten kommunistischen Militärdiktatur zu verhindern.

Zweiflern an der Integrität Rakowskis durfte der ehemalige Chefredakteur des *Stern*, Henri Nannen, in einem Leitartikel unwidersprochen zurufen: ›Ein Lump, wer da noch heuchelt!‹

Es begann damit, daß Henri Nannen, wie er schreibt, vor 12 Jahren Mieczysław Rakowski kennenlernte. Damals, als es galt, mit einer neuen Formel Ost-Politik zu machen. Diese Formel hieß: Entspannung um jeden Preis. So wurde er ein Freund Rakowskis. Sie paßten so gut zusammen: Ein westlicher Chefredakteur und ein östlicher Journalist, Leiter der Wochenzeitung *Polityka*. Doch während Rakowski nacheinander den polnischen Parteichefs Gomułka, Gierek, Kania und Jaruzelski diente, konnte Nannen allenfalls politische Ratschläge seinen Lesern erteilen. Aber nur in Europa-West, denn in Polen stand das Heft immer wieder auf dem Index. Seit den Ereignissen am 13. Dezember 1981 aber wurde der *Stern* in Warschau hoffähig bei den Militärs. Ob Freund Rakowski dafür gesorgt hat, nachdem Nannen hinter den Panzersperren in der polnischen Hauptstadt aufkreuzte, um von den neuen Machthabern Informationen aus erster Hand zu erhalten – das war die Frage in Warschau. Was danach zur Krise in Polen in diesem deutschen Blatt geschrieben stand, klingt nämlich so, als ob Rakowski die Feder Nannens führte. Da ist kein Buchstabe anzuzweifeln, so wie es steht, ist's wohl auch gemeint. Denn – wie Nannen selbst sagte – Rakowski habe ihn noch nie angelogen. Doch zwischen der Nacht, als sich der Vize-Premier dem *Stern* anvertraute, und dem heutigen Tag ist in Polen auch die Wahrheit wieder ein Stückchen mehr ans Tageslicht gekommen. Es wäre Heuchelei, davor die Augen zu verschließen. In oppositionellen Kreisen lief damals folgendes Pamphlet um:

Die Verhängung des Kriegsrechts als angeblich souveräne Entscheidung des Generals provoziert inzwischen im Volk Abwehrreaktionen, die die Aussicht auf eine rasche Beendigung dieser Anomalität weiter verringert. Das macht die Funktionäre nervös, denn die Diktatur darf nicht offen sagen, daß sie zu ihrem Anschlag auf das eigene Volk von Moskau gedrängt wurde.

Es klingt nach purer Scheinheiligkeit, wenn Rakowski im Stern Folterungen dementieren durfte. Oder zählt seelischer Schmerz nicht mehr? Selbst die vorsichtig operierende polnische Kirche hat die vom Regime angewendeten Zwangsmethoden, um Loyalitäts-Erklärungen zu erhalten, mit Empörung verurteilt. Nannens Freund Rakowski hat angeblich zugesichert, die Gewerkschaft Solidarität bleibe als unabhängige Arbeitervertretung bestehen. Der West-Presse in Warschau hat der polnische Vize-Premier jedoch eingestanden, niemand habe bis jetzt ein Konzept, wie es mit den verbotenen Gewerkschaften weitergehen solle. Rakowski, der vor dem 13. De-

zember beauftragt war, mit Wałęsa den Dialog zu führen, gibt zu, den Arbeiterführer seitdem nicht mehr gesehen zu haben.

Für Warschaus Funktionäre jedenfalls wurde der Stern, wurde Henri Nannen zum westlichen Alibi für das Kriegsrecht in Polen. Das wird ohne Heuchelei gesagt.

Nannen brachte das Kunststück fertig, den kommunistischen Dialektikern ein Stück mangelnde Argumentation nachzuliefern, nämlich diese inner-polnischen Angelegenheiten mit westlichen Zuständen zu vergleichen. Die Arbeiterbewegung, die Oppositionellen mit der Apo, den Grünen, den Alternativen, den Pazifisten und den Startbahngegnern in einem Atemzug zu nennen – das ist allein die Tat des Stern.

Ist es Blindheit oder Blauäugigkeit, wenn der Stern dem lästigen Geschmeiß aller dieser Anti-Bewegungen das Kriegsrecht als letzte Konsequenz vor Augen führt?

Die Wirtschaftsmisere, die in Polen die ersten Arbeitsniederlegungen auf der Danziger Lenin-Werft im Juli 1980 auslöste, hat eine Führung, ein System zu verantworten, das dem Volk aufgezwungen worden ist. In jeder westlichen Demokratie würde es zu solchem Protest gar nicht erst kommen müssen: Jede Regierung hätte vorher ihren Hut zu nehmen.

Der Stern, vor allem aber Henri Nannen, hat der Position des Westens einen Bärendienst erwiesen. Der Beifall aus Warschau kommt von der falschen Seite. Ein Lump, wer da noch heuchelt.

Nannen ist heute ein einsamer Pensionär. Der Geist jener Tage aber scheint bei vielen geblieben: Rakowski, dieser polnische Funktionär eines Regimes, das zum Verräter am eigenen Volk wurde, konnte sich eine weitere Anmaßung in seinem Gespräch mit mir in Masuren erlauben: Er könne es sich nicht vorstellen, mit Revanchisten zu sprechen, und dazu zähle er all diejenigen, die in der Nähe der Christlich-Demokratischen Union stünden. Ich entgegnete ihm, daß er es bei einer solchen Auslegung ablehnen würde, mit der Hälfte des deutschen Volkes zwischen Rhein und Elbe zu sprechen. »Na und?« war seine Antwort. »Die CDU wird nie regieren!«
Seit dem Regierungswechsel in Bonn im Herbst 1982 und dann nach der Wende im Frühjahr 1983 haben sich ohne Frage die Beziehun-

gen verschlechtert. Aber doch nicht, weil die neue Koalition aus CDU/CSU und den Liberalen – die unter der Führung Genschers als Außenminister eigentlich für Kontinuität stehen – das bisher Erreichte in Frage stellen wollte. Es ist vielmehr die polnische Seite, die endlich den Buhmann wiedergefunden hat, der den Kommunisten schon vor dem Warschauer Vertrag 1970 gute Dienste geleistet hatte. Nun nämlich kann die Bedrohung, die angeblich von den neuen Männern in Bonn ausgeht, ein weiteres Mal von innerpolnischen Querelen ablenken und die eigenen Reihen auf diese Weise festschließen. Dies setzt aber voraus, daß den Deutschen Rachegedanken und Eroberungsgelüste nicht nur anzudichten sind; für einen angeblichen Revanchismus müssen sich auch entsprechende Beweise finden.

Kurs und Zeitpunkt der jeweiligen Anti-Deutschen-Propaganda-Hetze befiehlt die Partei. Willfährig machen sogleich die sogenannten Deutschland-Experten unter den polnischen Partei-Journalisten eine neue Revanchismus-Welle in der Bundesrepublik aus. Obwohl die meisten – wie Lulinski, Podkowinski, Wojna, Ramotowski, Guz – jahrelang als Korrespondenten in der Bundesrepublik gelebt hatten, es eigentlich besser wissen müßten.

Bestes Beispiel: die Operation ›Alptraum‹. Die Mär von der ›Rückkehr‹ der Deutschen nach Stettin oder Breslau, die Schrecken verbreiten sollte. Waren solche Bedrohungs-Ängste wirksam, würde sich die Bevölkerung zwangsläufig nach Schutz umschauen. Sie würde wie der Ertrinkende nach dem rettenden Strohhalm greifen und sich schließlich sogar bei denen anlehnen wollen, die sie bisher nicht geliebt hatte: bei der kommunistischen Führung Polens.

Natürlich wäre das Unterfangen des polnischen Parteiapparats, die ›rechten‹ Deutschen als Bedrohung für die eigene nationale Existenz hinzustellen, kaum glaubhaft, wenn es nicht genügend authentische Zitate aus dem Westen von deutschen Publizisten und Politikern gäbe. Wer lange in Archiven sucht, wird auch fündig. Über die Jahre häuft sich schon Material an. Was aber drüben im Ostblock verschwiegen wird: es sind Einzelstimmen, zu denen auch jener Artikelschreiber zu rechnen ist, der im Frühjahr 1985 in der Vertriebenen-Zeitung *Der Schlesier* die Bundeswehr – in einer

Im Dorf erwacht das Leben nur an Festtagen
(Foto: Ruge)

Sie singen polnisch, obwohl sie deutsch fühlen
– auch wenn sie oberschlesisches Brauchtum
pflegen   *(Foto: ZDF)*

pubertären Vision – über die Elbe bis an die Grenzen der Sowjetunion vormarschieren ließ.

Der Aufschrei der östlichen Propaganda fiel eigenartigerweise weniger lautstark aus, als man es hätte erwarten können: TASS, die sowjetische Nachrichten-Agentur, sprach vom ›Fieberwahn eines 20jährigen‹ – ADN, die DDR-Agentur, sah in dem Vorgang ›eine neue Provokation der Ultras im Stil faschistischer Frontberichterstattung‹.

Viel emotionaler, nahezu hysterisch reagierten Politiker und Medien in der Bundesrepublik. Als ob es die Charta der Vertriebenen von 1950 mit ihrem Gewaltverzicht nicht gäbe, attestierte der deutsche Außenminister sofort, »eine Handvoll Vertriebenen-Politiker treibe Schindluder mit der Friedens-Politik der Bundesregierung«. Die deutsche Seite bestätigte damit quasi regierungsamtlich, was bisher nur östliche Propaganda-Apparate vermutet hatten: Viele der Vertriebenen-Funktionäre seien Revisionisten.

Wer dazu die Kommentare in der Bundesrepublik hörte, die Stimmen der Entrüstung, mußte den Eindruck gewinnen, hier sei endlich der Anlaß gefunden, nicht nur die Sprecher der Vertriebenen an den Pranger zu stellen, sondern eine längst unbequem gewordene Volksgruppe zu ächten, sie für ›vogelfrei‹ zu erklären, um sie dem vernichtenden Urteil der Öffentlichkeit preiszugeben.

Es hat für diesen Vorgang Entschuldigungen maßgeblicher deutscher Politiker gegeben: Nicht an die Adresse der Vertriebenen, nein – zu dieser Geste beeilte man sich gegenüber dem Ausland. Ist es schon so weit gekommen, daß 40 Jahre nach Kriegsende die Gefühle der Polen vor die der Schlesier, Pommern und Ostpreußen gesetzt werden? Ist es so, daß es in dieser Republik als eine Selbstverständlichkeit hingenommen wird, wenn Polen die ›Rückkehr ihrer West- und Nordgebiete‹ jährlich feiern, für viele aufrechte deutsche Demokraten aber das Motto ›40 Jahre Vertreibung – Schlesien bleibt unser‹ als nicht mehr zumutbar gilt? Gelten die Vertreiber mehr als die Vertriebenen?

Daß sich der deutsche Außenminister für das Heimatrecht der Völker im nahen oder fernen Osten einsetzt, sei ihm unbenommen – wo aber bleibt sein Engagement für die Menschenrechte

Schlange vor einem Metzgerladen
(Foto: Ruge)

Mit der Breitspurbahn aus der UdSSR direkt
bis ins oberschlesische Kohlerevier: statt Erze
auch Panzer? *(Foto: Ruge)*

der Deutschen in Polen, in der CSSR, in Rumänien, in der Sowjetunion?

Gerade Hans-Dietrich Genscher muß sich fragen lassen, was ist eigentlich eine 20jährige Friedens- und Entspannungspolitik wert, wenn sie durch einen ›Illusions-Beitrag‹ in einem bislang öffentlich kaum beachteten Verbandsblatt erschüttert werden kann, wobei nicht auszuschließen ist, daß bei dieser Fehlleistung eines Einzelnen der KGB seine Hand im Spiele hatte.

Nach einem vom Bundesinnenministerium in Bonn kürzlich veröffentlichten Bericht über Operationen des Ostens zur Beeinflussung und Manipulation der öffentlichen Meinung in der Bundesrepublik sind zunehmend Desinformations-Fälle durch Nachrichtendienste kommunistisch regierter Staaten zu registrieren. Diese Operationen steuere das Zentralkomitee der jeweiligen kommunistischen Partei unmittelbar, heißt es. Allein den sowjetischen Nachrichtendiensten stünden nach gesicherten Erkenntnissen jährlich mehrere 100 Millionen Mark für solche Aktionen in der Bundesrepublik zur Verfügung.

Wer hier wen zu manipulieren versucht, ist schließlich unerheblich – was zählt, ist das Ergebnis. Es zeigt, wie verletzlich die Bundesrepublik ist, wie schnell in einem freien Land die Entgleisung eines Einzelnen umfunktioniert werden kann, um einer Gruppe – wie hier den Vertriebenen – jede Verdächtigung zuzutrauen.

Desinformation im Ausland ist nur die eine Seite östlicher Propaganda-Unternehmungen, das andere Ziel ist darauf abgestellt, für üble Zwecke im eigenen Lager westliche Quellen zu filtern. In einer ›offenen‹ Demokratie, wo auch jeder Schwätzer und Wichtigtuer sein Medium findet, läßt sich unschwer eine einseitige Auslese für vorgegebene Meinungen betreiben. Der Mißbrauch beginnt dort, wo die Informationsauswahl so eingeengt wird, daß der Eindruck entsteht, eine Teilmeinung stehe für das Ganze.

Für Polens Diktator Jaruzelski genügen schon die ersten Belege eines angeblich revanchistischen Wiedererwachens bei den Deutschen, um den Geist eines ›aggressiven Pangermanismus‹ zu beschwören. »Man erfindet das fingierte Problem der über eine Million starken deutschen Minderheit in Polen, um eine ›ethnische Teilung‹ anzustreben«, sagt Jaruzelski vor jungen polnischen Offi-

zieren im Herbst 1984. »Hoffnungen werden wachgerufen, man könne die deutsche Frage wiederbeleben trotz Polens, unter Außerachtlassung von Polen – so, als sei eine Regelung der deutschen Frage möglich, spräche man darüber mit Polen.«
»Getroffene Hunde bellen«, würde Jurek, der Posaunist aus Oberschlesien sagen. »Daß der polnische Parteichef sich überhaupt dazu äußert, daß er eine deutsche Volksgruppenfrage als gestellt sieht, die natürlich auf einen ›unverrückbaren‹ polnischen Standpunkt stößt, muß richtig gewertet werden: dies avisiert doch in Wirklichkeit Dialogbereitschaft.«

Wer die Denkart von Kommunisten beobachtet hat, dem bereitet die Verschrobenheit polnischer Gehirnwindungen kaum noch Überraschungen. Daß der erste Mann Polens zu der deutschen Frage das Wort nimmt, ist in einen Zusammenhang zu stellen: einmal ist die gedankliche Kette zu begreifen, die sich als öffentliches Vorgeplänkel darstellt, quasi ein Meinungstest. Zum anderen verbietet es die geopolitische Lage Polens, direkte Dialogbereitschaft anzubieten. Ein verklausuliertes Nein besitzt seinen Stellenwert in Richtung Moskau. Nach Westen gesprochen hat es jedoch nicht immer den Rang von strikter Endgültigkeit.

Bei diesem Vorgeplänkel setzte wieder einmal der in der Deutschlandpolitik maßgeblich bestimmende Rakowski die Akzente. Auf der Suche nach den deutschen Revanchisten gerieten im Sommer 1984 zwei Bundestagsabgeordnete ins Visier: Rühe und Klein. Sie wurden vom stellvertretenden Ministerpräsidenten dafür bestraft, daß kurz vor ihrem Warschau-Besuch von der ›Schlesischen Jugend‹ ein Appell mit 20 000 Unterschriften zur Situation der Deutschen in Polen im Bonner Bundeskanzleramt abgegeben worden war. Zur Strafe sagten Rakowski und ein führendes Politbüro-Mitglied ihre Gespräche mit den angereisten Unionspolitikern ab.

Wenn darauf der stellvertretende Fraktionsvorsitzende der SPD, Horst Ehmke, dessen Frau Maria bekanntlich in der CSSR geboren wurde – was jeden östlichen Geheimdienst geradezu herausfordern muß, über die Familie, über Verwandte auf diesen westdeutschen Politiker Druck auszuüben – wenn also Herr Ehmke Mitgliedern der CDU/CSU vorwirft: »Sie würden durch ihr Verhalten die Aussöhnung mit Polen stören« –, dann muß es sich nicht nur dieser SPD-

Politiker gefallen lassen, daß er denen zugerechnet wird, die als
›Erfüllungsgehilfen‹ Moskaus, Polens oder der DDR angesehen
werden.»Wer auf die historischen Rechtsvorbehalte pocht, wirkt
falsch in den Osten hinein«, sagte Ehmke. Dieser Ausspruch verdient es, genauso festgehalten zu werden wie die Antwort Rühes im
Bundestag:»Wenn Sozialdemokraten in Warschau sind, vertreten
sie selten genau das, was sie in Bonn unterzeichnet haben.«
Die Petition der ›Schlesischen Jugend‹ hatte vorgeschlagen, die
Wiederbelebung der wirtschaftlichen Beziehungen zur Volksrepublik von der Einräumung einiger Volksgruppenrechte für Deutsche
in Schlesien und anderen Teilen Mittel- und Osteuropas abhängig
zu machen, also: das Ausüben der deutschen Muttersprache, das
Abhalten deutscher Gottesdienste, den Zugang zu deutscher Literatur sowie die Bildung deutscher kultureller Vereinigungen zu
gewährleisten.
Die heftigen polnischen Reaktionen verdecken noch etwas anderes: Jaruzelskis Worte sind auch an den Nachbarn DDR gerichtet.
Sie offenbaren die unverhohlene Furcht des Regimes, zwischen den
Deutschen möge etwas in Gang kommen. Jedes Mehr an Verständigung mit der DDR, jeder Schritt mehr zu einer Annäherung mit der
auch von den Sowjets bislang als revanchistisch verketzerten Regierung Kohl muß zwangsläufig zu einer Aufweichung der Warschauer
Haltung führen. Was beides ungelegen käme, weil dadurch die
eigene Position in Gefahr geraten könnte. Dann allerdings dürfte
sich die nationale Existenzfrage stellen, wobei es sich gar nicht so
sehr um die Frage von Volk und Raum dreht, sondern um die
Absicherung der Machtverhältnisse für die Führungsriege in Polen.
Aufmerksam ist daher in dieser Szenerie auch folgendes Interview
des Sejm-Abgeordneten Szyndzielorsz zu registrieren, das von
Radio Polonia in deutscher Sprache verbreitet wurde:

*Reporter: Herr Szyndzielorsz, wir müssen doch unseren Hörern
erklären, warum wir von Warschau aus, aus Polen, uns mit der Frage
der sogenannten Vereinigung Deutschlands beschäftigen, und dazu
möchte ich die Worte eines anderen Abgeordneten zitieren, des
Abgeordneten Jan Fajecki, Vertreter der Demokratischen Partei.
Fajecki sagte, Europa wird nicht den Preis der Vereinigung Deutsch-*

lands für einen Frieden mit Deutschland zahlen, weil das Vertragswerk von Jalta und Potsdam untergraben und zur Annexion polnischer und tschechischer Gebiete führen würde.

Szyndzielorsz: Ich glaube, es geht hier vor allem um sicherheitspolitische Interessen Polens. Einer der Abgeordneten, ich glaube es war Jan Stefanowicz, er wurde auch von anderen unterstützt, behauptete, daß unsere Sicherheitsgrenze ... das erste Mal in der Geschichte unseres Landes ganz anders gesehen werden kann, und zwar, daß die sicherheitspolitischen Grenzen Polens nicht mit den geographischen Grenzen identisch sind, denn die eigentliche sicherheitspolitische Grenze Polens sind die Elbe und die Werra, und wir sind daran interessiert, daß eben diese Sicherheit Polens durch die Deutsche Demokratische Republik, unseren Verbündeten und Nachbarn, weiter in der Zukunft gesichert wird. Also, ich glaube, es geht nicht nur um eine rein theoretische Betrachtung der Fragen der deutschen Einheit, sondern es geht um eine sehr starke Unterstützung der Existenz der Deutschen Demokratischen Republik und der Außenpolitik der Deutschen Demokratischen Republik gegenüber Polen, gegenüber der ganzen sozialistischen Gemeinschaft...

Die Absage des Staatsratsvorsitzenden der DDR – die zweite – zu einem Besuch in der Bundesrepublik im Herbst 1984 mag vor diesem Hintergrund auch anders gesehen werden. Zumindest scheint jedoch etwas in Gang gekommen zu sein, was nicht nur Polen erschreckt, sondern auch manchen in den Reihen der Regierungs-Koalition. Irritiert über das Echo auf beiden Seiten, das zurückhallte, als in der CDU nach Verpflichtungen gegenüber den deutschen Volksgruppen in den Ostgebieten gefragt wurde, denen die polnische Seite in den Ausreisevereinbarungen von 1972 zugestimmt hatte, genügte der inszenierte Protest aus Warschau, um in Bonn wieder auf Sparflamme zu kochen. Was würde Jurek, der Oberschlesier, dazu sagen:»Wer nicht ständig die Kommunisten mit Fragen bedrängt, versetzt sie auch nicht in die Verlegenheit, eine Antwort geben zu müssen. Aber ihr mit eurer Nachgiebigkeit fallt doch immer wieder um, wenn es darum geht, den östlichen Vormachtansprüchen mal ein klares und festes Nein entgegenzusetzen.«

»Ist diese Bierkowicer Hochzeit nicht ein Stück zuerkannter Heimatpflege, ausgeübtes Brauchtum?« frage ich die Oberschlesier. Schweigen ist die Antwort. Oder gibt es keine? Die Festgesellschaft stößt mich statt dessen hinüber zum gemauerten Backofen. »An Festtagen wird Brot bei uns von Hand gebakken«, sagen die Frauen und wetteifern miteinander, wer die Zutaten für einen Brotlaib von drei Kilo schneller hersagen kann: »Man nehme: 2 Kilo Roggenmehl, 100 Gramm Sauerteig, 1 Liter lauwarmes Wasser und 20 Gramm Salz. Der Teig muß mindestens 10–12 Stunden aufgehen, im Warmen natürlich, zugedeckt.«

Im Ofen die richtige Temperatur zu erzeugen, sei eine Kunst, für die es einen Kniff gäbe: »Etwas Mehl auf die Schaufel stäuben – wird das Mehl im Ofen schwarz, ist der Ofen zu heiß; wird es goldbraun, ist die Hitze richtig.«

Vor dem Backen werden die Brote mit lauwarmem Wasser dreimal bestrichen, damit sie nicht rissig werden. Nach zwei Stunden ist das Brot fertig gebacken – die Rinde muß einen harten, trockenen Klang geben, wenn man mit dem Fingerknöchel dagegen klopft. Nun wird der Laib mit kaltem Wasser eingerieben und nochmals kurz in den Ofen geschoben, damit die Kruste nicht kleistrig wird. Roggenbrot auf oberschlesische Art – es darf bei keiner Hochzeit fehlen.

Als das Brot angeschnitten wird, sagt der Brautvater: »Beinahe wären wir ja wieder dreigeteilt worden auf der Landkarte. In der Solidaritätszeit. Die sozialistischen Nachbarn warteten auf unsere Kohle, aber wir streikten. Na, da hieß es, die Russen nehmen sich die ganze Ostseeküste – wegen der strategischen Verbindungen; die DDR bekommt das Sagen in ganz Schlesien – auf daß damit wieder ›ordentlich‹ Kohle gefördert werde; und Polen wird auf das reduziert, was es einmal war – ein Agrarstaat zwischen Bug und Warthe!«

»Ich bin Bahnarbeiter«, sagt neben mir ein Mittdreißiger und zieht seine Trachtenjacke glatt. »Ich könnte Ihnen Sachen über die Russen erzählen! Was die aus Polen rausholen...« Plötzlich ist es still um mich herum. Peinlich still. Über das Thema redet ›man‹ nicht laut, vor allem nicht in so großem Kreise. Endlich unterbricht jemand das betretene Schweigen, rettet die Situation mit dem

unverfänglichsten Gesprächsstoff, der im Osten immer dann herhalten muß, wenn es darum geht, Heikles zu überbrücken.
»Kennt ihr den?« ruft er und fährt schnell, als die Spannung in den
Gesichtern einem Ausdruck der Erleichterung weicht, fort:»Da
treffen sich in Danzig drei Kapitäne. Fragt der eine, ›was hast du
denn geladen?‹ ›Ach‹, sagt der, ›polnische Maschinen und Textilien
für Brasilien.‹ ›Und was haste zurückgebracht?‹ wollen die anderen
wissen. ›Na was schon – Kaffee und Kakao. Brauchen wir doch in
Polen.‹ Der zweite Kapitän wird gefragt. ›Ich hatte auch polnische
Maschinen und Textilien an Bord – für Marokko.‹ ›Und was haste
mitgebracht?‹ wird neugierig gefragt. ›Na, Orangen und Zitronen,
ist doch klar. Brauchen wir dringend.‹ Die beiden Kapitäne wenden
sich dem dritten zu, der bislang mehr schweigend zugehört hat, jetzt
druckst er herum, will nicht raus mit der Sprache, doch die anderen
beiden lassen nicht locker. ›Also‹, ermuntern ihn die zwei, ›was
haste nun geladen, und wohin ging die Reise?‹ Bedächtig tröpfelt's
in die gespannte Stille. ›Gut, dann will ich es euch halt sagen: ich
hatte Fracht für Leningrad – Kaffee und Kakao aus Brasilien,
Orangen und Zitronen aus Marokko – na, und auch polnische
Maschinen.‹ ›Was haste nun zurückgebracht aus der UdSSR?‹
lauern die beiden anderen Kapitäne. Wieder tut er sich schwer,
antwortet schließlich kleinlaut: ›Zurück gekommen bin ich mit der
Eisenbahn.‹«
Niemand lacht. Ich gehe raus, mein Nachbar folgt mir. »Den
oberschlesischen Bahnhof Olkusz passieren täglich Züge, die in
keinem polnischen Fahrplan zu finden sind«, flüstert er mir zu. »Es
sind schwere Güterzüge, die mit Erz beladen sind. Jeder Zug
befördert etwa 2000 t Eisenerz. Sie kommen aus dem Osten, auf
einem besonderen Schienenstrang: auf der russischen Breitspur.«
Meine Nachforschungen ergeben später, daß von der polnisch-
sowjetischen Grenze bei Hrubieszów eine neue Eisenbahntrasse bis
in das oberschlesische Industriegebiet hineingebaut worden ist, auf
einer Streckenlänge von über 400 Kilometern. Um diese beachtli-
che Ingenieursleistung jedoch ist keinerlei Aufhebens gemacht
worden, obwohl doch der Kommunismus tägliche Erfolgsmeldun-
gen eigentlich so dringend braucht und sonst auch eifrig verbreitet.
Für die Zurückhaltung dürften militärische Überlegungen eine

Rolle spielen: ohne Umladung lassen sich über die neue Trasse statt der Erze auch Panzer Richtung Westen befördern. Neun Jahre Bauzeit waren geplant gewesen, vier Jahre wurden benötigt. Das Vorhaben hatte den Rang einer ›gesellschaftlichen Aufgabe‹ erhalten. An einem 50-Kilometer-Abschnitt – so erfahre ich – waren teilweise über 200 000 Menschen, Schulklassen, Pfadfinder, Betriebe, Verwaltungsabteilungen, in ihrer Freizeit beschäftigt – zwangsverpflichtet also. Endstation der Linie ist vorerst der Raum Kattowitz, das Kohlerevier. Hier werden in den Hütten die russischen Rohstoff-Lieferungen verarbeitet. Zurück auf der Breitspur fließen dann gefertigtes Blech und Stahl in die UdSSR. Es gibt weitere Pläne: eine zusätzliche Breitspur soll durch Ostpreußen und Pommern – an der Küste also – bis in die DDR hinein verlegt werden. Die bestehende Linie ins oberschlesische Industrierevier wollen die Sowjets bis in die Tschechoslowakei und durch Schlesien weiterführen. Durch Schlesien: das hieße bei Liegnitz das große noch kurz vor Kriegsende durch die Deutschen entdeckte Kupferlager zu erreichen; das hieße aber auch, den bedeutenden russischen Garnisonsplatz im Liegnitzer Raum anzuschließen – das Hauptquartier der sowjetischen Luftlandetruppen, das russische Sprungbrett gegen jeden Feind im Innern oder jenseits der Grenzen der kommunistischen Satellitenstaaten in Europa.

Wir hatten auch in Warschau schon von den Zukunftsplänen für die russische Breitspurbahn gehört. Aber das ist kein Thema für einen Geburtstags-Empfang. Wir sind in der königlichen Residenz der britischen Vertretung zu Gast. Ihrer Majestät, Elizabeth II. von England, zu Ehren hat sich die Warschauer ›high society‹ – einschließlich der ausländischen Diplomaten und Journalisten – unter dem Bild der Queen versammelt. Auf ihr Wohlergehen wird fleißig angestoßen. Die Gespräche fließen munter. In einer der Gruppen hören wir deutsche Laute. Peter, der dank seiner Körpergröße einen vorzüglichen Überblick hat, stubst mich an: »Der DDR-Botschafter.« Ich reagiere sofort: »Laß uns zu ihm gehen, dann kann ich ihn selbst fragen.«
»Ich kenne Sie beide«, sagt der DDR-Botschafter, als er uns

schmunzelnd die Hand gibt. »Wenn ich Urlaub im Erzgebirge mache, sehe ich auch West-Fernsehen. Außerdem lese ich DIE WELT.
»Ja, ja, ich weiß schon«, winkt er bittend ab, als wir ihn fragend anschauen. »Ich hab' nur noch drei Monate in Warschau, dann gehe ich in Pension; ich wär' schon froh, wenn ich bis dahin keine Ungelegenheiten bekäme.«
Er ist also bereits informiert: unsere Tochter bekommt kein Visum für den Gegenbesuch ihrer Warschauer Schulklasse in der DDR. Wenn aber jemand eine einleuchtende Begründung für die Weigerung der DDR-Behörden abgeben kann, dann sicher der DDR-Botschafter.
Der Termin für den Gegenbesuch beim Austauschpartner, der Kant-Schule in Ost-Berlin, stand seit einiger Zeit fest. Die polnischen Schulkameraden reisen visafrei in die DDR. Deswegen erkundigten wir uns vorsorglich und rechtzeitig bei der DDR-Botschaft nach den Einreise-Formalitäten für unsere Tochter. »Da Ihre Tochter bereits 16 Jahre alt ist, unterliegt sie dem Erwachsenenrecht. Sie braucht ein Visum«, hören wir. »Voraussetzung für eine Visa-Erteilung ist die Vorlage einer Einladung aus der DDR.«
Die lag – so nahmen wir an – eindeutig vor, da es sich ja um einen Schüler-Austauschbesuch handelte. Hatten wir nicht ebenfalls ein DDR-Mädchen zu Gast gehabt? »Nicht ausreichend«, wurden wir belehrt, »etwas Schriftliches muß her.«
Nichts leichter als das – so meine ich – und gehe in die Schule. Pan Direktor hat ein offenes Ohr, setzt einen Brief auf, und mit diesem Schreiben, das eingehend den Austausch begründet, stehe ich am nächsten Tag wieder vor dem Beamten. Doch abermals schüttelt er mißbilligend den Kopf. »In diesem Brief steht, daß die Modzelewski-Schüler in Warschau von der Kant-Schule in Ost-Berlin eingeladen wurden. Eine solche Einladung gilt nicht für eine Bürgerin aus der BRD. Denn es ist eine Besuchs-Aufforderung von einer Institution. Ihre Tochter aber braucht die schriftliche Einladung einer Privatperson beziehungsweise von einer Familie.«
Ist dies Schikane oder Hinhaltetaktik? Der Termin der Abreise rückte näher, noch acht Tage. Selbst wenn wir reitende Boten schickten, könnten wir die Einladung von einer Privatperson gar

nicht mehr herbeischaffen. Die DDR-Behörde weiß das genau. Sie weiß auch, daß wir einen nicht bitten werden: unseren Austausch-Gast Vera.

An der polnischen Modzelewski-Schule – das hörten wir nachträglich – hatte das gesamte Lehrer-Kollegium mit uns den Atem angehalten und gespannt verfolgt, ob es wohl zu diesem deutschdeutschen Austausch kommen würde. Wahrscheinlich – so ist zu vermuten – bekamen wir nun die Quittung dafür, daß den DDR-Behörden etwas so Unerhörtes durch die Lappen gegangen war: ein DDR-Kind zu Gast bei einem gleichaltrigen BRD-Kind – noch dazu in einer West-Korrespondenten-Familie!»Dabei«, gestanden uns später die polnischen Lehrer, »haben wir euch extra ein Kind ausgesucht mit zwei besonders strammen Partei-Eltern!«

Das war uns schon bei Veras Besuch klargeworden; sie hatte z. B. immer stark betont, daß die Familie nie West-Fernsehen gucken würde.»Niemand?« hatten wir skeptisch gefragt.»Nee, ok nich meene Keule – der ist FDJ-Führer«, hatte sie voller Stolz geantwortet. Vera hat auch konsequent alle Ortsnamen von ehemals deutschen Städten polnisch ausgesprochen; obwohl sich etwa bei dem Wort ›Wrocław‹ jeder Deutsche fast die Zunge abbricht. Was selbst polnische Reiseleiter von Orbis zu der Einsicht geführt hat, lieber ›Breslau‹ zu sagen, um die deutschen Touristen bei der Stange zu halten.

Wie aber hat Rakowski einmal an unserem Tisch gesagt:»Das Leben ist stärker als jeder Dogmatismus.« Diese Worte passen haarscharf auf die Realität im Alltag, der sich in so vielen kleinen Dingen weit pragmatischer regelt als es der Staats-Ideologie manchmal geheuer ist. Nur, so hat es Rakowski nicht gemeint – eher im Sinne Veras, die dank deutscher Gründlichkeit zu einem besonders folgsamen Kind des Sozialismus erzogen wurde.

Diese Ideologie aber verbietet es – jedenfalls heute noch, daß Deutsche-Ost und Deutsche-West sich gegenseitig auf unkomplizierte und natürliche Weise einladen und besuchen. Nach kommunistischer Lesart wird das erst dann eintreten, wenn die Deutschen-West ihre Verbeugung ebenfalls vor dem Sozialismus machen, d. h. sich unter die Gefolgschaft des Kreml stellen. Wie anders ist sonst der Brief aufzufassen, den die Modzelewski-Schule später – in der Zeit der ›Solidarität‹ – von den Kant-Schülern aus Ost-Berlin erhielt:»Solange Ihr in Polen von dem antisozialistischen Bazillus befallen seid, müssen wir leider auf weiteren Partner-Austausch verzichten.« Die Angst aber auch vor einem westlichen Bazillus muß in der DDR so groß sein, daß sie selbst ein junges Mädchen wie unsere 16jährige Tochter als Ansteckungsgefahr betrachtet!

Wir Eltern haben alle Wege probiert. Über die Botschaft der Bundesrepublik Deutschland ging eine Anfrage nach Bonn. Von dort über das AA an das DDR-Außenministerium in Ost-Berlin. Es kam zu einem Austausch von Noten. Doch auf diplomatische Art wurde uns zu verstehen gegeben:»Derzeit nicht erwünscht.« Mit dem mahnenden Unterton,»es würde die deutsch-deutschen Beziehungen stören, wenn wir die Angelegenheit veröffentlichen würden.«

Drei Tage vor der Klassenreise – auf dem Geburtstags-Empfang bei der britischen Königin – mache ich nun meinen letzten Versuch. Der DDR-Botschafter, obwohl um seine Pension verständlicherweise besorgt, verspricht, sich um die Akte zu kümmern,»wenn sie bei mir vorbeiläuft«. Wir haben nie mehr etwas gehört.

Dafür passiert nun etwas für uns völlig Überraschendes: Die ganze Zeit hat Nicolas Klasse um die Entscheidung über die Reise in die DDR mitgebangt. Als es jetzt amtlich ist, daß Nicola nicht mitfahren darf, gibt es unter ihren Mitschülern einen Aufruhr. Der Sturm der Entrüstung eskaliert sich zu einer einzigen Bekundung der Solidarität: Die ganze Klasse erklärt – entweder Nicola fährt mit, oder wir bleiben alle hier! Ein Konflikt zieht da herauf, der sich aus einer Verstimmung zwischen den Partner-Schulen zu politischem Zündstoff auszuwachsen droht. Dies können und möchten wir als Eltern nicht zulassen – nicht auf dem Rücken der 35 Mitschüler.

So ist es jetzt an uns, die Klasse zu überzeugen, daß es besser ist, wenn Nicola nicht mitfährt. Begreiflich machen können wir es den polnischen Mitschülern kaum. Das zeigen die Grüße, die aus Dresden, Leipzig, Weimar und Ost-Berlin in unserem Haus in Warschau ankommen: von jedem einzelnen Klassenkameraden erhält Nicola eine Postkarte. Vielleicht ein trauriges, aber zumindest ein besseres Lehrstück der deutsch-deutschen Realität als alles, was darüber in den Schulbüchern steht?

Bim, bim, läutet die Hochzeitsglocke in Bierkowice bei Oppeln zum Abschluß der Feier. »Ja, nun müssen Sie wohl gehen«, sagt Jurek. »Wir gehen nämlich jetzt auch.« Ich nicke. Ich habe es die ganze Zeit über gewußt, daß dies hier ein Dorf wie aus einer Märchenwelt ist – ein Dorf-Museum, manchmal geöffnet von 9 bis 18 Uhr. Eine Traum-Kulisse, mehr nicht. Nur bei Dorffesten, alle paar Monate – wenn Trödler und Schausteller sich einfinden – dürfen auch althergebrachte Bräuche wieder aufstehen. Dann werden Trachtengruppen herbeigeschafft, dann werden Stücke aus alten Zeiten aufgeführt – wie diese Hochzeit, die wir mit der Fernseh-Kamera festhalten.

»Die Schau ist aus«, sagt Jurek. »Jetzt gehen wir zurück in unsere Dörfer, die einen hierhin, die anderen dorthin – und mit der Tracht hängen wir auch die Vergangenheit an den Nagel, ein Erbe, das wir im Alltag nicht mehr hervorholen dürfen – unsere deutschen Traditionen.«

8
Auschwitz
Oświęçim

Polnisch-deutsche Bischofsdelegation besucht Konzentrationslager
(Foto: ZDF)

Der Mann im Sessel dreht sich um, nimmt ein Bild von der Wand und sagt:»Das ist Maximilian Kolbe, der für mich in den Tod ging.« Der Mann im Sessel ist Pole. Heute lebt Franciszek Gajowniczek im schlesischen Brieg. Maximilian Kolbe war sein Lagergefährte in Auschwitz; der Prior vom Kloster Niepokalanów opferte sich für Franciszek, als er mit neun weiteren KZ-Insassen für einen ausgebrochenen Häftling sterben sollte. Das war im Zweiten Weltkrieg. Über 40 Jahre später ist der Tod des Priors Anlaß für eine andere Begegnung. Auf dem Warschauer Flugplatz: Als die Maschine ausrollt und die Kabinentür sich öffnet, greift die Hand des Kardinals, wie um Halt zu gewinnen, nach dem goldenen Kreuz an der Halskette. So gestärkt verläßt der Deutsche die Rolltreppe, geht auf den Polen zu, der von seinen Bischöfen umringt ist. Ein leiser Wind bauscht die Soutanen. Der Pole setzt einen Fuß vor, verharrt dann, läßt den Deutschen nahe herankommen. Beide Kirchenfürsten verneigen sich voreinander:»Gelobt sei Jesus Christus«, sagt der Deutsche. Jozef Kardinal Glemp, der Primas von Polen, dankt Kardinal Höffner mit den Worten:»In Ewigkeit. Amen.« Und dann setzt er ganz leise hinzu:»Semper fidelis – immer getreu.«

Die Wallfahrt zur Hinrichtungsstätte Maximilian Kolbes kann beginnen. Sie hat zum Ziel, beim Abschluß der Pilgertour gemeinsam eine Bitte an den Papst zu richten: er möge die Heiligsprechung des polnischen Priors erhöhen und Maximilian Kolbe zum Märtyrer erklären. Für die Deutschen geht es um ein bedeutsames Stück Aussöhnung – der offiziellen Politik vorweggenommen – bei diesem historischen Akt.

Den polnischen Katholiken bedeutet Maximilian Kolbe noch etwas anderes: er ist zur Symbolfigur erhoben worden, zu einem Wahrzeichen des Widerstandes verklärt, das der Jugend den Weg weisen soll. Dieser Mythos, der um ihn entstanden ist, wird voll begreifbar erst demjenigen, der Niepokalanów besucht, das Kloster, in dem Maximilian Kolbe gelebt und gewirkt hat, 70 Kilometer vor Warschau.

Ein kleines Museum ist zum Gedenken Kolbes entstanden. Briefe werden dort aufbewahrt, Dokumente und Fotos. Eine Nachbildung der ›Todeszelle‹ von Auschwitz flößt dem Besucher Entsetzen ein. »Dennoch wollen wir Mönche jeden Personen-Kult vermeiden«, sagt uns Pater Hieronymus, der uns führt. »Die ehemalige Klause von Maximilian Kolbe bleibt sonst immer der Öffentlichkeit verborgen.« Pater Hieronymus ist ein wandelndes Dokument. Er war Kolbes Mitgefangener. Sein Name steht auf der Liste von 20 Klosterbrüdern, die sich für den Prior und vier andere Brüder, die nach Auschwitz gebracht worden waren, zum Austausch angeboten hatten. Die Bittschrift hängt noch heute an der Wand von Kolbes Klause, die unverändert spartanisch eingerichtet ist, so wie er sie verlassen hat, als er von der Gestapo abgeholt wurde. Die Anklage lautete damals auf Untergrundtätigkeit. Die Mönche hatten in ihrer eigenen Druckerei eine emsige Tätigkeit entfaltet und druckten nicht nur kirchliche Nachrichten. Kolbe war Schriftleiter eines weit verbreiteten Informationsblattes. Im Krieg hatten die Mönche in ihrem Kloster 300 Ordensleute untergebracht. Auch Offiziere der deutschen Wehrmacht wohnten zeitweilig dort. »Wir kamen prima miteinander aus«, sagt Pater Hieronymus und zeigt ein Foto, auf dem Kolbe mit einem Wehrmachts-Offizier zu sehen ist. Die Anwesenheit der Wehrmacht hinderte die Mönche freilich nicht daran, auf ihrer Druckerpresse heimlich ihre Zeitung gegen die Hitlerdiktatur zu vervielfältigen. 200 000 Exemplare im Monat. Als die Gestapo dahinterkam, wurde die gesamte Redaktion verhaftet und nach Auschwitz transportiert.

Pater Hieronymus, Jahrgang 1912, strahlt heute jene Güte und Weisheit aus, die nur das Alter beschert. Unermüdlich spendet er uns Trost, als wir mit gesenkten Köpfen wortlos den Spuren Hitlerscher Gewaltherrschaft folgen. Unseren Sohn nennt er ›Kollege Engelchen‹, streicht ihm über den Kopf und sagt: »Du darfst auf keinen Fall mit schwerem Herzen aus dem Kloster scheiden, denn es war doch nur eine kleine Gruppe von Deutschen, die so böse wie Hitler waren. Die anderen sind genauso gut wie deine Mama und dein Papa.«

Wie um die Beklemmung zu verscheuchen, nimmt er den Elfjährigen an die Hand, führt ihn zu einem Schrank und stülpt ihm einen blitzeblanken, messingfarbenen Feuerwehrhelm auf den Kopf: »Jetzt kommst du mit zu unserer Übung«, sagt der Pater und führt ihn nach draußen. Auf dem Hof sind inzwischen die Klosterbrüder zusammengetreten. Sie trainieren in Kutte, mit Helm und Rosenkranz, simulieren Brandbekämpfung. Freiwillig verstärken sie die örtliche Feuerwehr. Nach der Übung stellen sich die Ordensbrüder in Reih und Glied auf, nehmen auf ein Zeichen den Helm ab und verharren im Gebet: »Heiliger Florian, schütze uns...« Die Helme werden wieder in den Schrank gehängt, die Schläuche zusammengerollt. Bruder Albertus kommt auf uns zu. Er trägt Rucksack, Baskenmütze, Kniehosen und will sich verabschieden. »Er geht in Urlaub«, verrät Pater Hieronymus. Bruder Albertus gehört nicht nur zur freiwilligen Feuerwehr; er ist auch Mitglied des ›Technischen Hilfswerks‹ und gleichzeitig Schornsteinfegermeister. Stolz zeigt er uns seine Fotos, auf denen er mit Kutte und Orden zu sehen ist: »Er ist unzählige Male ausgezeichnet worden mit der Tapferkeitsmedaille von höchster Stelle«, sagt Pater Hieronymus und klopft dem Bruder zum Abschied auf die Schulter. An den Rucksack zu stoßen, vermeidet der Pater. »Der zieht aber nach unten«, sage ich, »sind wohl dicke Wandersocken drin.« Pater Hieronymus lächelt bescheiden: »Bruder Albertus trägt im Urlaub gerne Briefe aus – Sie verstehen.«

Diese Patres stehen mittendrin im Leben – weltlich ist auch der Appetit, der sich nach der Feuerwehrübung bei allen einstellt. Wir sind Gäste der Ordensgemeinschaft, in der selbst die Küche in der Hand der Brüder liegt. Es ist Samstag, da gibt es traditionsgemäß Eintopf. »In polnischen Familien«, erzählt Pater Hieronymus, »ist es Sitte, daß beim Eintopf stets der Hammer mit auf dem Tisch liegt.« Wir müssen ziemlich verdutzt dreingeschaut haben, denn er lacht aus voller Kehle: »Na, ist doch klar – erst kommt der Eintopf, danach sagt die Mutter: ›und nun nehmt den Hammer und schlagt euch den nächsten Gang aus dem Kopf‹.« In diesem Plauderton fliegen die Scherze von Tisch zu Tisch, als Schwester Magdalena hereinkommt. Die Schwestern haben in dem Kloster mehr verwaltende Funktionen. »Magdalena nimmt hier aber eine herausragende Stellung ein«, erklärt Hieronymus und stellt uns die Schwester vor. »Sie spielt die Orgel in unserer Pilgerkirche« – diese grenzt an das Kloster an und wird an Sonn- und Feiertagen lebhaft besucht – »außerdem hat sie eine wunderbare Stimme.« Er braucht sie nicht lange um eine Kostprobe für die ›Westdeutschen‹ zu bitten. Ganz ungezwungen singt sie an unserem Tisch das in Polen so beliebte alte Kirchenlied: »Wir möchten deine Kinder sein, in deinen Armen geborgen . . .« Als sie den Text für uns übersetzen soll, muß Hieronymus einspringen: »Aber Schwester, Schwester – die Note ›sehr gut‹ haben Sie fürs Übersetzen aber nicht verdient!«

Nach dem Essen stehen wir vor einem großen Übersichtsplan, der die Aufteilung des Klosters zeigt. »Bei uns ist alles so geordnet wie in der Demokratie«, sagt Pater Hieronymus. »Ganz oben sitzt das ZK . . .«

Beim Hinausgehen bekommen wir alle ein Medaillon mit eingeprägtem Madonnenbildnis. »Sie sind geweiht«, flüstert der Pater ehrfurchtsvoll. Nach einer Denkpause fährt er amüsiert fort: »Eines Tages wollte ich einem sehr hohen Funktionär so ein Medaillon schenken. Der mochte es absolut nicht annehmen. ›Das geht nur, wenn ich mich revanchieren darf‹, bat der Kommunist. Doch da habe ich energisch abgewinkt«, plaudert der Pater. »Aber der hohe Herr hatte schon seine Aktentasche geöffnet; aus dem Geheimfach kamen Champagner, Likör und Kognak zum Vorschein. ›Das dürfen wir doch gar nicht annehmen – wir trinken keinen Alkohol‹, habe ich ihm entgegengehalten. Da hat er mich beruhigt: ›Nehmen Sie nur, das ist sehr gut, wenn Sie Magenbeschwerden haben.‹« Pater Hieronymus verzieht keine Miene, als er hinzufügt: »Es hat geholfen.«

Furchtlosigkeit ist der vererbte Geist in diesem Franziskanerkloster. Auch aus der Druckerei kommen heute wieder Geräusche emsiger Tätigkeit – obwohl die alte Presse liquidiert wurde. Sie befindet sich in Krakau. »Wir haben schon so viele Gesuche an die Behörden geschrieben«, berichtet Pater Hieronymus. »Doch die antworten immer dasselbe: ›Ehrwürdige Brüder, ihr habt euch im Krieg so plagen müssen. Jetzt sollt ihr euch schonen. Ihr habt die Ruhe verdient!‹«

Aber zur Ruhe verdammt fühlen sich die Ordensbrüder keines-

wegs.»Wir haben eine neue Presse angeschafft«, sagt der Pater
augenzwinkernd. Und wieder entstehen Schriften, die weit über die
Klostermauern hinaus gelesen werden. Bequem sind diese Schriften auch jetzt nicht immer, vor allem nicht für die derzeit Regierenden. Seitdem das Militär in Polen das Regieren übernommen hat,
ist die Ruhe in Niepokalanów wieder dahin. Hier im Kloster vermag
niemand auszuschließen, daß in Polen weitere Priester verfolgt
werden könnten – von den eigenen Landsleuten. Doch Pater Hieronymus lächelt milde: »Warum sollen wir uns vor dem gegenwärtigen Regime fürchten, nachdem nicht nur einer unter uns vorgelebt
hat, was sterben heißt.«

Wir gehen über das Kopfsteinpflaster, er begleitet uns zum Auto.
»Die Priester – vor allem auf dem Lande – sind immer noch gefährdet«, sagt der Pater. »Denn um sie scharen sich die Bauern,
vielfach wurden die Priester zu Führern der Landsolidarität auser-
koren, zumindest die jungen Priester, die Vikare sympathisierten
mit der neuen Bewegung. Sie verbargen Flüchtige, halfen Unterdrückten.«

»Sehr zum Verdruß des Primas«, bestätigen Mitglieder des ›Clubs
der katholischen Intelligenz‹ (KIK) Gerüchte, wonach es im Episkopat heftige Auseinandersetzungen über die Haltung der Kirche
zu der Arbeiter-Bewegung gegeben hatte. Glemp, so hieß es, trete
nicht mehr deutlich genug den Übergriffen der Kommunisten entgegen. Der Primas habe sich hinter seine Kirchenmauern zurückge-
zogen. Es sei nicht seine Aufgabe, nur das Evangelium zu predigen.
Doch Glemp verweist auf seinen Vorgänger Kardinal Wyszyński:
»Sein Lebensziel war es, zu bewahren und nicht zu erobern – statt
der Konfrontation mit den Machthabern das Überleben für diese
Kirche zu sichern.«

Ist Jozef Kardinal Glemp auch dem Papst zu weich? Auffällig, daß
Johannes Paul II. mehrmals durch einen Beauftragten des Vatikans
dem Primas Unterstützung gegen das Regime zusagte. Besonders
aber wurde registriert, daß der Papst Grüße an jenen Priester
ausrichten ließ, den seine Vorgesetzten zur Zurückhaltung im
Umgang mit ›Solidaritäts‹-Anhängern und Oppositionellen aufgefordert hatten. Gemeint war der Priester Jerzy Popiełuszko, zu dem
besonders Primas Glemp auf Distanz gegangen war.

Die Mission des einfachen Priesters aus dem Warschauer Stadtteil Zoliborz ist durch seinen Tod nicht erloschen. Im Gegenteil: mit seinem Begräbnis hat die verbotene Gewerkschaft ›Solidarität‹ erst den Mythos bekommen, den die kommunistischen Machthaber, aber auch die polnische Kirchenführung, krampfhaft zu verhindern suchten. Das wird klar, seitdem die sterbliche Hülle des Priesters die Autopsie im 200 Kilometer von Warschau entfernten Białystok verlassen hat.

Nicht weit davon, in der Nähe der russischen Grenze, liegt sein Heimatdorf Okopy, wo er als Sohn armer Bauern zur Welt kam. Hier hätten ihn die kommunistischen Machthaber am liebsten begraben – in aller Stille und Abgeschiedenheit, weit weg von den Volksmassen. Denn nach der Obduktion der Leiche hatte sich die peinliche Wahrheit nicht mehr verheimlichen lassen, daß der Priester schwer mißhandelt worden war, bevor er – gefesselt an Händen und Füßen, mit Steinen um den Hals – in den Stausee bei Thorn gestoßen wurde: Kiefer- und Fingerknochen gebrochen, Haare ausgerissen, Blutstriemen am ganzen Körper. Die Angehörigen sprechen von bestialischen Torturen. Wäre der Fahrer des Priesters an jenem 19. Oktober 1984, als Popiełuszko in den Kofferraum gezerrt und verschleppt wurde, nicht den Häschern entkommen, hätte der Mord womöglich nie aufgeklärt werden können. Einer hätte die Schuld auf den anderen schieben können – ein ungelöstes Verbrechen ohne Leiche.

Man hätte – ohne das Gesicht zu verlieren – an den Verhandlungstisch zurückkehren können. Dort hatten die verantwortlichen Vertreter von Kirche und Staat kurz vor der Entführung des Priesters wieder einmal über einem kritischen Punkt gebrütet: den öffentlich-rechtlichen Status der Kirche. Der Episkopat drängt auf diesen Status, um sich vor dem Zugriff des Staates zu schützen. Der Gesetzentwurf ist ein testamentarischer Wunsch des Primas Wyszyński.

Die Positionen jedoch klaffen weit auseinander. Während die Kirche von Gesetzen ausgeht, die auf dem kanonischen Recht basieren und auf rein moralisch-theologischen Richtlinien – zum Beispiel hat sich die Kirche bis jetzt immer gegen die Erziehungspolitik der Regierung ausgesprochen –, erwarten die Kommunisten die uneingeschränkte Anerkennung des sozialistischen Charakters der Volksrepublik. Eine klare Aufforderung an die katholische Kirche, den Aufbau des Sozialismus in Polen aktiv zu unterstützen.

In schweren Zeiten wird jede sozialistische Regierung die Kirche als Instrument für eine Stabilisierung der innerpolitischen Situation ansehen, selbst um den Preis von Kompromissen. In Zeiten politischer Stärke freilich – das hat die Geschichte gelehrt – werden die Kommunisten nicht zögern, Zugeständnisse wieder zurückzunehmen.

Deshalb auch das Zaudern von Primas Glemp, was ihm das Volk als »Verrat« auslegt. In den ›Clubs der katholischen Intelligenz‹ (KIK) sieht man die Situation realistischer: Kirche und Kommunismus, heißt es, sind in Polen die einzigen Kräfte, die jeder Veränderung entgegenstehen, da sie beide den Materialismus wie die Pest fürchten: die Kommunisten, weil sie die Erwartungen der Bevölkerung nicht befriedigen können; die Kirche, weil ihre Macht in Frage gestellt werden könnte.

Beide brauchen eine moralisch intakte Nation, mit unverwechselbarem polnischem Charakter. Beide wollen dem Volk eine relative Unabhängigkeit sichern – beiden ist daher an einem Zusammenspiel gelegen.

Die Arbeiterbewegung der ›Solidarität‹ bedrohte daher nicht nur die Partei und ihre Führungskaste, sie hatte letztlich auch die polnische Kirchenführung gegen sich: Der Primas war durch Arbeiterführer Wałesa über 16 Monate hinweg von seinem historischen Platz Nummer zwei auf Platz drei in der Staats-Hierarchie verdrängt worden. Lech Wałesa selbst hat gesagt: »Wir bauen der Kirche in unserer freien Gewerkschaft keine Altäre.«

Jetzt aber, nachdem das Volk den Priester Popieluszko in einer vorweggenommenen Heiligsprechung zum ›Schutzpatron der Solidarität‹ erklärt hat, kommt der Primas um eine Parteinahme kaum noch herum. Nicht mehr seit dem Aufschrei der Bevölkerung, der in der Anklage gegen die Foltermeister des Beerdigten gipfelte: »Kommt und betrachtet euer Werk!«

Jerzy Popiełuszko ist nicht der erste in der Reihe der ›Werke‹: ermordet wurden bereits Ryszard Kowalski, der ehemalige ›Solidaritäts‹-Führer der Kattowitzer Hütte, auch der einstige Führer der

›Land-Solidarität‹ von Thorn, Pjotr Bartoszcze. Überfallen, blutig geschlagen wurde das Hilfskomitee für politische Häftlinge im St. Martins-Kloster. Darunter die Lyrikerin Barbara Sadowska. Ihr Sohn Grzegorz Przemyk, ein 19jähriger Gymnasiast, wurde von Sicherheitskräften zu Tode gefoltert.

Für ihn hatte Pater Popieluszko ein Blumenkreuz neben der Stanisław-Kostka-Kirche errichten lassen. Für viele Anhänger der verbotenen ›Solidarität‹ wurde es zur Pilgerstätte. Ein Motiv mit für die Weigerung des Primas, den ermordeten Priester neben diesem Blumenkreuz zur letzten Ruhe zu betten. Der Primas hatte den National-Friedhof Powazki auserwählt, wo polnische Patrioten, National-Helden sowie Bischöfe und verdiente Geistliche liegen – aber auch der ehemalige Parteichef Gomułka – eine Pilgerstätte also auch für die Obrigkeit. Doch er bekam Streit mit dem eigenen Episkopat, mit den Priestern, und es gab leidenschaftliche Proteste aus der Bevölkerung.

Der Primas mußte nachgeben, beugte sich den Massen, die von nun an die Stanisław-Kostka-Kirche mit den Gedenkstätten der Doppel-Märtyrer zum Wallfahrtsort der ›Solidarität‹ machen. Ein Ort, der schon in seinem Namen neuen Konfliktstoff birgt: Stanisław. Die Parallele zu diesem Märtyrer, dem Schutzpatron der Armen und Unterdrückten in Polen, liegt auf der Hand:

Bischof Stanisław wurde vor 900 Jahren in Krakau erschlagen, von Schergen des polnischen Königs Bolesław, dem Kühnen. Bolesław hatte kostspielige Kriege gegen Rußland und Ungarn geführt, das Volk durch die hohen Belastungen in Armut und Schulden gestürzt. Es bildete sich eine Opposition. Im Zentrum des Widerstandes stand 1079 der Krakauer Bischof Stanisław. Das Kloster Skalka wurde zum Treffpunkt der Oppositionellen. Sie warfen dem König Vernachlässigung seines Volkes vor, Unbarmherzigkeit, Mißachtung der Kirche. Stanisław trat dem König öffentlich entgegen. Die Herausforderung des Staates blieb nicht ohne Folgen. Stanisław wurde auf den Stufen des Altars erschlagen, die meisten seiner Anhänger fanden den Tod.

Das Krakauer Ereignis aber wird zum nationalen Kult verklärt. Jedes Jahr am 8. Mai, dem Jahrestag von Stanisławs Heiligsprechung, führt eine Prozession vom Krakauer Wawel-Schloß zum

Kloster Skalka. 1953 setzte sich der gesamte polnische Episkopat mit Primas Wyszyński an die Spitze. Es war die Zeit der stalinistischen Unterdrückung. Der Primas wurde verhaftet. Er blieb drei Jahre lang ein Gefangener der Regierung.

Das polnische Volk, das mit seiner Geschichte und seinen Mythen lebt wie kaum ein anderes, stellt heute nun einen ›Märtyrer der Solidarität‹ auf den Stockel neben jene, die ihr Leben hingegeben haben: für die Menschenwürde, für die Bürgerrechte – für die Freiheit.

Diese Ziele hatte auch die ›Solidarität‹ in ihrem Programm. Doch als Organisation einer ›freien Gewerkschaft‹ mußte sie an den Kommunisten scheitern, die für sich allein in Anspruch nehmen, rechtmäßige Vertreter der polnischen Arbeiterschaft zu sein.

Nun, nachdem dieselben Leute, die sich für die Ziele der ›Solidarität‹ erklärten, darangehen, in vielen polnischen Städten ›Menschenrechts-Komitees‹ zu gründen, wird die Regierung es schwer haben, Argumente der Verdammung für diese Vereinigungen glaubhaft zu propagieren. Der Primas versuchte die Kehrtwendung bereits am Grab des ermordeten Priesters Popiełuszko, als er ihm nachrief:»Möge dieser Tod Früchte tragen, für ein besseres soziales Leben – so wie wir alle, die Kirche, es seit langem fordern.«

Popiełuszkos Tod hat deshalb Bedeutung über den Tag hinaus. Die Kausalkette wird erst dann zerreißen, wenn Polen wirklich frei ist. Dem Beispiel des Priesters könnten jetzt andere folgen. Das leidensfähige Volk hat dafür ein feines Gespür.

Die Vorgänge um den Mord an dem Priester machen aber auch deutlich, wie verschachtelt, kompliziert und keineswegs monolithisch geschlossen, in sich einig, das Kräftespiel auf der kommunistischen Führungsebene abläuft, welche Machtkämpfe unter den Herrschenden ausgetragen werden.

Immer wird die Frage nach den Hintermännern zu stellen sein – in einem System, wo schon diejenigen, die im Rampenlicht stehen, dem Westen Rätsel aufzugeben belieben: Betrifft es nur den Gesundheitszustand, daß der eine oder andere Mächtige nicht mehr gesehen wird – ist er abgelöst, verbannt oder versetzt, um einen anderen Aufgabenbereich zu übernehmen – ist er bereits gestorben, und man wartet nur auf den passenden Augenblick, diese Nachricht bekannt zu geben, weil man sich erst dafür rüsten muß, um auch die kleinste Unruhe im Keim ersticken zu können?

In Korrespondenten-Kreisen endet solches Rätselraten meistens mit dem Vorschlag, es mit den berühmten polnischen Gehirnwindungen zu versuchen: Als auf dem Höhepunkt der polnischen Krise 1981 von Radio Warschau mehrmals das Programm unterbrochen wird mit der Aufforderung, alle Autofahrer müßten sofort von der Europa-Straße 7 herunter, da antisozialistische Elemente die Straßenwegweiser abmontiert oder verdreht hätten, reagierte die Bevölkerung mit dem Aufschrei:»Die Russen kommen.«Beim zweiten Nachdenken hieß es:»Das haben Solidaritäts-Anhänger getan, um die Panzer in die Irre zu leiten.«Die dritte Version wollte wissen:»Das war die Miliz, um politische Gefangene ungesehen in die UdSSR abschieben zu können.«Eine vierte Stimme meinte: »Das war die Staats-Sicherheit, damit das Politbüro endlich sich zu härteren Maßnahmen versteht.«Und die fünfte Auslegung besagte:»Das war die Armee, um den Sowjets Gelegenheit zu geben, die Sicherung der strategischen Verbindungen durch Polen zu übernehmen«, was der Besetzung des Landes gleichgekommen wäre.

Den Kommunisten kann es nur recht sein, wenn ein möglichst großer Wirrwarr in den polnischen Köpfen entsteht, um so leichter läßt sich ablenken von inneren Schwächen und Problemen. In diese Nebelküche von Ungewißheiten läßt sich noch zusätzlich Dampf blasen: durch Verdächtigungen etwa, daß der Primas von Polen und die deutschen Bischöfe hinter dem Rücken des Volkes mehr als nur kirchliche Kontakte untereinander pflegen.»Wir kommen als Pilger«, versichert dagegen Kardinal Höffner der polnischen Presse zu Beginn der gemeinsamen Wallfahrt.»Wir wollen miteinander – Ihr Primas und wir – den Weg nehmen, den uns der Papst bei seinem Polenbesuch vorgezeichnet hat.«

Die Wallfahrt der deutschen Bischöfe beginnt in Warschau mit dem Einzug der Kardinäle Höffner und Glemp in die Johannes-Kathedrale. Seite an Seite knien beide Kirchenfürsten, beten, legen an dieser Stelle, an der Deutsche und Polen im Kirchenschiff miteinander vor 40 Jahren kämpften, das Gelöbnis ab, Europa im Geiste Jesu zu erneuern. Der Blick geht hinüber zum Sitz des Primas in der Kathedrale. Ein Baldachin mit dem kirchlichen Wappen wölbt sich über dem einfachen, schmucklosen ›Thron‹. Dahinter ist die Fahne Polens mit dem Adler wie ein Umhang drapiert. Die Anordnung ist nicht zufällig. Dieser Stuhl vor dem Staatssymbol weist Machtverständnis aus. Die Fahne stammt von einem Schlachtfeld. Sie soll im Jahr 1414, im sogenannten Hungerkriegsjahr – als der Deutsche Orden seine alte Machtstellung an der Weichsel zurückgewinnen wollte und das Land ausblutete – vom König von Polen an den Erzbischof mit den Worten übergeben worden sein:»Hüte das Polnische, halte alles Fremde fern.« So jedenfalls beschreibt es die Überlieferung. Immerhin wird von daher ein Auftrag abgeleitet: Diese Kirche versteht sich seither als Statthalter. Sie begreift sich von diesem Zeitpunkt an als Bewahrer der polnischen Identität. Über Jahrhunderte hinweg. Sie hält der Reformation stand, obwohl viele polnische Adelige vom Protestantismus erfaßt werden und Polen zeitweilig nahe daran ist, ein evangelisch reformiertes Land zu werden. Ohne diese Kirche wäre nach den wiederholten Teilungen Polens der Gedanke an eine nationale Wiedergeburt verloren gegangen. Das macht die Katholische Kirche in Polen noch heute so stark, das hat ihr das Volk nie vergessen. Denn diese Kirche ist auch ein Stück Hoffnung auf die Zukunft. Was hatte Kardinal Wyszyński gesagt: »Wir haben 1000 Jahre überdauert, drei Teilungen überstanden, wir waren sogar aus der Geographie verschwunden – was können uns da schon 35 Jahre Kommunismus anhaben.«

Um so mehr gewinnt die Wallfahrt der deutschen Bischöfe an Bedeutung, weil diese polnische Kirche ihre Kraft nicht nur aus dem Glauben, sondern auch aus dem Verhältnis zu ihren westlichen Nachbarn bezieht.

Die Rolle der Deutschen bei der Papstwahl, ihre Stimmenwerbung für Wojtyła, den Kardinal aus Krakau, im Jahre 1978 hatte einige Spannungen zwischen den Kirchenspitzen beider Länder abgebaut, denn das Einsetzen polnischer Bischöfe in die Diözesen der deutschen Ostgebiete war von den Deutschen als Absegnung der staatlichen Annexion empfunden worden. Die Eingliederung geflüchte-

Für ihn ging Maximilian Kolbe in den Tod:
der vierfache Familienvater Franciszek
Gajowniczek   *(Foto: Ruge)*

Das Kloster Niepokalanów: Pater Hieronymus zeigt Oliver die Kloster-Feuerwehr
(Foto: Ruge)

ter polnischer Priester wiederum – vor allem im Ruhrgebiet und im Raum Mannheim mit den großen polnischen Kolonien – wurde drüben als Verletzung kanonischen Rechts angesehen, zumal kein Freigabegesuch an den polnischen Episkopat vorausgegangen war.

Es mußte daher für die Polen wie eine Belohnung des Papstes erscheinen, als der Münchner Kardinal Ratzinger zum Präfekten der Kongregation für Glaubensfragen nach Rom berufen wurde, zum mächtigsten Mann nach dem Papst, in einem Amt, das besser bekannt ist unter der antiquierten Bezeichnung ›Inquisition‹.

Zumindest konnte diese Erhöhung eines Deutschen in Rom durch einen Polen so gedeutet werden, nun auch im Verhältnis zwischen diesen benachbarten Kirchen, einen weiteren Schritt aufeinanderzu zu tun. Symbolhaftes hat daher auch die Route der beiden Bischofsdelegationen: Sie folgen der Pilgerfahrt des Papstes nach Gnesen, Tschenstochau, Auschwitz.

Es ist sicher kein Zufall: Bei dieser Reise werden beide Kirchenfürsten in den polnischen Medien angegriffen. Höffner, weil er sich nicht eindeutig zur Oder-Neiße-Grenze äußern will, Glemp, weil er sich offensichtlich den Deutschen weiter annähert und sich somit nicht regimetreu verhält. Dagegen wird in den polnischen Medien fleißig zitiert, was der damalige Sekretär der Bischofskonferenz, Josef Hohmeyer, im Deutschlandfunk erklärt:»Für die Deutsche Bischofskonferenz existiert diese Grenze.«

In Zusammenhang damit wird bei der Pilgerfahrt nun an einen zurückliegenden Ausspruch der polnischen Kirchenführung erinnert, der in der Frage der deutschen Volksgruppen in Polen wie ein Entgegenkommen aussieht, der jetzt aber zugleich wie eine Kompensation für die Haltung der Deutschen in der Grenzfrage wirkt: »Es ist notwendig, unseren Landsleuten, die in Deutschland leben, sowie Euren Mitbrüdern, die auf polnischem Gebiet wohnen, zum Gottesdienst und zur Seelsorge zu verhelfen«, hatte Kardinal Wyszyński anläßlich eines Deutschland-Besuches gesagt.

Die beiden Delegationen treffen in bestem Einvernehmen in Tschenstochau ein – im Kloster am ›Klaren Berg‹, von dem die polnischen Katholiken behaupten, hier sei der geistliche und geistige Mittelpunkt Polens zu finden.

Prozession auf den Wällen der Klosteranlage
zu Ehren der Schwarzen Madonna

(Foto: Ruge)

In der Todeszelle von Maximilian Kolbe:
Josef Kardinal Höffner *(Foto: ZDF)*

In der Wallfahrts-Kirche heben Mönche in weißen Kutten ihre Trompeten. Sie stehen oben auf der Empore, verborgen hinter Balustraden. Auf ihre Fanfaren hin tun sich am Altar Türen auf, fällt langsam Licht aus Hunderten von Kerzen auf das in dunklen Farben hervortretende Bild der Jungfrau mit dem Kind. Die Menge atmet wie erlöst auf, sinkt in die Knie. Alte und junge Lippen formen Worte, Hände ringen sich, Fürbitten werden laut – so verharren die Gläubigen, übersprüht von Weihrauch und den Lichtreflexen, die vom Heiligsten der polnischen Nation ausgehen: dem Bildnis der ›Schwarzen Madonna von Tschenstochau‹.

Es ist 12 Uhr mittags im Kloster auf dem ›Klaren Berg‹. Wie vor 300 Jahren, als das Wunder geschah, während das Bild in einer Prozession auf den Wällen des Klosters mitgeführt wurde. In der Zeit der Schweden-Einfälle im Jahre 1655 erweist sich der Klosterberg als die letzte Bastion, die dem Feind Widerstand leistet. Eine kleine Schar von Pauliner-Mönchen, der Prior voran, verteidigt die Mauern wie das eigene Leben. Da trifft ein schwedischer Pfeil das Bild der Madonna mit dem Kind. Im selben Moment aber fällt der Schütze – wie vom Blitz getroffen – um und ist tot. So erzählt es die Sage. Die Schweden werden von Furcht und Panik ergriffen, sie flüchten. Das Kloster ist gerettet. Und das Wunder von Tschenstochau eilt wie ein Lauffeuer durchs Land, wird als Fingerzeig Gottes verstanden, nicht aufzugeben, sich noch einmal gegen den Feind zu erheben. Die Schweden ziehen ab.

Zum Dank für die Errettung legt der polnische König ein Gelübde ab: Er übergibt das Land der Obhut der Mutter Gottes von Tschenstochau, weiht Polen der ›Schwarzen Madonna‹, macht die Wundertätige zur ›Königin von Polen‹. Wieder einmal ist es die Kirche Polens, die in der allgemeinen staatlichen Auflösung einer fremden Übermacht standgehalten hat.

Die deutschen Bischöfe gestehen wehmütig, wie leer sich ihre Kirchen gegen das Gedränge ausnehmen, das ihnen auf dem Klosterberg begegnet oder auch anderswo. 90 Prozent der Polen sind katholisch, 70 Prozent davon praktizieren ihren Glauben. »Es müssen Kommunisten darunter sein«, schmunzelt ein Mönch auf unserem Rundgang, mit dem wir die Bischöfe begleiten. »Auch die Kommunisten bei uns haben sich im hintersten Winkel ihres Herzens einen Zipfel für den lieben Gott reserviert«, sagt er.»Von so manchem Heiligenbild, das hier seinen Segen bekommt, wird zu Hause Trost erwartet.

Und so mancher Gottesdienst wird heimlich besucht, etwa wenn sich der Herr Parteifunktionär angeblich zu dienstlichen Geschäften in den Nachbarort fahren läßt, wo ihn niemand kennt. In Wirklichkeit will er ungestört seine Beichte ablegen.«

Von den Wällen herunter sehen wir in einen Kloster-Hof hinein, in dem lange Menschenschlangen warten. Zur Hofmitte hin sind im Kreuzgang Beichtstühle eingelassen – offen, so daß jedermann den Blicken der anderen preisgegeben ist. Viele Jugendliche füllen die Reihen, einige haben den Kopf gesenkt, sind von Familienmitgliedern umgeben.»Sie kennen sicher das Alkohol-Problem in Polen«, sagt der Mönch zu uns.»Wir haben aber auch etliche Drogenabhängige, sie kommen hierher, um Vergebung und Heilung zu erbitten.«

Die Kirche weiß, daß es sich um ein verstecktes Problem handelt, denn über den Drogenmißbrauch schweigen sich die Medien aus – nach dem Prinzip ›was nicht sein darf, ist auch nicht‹. Und doch ist inoffiziell bekannt, daß Warschau einer der größten Umschlagsplätze im Drogenhandel ist. Von der Anziehungskraft der polnischen Metropole auf Reisende aus gewissen Mittelmeerländern kann sich jeder selbst ein Bild machen – in den Warschauer Hotels begegnet man auffällig vielen Orientalen. Gefragt ist aber nicht nur der Liebreiz polnischer Mädchen. Die günstigen, preiswerten Flugverbindungen der staatlichen Linie LOT lassen Warschau zum Drehkreuz zwischen Morgenland und Abendland werden ...

500000 Jugendliche in Polen sollen drogenabhängig sein. Für sie ist bisher nur ein einziges Drogenzentrum eingerichtet. Der Staatsführung wird zudem von vielen Ärzten der Vorwurf gemacht, sie beschränke sich auf die Entgiftung und kümmere sich nicht um die Re-Integrierung. Deshalb sind 14 Rehabilitationszentren durch Privatinitiative der Ärzte im Aufbau, denn die harten Fälle nehmen zu: 120000 Jugendliche sind dem Heroin mittlerweile unrettbar verfallen. Schuld daran ist vor allem der leichte Zugang zur Droge: Polen zählt zu den größten Mohn-Anbaugebieten Europas.

Öffentlich diskutiert dagegen wird das Alkoholproblem in Polen. Regierungssprecher Urban konnte sich nicht verkneifen, mit dem

Finger auf die Kirche und die ›Solidarität‹ zu weisen und ihnen unter die Nase zu reiben, daß trotz der ›Boykottaufrufe‹ der Kirche und trotz der Appelle von ›Solidarität‹ zum Schnapsverzicht der Konsum weiter gestiegen sei.

Der Alkoholmißbrauch gilt in Polen als das gravierendste soziale Problem. Jährlich habe die polnische Bevölkerung dafür rund 43,8 Milliarden Złoty ausgegeben (knapp 1,2 Milliarden Mark), konstatiert die polnische Presseagentur PAP im August 1984. Von 6,5 Millionen Schülern seien bereits rund 14000 durch Alkohol geschädigt, etwa 40 Prozent der Arbeiter fielen für die Produktion durch Alkohol-Folgen partiell aus, ihre Arbeitsleistung läge 70 Prozent unter den Normen. Jeder Pole trinke im statistischen Durchschnitt im Jahr 10 Liter Wodka, an die 28 Liter Bier und 6 Liter Wein. In Mengen reinen Alkohols umgerechnet sind das pro Jahr über 230 Millionen Liter, bei einer Gesamteinwohnerschaft von 36 Millionen Menschen.

In der Schule wurden wir schon während des Elternabends angesprochen: »Achten Sie auf Ihre Kinder, daß sie nicht dem Alkohol verfallen.« Um zu verhindern, daß es in den Pausen zu Alkohol- bzw. Drogen-Treffs kommt, hat die Modzelewski-Schule sich einen Pausen-Knüller einfallen lassen: statt des Klingelzeichens ertönen durchs Treppenhaus unüberhörbare Rhythmen der neuesten Hits aus der Musikszene. Sie überdröhnen selbst die Stimme des Lehrers im Klassenzimmer, so daß alle Schüler mit dem ersten Musik-Zeichen Bleistift und Radiergummi fallenlassen, um auf den Korridoren die neuesten Tanzschritte auszuprobieren.

Die Kirche hat in den Schulen keinen Einfluß auf die Jugendlichen; auch wenn in den Klassenzimmern die Kreuze hängen. Religionsunterricht findet in separaten kirchlichen Räumen außerhalb statt, wo auch von Priestern Noten verteilt werden, quasi bis zum ›Religions-Abitur‹.

Das Thema Alkoholmißbrauch hat seinen festen Platz im Stundenplan. Trotzdem weiß in Polen schon jedes Kind, was ›Bimber‹ ist: jenes Schnapsgebräu, das mit Hefe, Zucker und einem Destillations-Apparat zu Hause auf dem Küchentisch hergestellt werden kann. Jeder ›Bimber‹-Freund beteuert: »Ein absolut unschädliches Stärkungsmittel.« Aber es geht auch der Kalauer um: »Janek, trink schneller, draußen wird's schon dunkel!« – kleine Anspielung auf die getrübte Sehkraft – eine der Gefahren, die dem Genuß des Selbstgebrauten nachgesagt wird. Seit der Ausrufung des Kriegsrechts in Polen am 13. 12. 81 ist die Zahl der heimlichen Schnapsbrenner sprunghaft gestiegen. Trotz hoher Strafandrohung. Die Breslauer Zeitung *Słowo Polskie* berichtet:

Erste Erfolge im Kampf gegen Volksschädlinge. Während sich im Dezember 1980 nur 62 Schwarzbrenner vor Polens Gerichten zu verantworten hatten, wurden im Dezember 1981 bereits 522 solche Strafverfahren registriert. Und die Zahlen würden noch steigen. Neuerdings würden die Schnapsbrenner nicht mal mehr versteckt im Keller, in der Garage oder auf dem Dachboden laborieren, sondern ungeniert sogar in Staatsbetrieben während der Arbeitszeit. Jedermann könnte seinen Fusel destillieren, das käme auch noch der ganzen Belegschaft zugute. So hätten zum Beispiel die Eisenbahner des Breslauer Bahnhofs einen Wohnwaggon extra umfunktioniert zu einer Schnapsbrennerei. Hier und auch anderswo würden die Arbeitnehmer den Fusel der Marke ›Eigenbau‹ als völlig normale Angelegenheit betrachten. Mit der Hochkonjunktur steige freilich auch die Vergiftungsgefahr.

Das Blatt berichtet von Massenvergiftungen bei Hochzeiten und anderen Festgelagen. Selbst Todesopfer seien zu beklagen. Eine ›polnische Realität‹ sei es zudem, daß die fragwürdigsten alkoholischen Getränke auf dem Schwarzen Markt angeboten würden. Doch solange der Alkohol rationiert würde, könne sich wohl kaum etwas an der bedauerlichen Situation in Polen ändern, meint die Zeitung und fügt einen Witz ans Ende ihrer Alkohol-Betrachtungen, der in den polnischen Stuben schnell die Runde machte:

Kommt ein Tourist in einen kleinen Ort und fragt einen Einheimischen: ›Wo kann man hier im Ort Alkohol kaufen?‹ Der Gefragte zeigt auf die Kirche. ›Was? In der Kirche?‹ fragt entsetzt der Tourist. ›Nein, nein‹, sagt der andere. ›Die Kirche ist das einzige Gebäude, wo Sie keinen hochprozentigen Alkohol finden.‹

Die Pilgerfahrt der beiden Bischofsdelegationen ist noch nicht in Auschwitz angelangt, da ereignet sich ein Zwischenfall, dessen Bedeutung sich für die Deutschen erst allmählich abzeichnet. Primas Glemp reist plötzlich ab. Ein dringender Telefonanruf aus Warschau, heißt es. Er verläßt Tschenstochau; als neuer Reiseleiter stellt sich der Erzbischof von Krakau, Macharski, vor. An der gemeinsamen Zielsetzung – von der Todeszelle Maximilian Kolbes aus eine Petition an den Papst zu richten – ändere sich nichts, bekundet die polnische Delegation. Sie versichert der deutschen Seite noch einmal,»daß die Beziehungen unserer beiden Episkopate, die wir nach dem schmerzlichen Krieg am Ende des Zweiten Vatikanischen Konzils bewußt mit dem denkwürdigen Briefwechsel aufgenommen haben, weitergeführt und vertieft werden«.

Aber: Glemp ist abgereist. Wieder setzt damit ein polnischer Primas ein Zeichen – wie 1965. Damals, als der historisch zu nennende Brief geschrieben wurde, der die berühmten Worte an die deutschen Katholiken enthielt:»Wir vergeben, und wir bitten um Vergebung«, war der Episkopat Polens der offiziellen Politik Warschaus um fünf Jahre voraus.

»Das Handausstrecken der polnischen Bischöfe ihren deutschen Amtsbrüdern entgegen ist vielleicht die mutigste und weitblickendste Tat der polnischen Nachkriegsgeschichte« – eine Einschätzung, die viele polnische Intellektuelle heute vertreten. Und doch sei daran erinnert, daß die ersten bahnbrechenden Kontakte hin zu einer Normalisierung von der Evangelischen Kirche Deutschlands ausgingen. Für viele Deutsche kam die Ost-Denkschrift der EKD überraschend, vor allem, weil sie ohne Not oder Druck von außen abgegeben worden war. Auch sie eilte ihrer Zeit voraus, weil sie sich als erste zum Gewaltverzicht gegenüber dem heutigen Grenzverlauf bekannte. Sie löste Proteste aus – nicht nur bei vielen Vertriebenen, auch in evangelischen Kreisen. Denn die Schrift erklärte zugleich die Wiedereingliederung der Ostgebiete zur Utopie der ewig Gestrigen. Nach Meinung der EKD war in der Folge des Zweiten Weltkriegs über die Deutschen ein Gottesgericht gekommen. Damit hätte sich jeder Christ abzufinden. Damit sei jede Legitimation verwirkt, für nationale Lebensinteressen einzutreten, auf nationale Rechte zu pochen, oder gar völkerrechtliche Vorbehalte anzubringen.

Warum das vermeintliche Gottesurteil jedoch die Schlesier, Ostpreußen und Pommern härter bestrafte als die Friesen, die Hessen und die Bayern, wurde in der Denkschrift allerdings theologisch nicht begründet.

Nachdem 1970 auch offiziell die Normalisierung zwischen Warschau und Bonn eingeleitet worden war, hatte auf kirchlicher Ebene ein ständig wachsender Reiseverkehr die Beziehungen reifen lassen – sehr zum Verdruß der politischen Führung Polens, die ihrer Deutschland-Politik noch heute einen eher langfristigen Drei-Stufen-Plan zugrundelegt: Annäherung – Verständigung – Aussöhnung. Das Tempo des Aufeinanderzugehens will das Politbüro des ZK der polnischen Kommunisten dabei genau bestimmen, wie die Schritte, die getan werden dürfen. »Die Deutschen sollen möglichst lange bluten, und je länger wir sie davon abhalten, sich mit uns aussöhnen zu dürfen, um so bereiter werden sie sein, die moralische Schuld zu tragen und zu begleichen.« Das ist nicht die vereinzelte Meinung eines ZK-Mitgliedes, das ist die offizielle Tendenz in Polen, die die Beziehungen zwischen Warschau und Bonn heute so einschätzt, »daß bisher auf verschiedenen Ebenen gerademal der Anfang einer Verständigung erreicht ist«.

In Parteikreisen denkt man nur ungern an einen Vorfall beim Warschau-Besuch Willy Brandts im Jahre 1970. Als der damalige deutsche Bundeskanzler am Ghetto-Denkmal der von den Nazis ermordeten Juden niederkniete, konnte niemand mehr auf kommunistischer Seite der deutschen Bundesregierung den Willen und die Bereitschaft zur Annäherung und Aussöhnung absprechen. Aber der Kniefall, der sofort von polnischer Seite als Eingeständnis der moralischen Schuld aller Deutschen gewertet wurde, erregte dennoch den Unwillen vieler Polen. »Er hat vor dem falschen Denkmal gekniet, er hat vor den Juden klein beigegeben«, hieß es. »Warum geschah dieser Kniefall nicht vor der eigentlichen Gedenkstätte des polnischen Widerstandes – vor der Warschauer ›Nike‹?« Beide Warschauer Aufstände gegen die Deutschen zeugen bis heute von der Vernichtungsstrategie der Nationalsozialisten, die sich vom Augenblick des Einmarsches in Polen am 1. September

1939 vornehmlich gegen die jüdische Bevölkerung richtete – bis zu dem Befehl Hitlers, Warschau dem Erdboden gleichzumachen. Beim Ghetto-Aufstand vom 19. April bis zum 16. Mai 1943 wurden Zehntausende von Juden getötet. Der Warschauer Aufstand, ein Jahr später, endet im Oktober 1944 nach über zweimonatigem Widerstand: 160000 Zivilisten und fast 20000 Soldaten fallen bei den harten Kämpfen in den Straßen von Warschau. Auf sich gestellt waren diese Polen zum Endkampf angetreten – gegen alle Vernunft. Was sie zu den Fahnen der bisher im Untergrund tätigen polnischen ›Heimat-Armee‹ eilen ließ, war die Hoffnung, die polnische Hauptstadt mit eigenen Kräften zu befreien – vor dem Einmarsch der Roten Armee. Dieser Befreiungsschlag schien vor allem den national denkenden Polen eine zwingende Notwendigkeit, nachdem Berichte einer internationalen Untersuchungskommission bekannt geworden waren, wonach im Wald von Katyn (unweit Smolensk) im April 1943 mehr als 4000 erschossene polnische Offiziere entdeckt wurden. Ihr Tod mußte den Russen angelastet werden.

Der Kapitulation der polnischen Heimat-Armee, der ›Armia Krajowa‹, sehen die Sowjets vom östlichen Weichselufer aus tatenlos zu. In dieser Wartestellung verbleiben sie bis zum 17. Januar 1945, bis deutsche Sprengkommandos den westlichen Stadtteil zu 90 Prozent in die Luft gejagt haben, bis Warschau dem Erdboden gleich scheint. Dann erst befreien sie die polnische Hauptstadt.

Bór-Komorowski, der Führer der Heimatarmee, hatte den Untergang vorausgeahnt: »Einerseits sind die Sowjets unsere Waffenbrüder im Kampf gegen die Deutschen, andererseits aber gefährliche Eroberer, die unsere Unabhängigkeit bedrohen ... politisch müssen wir den Sowjets Widerstand leisten, indem wir ihnen die Autonomie unseres polnischen Lebens in allen Formen demonstrieren.«

Daß diese Furcht vor dem Machthunger des ›Großen Bruders‹ im Osten auch heute noch in der Bevölkerung gegenwärtig ist, läßt sich an der sogenannten Mund-zu-Mund-Propaganda ablesen, mit der polnische Witze kursieren: Breschnew ruft Jaruzelski über den ›heißen Draht‹ an und sagt:»Genosse, ich habe heute nacht einen schönen Traum gehabt. Bei euch in Warschau, quer über den Kulturpalast – das großzügige Geschenk der Sowjetunion – las ich in Leuchtbuchstaben folgenden Spruch: Warschau, Polen – Hauptstadt der 17. sowjetischen Volksrepublik!« Jaruzelski ärgert sich, nimmt sich vor, in der nächsten Nacht auf seinen Traum zu achten. Am anderen Tag telefoniert der polnische General und Parteichef mit Moskau. »Du, Genosse«, sagt er zu Breschnew: »Auch ich hatte einen Traum. Ich sah auf allen euren Kulturpalästen Leuchtschriften querlaufen.« Breschnew, neugierig, gespannt, fragt zurück: »Na und, was stand drauf?« Jaruzelski dehnt die Pause, läßt Breschnew zappeln, ehe er genüßlich Antwort gibt: »Das ist es ja eben – ich konnte es nicht lesen, war alles in chinesischen Schriftzeichen.«

Der Warschauer Aufstand wirkt nicht nur im Bewußtsein des Volkes nach. Er beeinflußt auch die Denkart der politischen Führung: Für die Kommunisten verblutet im Herbst 1944 die bürgerliche Klasse. An ihre Stelle tritt von dieser historischen Stunde an die volksdemokratische Revolution. Das denkwürdige Datum – heute polnischer Nationalfeiertag – liegt nur Tage vor dem Beginn des Aufstandes. Am 22. Juli 1944 wird von polnischen Kommunisten in Lublin das ›Komitee der Nationalen Befreiung‹ gegründet; eine zahlenmäßig schwache Gruppe macht sich anheischig, für die fortschrittlichen Kräfte eines neuen Polen zu sprechen. Möglicherweise löst diese Lubliner Aktion sogar den Warschauer Aufstand aus. Die Erhebung jedenfalls der schlecht ausgerüsteten ›Heimat-Armee‹ gleicht in ihrem Wagemut einer Verzweiflungstat, vom Versuch bestimmt, die Handlungsfähigkeit in einem befreiten Polen ohne die Sowjets zurückzugewinnen. Das letzte Aufgebot der Bürgerlichen scheitert zweifach: sie fallen der militärischen Übermacht der Deutschen zum Opfer, von den Russen werden sie aus politischen Gründen abgeschrieben. Bór-Komorowski hatte sich bis zuletzt geweigert, die Annexion polnischer Gebiete im Osten durch die Sowjets, die 1939 im Einverständnis zwischen Hitler und Stalin zustande gekommen war, nachträglich anzuerkennen. Zu diesem Gebietsverzicht waren die Lubliner sofort bereit. Liegt der Gedanke so fern, zu fragen, was hätten sie ausrichten wollen, wäre der im Stich gelassenen polnischen ›Heimat-Armee‹ die nationale Erhebung geglückt?

Die Geschichte hätte einen anderen Verlauf nehmen können: es wäre dennoch kaum denkbar, daß sich eine der Sowjetunion gewogene, demokratische Regierung gebildet hätte. Vorstellbar ist eher, daß sich eine chauvinistische, antisowjetische Demokratie entwikkelt haben würde – zur Alternative, unter einem von Russen kontrollierten Regime zu leben. Daß diese Wahl erst gar nicht möglich wurde, dafür meinen viele Polen heute, dem Westen die Schuld geben zu müssen. Fest steht, daß die Hilfe für den Warschauer Aufstand fast gänzlich ausblieb.

Von den Russen erhält das Lubliner-Komitee die Unterstützung der heranrückenden Roten Armee. Das nicht-kommunistische Lager jedoch zu säubern, den bürgerlichen Klassenfeind in den polnischen Reihen zu dezimieren, wird anderen überlassen. Dieses blutige Geschäft besorgen die ›Hitlerowski‹.

Es ist das Schicksal der Deutschen, dazu beigetragen zu haben, daß auf den Trümmern Warschaus, im Moment der bürgerlichen Niederlage, die ›Volksrepublik Polen‹ errichtet werden konnte. Aus diesen Zusammenhängen ergibt sich der eigentliche Schlüssel für die Vertreibung von Millionen Deutschen. Das Lubliner ›Ja‹ zur Gebietsabtretung im Osten an die UdSSR kann von keiner kommunistisch orientierten polnischen Regierung rückgängig gemacht werden. Auch wenn ›national‹ gesinnte Polen diese Forderung immer wieder – wenn auch vorerst nur versteckt erheben.

Der Kniefall des ehemaligen deutschen Bundeskanzlers Willy Brandt in Warschau macht es der polnischen Führung leicht, darin auch ein Schuld-Bekenntnis für polnische territoriale Verluste im Osten zu erkennen. Weil nämlich so getan werden kann, als ob beim Hitler-Stalin-Pakt die Initiative allein von deutscher Seite ausging, was im nachhinein die sowjetische Inbesitznahme rechtfertigen würde. Die Geste Brandts erweist sich in der Folge auch als höchst lukrativ, denn es ist die deutsche Nachkriegs-Politik, die sich aufmacht, im Osten um Entspannung nachzusuchen, so wie es die SPD auch heute formuliert: sie wolle in Warschau um bessere Beziehungen werben. Seit dem Kniefall darf es etwas kosten, den Deutschen Normalisierung zu gewähren.

Kirchliche Alleingänge sind allerdings unerwünscht. Joseph Kardinal Höffner findet daher kein Echo, als er bei einem früheren Besuch in den deutschen Ostgebieten am Grab der Heiligen Hedwig betet.

Das Borromäerinnen-Kloster in Trebnitz bei Breslau hütet das Andenken der Schutzpatronin Schlesiens, die als junges Mädchen aus bayerischem Adel einen Piasten-Herzog heiratete und zur Landesmutter wurde. Hedwig, die Andechserin, bestärkt Heinrich I., den Bärtigen, mehr deutsche Siedler ins Land zu holen. Innerhalb der nächsten zwei Jahrhunderte hält der Strom deutscher Edelleute, Handwerker, Bauern und Bergleute nach Schlesien an. Über 60 Städte und 1500 Dörfer entstehen in diesen Jahren. Diese Siedlungspolitik hatte Hedwigs Schwiegervater, Bolesław, begonnen, ein Vetter Friedrich Barbarossas. Beide hatten dieselbe Großmutter: Agnes, Tochter Kaiser Heinrichs IV. Bolesław war vertrieben worden. Der Kaiser verhilft Bolesław 1163 dazu, nach Schlesien zurückzukehren, und Bolesław leistet dem Kaiser den Lehnseid. Mit den Siedlern gewinnt das Herzogtum an der Oder eine wirtschaftliche und militärische Stellung, die Heinrich I. von Schlesien in die Lage versetzt, das Herzogtum Krakau dazuzugewinnen. Von 1228 an führt er zusätzlich den Titel eines ›Herzog von Polen‹.

Die guten Taten der Hedwig, die das erste Hospital in Schlesien stiftete, die sich der Witwen und Waisen annahm und den in Not geratenen Untertanen die Abgaben ermäßigte – somit zur ›Mutter der Armen‹ wurde –, führten 1267 dazu, daß Hedwig heilig gesprochen wurde. Eine Heilige bis heute auch für die Polen, die sie als ›Heilige Jadwiga‹ verehren.

»Sie, die alle gleich behandelte, die keinen Unterschied zwischen polnischen Bauern und deutschen Siedlern machte, da sie alle miteinander bemüht waren, im christlichen Geist ein Gemeinwesen aufzubauen, in dem sie friedlich zusammenleben wollten, gilt als Vorbild der Aussöhnung«, sagt Kardinal Höffner an ihrem Grab in Trebnitz. Er betet darum, »daß wir alle Ungerechtigkeiten, alle Mißverständnisse und Vorurteile zwischen unseren Völkern im Geiste Jesu Christi überwinden und alle Kraft dazu verwenden, ein neues Europa zu schaffen«.

Doch seine Botschaft kommt nicht an – weder im Westen noch im Osten. Die polnische Presse schweigt dazu, unterdrückt jede Nachricht zu dieser Aussage. In den deutschen Medien aber verstand kaum jemand, was Höffner wirklich sagen wollte: »Es ist Zeit, daß es zwischen Polen und Deutschen zur Aussöhnung kommt.« Über dem Tor von Auschwitz steht immer noch: ›Arbeit macht frei‹. Beide Bischofsdelegationen betreten gemeinsam das ehemalige Konzentrationslager. Diesmal soll es nicht wie in Trebnitz ein Alleingang der Deutschen werden. Gemeinsam soll der Akt vollzogen werden, zu dem die Bischöfe aus Köln und Mainz, aus Warschau und Krakau angereist sind: Hier im Anblick der Todesmauer von Block 11, den unterirdischen Zellen, den Gasöfen, wollen Polen und Deutsche des Opfers von Maximilian Kolbe gedenken, einander vergeben und füreinander bitten. Als Zeichen der vollzogenen Aussöhnung soll der gemeinsame Brief an den Papst unterschrieben werden.

Glemp aber, der Unterschriftspartner – er fehlt in Auschwitz. Ob der Telefonanruf aus Warschau – der ihn vorzeitig abreisen ließ, vom Politbüro kam?

Als die Schrift an den Papst entrollt wird, ist die Überraschung perfekt: die Unterschrift des Primas steht bereits auf dem Papier. Den deutschen Bischöfen aber wird von ihren polnischen Brüdern verlegen versichert: Glemp habe sich nicht nach Warschau begeben; er sei vielmehr nach Gnesen gefahren, um eine dringende Priesterweihe zu vollziehen.

Bedenklich hätte die Deutschen schon die Szene auf dem Warschauer Flugplatz stimmen müssen. Was sagte Polens Primas, als er die deutschen Bischöfe zu ihrer Wallfahrt begrüßte? Hatte er da nicht auch die Grußformel angefügt, die eigentlich nur innerhalb des polnischen Episkopats ausgetauscht wird: semper fidelis – immer getreu. Was meinte Glemp wirklich, wem diese Treue zu halten ist: Gott, der katholischen Kirche – oder der polnischen Nation?

9
Nikolaiken
Mikołajki

Die masurische Seenplatte
(Foto: Ruge)

Es ist wie bei einem Staatsbesuch. Vorneweg braust eine Motor-radstaffel heran. Sie macht die Straße frei, denn Tausende sind gekommen, um den hohen Gast zu begrüßen. Die Häuser sind mit Fähnchen geschmückt, Girlanden spannen sich von Straßenseite zu Straßenseite. Ein Blumenteppich ist ausgebreitet: Das ist der triumphale Empfang für die heimliche ›Königin von Polen‹. Seit über 10 Jahren reist die ›Schwarze Madonna von Tschenstochau‹ durch Polen. Auf einem Lieferwagen. Jedes Wochenende wird ihr in einer anderen Gemeinde ein wundersames Willkommen bereitet. Vor dem heiligen Bild gehen am Wegrand die Gläubigen in die Knie. Wenn auch nur eine Kopie der Schwarzen Madonna vorgezeigt wird, die auf Pilger-Wanderschaft ist – die Menschen sind ergriffen. Als ob es einen Staatsgast zu ehren gilt, wehen Fahnen in den polnischen Farben rot-weiß, gleich daneben die Kirchenfahnen gelb-weiß. Das sieht nach Harmonie aus: Staatliches und Kirchliches im Einklang – doch die Eintracht täuscht. Der Zug der ›Schwarzen Madonna‹ durch die Ortschaften ist eine kirchliche Demonstration. Mehr als 300 Jahre nach dem Sieg über die Schweden am ›Klaren Berg‹, nach dem Gelübde von Tschenstochau, ruft der polnische Episkopat die Gläubigen dazu auf, im Kampf gegen den Kommunismus sich Maria, der Königin Polens, erneut hinzugeben. Nicht alle können den Weg nach Tschenstochau machen, deshalb kommt die Madonna zu ihnen auf ihrer langen Reise durchs Land. Jeder soll die Möglichkeit haben, sein Gelübde vor ihrem Bildnis abzulegen. So hat es die katholische Kirchenführung beschlossen.

Der Konvoi stoppt. Die kommunale staatliche Feuerwehr ist angetreten, wartet in strammer Reihe. Kommandos fliegen hin und her, Helfer springen auf den Lieferwagen, zu viele Hände wollen zugreifen, einen Augenblick schwankt das Holzgestell, auf dem die ›Schwarze Madonna‹ montiert ist, dann ruht das Bildnis sicher auf den Schultern der Uniformierten.

Das Volk schart sich um den Priester an der Spitze. Der hebt das

Megaphon, stimmt das erste Kirchenlied an, die Prozession beginnt. Diesem Zug wagt sich kein kommunistischer Machthaber entgegenzustellen. Sogar den Ordnungsdienst auf der Straße überläßt sie in diesen Momenten religiöser Andacht der Kirche. Männer mit gelben Armbinden regeln die Aufstellung der Massen, sperren Zufahrten, weisen die Umleitungen an.

Auch wir nehmen die Kopfbedeckungen ab, als wir in die Gesichter sehen, die von Ergriffenheit geprägt sind.

Was die Menschen hier in diesem Augenblick zu einer Einheit verschmilzt, was sie gestärkt den nächsten Tag erwarten läßt, sind Glaube, Hoffnung, Zuversicht. Und mancher legt auf der Stelle, von Faszination ergriffen, das Gelübde ab:»Königin von Polen, wir wählen Dich zu unserer Beschützerin.«

Für den außenstehenden Beobachter dieses tief religiösen Schauspiels ist es immer wieder ein Phänomen, mit welcher Inbrunst, die fast schon an Fanatismus grenzt, die Polen sich ihrem katholischen Glauben hingeben. So wie sie die ›himmlische Mutter‹ mit einem Kult umgeben, pflegen sie auch das Andenken ihrer eigenen Toten.

Allerheiligen ist ein beeindruckendes Erlebnis in Polen, besonders in Warschau: die ganze Hauptstadt verwandelt sich in eine einzige große Prozession. Kolonnen von Autobussen, extra eingesetzt, befördern die Menschen zum Friedhof. Wie die Ameisen mit ihren Larven schleppen die Leute Blumenstöcke, Eimer, Schaufeln. Verkehrspolizei regelt den Verkehr schon weit vor den Orten der Besinnung. Im Dämmerlicht setzen sich die Kerzen auf den Gräbern zu einem riesigen Lichtermeer zusammen. Pfadfinder halten die Ehrenwache vor den Gräbern der ›Großen‹.

Kaum in einem anderen Land wird man einen solchen Kult, so viel Andacht antreffen. Aber auch kaum so viel Aberglauben, der anscheinend eng damit verbunden ist. Vielleicht hängt es damit zusammen, daß die Polen sich wie kaum ein anderes Land in ihrer bewegten Geschichte ständig von Not oder Gefahr bedroht sahen, so daß sie im Laufe der Zeiten eine Sensibilität für die geringsten Anzeichen von Veränderung entwickelten und diesen, den Vorboten des Unheils oder auch des Glücks, Symbolzeichen gaben; die schwarze Katze von rechts ist eines von tausend Beispielen dafür.

Niemals habe ich Leute so oft sich bekreuzigen sehen, wenn ein
›Vorbote des Unheils‹ ihren Weg kreuzte.

Die polnische Masseuse, bei der ich meine Wirbelsäule zurechtrük-
ken lassen mußte, ist der lebendige Beweis. Immer wenn sie meinen
Rücken massierte, erfuhr ich eine neue Geschichte, so daß mir
zusätzliche Schauer über den Rücken jagten. Eines Tages kommt
sie ganz in Schwarz an. »Was ist los?« frage ich bestürzt. »Meine
Schwester ist gestorben«, sagt sie traurig. Eine Weile schweigen wir
beide betrübt. »Glauben Sie, daß eine Seele auch nach dem Tod
noch zu Hilfe kommen kann?« Ich will ihre Gefühle nicht verletzen
und sage: »Kann sein.«
Darauf fängt sie an zu erzählen. Von der Verstorbenen und deren
Sohn, der seine Mutter abgöttisch verehrt hatte. »Als sie krank
wurde, holte Marek seine Mutter zu sich. Er arbeitet in Wien. Er
brachte sie ins Krankenhaus und ließ sie siebenmal operieren. Als
alles nichts half, flog er mit ihr auf die Philippinen, wo ein Wunder-
doktor angeblich ›ohne Narben‹, also mit magischer Kraft heilt.
Dieser behauptet sogar, den Papst nach dem Attentat geheilt zu
haben, indem er seine Hand auf ein Bild von ihm gelegt und seine
heilende Ausstrahlung über Tausende von Kilometern hinweg an
ihn geschickt habe. An seine Patienten verteilt er Bilder mit dem
Autogramm des Papstes. Auch meiner Schwester gab er eines,
betete mit ihr auf den Knien vor dem Bild des Papstes und sagte:
»Er gibt dir Kraft.« Sie bricht in Tränen aus. Da sie bei ihrer
Erzählung immer nur eine Stelle meines Körpers knetet, drehe ich
mich um. »Aber es half alles nichts«, fährt sie fort.
Das Kneten hört auf. Dann sagt sie: »Es ging mit meiner Schwester
zuende, und noch bevor der Sarg in die Gruft gelassen wurde,
legten wir Angehörigen das Papstbild hinein mit einem Brief an die
Tote, den die ganze Familie unterschrieben hatte: ›Gib uns ein
Zeichen‹, stand darin.«
Während meine Haut unter ihren Händen gerinnt, erzählt sie
weiter: »Das Zeichen kam vier Wochen nach der Beerdigung.
Marek hatte einen Traum. Der Papst erscheint vor ihm, und Marek
überhäuft ihn mit Vorwürfen: warum hast du nicht geholfen?
Darauf der Papst: Bleib ganz ruhig, ich weiß über alles Bescheid.«
Bald danach kommt eine weitere himmlische Botschaft, die die

inbrünstig betende Familie der Toten im Jenseits zuschreibt: Marek ist in Eile, will mit dem Auto weg. Das Türschloß klemmt, er stellt seine Tasche aufs Autodach, mit zwei Händen geht's besser. In der Tasche sind viel Geld, Dokumente, der Paß. Marek fährt los, die Tasche fliegt in den Rinnstein. Er merkt es erst beim Nachhausekommen. Mutlos geht er zur Polizei. Niemals, so meint er, wird es einen ehrlichen Finder geben, der das viele Geld zurückbringt. Er irrt. Der Kommissar händigt ihm nach genauer Beschreibung die Tasche aus – nicht ein Złoty fehlt! Zwei alte Damen hatten die Tasche aus dem Rinnstein gefischt und unverzüglich zur Miliz gebracht. Marek, überglücklich, kauft einen dicken Blumenstrauß. Doch die zwei Damen wehren entrüstet Dank und Lohn ab:»Das war doch unsere Pflicht.« Marek ist verblüfft. Mit ihm die ganze Familie.»Die zwei Alten hat dir der Himmel geschickt – es war deine Mutter, sie beschützt dich auch von oben«, ist die einhellige Meinung der Familie. Und alle, die den Brief für den Sarg unterzeichnet haben, sind fest davon überzeugt, daß dies nicht das letzte Zeichen war.

Es stimmt. Wieder träumt Marek. Diesmal von der verstorbenen Mutter.»Paß auf den kleinen Witek auf«, sagt die Mutter, sie meint den zweieinhalbjährigen Enkel.»Ihm droht Unheil.« Tatsächlich liegt der Kleine gerade mit Grippe im Bett. Die ganze Familie ist überbesorgt bei der Pflege des Kindes. Länger als bei der Grippe nötig, muß der Kleine Bett und Haus hüten. Doch das Unheil lauert ganz woanders. Auf dem Lande ernten die Bauern gerade Äpfel. Die Preise sind günstig. Auch Marek macht sich auf den Weg. Auf der Rückfahrt passiert es: ein entgegenkommendes Fahrzeug gerät ins Schleudern, prallt auf Mareks Wagen, bohrt sich in die Breitseite. Dort wo die Äpfel auf dem Sitz gestanden hatten, ist nur noch Apfelmus.»Wenn wir Witek vorzeitig aus dem Haus gelassen hätten, würde er auf dem Platz der Äpfel gesessen haben – er wäre tot«, folgert meine Masseuse. Bis heute ist die Familie der festen Überzeugung, daß die Großmutter aus dem Jenseits Hilfe geschickt hat. Ihre Seele beschützt die Familie – so wie die ›Schwarze Madonna‹ das polnische Volk.

Das Vertrauen in die Kraft der Schwarzen Madonna ist – besonders nach dem Segen des polnischen Papstes – so erstarkt, daß im Schutze ihres weiten Mantels nicht nur Geborgenheit wächst, sondern zuweilen auch der Mut zum Unrecht.

»Gott wird es gefallen, wenn um Maria zu ehren, auch ein Frevel nötig ist«, solche Sätze wirken vor allem auf schlichte Gemüter, bei denen sie eine Kühnheit besonderer Art freisetzen: Übergriffe der polnischen Katholiken auf evangelische Christen – mit Verfolgungen bis hin zu Kirchenbesetzungen. Es begann in Masuren, und es dauert an bis heute. Handstreichartig wurden evangelische Gotteshäuser mit Beschlag belegt, mit Wissen der Priester, unter stiller Duldung des Primas und in heimlicher Ausnutzung des allgemeinen Durcheinanders, als Polen von Krisen geschüttelt wurde und die Gesellschaft im Aufbruch war, ausschließlich mit sich selbst beschäftigt. Da handelten einige Katholiken.

In Puppen – dem heutigen Spychowo – geschieht es an einem Sonntagmorgen im April: in der großen Backsteinkirche hat sich die kleine evangelische Gemeinde in den Bänken zum Gottesdienst zusammengefunden. Andächtig lauschen die Protestanten den Worten ihres Pastors, dann singen sie mit fester Stimme gemeinsam die alten evangelischen Kirchenlieder. Die meisten haben ihre deutschen Liederbücher mitgebracht, suchen schon nach dem nächsten Choral, dessen Nummer vorn auf der Tafel vermerkt ist.

Plötzlich ein ohrenbetäubender Krach. Fäuste pochen gegen die schwere Kirchentür, stemmen sie auf, Bewohner aus dem Ort und der Umgebung versuchen, in den Mittelgang der evangelischen Kirche zu gelangen. Verschreckt fahren die protestantischen Gottesdienstbesucher von den Bänken hoch, stürzen sich den Eindringlingen entgegen, wollen sie aufhalten, zurückdrängen, die Tür verriegeln. Doch zu spät – der Eingang ist bereits blockiert. Dutzende von Katholiken haben sich davor versammelt. Angeführt wird der Zug von dem katholischen Pfarrer der Gemeinde. Drohend schieben sich die ungebetenen Gäste weiter vor, stoßen den evangelischen Pastor beiseite, bahnen ihrem Pfarrer eine Gasse; er trägt ein Bildnis der Schwarzen Madonna hoch vor sich her, auch den Weihwasser-Kessel. Jemand hat Hammer und Nagel mitgebracht. Schon hängt der Kessel, während die Katholiken sich im Triumphzug auf den Altar zubewegen.

Vor diesem Ansturm kapitulieren die Protestanten in Puppen. Ein Kampf ist sinnlos, die evangelische Gemeinde ist hoffnungslos in der Minderheit. Der evangelische Pastor ruft seinen Kirchgängern etwas zu, die Worte gehen im Tumult unter. Seitlich retten sie sich durch die Neben-Ausgänge. Die Evangelischen stehen im Freien – drinnen aber nimmt die Schwarze Madonna Platz auf dem Altar, und sie denkt nicht daran, je wieder zu weichen.

Es ist nicht die erste Kirchenbesetzung in masurischen Gemeinden, Übergriffe von Katholiken ereigneten sich auch in Baranowo/ Hoverbeck zwischen Nikolaiken und Sensburg, in Nowy Dwór/ Neuhof zwischen Ortelsburg und Neidenburg, in Targowo/Theerwisch an der Straße von Bischofsburg nach Ortelsburg, in Okartowo/Eckersberg zwischen Nikolaiken und Arys.

Überall in diesen Gemeinden gingen die Katholiken ähnlich brutal vor wie in Puppen. In Gawrzyjałki/Wilhelmsthal überrumpelten sie den Kirchendiener, verlangten die Schlüssel zur Kirche, und als der alte Mann seine Kirche redlich und tapfer verteidigte, griffen die Eindringlinge zum Brecheisen, hoben die Tür gewaltsam aus den Angeln, brachten sie zum Schlosser und ließen das Schloß auswechseln. Von da an war die Tür für die evangelischen Kirchenbesucher versperrt. Katholiken besetzten auch hier mit ihrer Übermacht das Gotteshaus – ein rechtmäßiges Eigentum der Protestanten.

In Nowy Dwór/Neuhof fackelten die katholischen Dorfbewohner nicht lange. Als die Protestanten sich weigerten, ihr Gotteshaus aufzugeben, stand die Kirche über Nacht in Flammen. Der Zündler wurde nie ermittelt.

Das Faktum der Kirchenbesetzungen in Masuren bestreitet auf katholischer Seite niemand. In der apostolischen Nuntiatur von Warschau bedauert man die Vorfälle, weist aber zugleich darauf hin, daß es im Grunde ein örtliches Problem sei und somit Angelegenheit des katholischen Pfarrers, der seine Gemeinde von der Unrechtmäßigkeit der gewaltsamen Kirchenübernahmen zu überzeugen habe. Leichter gesagt als getan, zu viele Emotionen sind im Spiel. Die Katholiken, die heute in die evangelischen Kirchen von Masuren drängen, fühlen sich in Übereinstimmung mit den ihnen

gegebenen staatlichen Versprechungen: Hunderttausende hatte
man nach dem Krieg aus dem Osten in die von Deutschen entleer-
ten Gebiete gelockt mit der Zusage:»Wir geben euch Land, Häuser
und Kirchen!«

Auf der einen Seite handeln hier also Menschen, die sich seit über
40 Jahren um ein Versprechen betrogen fühlen und die es leid sind,
in Baracken zum Gottesdienst zu gehen oder Entfernungen über 10
Kilometer zur nächsten katholischen Kirche zu überwinden. Auf
der anderen Seite gibt es zu viele Kirchen für eine protestantische
Minderheit oder bereits leerstehende Kirchen, die verfallen. Die
Zahl der Protestanten schrumpfte in den deutschen Ostgebieten
nach dem Krieg durch Flucht und Vertreibung drastisch, aber sie
ging auch auf dem alten polnischen Territorium zurück. Im
Lutherjahr sind es noch knapp 80000, die sich zwischen Neiße und
Bug zu ihrem Glauben bekennen, die meisten sind ortsansässige
Deutsche. Man muß diese Zahl den rund 33 Millionen polnischer
Katholiken gegenüberstellen, um einigermaßen eine Vorstellung
von dem Kräfteverhältnis der Konfessionen zu bekommen.

Die Protestanten bilden nur im Teschener Land, im Grenzgebiet
von Schlesien zur CSSR, eine starke Gruppe; dort leben rund 38000
Lutheraner auf einem Fleck. Die Bevölkerung ist zu 50 Prozent
evangelisch. In Oberschlesien sind rund 18000 Lutheraner zu finden. Die restlichen 24000 Evangelischen bilden eine ausgesprochene Diaspora, sie leben über sämtliche Wojewodschaften ver-
streut, manchmal zählt eine Gemeinde nicht mehr als 10 bis 50
evangelische Seelen. Eines ihrer größten Probleme ist die Erhaltung der zu großen Kirchen. Viele Gotteshäuser wären ohne die
Hilfen des Lutherischen Weltbundes, der Bundesrepublik oder
Schweden längst dem Untergang geweiht.

Die landläufige Meinung äußert sich heute noch so:»Die Evangelischen – das waren immer die Deutschen. Ein ›rechter Pole‹ ist
katholisch – wer anders glaubt, muß sich die Folgen selbst zuschreiben.«

Vor 1939, auf dem damaligen polnischen Territorium, gab es rund
eine Million Protestanten. Zugewanderte Ausländer, was sie auch
dann blieben, als sie in Polen seßhaft wurden – weil sie den anderen
Glauben hatten. Sie kamen in mehreren Siedlungsströmen ins

Land. Gerufen, um aufzubauen und nicht, um andere zu verdrängen. Der größte Zustrom an Lutheranern dürfte um die Wende des 18. zum 19. Jahrhundert eingesetzt haben, als Scharen von Bauern, Handwerkern und Kaufleuten vor allem in Deutschland angeworben wurden, um das wirtschaftliche Niveau des Landes zu heben. Der überwiegende Teil dieser deutschen Zuwanderer bekannte sich zur evangelisch-augsburgischen Kirche. Für die Mehrzahl von ihnen wurde der Gottesdienst in deutscher Sprache abgehalten; das bedeutete aber, daß die lutherische Kirche vom polnischen Volk isoliert blieb – durch Sprache und Herkunft.

Von den katholischen Priestern wurde diese Abgrenzung kräftig gefördert; sie nutzen jede Gelegenheit, den Lutheranern das Etikett ›deutsch‹ aufzudrücken. Um diesen Stempel loszuwerden, nannten die Lutheraner ihre Kirche in Polen auch nicht die ›lutherische‹, sondern die ›evangelisch-augsburgische‹.»Luther«, sagt Professor Gryniaków von der Theologischen Akademie Warschau,»war ja ein Deutscher. Für die breiten Massen galt er als Synonym des Teufels – mit seinem Namen erschreckte man kleine Kinder. Noch vor 50 Jahren verbreitete man in Polen die Broschüre eines katholischen Priesters, in der zu lesen war, daß der Teufel schon bei der Geburt Luthers anwesend war und sein Werk bis zu Ende begleitete.«

Der eingepflanzte Haß auf das Evangelische, das Deutsche – seit jeher von katholischen Priestern geschürt – spielt womöglich auch heute eine maßgebliche Rolle bei den Kirchenbesetzungen. Erkennbar sind zwei Stoßrichtungen: gegen die Evangelischen, die auf dem alten polnischen Territorium siedelten, vor allem aber gegen die deutschen Protestanten, die in Masuren, Schlesien oder Pommern überlebten. Anführer der Kirchenverfolger ist nach Darstellung des evangelischen Pastors Jerzy Otello die ›Kuria Warminska‹ in Masuren – die Ermländische Kurie. Der Pastor aus Neidenburg sieht Zusammenhänge, die für ihn offenkundig sind: aus dieser Kurie, aus dem Ermland, kommt Jozef Kardinal Glemp, der heutige Primas von Polen . . .

Jerzy Otello berichtet von Gerichtsprozessen, die geführt wurden von der evangelisch-augsburgischen Gemeinde gegen die Katholiken wegen der Übergriffe. Jetzt gäbe es Verkaufsangebote. Die

Verhandlungen zögen sich aber hin, weil die katholische Kirche leere Taschen herzeige, auch wohl deshalb, um durch mögliche weitere Besetzungen schneller und billiger zu neuem Eigentum zu kommen.

»Ohne vielfach das Verhandlungs-Ergebnis abzuwarten, hat man nach dem Prinzip ›Kraft vor Recht‹ in heimtückischer Weise versucht, eine Politik der vollendeten Tatsachen zu betreiben«, entrüstet sich der Geistliche. »Das ist keine neue Taktik«, fährt er fort.

»Das masurische Volk machte diese Erfahrung schon kurz nach dem Zweiten Weltkrieg, als man sich in hinterhältiger Art gewaltsam die Kirchen aneignete und die Protestanten, die sich dort zur Messe eingefunden hatten, aussperrte. Der den Masuren dadurch zugefügte Schaden hat sich tief in ihre Herzen eingegraben, und er ist eine der Ursachen für das immer größer werdende Fremdheitsgefühl. Es ist eine historische Wahrheit, daß die Politik der römisch-katholischen Kirche zur Emigration vieler Masuren beigetragen hat.«

Über die Vertreibung der Protestanten aus ihren Kirchen finden sich im Archiv der Wojewodschaft Olsztyn (Allenstein) Akten von 1946, die die Enteignung der evangelischen Kirchen mit dem Aktenzeichen II-91-29/365 so kommentieren: »Zur Zeit vergrößert die römisch-katholische Kirche das Mißtrauen der Polen gegen die Masuren durch die Parole ›ein Protestant ist ein Deutscher‹. Ihre zweite Parole: ›Die polnische Staatsangehörigkeit bekommt ihr nur, wenn ihr Katholiken werdet‹. Manche Staroste (polnische Landräte) wirken gegen diese erwünschte Katholisierung; niedrigere Ebenen verderben sehr viel in den Gemeinden.«

Daß diese Übergriffe auf evangelische Gotteshäuser in den deutschen Ostgebieten in der Bundesrepublik kaum bekannt sind, hat mehrere Ursachen: Zum einen fühlt sich die Rest-Kirche der Lutheraner in Polen zum erstenmal vom ›Makel‹ befreit, eine deutsche Kirche zu sein. Der evangelisch-augsburgischen Kirchenleitung wird deshalb nachgesagt, daß sie sich besonders regierungstreu verhalte. Diesem Verhalten würde es widersprechen, offen um Hilfe im Westen zu bitten.

Die evangelische Kirche in der Bundesrepublik wiederum weiß um die Not der Protestanten im Osten, aber auch sie scheut das

Aufsehen. Vor allem bei den Vertriebenen könnten Emotionen freigesetzt werden. Sie müßte ihrerseits Stellung beziehen, was angeblich den Normalisierungsprozeß aufhalten würde. Nur eine Ausrede?

Der Kirchenkampf in Polen hätte durch ein Machtwort des Papstes beendet werden können – aber auch Karol Wojtyła, der Krakauer, scheint sein Polentum nicht vergessen zu können. Die Enttäuschung bei den evangelischen Geistlichen in Warschau über den Ersten Mann im Vatikan ist spürbar:»Uns hat eine Geste von ihm gefehlt, als er Polen besuchte. Ein Wort der Brüderlichkeit hätte viel bewirkt«, sagt Jan Walter, Pastor der evangelisch-augsburgischen Kirche in Warschau.»Aber leider hatte er aus Terminnöten keine Zeit, mit uns zu sprechen.« Und Pfarrer Otello tadelt:»Der Papst hat gesagt,›alle Christen, die ihrer Berufung und Botschaft treu bleiben wollen, müssen sich um die Wiederherstellung der Glaubenseinheit bemühen und zusammenarbeiten. Zu diesem Zwecke soll das Suchen nach der Einheit zum Bestandteil aller seelsorgerischen Programme der katholischen Kirche und anderer christlicher Kirchen werden‹. Schöne Worte«, sagt Pastor Otello, »aber die Praxis zeigt, daß es nur Worte sind, wenn es darum geht, den Worten Taten folgen zu lassen. Die römisch-katholische Kirche paßt, oder sie erwartet erst den Schritt der anderen. Bis heute ist hier auf diesem Boden der Geist der Gegenreformation nicht verschwunden.«

Als uns die ersten evangelischen Hilferufe aus Masuren erreichen, leiten wir sofort die Vorbereitungen für eine Berichts-Reise ein: Antragsstellung an *Interpress* zur Genehmigung der Drehorte; Begründung des Drehvorhabens; voraussichtliche Drehinhalte, die geplanten Interviews mit Geistlichen, Ortsansässigen, Aufnahmen von Kirchen. Wir müssen auch die Pressestelle des Primas informieren sowie den evangelischen Bischof in Warschau. Das Fernseh-Team sitzt schon im Wagen – abfahrbereit, um die Kirchenbesetzungen in Masuren zu drehen, als vor uns ein grauer Personenwagen hält. Gleich darauf tippt auch von hinten ein weiterer Wagen an die Stoßstange. Wer länger im Ostblock gearbeitet hat, weiß, was das bedeutet: wir sind blockiert, das heißt – Drehverbot.

Tomek, der *Interpress*-Begleiter, verhandelt mit den betont lässig
gekleideten Männern in den unauffälligen Fahrzeugen. Achselzuk-
kend kommt er zurück, Fürsorge in Ton und Mimik:»Zum Schutze
des Korrespondenten halten es die Behörden für besser, wenn wir
nicht in die masurischen Gemeinden fahren. Die Erregung der
Anwohner könnte leicht zu Übergriffen auf deutsche Ausländer
führen.« Es klingt wie eine Entschuldigung, ist aber in Wirklichkeit
eine klare Entscheidung von oben.

Im Streit um dieses Kirchengut hatten also nun auch die Kommuni-
sten Position bezogen: sie stellten sich auf die Seite der polnischen
Kirche. Die Kirchenbesetzungen waren damit sanktioniert, ein
Rechtsbruch gebilligt, da der Staat nicht gewillt schien, die Rolle
des Anklägers zu übernehmen. Und der Primas, Jozef Kardinal
Glemp, brauchte nicht einmal mehr die Eigenmächtigkeiten seiner
Priester nachträglich zu rügen.

Glemps Sichtverengung belegt den nationalistischen Kurs des polnischen Katholizismus, der sich seit 1945 ohne Bedenken und
Skrupel an dem Polonisierungsdruck auf die zurückgebliebenen
Deutschen beteiligte. Äußerliche Zeichen sind, daß selbst historische Inschriften auf Kruzifixen, Kreuzweg-Stationen und Grabsteinen beseitigt oder durch polnische ersetzt wurden.

Zu einem inneren Konflikt im Episkopat führte dagegen die Hal-
tung des Bischofs von Oppeln, Alfons Nossol, der mutig seine
Meinung auch westlichen Korrespondenten gegenüber vertritt:
»Die Kirche Polens hat nach dem Krieg den Fehler gemacht,
mitzuhelfen, die Deutschen dadurch zu entwurzeln, daß sie ihnen
Beichtstuhl und Messe in ihrer Muttersprache verweigerte.«

Obwohl Gottesdienste auf deutsch überall im Lande als staatsfeind-
lich angesehen werden, verlangt der Bischof von Oppeln unbeirrbar
von seinen Seminaristen, daß sie Deutsch lernen, bevor sie in
oberschlesische Gemeinden gehen. Fast zwei Millionen Menschen
leben in seiner Diözese, die früher zum Erzbistum Breslau gehörte.

»Würde ich jedoch heute die Messe in Oppeln auf deutsch lesen, wir
müßten für den größten Teil der Gläubigen den Text ins Polnische
übersetzen«, sagt Nossol. »Denn Oppeln ist der einzige Regierungsbezirk Polens, in dem die Fremdsprache Deutsch an den
Gymnasien verboten ist.«

Brandstiftung: in Neuhof brannte das deutsche Gotteshaus bis auf die Grundmauern nieder   *(Foto: Ruge)*

Für evangelische Christen ist kein Platz mehr: in Hoverbeck regiert heute die Schwarze Madonna   *(Foto: Ruge)*

Was hatte die alte Frau im Dorfmuseum bei Oppeln so stolz gesagt: »Wir sind hier alle Deutsche, und wir sprechen deutsch.« Und dann, nach einer langen Pause des Grübelns, entrang sich ihr der Stoßseufzer: »Aber unsere Kinder, die können die Sprache nicht mehr.« Sie hatte mich angeschaut, die alte Frau, bittend, fragend: »Sind sie deswegen polnische Kinder, haben wir aufgehört, eine deutsche Familie zu sein? Widersprecht doch den Polen, wenn sie heute behaupten, ›wer nicht deutsch kann, ist auch kein Deutscher‹. Die Polen haben uns nach dem Zweiten Weltkrieg leben lassen, weil sie uns brauchten; doch unsere Kinder haben sie uns genommen – und die katholische Kirche der Polen hat dazu ihre Hand gereicht, sie ist mitschuldig, daß wir die Sprache nicht weitergeben durften.«

In der Volksrepublik gab es ein amtlich ausgesprochenes Deutsch-Verbot bis 1956. Wer dieses Deutsch-Verbot mißachtete, sich gegen diese Polonisierung wehrte, wurde bestraft oder konnte mit Strafe bedroht werden. Zusätzlich, um die deutsche Herkunft zu verwischen, erließen die Polen auch ein Zwangsnamen-Dekret: Im Artikel 2, Absatz 1 sowie im Artikel 3, Absatz 2, vom 10. November 1945 (Gesetzbuch der Volksrepublik Polen Nr. 56, Pos. 310), heißt es wörtlich: »Den im Nachkriegspolen lebenden deutschen Familien werden zwangsweise polnische Namen zugeteilt.«

Polnische Denkart: »Mit dem Namenswechsel wird auch ein Deutscher zum Polen. Der, dem das widerfährt, hätte allein schon Grund genug, stolz auf die neue Nationalität zu sein.« So erfuhren Hunderttausende von Deutschen dies als einen ›Gnadenakt‹, anders ausgedrückt, sie mußten's über sich ergehen lassen. Auf diese Weise erledigte sich die Frage von ›Minderheiten‹ fast von selbst: es genügte ein polnischer Federstrich, und das Problem war nicht mehr vorhanden. Nach wie vor dürfen keine deutschen Vornamen ins Taufregister eingetragen werden, und bei Heiraten sind deutsche Zunamen der polnischen Sprache orthographisch anzupassen.

»Nach der Verfassung der Volksrepublik Polen geht alles rechtens zu. Daß in den Grenzgebieten zur DDR im Unterricht Deutsch wie selbstverständlich erteilt wird, kann doch in der BRD nicht so ausgelegt werden, als ob der polnische Staat damit die Frage

Gesuchte Raritäten für westdeutsche Jäger: Wisente, eine Nachzüchtung des deutschen Auerochsen *(Foto: Ruge)*

Von deutschen Kaisern und russischen Zaren begehrt: Jagdgebiete im Osten – der Urwald von Białowierza

(Foto: Ruge)

besonderer Bedürfnisse für eine ethnische Volksgruppe bejahe«, sagt uns ein hoher Funktionär des ZK.»Es gibt keine Minderheiten mehr, wie wir sie vor dem Krieg hatten und denen in der damaligen Verfassung eine gewisse Eigenständigkeit zugebilligt wurde.«»Kennen Sie Bohoniki?« frage ich daraufhin den polnischen Funktionär.

Bohoniki ist ein polnisches Dorf im Osten, eine Straße, ein paar Häuser und eine Minderheit – eine geduldete.

Von der russischen Steppe weht Kälte herüber, die Grenze zur UdSSR ist nur fünf Kilometer entfernt. Die Sonne bringt das Eis zum Glitzern, und sie blendet so, daß es wie eine Fata Morgana erscheint, wenn vom überragenden Turm des Dorfes ein Mullah zum Gebet ruft. Dann vergessen die Bauern, daß sie Polen sind. Das Gesicht gegen Mekka gerichtet, wird Allah gepriesen – wie vor 300 Jahren.

Damals leisteten Tataren dem polnischen König militärischen Beistand. Es waren Tataren von der Krim, Moslems. Als königlichen Dank bekamen sie das Siedlungsrecht besiegelt. Die orientalische Pracht, die sie mitbrachten, zeigt sich zwar heute allenfalls noch an Gebäuden: Die Schriftzeichen sind dem Koran entnommen. Doch die Religion und die Sitten sind lebendig geblieben. Auch die Kommunisten haben es bisher nicht gewagt, die Moscheen der Tataren in tote Kulturhäuser umzufunktionieren.

Entsprechend Allahs Gebot »Sucht Wissen von der Wiege bis zum Grabe«, leben die Tataren auch im Alltag. Im Hause des Mullah Sulejmann saugt schon der Enkel mit der Muttermilch den Koran ein. Der Mullah hätte gern mehr Kinder und Frauen um sich; die Vielweiberei wäre ihm durchaus gestattet. »Aber«, sagt er, »weder ich noch die anderen polnischen Tataren haben es bisher zum Millionär gebracht.« Ihren Lebensunterhalt müssen sie weit entfernt von ihren Dörfern verdienen.

Draußen vor dem Dorf wird der islamische Friedhof gepflegt. Arabische, russische, polnische Schriftzeichen – Runen der bewegten Geschichte dieses Grenzlandes in der Nähe von Białystok. Kaum einer, der hier zur letzten Ruhe gebettet wurde, hat in seinem Leben Mekka gesehen. Und doch ist für diese Moslems – tief im Osten Europas – Allah ein Wegbegleiter. »3000 Tataren leben noch in Polen«, sagt der Mullah. Sie heißen Ali, Mustapha oder Almira, weil das seit Jahrhunderten so Brauch ist – Sinnbild für ein Nebeneinander von islamischer und slawischer Kultur.

Als der polnische Primas an Mariä Himmelfahrt im August 1984 in Tschenstochau mit Blick auf die in Polen lebenden Bürger deutscher Abstammung erklärt,»man kann nicht gut Andachten in fremder Sprache für Menschen organisieren, die diese Sprache gar nicht kennen«, meinte er vielleicht sogar ehrlich, was er sagte. Er habe diese Forderung in der Bundesrepublik gehört, verwunderte sich der Primas. Im eigenen Land sei ihm von einer solchen Bitte nach deutschen Gottesdiensten nichts bekannt.

Es empfiehlt sich, an einen Vorgang zu erinnern, der sich in einer anderen Diktatur abspielte, mit umgekehrten Vorzeichen. Als in Oberschlesien unter Hitler die polnischen Gottesdienste verboten wurden, gab es einen mutigen Kardinal, den deutschen Adolf Bertram, der sich widersetzte. Er ließ gegen den Willen der Nationalsozialisten im gemischtsprachigen Gebiet Oberschlesiens Gottesdienst halten in polnischer Sprache, für die, die ihrem Gott in ihrer Sprache begegnen wollten. Die Gläubigen hätten diese Forderung niemals vorbringen können, ohne Verfolgungen und Schikanen auf sich nehmen zu müssen. Nicht viel anders wäre es den Deutschen in den Ostgebieten ergangen, wenn sie nach 1945 solche Bitten vorgetragen hätten – und heute, so sagt der Primas von Polen, bestehe für deutsche Gottesdienste keine Notwendigkeit mehr.

Die deutsche Bischofskonferenz reagiert konsterniert, formuliert Betroffenheit, registriert ein Einlenken des Primas, stimmt der Einsetzung einer Kommission zu, die zu prüfen habe, ob überhaupt in den deutschen Ostgebieten ein Bedürfnis nach Seelsorge in deutscher Sprache bestehe. Und kann sich doch nicht dazu durchringen, eine gewisse Mitschuld einzugestehen. Haben die deutschen Bischöfe nicht allzu lange darauf vertraut, daß die Amtsbrüder in Polen volle Seelsorge gewähren würden – in deutsch, für Deutsche, und dies vor allem im vorwiegend katholischen Oberschlesien.

Wo aber bleibt die Entrüstung der evangelischen Kirche in der

Bundesrepublik? Wenn die Formel für den deutschen Osten stimmt: ›Deutsch gleich protestantisch‹, dann müßte der überwiegende Teil der ›dortgebliebenen Deutschen‹ doch diesem Glauben zugerechnet werden.

Entsprechend lauter, bohrender und unverzagter hätte aus den evangelischen Kreisen im Westen nachgefragt werden müssen. Doch den jungen, fortschrittlichen Geistlichen in der Bundesrepublik liegen anscheinend die Belange Südamerikas, Afrikas oder Indiens mehr am Herzen als die Nöte der Deutschen in den Gebieten jenseits von Oder und Neiße.

»So bleiben die Augen weiter vor dem Problem geschlossen«, wie es Leszek Moczulski, der KPN-Oppositionsführer, schon früher gesagt hatte: »Die deutschen Bischöfe und die in der Bundesrepublik Verantwortung Tragenden hätten bei einer ernsthaften und reflektierten Prüfung ihres Verhältnisses zu Polen längst erkennen müssen: Es ist ein Selbstbetrug, im Westen an Beteuerungen oder Zusagen zu glauben, solange weder Gegenseitigkeit vereinbart wurde noch Äquivalente verhandelt werden, an denen die andere Seite interessiert ist.«

Bestätigungen dafür, daß diese These zumindest nicht unbegründet ist, lassen sich auch für den kirchlichen Bereich der deutsch-polnischen Beziehungen aufzählen:

die Erklärung Wyszyńskis zur deutschen Volksgruppenfrage – heute wertlos;

der Kolbe-Brief von Auschwitz – die Deutschen um das Aussöhnungszeichen gebracht;

die Kirchenbesetzungen – geduldet.

Das sind nur einige Vorgänge, die Anlaß genug gewesen wären, sich vor weiteren Mißverständnissen zu schützen.

Das Drehverbot durch die Staatssicherheit kann uns freilich nicht abhalten, einen Familienausflug nach Masuren zu machen. Schon lange zieht es uns an die Seenplatte, wo wir endlich das neue Schlauchboot ausprobieren wollen.

Das Masuren-Gebiet nordöstlich von Warschau umfaßt zwischen den Kernsdorfer und Seesker Höhen über 200 Kilometer Naturherrlichkeit. Eine scheinbar unberührte Idylle, von zahllosen

Gewässern und Flußläufen durchzogen. Über 3000 Seen von mehr als einem Hektar Fläche werden neben etlichen kleineren Seen gezählt, viele sind durch Kanäle miteinander verbunden.

Diese ganze urwüchsige Schönheit ist eingebettet in eine hügelige Landschaft mit dichtem Baumbestand; Kiefern und Birken dominieren. Ein faszinierendes Ferien-Paradies, das Ruhe und Einsamkeit verheißt, denn rund um die Seen finden sich kaum Häuser.

»Es gab eine Volksabstimmung«, hatte uns Tomek vor der Reise gesagt, »die Leute wollen nicht, daß die Seen zugebaut werden, deswegen fehlt es auch an Hotels.«

Wir haben das Zelt eingepackt und eine herrliche Wiese gefunden, umgeben von rauschenden Tannen – eine Lichtung direkt an einem Masurensee. Sogar ein Bootssteg ist vorhanden. Der polnische Bauer erlaubt uns, direkt neben den Kühen das Zelt aufzuschlagen. Wir spannen eine Leine, damit sie uns nachts nicht in die Ohren muhen. Erasmus, unser kleiner frecher Halbdackel, hat keinerlei Respekt vor dem Hornvieh, das doch eigentlich Goliath-Dimensionen haben müßte für seine David-Perspektive. Also kommt auch er an die Leine. Von der Bäuerin holen wir uns Kartoffeln; Brot und Büchsen haben wir mitgebracht. Bald summt der Campingkocher und läßt selbst die Kühe eine Weile vergessen, das Gras wiederzukäuen. Ein Wochenende von seltener Ungestörtheit steht bevor. Touristen sind weit und breit nicht zu erblicken. Einsam und endlos dehnt sich vor uns der waldgesäumte See. Enten klatschen ins Schilf. Das Wasser ist klar bis zum Grund.

Es ist gar kein so leichtes Unterfangen, zu viert und mit Hund Erholung in einem Gummiboot zu finden. Deshalb beschließen wir, im nächsten Ort nach einem Segelboot Ausschau zu halten. In Mrągowo – so wußten wir – war ein respektables Ferienzentrum im Bau, finanziert, geplant und erstellt von den Schweden. Ein komfortabler Hotel-Komplex mit Segelschule. Die Anlage sieht fast vollendet aus, als wir hinkommen.

Am Bootssteg sitzt ein junger Mann, der Segellehrer, und spielt Gitarre. »Boote haben wir zwar«, sagt er und deutet auf einen Platz am Land, wo tatsächlich in farbenprächtiger Reihe ein Segelboot neben dem anderen liegt. »Aber der Steg wird nicht fertig.« Verdutzt schauen wir ihn an. »Ja, theoretisch müßte ich schon längst

Segelkundschaft haben, dafür werde ich ja schließlich bezahlt. Das ganze Millionen-Projekt hier ist geplant gewesen für die Touristenströme aus dem Westen, besonders aus der Bundesrepublik. Dann blieb das Geld aus. Weil die Touristen nicht kamen, fehlten folglich die Devisen, daher sollte die Anlage von polnischen Unternehmen zu Ende gebaut werden. Eine der kleinen Pannen ist der Bootssteg. Wir warten seit Monaten darauf. Ist wohl erst im nächsten Jahresplan vorgeseh'n.«

Welch ein Jammer, stellen wir fest – die Gegend bietet sich geradezu an als goldener Touristen-Magnet. Der Hotelkomplex hätte alle Voraussetzungen für ein lebhaftes Kommen und Gehen – auch verwöhnter westlicher Touristen!

Den Kindern steht die Enttäuschung im Gesicht geschrieben. Der Segellehrer tröstet sie und führt beide zum Bootshaus: »Ihr könnt doch jeder einen ›Optimisten‹ nehmen – macht genauso viel Spaß!« Mit den kleinen Ein-Mann-Booten ohne Kiel kann kaum was schiefgehen; also segeln die zwei los, während wir beide uns zum Segellehrer auf die Bank setzen.

»Gibt es in Sensburg noch viele Deutsche?« wollen wir wissen, und er antwortet offen – so wie die polnische Jugend in Privatgesprächen diskutiert, ähnlich vorbehaltlos wie die westliche. »Gibt's noch«, sagt er und weist mit dem Arm über den See. »Da drüben stehen ein paar Häuser. Aber die Deutschen haben kaum Kontakt mit der polnischen Bevölkerung.« Das hat sich nach den Kirchenbesetzungen noch verschlimmert, wie wir am nächsten Tag auf unserer kleinen Privat-Rundreise zu den besetzten evangelischen Kirchen erfahren.

Okartowo, das alte Eckersberg, ist unsere erste Station. Hier geht es um eine leerstehende Kirche. Von den Deutschen verlassen, hat auch der Gemeindepastor das Weite gesucht. Scheiben wurden zerbrochen, durch einen Türschlitz können wir die Verwüstungen im Innern der einst stattlichen Kirche erkennen. Katholiken haben die Kirche gestürmt und in Besitz genommen. Niemand hindert uns, als wir fotografieren, das Dorf wirkt wie ausgestorben.

Die Szene ändert sich total, als wir in Spychowo/Puppen das Auto in einiger Entfernung von dem einst evangelischen Gotteshaus abstellen. Hier war es zur gewaltsamen Vertreibung der Protestanten während des Gottesdienstes gekommen. Wieder ist Kirchgang – diesmal ein katholischer. Unser ortsfremdes Ausländer-Wagen-Kennzeichen muß schon Alarm gegeben haben, denn vor der Kirche rotten sich schnell Menschengruppen zusammen. Mit Blikken verständigen sich die Leute untereinander, ohne uns aus den Augen zu lassen. Trotzdem richte ich die Kamera auf die evangelische Kirche – Peters Drehverbot gilt ja nicht für meinen Foto-Apparat. Aber da öffnet sich die Tür, jemand muß durch einen Hintereingang heimlich den Pfarrer verständigt haben. Da steht er schon drohend und stämmig auf der Schwelle des besetzten Gotteshauses. Die Leute machen Anstalten, auf uns loszugehen. »Hier«, sagen unmißverständlich ihre Gebärden, »hat außer den katholischen Polen niemand etwas zu suchen.«

In Nowy Dwór/Neuhof wieder ein anderes Bild: Wir stehen vor den verkohlten Grundmauern der abgebrannten deutschen Kirche. Angeblich soll sie von Kinderhänden angezündet worden sein. Ob er wohl mehr weiß darüber, der Knirps, der mit wedelnden Armen auf uns zukommt? »Nie wolno«, ruft er uns entgegen – fotografieren verboten. Sowas bleut eigentlich unschuldigen Kindern nur ein, wer ein schlechtes Gewissen hat.

Außer dieser mutwillig zerstörten Kirche befinden sich fast alle Kirchen, die jetzt von der evangelischen Seite den Katholiken zum Kauf angeboten wurden, in gutem Zustand. Allein die Kirche in Puppen hat – mit neuen Dachrinnen, Regenblechen und instandgesetzter Holzdecke – einen Wert, der den gebotenen Gesamtpreis der acht infrage kommenden Objekte, um einiges übersteigt. Die katholische Seite hat sich nach langem Zieren mit der Summe von 25 Millionen Zloty (rund 1,5 Millionen Mark zum Zeitpunkt der Verhandlungen) einverstanden erklärt. Nach Ansicht der Protestanten haben die acht Kirchen jedoch einen Realwert von mehr als 100 Millionen Zloty. Ein Geschäft also, bei dem der Gewinner feststeht, vor allem, wenn man die Kosten für einen Kirchen-Neubau in den deutschen Ostgebieten dagegenstellt. Jedoch auch den Protestanten ist mit dem Verkauf eine Belastung abgenommen – das bestreitet in Polen niemand.

Der Stachel der Konfrontation aber sitzt bis heute, und er sitzt tief. Die evangelisch-augsburgische Kirche kann auf ihren beachtlichen kulturellen Beitrag im alten Polen hinweisen: wo immer evangelische Gemeinden entstanden, ob in Piotrków Trybunalski oder in Krakau, die Hälfte des Gemeindegebäudes wurde stets als Schulhaus eingerichtet oder separat hinzugebaut. Auf diese Weise haben die Evangelischen allein in Zentralpolen dem Staat über 100 Schulen ›geschenkt‹. Das sind dort 20 Prozent aller schulischen Einrichtungen.

Nach dem Zweiten Weltkrieg entstand sehr schnell eine Diaspora-Situation, die sich bis heute katastrophal auf den Religions-Unterricht der Protestanten auswirkt. Teilweise kommen in kleinen Gemeinden nicht mehr als zwei bis zwanzig Kinder zusammen. Heute steht die evangelisch-augsburgische Kirche Polens vor der Überlebensfrage. »Der Druck der Katholiken, gestärkt im Selbstbewußtsein durch einen Papst polnischer Herkunft«, sagen die Protestanten in Polen, »wächst sich zur Selbstherrlichkeit aus.« Das gilt für Alt-Polen wie für die deutschen Ostgebiete. Das gilt für Masuren und Pommern genauso wie für Schlesien.

Auch an der Oder ging die polnisch-katholische Kirche sehr bald dazu über, evangelische Gotteshäuser nach ihrem Marien-Kult umzufunktionieren, wie etwa in Groß-Walditz, Lüben, Freystadt. Besonders betroffen sind die evangelischen Schlesier von dem Verlust ihrer Bethäuser in Schmiedeberg, Altchemnitz, Hünern und Lähn, die zu den schönsten sakralen Bauten im Oder-Gebiet gehörten.

Wo die Eigeninitiative zur Renovierung fehlt, setzt der Verfall ein – wie in Bad Charlottenbrunn: Das Gotteshaus ist eine Ruine, das Hauptportal steht offen, die Fenster sind mit Brettern vernagelt, der Altar beraubt, die Bilder gestohlen.

Die unterschiedlichen Ansichten in Polen darüber, was Mein und Dein zu sein hat, trennen nicht nur Protestanten und Katholiken. Speziell in den deutschen Ostgebieten wird noch eine Besonderheit des Eigentumsverständnisses erkennbar: Auch die katholischen Brüder untereinander zanken sich um Kirchengut. Nach Auffassung der deutschen Katholiken gehört das Kirchengut zur Gemeinde. Die polnische Lesart aber lautet: da, wo die Kirche steht, ist auch der Platz für das Kirchengut.

Die Überlegung, durch die Rückführung von zwei Glocken aus dem Bundesgebiet nach Polen die Suche nach den Lambsdorff-Bildern zu verbessern, trifft daher auf unterschiedliche Reaktionen: Die polnische Kirchenführung zeigt sich begeistert und verspricht sogar, bei der Überwindung der Transport-Schwierigkeiten zu helfen. An einem Lastwagen solle es nicht fehlen.

In deutsch-katholischen Kirchenkreisen wird Behutsamkeit empfohlen; ein Präzedenzfall könne entstehen. »Zumal doch die Polen an uns mehr zurückgeben müßten als wir an sie«, heißt es auch im Auswärtigen Amt. Denn immer noch ist die Regelung zum deutschen Kulturgut offen. Eine Ausnahme halten die deutschen Diplomaten nur dann für möglich, wenn im Austausch für die beiden Glocken deutsches Kulturgut aus Polen herüberkäme, die Lambsdorff-Bilder zum Beispiel. Dieser Vorschlag wiederum löst den Protest des katholischen Büros in Bonn aus: »Da würden wir also leer ausgehen«, heißt es, »der Handel müßte verweigert werden – es sei denn, das ZDF würde der westdeutschen Gemeinde in Salzgitter, das die Glocken aufbewahrt, eine Spende aus der Aktion Sorgenkind zukommen lassen.« Es hatte sich nämlich inzwischen herausgestellt, daß die schlesischen Glocken gar nicht in den neuen Kirchturm des katholischen Sprengels paßten, der Architekt hatte einen anderen Maßstab angelegt. Es mußten also neue, passende Glocken gegossen werden. Das Geld fehlte der Gemeinde nun an anderer Stelle. Die schlesischen Glocken standen derweil seit Jahren unbenutzt herum.

So geschieht es, daß der Intendant des ZDF das Kuratorium der ›Aktion Sorgenkind‹ auf eine Behinderten-Tagesstätte in St. Gabriel, Salzgitter-Gebhardshagen, aufmerksam macht, dort sei ein Erweiterungsbau notwendig geworden.

Daraufhin zeigt sich der geistliche Rat, Pfarrer Wosnitza, in Übereinstimmung mit seinem bischöflichen Oberhirten bereit, die beiden schlesischen Glocken herauszugeben für die Gemeinde Syrin in Oberschlesien. Nun aber meldet sich *Interpress* und sagt: »An der Glockenrückführung sind wir überhaupt nicht interessiert.« Die Suche nach den Lambsdorff-Bildern könne nur intensiviert werden, wenn das ZDF »bei der Darstellung der polnischen Staatsgrenzen im Fernsehen von den gegebenen Realitäten ausginge.«

Realität wurde dies: Die Glocken aus St. Gabriel läuten inzwischen im oberschlesischen Syrin. Was aber die Bilder des Grafen Lambsdorff betrifft, so bleiben sie auch nach angeblich größten Suchanstrengungen verschollen. So jedenfalls lautet die Auskunft von *Interpress.*

Und zu allem lächelt die ›Schwarze Madonna‹ und setzt unbeirrt ihren Weg fort – auch durch Nikolaiken. Früher zählte der Ort rund 2500 Seelen, davon 17 Katholiken und 81 Juden, wie es in alten deutschen Dokumenten heißt. Jetzt leben etwa 3500 Menschen hier, wobei nach dem Bevölkerungsaustausch die Katholiken wieder überwiegen.

Der Name Nikolaiken geht auf einen Schutzheiligen zurück: 1444 ist die Siedlung St. Niklas, Niklasdorf oder Nickelsdorf urkundlich erwähnt, die mit den Orten Koniec und später mit Koslau über eine berühmte Holzbrücke verbunden wird. An der Brücke nämlich haust der ›Stinthengst‹, ein großer in Holz nachgebildeter Fisch, der nach der Sage dafür sorgen soll, daß in den masurischen Seen der Fischreichtum nie ausgeht. Als Spezialität gelten die Maränen.

Vom ›Stinthengst‹ sehen wir an diesem Festtag nichts, so wenig wie von einer Maräne. Nichtmal die Erinnerung ist geblieben, daß die Nachkommen der Maränen heute in der Bundesrepublik zu finden sind – als Felchen im Bodensee.

10
Deutsch-Eylau
Iława

Landschaft zum Träumen
(Foto: Ruge)

Geben Sie ihr nicht die Hand, sie hat keine«, flüstert mir die Hofbesitzerin auf deutsch zu. Sie hat mich ein wenig beiseite gezogen, um mich auf den Anblick der beiden Armstümpfe vorzubereiten. »Meine Tochter verdankt es den Russen, daß sie heute ein Krüppel ist. Ich erzähle Ihnen die Geschichte nachher.« Wir haben uns verspätet. Angemeldet war das Fernseh-Team, um über die landwirtschaftliche Struktur in Ostpreußen einen Bericht zu drehen. Nach der sowjetischen Befreiung 1945 war zwar der Boden neu verteilt worden. Jeder polnische Neusiedler sollte vier Hektar erhalten. Doch die Landreform hatte viele der alten deutschen Höfe zerschnitten – und damit auch die Drainagen zerstückelt. Eine Folge davon ist noch heute zu sehen: Wenn es regnet, stehen die Felder knietief unter Wasser. Der Weizen verfilzt, verfault. Statt Überschüsse zu erwirtschaften, reicht die Ernte gerade für die Selbstversorgung der Familie und ihrer Verwandten. Die staatliche Abgabestelle kommt zu kurz. Polen muß daher Nahrungsmittel beim Klassenfeind kaufen, weil die ehemalige deutsche Kornkammer in eine Mißwirtschaft geraten ist, aus der sie nur mit einer neuen Reform herauszuführen wäre. Welche Umkehrung der Verhältnisse!

Unsere Verspätung am Drehort ist der Miliz zuzuschreiben, mehr noch dem Militär. Wir haben auf der Fahrt zu dem Bauernhof unwissentlich eine Spielregel verletzt, dafür sind wir gestoppt und stundenlang aufgehalten worden. Dazu kam es, als Janek, der Kameramann einen langen Schwenk über ein goldgelbes Getreidefeld mit der Kamera machte. Plötzlich fällt er wie vom Blitz getroffen auf den Beifahrersitz zurück. »Sperrzone«, stöhnt er bleich. Er hat aus dem Schiebedach heraus gefilmt. Vor uns, nach einer Kurve, huscht ein Schild an uns vorbei: Militärgebiet. Dahinter ein Posten-Häuschen. Doch die Hoffnung, daß die Wache uns nicht bemerkt hat, ist vergebens. Der Posten hat uns an der giftgrünen polnischen Autonummer erkannt, die uns als Ausländer kennzeichnet. Wir sehen, daß er zum Telefon greift und Alarm auslöst. Es dauert nicht lange, und eine Militärstreife heult heran. Sie heftet sich an unsere Fersen und stoppt schließlich den Wagen. In Polen gibt es eine ganze Reihe von Tabus, so auch für Einrichtungen, die nicht gefilmt werden dürfen, z. B. Armee-Gebäude, Raffinerien und Betriebe mit strategischer Bedeutung wie Bahnhöfe oder Postämter, sogar Hochspannungs-Leitungen und Strom-Masten. Janek hat völlig unbeabsichtigt eine Kasernen-Anlage mit der Kamera erwischt, die hinter der Kurve verborgen war. »Jetzt sind wir dran«, japst er.

Der Soldat steigt vom Krad, nimmt die russische Maschinenpistole von der Schulter und kommt streng auf den Wagen zu. »Papiere«, verlangt er barsch. Als Ausländer weiß man zwar, daß im Ostblock die Uniformierten recht emsig davon Gebrauch machen, Autos aufzuhalten oder Personenkontrollen vorzunehmen. In zivilen Zeiten ist dafür freilich die Miliz zuständig. Als sich das Fernsehteam im Wagen nicht rührt, wird der Soldat merklich unsicher, seine Hand am Abzug der Maschinenpistole gerät leicht ins Zittern. In der Ferne taucht ein Armee-Jeep auf. Die Verstärkung rollt an. Der Jeep setzt sich vor uns, wir sind blockiert.

Tomek, unser Aufpasser, ist beim Anblick dieses militärischen Aufgebots nun auch erbleicht. Er will seine Brieftasche mit den Papieren zücken, doch Peter hält ihn zurück. »Wir haben nichts Unrechtes getan. Sie haben nicht das Recht, uns zu kontrollieren«, beschwichtigt er die Jungs, »wenn sie etwas wollen, können sie die Miliz holen.«

Der Soldat mit der Maschinenpistole weicht irritiert zurück, erkennt aber, daß nichts zu machen ist, denn das Team hat bereits die Fensterscheiben hochgekurbelt und die Verschluß-Knöpfe an den Türen zugedrückt. Der Soldat geht zum Jeep, bespricht sich mit seinen Begleitern. Nach einer Weile taucht auf der Gegenfahrbahn ein Personenwagen auf. Ein Soldat springt aus dem Jeep und stoppt den Wagen. »Ich gebe Ihnen den dienstlichen Befehl, in der nächsten Ortschaft die Miliz zu holen«, hören wir den Soldaten sagen. Der Zivilist am Steuer nickt, gehorcht, wendet seinen Wagen und braust davon.

Nun wird es eine Weile dauern! Das Team rauft sich die Haare – 30 Kilometer entfernt wartet der Bauer auf die Fernsehmannschaft, die sich auf dem Hof angemeldet hat, um eine Schweine-Verladung zu drehen. Wenn wir zu spät kommen, platzt die Story. »Nutzen wir die Zeit zum Frühstück«, sagt einer von den Jungs. Vorn wacht der Jeep. Unmöglich, in ein Restaurant zu gehen, wir können uns nicht wegbewegen. Doch auf Schnellküche am Straßenrand sind wir schon eingespielt. Auf jährlich 50000 Kilometern kreuz und quer durchs Land hat sich der Gaskocher bewährt. Wir haben ihn immer dabei. In Polen gibt es bekanntlich fleischlose Tage. In den 49 Wojewodschaften ist das aber unterschiedlich geregelt. Mal dürfen die Restaurants montags, mal donnerstags keine Fleischgerichte auf die Karte setzen. In einigen Wojewodschaften sind solche fleischlosen Tage sogar dreimal die Woche eingeführt. Es kann also sein, daß wir bei dem Wechsel von Wojewodschaft zu Wojewodschaft jedesmal gerade den fleischlosen Tag erwischen. Besonders in tief östlichen Gebieten Polens kann das unter Umständen eine Woche Rührei mit Kartoffeln bedeuten. Unser Kochtopf muß also abwechselnd für Eintopf aus der Büchse herhalten oder für einen kräftigen Tee.

Kameramann und Assistent verlassen das Auto, argwöhnisch beobachtet von den Soldaten, die im weiten Ring um unseren Dienstwagen stehen. Wir sind jetzt froh über den Tee, der uns wärmt und stärkt für das kommende Verhör durch die Miliz.

Der Zivilist im Privatwagen kommt zurück – die Miliz im Schlepptau. Wir steigen aus. Die Beamten sind höflich, sie kontrollieren unsere Papiere. Tomek erläutert das Dreh-Vorhaben, er versucht, das Versehen zu erklären. Es nützt nichts. Wir könnten die Spione sein, vor denen in allen östlichen Medien immer wieder gewarnt wird. Die Miliz hat Mühe, uns aus den Händen der Militärs zu befreien, bittet uns anschließend aber gleichwohl aufs Kommissariat – das heißt: zurück nach Allenstein – denn nun muß erst mit Warschau telefoniert werden, ob alles auch seine Richtigkeit hat. Als wir nach diesem kleinen ›Aufenthalt‹ endlich gnädig entlassen werden, sind fast drei Stunden vergangen. Die Schweine-Verladung hat längst ohne uns und die Kamera stattgefunden.

Auf eines aber kann man sich bei der Bevölkerung verlassen: auf die herzliche Gastfreundschaft, wo immer man auch hinkommt. Als wir endlich auf dem Hof einfahren, der bei Iława liegt, dem früheren Deutsch-Eylau, wissen wir sofort: Wir sind willkommen. Ein gutmütiger Alter humpelt auf uns zu und begrüßt uns deutsch: »Habt Ihr mir meine Rente mitgebracht?« Das sollte kein Scherz sein. Als wir uns auf umgestülpten Eimern niederlassen, inmitten des Hühnervolks, das der Alte gerade füttert, erfahren wir etwas von dem bitteren Ernst seines Schicksals. Es gleicht dem Fall des Piotr Hys aus Landsberg in Schlesien, der gegen die Bundesrepublik klagte.

Piotr Hys wurde 1899 in Landsberg geboren. Er hatte zwischen 1915 und 1939 auf dem Gebiet der heutigen Bundesrepublik Deutschland gearbeitet, außerdem als Deutscher an beiden Weltkriegen teilgenommen. Aufgrund dieser Fakten erkannte ihm die deutsche Sozialversicherung am 1. 9. 1964 eine Rente zu, die sich auch mit jeder Rentenanpassung erhöhte. 1974 jedoch wurden die Zahlungen eingestellt und weitere Geldüberweisungen mit folgender Begründung abgelehnt: »Der Antragsteller wohne außerhalb des Gebietes, in dem die Rentenvorschriften gelten.«

Zu diesem Gebiet, so wurde erläutert, zähle das Territorium der Bundesrepublik Deutschland sowie das Ausland. Für Landsberg aber, das heutige Gorzów Sląsk, gelte weder das eine noch das andere. Da dieser Teil des alten Deutschen Reiches östlich der Oder und Neiße unter polnischer Verwaltung stehe, habe man es hier mit einem ›offenen Zustand‹ zu tun, bis es zur Regelung durch einen Friedensvertrag komme. Mit anderen Worten: Wenn Piotr Hys in Hannover, Paris oder Alaska leben würde, bekäme er weiter seine Rente. Die Klage wurde abgewiesen.

Die nächste Instanz war anderer Meinung. Das Landessozialgericht in Nordrhein-Westfalen erkannte die Ansprüche an. Die Urteilsbegründung ging nun davon aus, der Begriff ›Ausland‹ erstrecke sich nach der Unterzeichnung des Warschauer Vertrages von 1970 formell auch auf die Gebiete östlich der Oder oder Lausitzer Neiße. Nun meldete sich das Bundessozialgericht. Dieses Gericht setzte das Urteil des Landessozialgerichts außer Kraft und stellte fest, daß die deutschen Ostgebiete im Sinne des Rentengesetzes ›nicht Ausland‹ seien. Der Warschauer Vertrag von 1970 zwischen der Bundesrepublik und Polen habe daran nichts geändert.

Die Akten wanderten zum Bundesverfassungsgericht. Diese oberste Instanz wies ebenfalls den Standpunkt des Landessozialgerichts zurück, mit der Feststellung: Bonn sei bis zur Klärung der ›offenen Frage‹ nicht verpflichtet, Renten in diese unter polnischer Verwaltung stehenden Gebiete zu zahlen.

Dennoch hatte die sozial-liberale Regierung der polnischen Führung kurz nach Beginn der ›Normalisierung‹ einen Milliarden-Betrag zukommen lassen – einen Kredit über 1,3 Milliarden Mark à fond perdu, wie es dazu heute in Bonner Regierungskreisen heißt. Nach polnischer Rechtsauffassung bestätigte diese Zahlung die Rentenansprüche vorrangig polnischer Bürger. Gleichzeitig sei mit dieser ersten Abgeltungsrate eine Anerkennung weiterer Forderungen auch in bezug auf die Rentenversorgung ehemaliger Deutscher stillschweigend erteilt worden.

Den deutschen Rentnern in den deutschen Ostgebieten drohte nach dem Spruch des Bundesverfassungsgerichts doppelte Bestrafung: Die Renten aus dem Westen blieben aus, doch auch die Polen wollten keine Renten an Deutsche zahlen, da mit der ersten Abgeltungsrate der westdeutschen Regierung gerade einmal Ansprüche polnischer Bürger abgedeckt würden. Im Gegenzug zu der Rechtsprechung der Deutschen änderten nun auch die Polen ihre Rentenregelungen. Wenn nun Deutsche polnische Rente beziehen wollten, hatten sie zwei Voraussetzungen zu erfüllen: Sie mußten weiter Wohnrecht im polnischen Staatsgebiet beantragen. Um aber Wohnrecht zu erhalten, hatte diese Volksgruppe erst einmal die Staatsbürgerschaft der Volksrepublik anzunehmen.

»Was nützen mir die paar Złotys Rente«, sagt der alte Mann. »Ich kann davon nicht leben.« Er zeigt auf seine Cordhose, die ihm ein Verwandter aus dem Westen schickte. »Risse über Risse – und zum Stopfen fehlt das Garn. Für polnisches Geld gibt es kaum was zu kaufen. Hätte ich nur Devisen«, jammert er.

Was für ein Schicksal: Ein Bild des Elends, ein Bild zum Erbarmen – ob es sich dabei um den Alten in Deutsch-Eylau oder den Piotr Hys in Landsberg handelt. Die Rentenklage gegen die Bundesrepublik aber, zu der die besten Anwälte Polens mit herangezogen wurden, beruhte in ihrer Unterstützung durch die Kommunisten nicht auf einer humanitären Gefühlsregung. Die Klage war vielmehr für die politische Führung Polens erneut den Versuch wert, gewissermaßen durch die Hintertür, die staatsrechtliche Anerkennung der Bundesrepublik für die besetzten Ostgebiete zu erhalten. Sie hätte auch zu einer Entlastung der Rentenzahlungen aus der polnischen Staatskasse geführt.

Immerhin blieb der polnischen Seite die propagandistische Aufbereitung des Falles Piotr H. übrig. Die Chance wurde nicht vertan. Die Rentenfrage trat dabei in den Hintergrund; sie bildete lediglich den willkommenen Anlaß, wieder einmal Unrat über die Bundesrepublik auszuschütten, vor allem aber in Polen die Angst vor den deutschen ›Heimkehrern‹ zu schüren. Die alte Drohung wurde aus der Schublade geholt und an diesem Renten-Beispiel erneut vor Augen geführt: »Seht, die Deutschen halten alles offen, trotz des Warschauer Vertrages von 1970.«

Die Angriffe in den polnischen Medien beschäftigten nicht nur die Bevölkerung in Deutsch-Eylau. Uns wurde besonders ein Artikel des Deutschland-Korrespondenten Ramotowski vorgehalten. Er schrieb:

Das Staatsrecht der BRD ist voll von politischen Traumbildern. Mit dem Anrufen von Geistern beschäftigt sich das Bundesverfassungsgericht bereits seit 1973, als es die These über das angeblich formelle Fortbestehen des Deutschen Reiches in seinen Grenzen vom 31. 12. 1937 aufstellte. Zwar erkannte es den Vertrag VRP-BRD als übereinstimmend mit der Verfassung der Bundesrepublik an, stellte aber fest, daß die ehemaligen Ostgebiete des Reiches für die BRD nicht zum Ausland geworden seien.

Ein grundsätzlicher Vorwurf, den man dem Gericht machen kann, ist die Verbreitung der These über einen angeblich getrennten völkerrechtlichen Status für ein Drittel des Gebietes des souverän polnischen Staates.

Das gleiche Gespenst des Dritten Reiches spukt in den Programmen der revanchistischen Berufsorganisationen und auch in den Programmen der politischen Parteien.

Strauß ist schon zu einer solchen Geläufigkeit gelangt, daß er in seiner Inkonsequenz und Doppelzüngigkeit in einem Atemzug erklärt, ›pacta sunt servanda‹, sich aber gleichzeitig bemüht, die

Leiche zu beleben, daß das Deutsche Reich weiterbesteht. Illusionen können Realitäten nicht ersetzen.

Hätten wir dem alten Mann sagen sollen:»Machen Sie es wie die anderen, fahren Sie rüber, melden Sie sich vom Bundesgebiet aus bei der Bundesversicherungsanstalt, mit Ihrer Anerkennung als Deutscher, die Sie sich beim Bundesverwaltungsamt in Köln vorher besorgt haben. Sie bekommen dann Rente, wenn Sie eine westdeutsche Adresse angeben können, bei Verwandten oder Freunden, an die das Geld überwiesen wird.« Wer weiß, wie viele Renten-Pendler es auf die Art inzwischen gibt. Es soll sich um einen nicht unerheblichen Personenkreis handeln; Statistiken führt angeblich niemand.»Es ist eine verdrehte Welt«, sagt der Alte, der wie wir den Gedanken über den Lohn für ein langes arbeitsames Leben nachhängt.»Das Onkelchen hat's doch gut bei uns«, meint die Hofbesitzerin.»Immer a Stückel Brot und manchmal was zu rauchen.«

Ein Hausherr ist nicht zu sehen, nur die Tochter mit den Armstümpfen, sie sitzt auf der Bank neben der Küche.»Wir wollten schon damals weg«, erzählt die Bäuerin.»Doch auf der Flucht, nicht weit von hier, hat uns der Russe eingeholt. Den Mann haben sie mir erschlagen und mich vergewaltigt. Die kleine Tochter lag derweil im schneebedeckten Straßengraben. Ich hab' sie gefunden – nach Stunden. Da waren die Ärmchen erfroren, taub. Was sollte ich machen. Ich bin hierher zurück. Auf meinen Hof; denn ich hab' ja noch zwei Buben – die, die jetzt die Schweine verladen.«

Auf dem Hof sieht es aufgeräumt und ordentlich aus. Von Wohlstand oder auch nur vom neuesten technischen Stand kann freilich nicht die Rede sein. Die Bäuerin ist froh, wenn sie das Vorhandene funktionsfähig erhalten kann. Für die dringend notwendige Modernisierung fehlen nicht nur die Geldmittel, auch Gerät und Baumaterialien werden kaum zugeteilt.»In unserem Alter geht langsam die Kraft aus, um alles und jedes zu kämpfen. Das sollen die Jungen tun«, sagt die Hofbesitzerin.»Wir Alten müssen sehen, daß wir uns auf dem Hof so lange wie möglich nützlich machen können. Bloß nicht krank werden. Das wäre das Schlimmste, was uns passieren kann. Die Krankenhäuser schieben die Alten ab in die Familien – ob die sich nun um die Pflege kümmern können oder nicht.«

In Polen haben die alten Leute nicht ohne Grund Horror vor dem Krankwerden. Die Situation in den Krankenhäusern ist zum Teil trostlos. Sie sind nicht nur hoffnungslos überfüllt, es fehlt ebenso an medizinisch-technischer Ausrüstung wie an Medikamenten. Bei Dreharbeiten in einem Krankenhaus in Lodz hatte der Oberarzt vor der Kamera gesagt: »Uns fehlt es an allem: Katheter, Handschuhe. Tropfschläuche, die ständig gewechselt werden müssen, sterilisieren wir mehrmals, obwohl das gefährlich ist. Wir haben keine Blutstillungsmittel, keinen Blutersatz. Vor allem sind Desinfektions- und Reinigungsmittel Mangelware, auch Seife, Waschpulver und vieles mehr.«

In den Gängen bot sich uns ein erschütternder Anblick: überfüllte Korridore, weil einige Abteilungen wegen drohender Seuchengefahr oder Mangel an der notwendigsten Ausrüstung schließen mußten. Notgedrungen wird der Patient nach seinen Überlebenschancen eingeteilt, so sind es meist die Alten, die in Gängen und Korridoren hilflos der Zugluft ausgesetzt sind. In Polen das bedrückendste Dilemma für einen Arzt: Helfen wollen und nicht mehr können, weil es an den nötigen Mitteln fehlt. Operationen werden in vielen polnischen Krankenhäusern auf Notfälle beschränkt.

»Sie haben oft nicht mal Operationshandschuhe, auch nicht bei der Geburt«, seufzt die Bäuerin. »Was meinen Sie, was wir alles angestellt haben, damit mein kleiner Enkel Andrzej heil auf die Welt kommen konnte.« Und sie gerät ins Erzählen: Die Vorbereitung zur Geburt des kleinen Stammhalters hatte in der Familie umfangreiche Aktivitäten ausgelöst. Eines von zahlreichen Problemen war die Beschaffung von Watte. Werdende Mütter müssen dieses Hygiene-Attribut vor der Entbindung in der Klinik abliefern. Die Familie kümmerte sich dann auch um die Chirurgen-Handschuhe. Eine Tante im Westen wurde angeschrieben und gebeten: »Bitte schick uns ein Paar Operations-Handschuhe.« Doch die Antwort war zunächst Ratlosigkeit: »Was soll ich machen – ich bekomme entweder tausend Stück oder keine! Im Westen kauft sowas niemand im Geschäft.«

Schließlich wurden dann doch mit freundlicher Hilfe einer westdeutschen Krankenschwester die erbetenen Handschuhe aufgetrieben. Drei Paar kamen rechtzeitig vor der Entbindung an. »Meine Schwiegertochter hat sie krampfhaft unter der Bettdecke festgehalten, bis sie im Kreißsaal war. Sie hat dem Arzt persönlich die Dinger in die Hand gedrückt – sie wollte ganz sicher gehen.« Ins Klinik-Gepäck hatte die Familie der werdenden Mutter ein pralles Säckchen mit 20-Złoty-Stückchen gegeben: In Polen darf niemand junge Mütter in der Klinik besuchen, nicht einmal der frischgebackene Vater. Die Sorge vor Infektionen ist so groß, daß man das Personal bestechen muß, um Briefe oder Lebensmittel von den Angehörigen ans Bett der Wöchnerin zu befördern. »Schon nach vier Tagen wurde sie entlassen«, berichtet die Bäuerin. »Die Klinik brauchte das Bett dringend.«

Die Zustände in polnischen Krankenhäusern sind auch dem Deutschen Roten Kreuz wie auch anderen caritativen Einrichtungen bekannt. Die Hilfaufrufe in der Bundesrepublik zogen ungeahnte Kreise. Kurz vor der Verhängung des Kriegsrechts in Polen hatte allein der Spendenwert, den Helfer des Roten Kreuzes in selbstlosen und unermüdlichen Einsätzen über die Grenzen nach Polen schafften, eine Höhe von über 50 Millionen Mark. Und die Lkw's rollen weiter.

Wir haben das Abladen der Spenden mit der Kamera beobachtet: Lebensmittel, Kleidung, Medikamente. Die Verteilung besorgte anfänglich das polnische Rote Kreuz. Doch die polnische Bevölkerung nahm Anstoß an dem Verteilungsmechanismus: »Seid ihr sicher, daß die deutschen Spenden die Empfänger erreichen, wenn ihr sie dem polnischen Roten Kreuz allein überlaßt?« hatten uns Passanten gefragt, die das Abladen in der Mokotowska-Straße in Warschau skeptisch verfolgten. »Dorthin, nach nebenan solltet ihr die Sachen bringen«, empfahlen sie uns und deuteten auf das Gebäude der ›Solidarität‹, der man in Polen hauptsächlich deswegen so viel Vertrauen entgegenbrachte, weil es nun endlich eine Institution im Lande gab, die schonungslos den Finger auf die Schwachstellen des Systems legte.

In Polen herrscht die Meinung vor: Was beim staatlichen Roten Kreuz landet, verschwindet auf Nimmerwiedersehen. Wir jeden-

Abgabe wird belohnt: Schweine gegen Saatgut und Düngemittel *(Foto: Ruge)*

Private Restaurants sind selten: der Kampf
um die Zuteilungen zermürbt redliches
Bemühen *(Foto: Ruge)*

falls bekamen von der Verteilung nichts zu sehen; gingen die DRK-Spenden gleich weiter in die Kasernen? Jeder Pole weiß, daß die Militär-Krankenhäuser bestens ausgestattet sind. Er weiß auch, daß ein Zivilist dort keine Chance hat, als Patient aufgenommen zu werden. Deswegen die tiefe Abneigung der Bevölkerung gegen staatlich gelenkte Einrichtungen wie das polnische Rote Kreuz.

In der Bundesrepublik haben sich die Verantwortlichen inzwischen eingestellt auf diese in Polen weitverbreitete Auffassung. Heute werden die Transportladungen nicht mehr an der Grenze oder an der Tür eines Lagers abgegeben, sondern bis zum Empfänger begleitet, um sicherzustellen, daß sie auch tatsächlich der breiten polnischen Bevölkerung zugute kommen.

Und diese Menschen danken es in bewegenden Briefen und Worten:»Die Welle der Hilfsbereitschaft aus der Bundesrepublik hat mehr gutgemacht, als es 40 Jahre Nachkriegspolitik fertiggebracht haben.« Das ist eine weitverbreitete Ansicht in Polen. Fast jede Familie hat inzwischen von dem Segen profitiert, besonders von dem überwältigenden Paketstrom, der den Menschen »wie vom Himmel gesandt« über die größten Versorgungsnöte hinweggeholfen hat. Während zweier Paket-Aktionen, wozu die deutsche Bundesregierung aufgerufen hatte, waren rund drei Millionen Pakete nach Polen geschickt worden. Allein das Frei-Porto kostete den deutschen Steuerzahler über 175 Millionen Mark.

Mangels Privat-Adressen hatten die Kirchen Anschriften von Pfarrhäusern in Polen empfohlen. Hilfssendungen, die von Kirchengemeinden in der Bundesrepublik organisiert worden waren, steuerten ebenfalls diese Stellen in der Volksrepublik an. Dabei war es für die Protestanten im Ruhrgebiet oder um Heidelberg herum unerheblich, ob der Empfänger drüben, jenseits des Eisernen Vorhanges, evangelisch oder katholisch getauft war. Von den Pfarrern der katholischen Gemeinden in Polen wurde erwartet, daß sie die Verteilung der Spenden nach dem Rang der Hilfebedürftigkeit vornehmen würden. In vielen Kirchen wurde der Gottesdienst von einer Geste besonderer Art gekrönt: Im Anschluß an den Kirchgang versammelten sich die Gläubigen im Gemeindesaal und nahmen Pakete entgegen: Gaben aus westdeutschen Spenden-Aktionen. Interessant dabei ist, daß mehr als die Hälfte der deutschen

Materiell geht es ihnen scheinbar gut auf ihren
Höfen: 75 Prozent der polnischen Landwirtschaft sind in privater Hand *(Foto: Ruge)*

Investition in die Zukunft: im Sozialismus
wird Gesundheits-Vorsorge für die Jugend
großgeschrieben *(Foto: Ruge)*

Polen-Hilfe für das überwiegend katholische Polen von evangelischen Gemeindemitgliedern stammten. Die Deutschen fragten
nicht lange, sie gaben.

Der kommunistischen Obrigkeit ist diese hohe Woge der Hilfsbereitschaft, die da aus dem Westen herüberschwappte, äußerst unbe-
haglich. Der hohe Funktionär, der bei einem Abendessen in der
deutschen Botschaft mein Tischnachbar ist, faßt das Unbehagen so
zusammen:»Ihr Deutschen in der Bundesrepublik wollt mit den
Paketen doch nur euer schlechtes Gewissen loswerden!« Ich bin
verblüfft, gleichzeitig auch betroffen. Denn als Hausfrau weiß ich,
welche Mühe sich die deutschen Familien machen, um die Pakete
nach Polen auf den Weg zu bringen. Wir selbst haben viele Anfra-
gen von Freunden beantwortet, die uns nach polnischen Adressen
fragten und eine Liste der dringend benötigten Dinge erbaten.
Deswegen sage ich:»Viele deutsche Familien, die Pakete nach
Polen schicken, haben den Krieg so wenig miterlebt wie die polnische Nachkriegsgeneration – nämlich über 60 Prozent. Unter ihnen
sind viele junge Ehepaare, die mit ihrem Haushaltsgeld knapp
kalkulieren müssen. In Polen kann man es sich vielleicht nicht
vorstellen, daß es für einen jungen Haushalt von Bedeutung ist,
wenn an die 100 Mark aus der Kasse für ein Paket nach Polen
abgezweigt werden!«

Das bringt den polnischen Funktionär nicht aus der Fassung. Er
kontert nach den Lehrsätzen östlicher Dialektik mit einem weiteren
Ausfall, der mich in Verlegenheit bringen soll:»Unsere momenta-
nen Versorgungs-Engpässe halten uns aber nicht davon ab, der
Jugend alle medizinische Vorsorge zukommen zu lassen. Diesen
Vorkehrungen an unseren Schulen mit Untersuchungs-Zimmer,
Arzt und Krankenschwester haben Sie doch kaum etwas entgegen-
zusetzen.«

Die Mediziner in Polen – zur Klasse der ›inteligencja‹ gehörig –
zählen im Vergleich zu den Arbeitern zu den niedrig bezahlten
Berufsgruppen: Einem Arzt ist es daher nicht unangenehm, wenn
er morgens in der Schule seinen Dienst zu versehen hat; so hat er
nachmittags Zeit, um sein karges Gehalt vom Staat mit Privat-
Behandlungen aufzubessern. Patienten bekommt er genug, denn
viele Polen scheuen die überquellenden staatlichen Arztpraxen,

wohin eine überbesorgte Sozialpolitik jeden schickt, der auch nur die Anzeichen von einem Schnupfen vorweisen kann. Die Fürsorge umfaßt Menschen wie Tiere, solange sie für den Arbeitsprozeß wichtig sind: In Polen gibt es nicht nur Baby-Urlaub, sondern auch Hunde-frei! Mit anderen Worten, wer auch immer in der Familie erkrankt – ob Kind oder Hund – berufstätige Väter und Mütter dürfen sich von der Arbeitsstelle suspendieren lassen, wenn sich niemand anders zur Pflege findet. Diese Praxis führt u. a. dazu, daß die Berufstätigen eifrig Gebrauch machen von Attesten. Daher auch die überquellenden Wartezimmer.

Der Schularzt hat einen relativ überschaubaren Turnus: Die Lehrer schicken ihre Schützlinge nicht nur mit Bauchweh oder Kopfschmerzen während der Unterrichtszeit zu ihm. Jeder einzelne wird auch regelmäßig zur Generaluntersuchung aufgefordert. Um gesundheitliche Alarmzeichen rechtzeitig zu erkennen, werden die Kinder immer wieder auf Haltungsschäden, Augenfehler, Zahnerkrankungen und anderes untersucht.

Auch in Nicolas Schule wird der Unterricht alle paar Monate unterbrochen. Die Ärztin kommt in die Klasse, die Gehilfin im Gefolge; sie trägt einen Kasten vor sich her, in dem auf einem Holzständer die mit Namensschildern versehenen Zahnbürsten der Klassenkameraden aufbewahrt sind. Jeder Schüler bekommt ein Papiertuch, die Ärztin verteilt eine Fluor-Flüssigkeit auf die einzelnen Zahnbürsten, und dann wird losgeschrubbt. Die Ärztin schaut auf die Uhr, während die Kinder ihre schäumende Zahnputzprozedur veranstalten. Ohne Ulk und Grimassen geht das nicht ab, das erwartet die Ärztin auch nicht. Sie setzt auf den langfristigen Effekt, denn Zähne – das kann man im Straßenbild unschwer feststellen – sind ein sichtbares Problem der polnischen Versorgungsmisere.

Doch das beste Sozialsystem – noch so klug ausgetüfelt – muß versagen, wenn zum Beispiel der Arzt Medikamente verschreibt, die der Patient nirgendwo bekommt, bzw. wenn er erst mit dem Rezept von Apotheke zu Apotheke rennen oder telefonieren muß, um sich die einzelnen Arzneiposten mühsam zusammenzuholen. Das trifft besonders die Alten und Gebrechlichen – Menschen, die nicht mehr im Arbeitsprozeß stehen, also auch nicht von der staatlichen Fürsorge in Schule oder Betrieb profitieren können.

Die Not der alten Menschen dringt oft nicht nach draußen oder sie versteckt sich wie hier in Ostpreußen auf dem Hof der deutschen Bäuerin hinter einer malerischen Kulisse, wo flutende Kornfelder, Wiesen und Weiden mit saftigem Grün einen Reichtum vorspiegeln, der scheinbar mit Händen greifbar nahe liegt.

Schnurgerade ziehen sich die schattigen Alleen. Im Flimmerspiel der Sonne kommt uns ein Pferdefuhrwerk auf dem Kopfsteinpflaster entgegen. Noch wird das Geklapper der Hufe, das Mahlen der Räder vom Gezwitscher der Vögel in den Baumkronen übertönt. Ein Schwarm hebt ab, taucht ein in die dunklen Tiefen der Wälder, verschwindet drüben am Ende des frisch gepflügten Ackers, dessen Furchen wie Lebenslinien in einen der vielen masurischen Seen hineinzulaufen scheinen. Die Schönheit, die Ruhe dieser Landschaft lähmt den Atem des Betrachters. Nicht umsonst werden die ostpreußischen Seen von den Deutschen ›die Äuglein des Himmels‹ genannt.

Aus diesen Träumen reißt uns eine barsche polnische Stimme – es ist wie die Ernüchterung nach der Vertreibung aus dem Paradies. Die Stimme kommt von dem Panjewagen herunter, der jetzt von der Allee in den Hof einfährt und vor dem Scheunentor Halt macht. Kommandos fliegen von Mann zu Mann.

Die Buben der Hofbesitzerin von Deutsch-Eylau, so stellt sich bald heraus, sind gestandene Männer, die kräftig zupacken können. Sie helfen ihren Kindern aus den Käfigen, in die sie sich nach der Schweineverladung verkrochen hatten, »um ein neues Fahrgefühl auszuprobieren«. Dann heben sie ihre Frauen vom Kutschbock, stellen sie vor: Polinnen aus den umliegenden Dörfern.

Wir erzählen von unserem Erlebnis mit der Miliz, von der Panne, die unser rechtzeitiges Erscheinen verhindert hat. Aber es gehört schon unsere ganze Überredungs- und Überzeugungskraft dazu, um die Jungbauern zu überreden, daß wir nun eine Nachinszenierung vornehmen müßten und daß einige Aktionen notwendig sind, um das Fernsehbild optisch ›lebendig‹ zu machen. Ein dickschädeliger Bauer hat mehr seine Schweine im Sinn als das Fernsehen. Sie sind für ihn keine optischen Problemstücke, sondern handfeste

Versorgungsgaranten. Wenn eines ausreißt, wird er ungemütlich, der Bauer. Da kann kommen, wer will! Der Hof steht wirtschaftlich relativ gesund da, weil er sich auf Schweinezucht spezialisiert hat. In einer kommunistischen Planwirtschaft, so wird es dem Westen immer wieder weisgemacht, funktioniere das System ganz einfach: Die Planvorgabe regelt die Produktion, deren einer Teil in den Binnenmarkt geht, der andere in den Export. Doch diese Planvorgabe stimmt in der Volksrepublik auf einem Sektor nicht: in der Landwirtschaft. Fast 75 Prozent der Agrarprodukte Polens werden privat erzeugt, doch diese Produkte scheinen an der Planwirtschaft elegant vorbeizulaufen.

Eine Anekdote mag dies verdeutlichen: Jedes Dorf, jede Wojewodschaft hat die Planzahlen von Vieh und Erträgen nach Warschau zu melden. In einer kleinen Gemeinde jedoch ergibt die Zählung nur ein einziges Schwein. Der Dorfvorsteher erschrickt: »Das nimmt uns in der Wojewodschaft niemand ab. Schreiben wir in die Liste: ›zwei Schweine‹. Das macht sich besser.« Im Wojewodschaftsbüro laufen die Daten der Gemeinden zusammen. Das Ergebnis löst Erstaunen aus. »In einem Dorf«, wundern sich die Beamten, »soll es nur zwei Schweine geben.« Sagt der Wojewode: »Schreiben wir halt drei Schweine in die Liste. Das glaubt uns sonst niemand in Warschau.« Die Listen kommen in die zentrale Plankommission. Dem Planungschef wird die Viehzählung vorgetragen. »Leider«, sagt der Funktionär, »gibt es in dieser Wojewodschaft – wie in anderen auch – Dörfer, in denen nur drei Schweine gezählt wurden.« Da freut sich der Planungschef: »Wunderbar! Das ist doch genau nach Plan: ein Schwein ist für den Export, und zwei sind für die eigene Versorgung.« Soviel zu der wundersamen Vermehrung des polnischen Hausschweines.

Jede Warschauer Führung ist bislang zurückgeschreckt, Hand an die Landwirtschaft zu legen und sie zu verstaatlichen. Eine wie auch immer geplante Landreform würde die Kommunisten Polens um den letzten Rest ihrer Glaubwürdigkeit bringen, zumal 1945 auch das Versprechen, »aus Knechten Bauern zu machen«, die Menschen jenseits von Bug und San in die entvölkerten deutschen Ostgebiete lockte. Während ringsum in den Anrainer-Staaten Polens die Kolchosen-Wirtschaft installiert wurde, blieben der

Volksrepublik die Privat-Bauern erhalten. Zudem lassen bisher nicht korrigierte Erbgesetze die Höfe immer mehr zusammenschrumpfen. Das erlaubt weder eine Modernisierung der Anbaumethoden noch die Mechanisierung der Geräte. Entsprechend wird der Boden bestellt. Wir haben Äcker gefunden, auf denen 36 verschiedene Arten von Feldfrüchten nebeneinander standen: eine Reihe Kohl, eine Reihe Kartoffeln, Klee, Korn, Rüben usw. Ein Problem allein schon für die unterschiedliche Anwendung von Düngemitteln bzw. Schädlingsbekämpfungs-Produkten.

Es kommt noch hinzu, daß die privaten Bauern, ebenso wie die Staatsgüter, abhängig sind von der Verteilung der Saatgüter und Düngemittel. Weil aber die damit beauftragten Staatsfunktionäre dabei mehr das Wohlverhalten des Einzelnen als seine Bedürfnisse im Auge hatten, ist es erklärlich, daß die ›Land-Solidarität‹ ihren Zulauf bekam: Die privaten Bauern wollten die Verteilung selbst in die Hand nehmen – durch die Gründung einer Gewerkschaft. Auf Anhieb betrachtet, erschien das fast überflüssig, gab es doch bereits ein Dutzend Bauern-Organisationen. Doch sie alle sind mit einem kleinen Schönheitsfehler behaftet: in jedem Verband sitzt ein Staatskommissar, offiziell beauftragt mit der Verwaltung der Gelder. Zu wirklicher Eigenständigkeit und Selbstverwaltung könnte nur der Zusammenschluß der Bauern auf Gewerkschaftsebene führen – ohne Staatskommissar.

Auf dem Hof in Deutsch-Eylau sind die Dreharbeiten endlich voll im Gange. Da passiert die Panne: ein Schweinchen hat unbemerkt Reißaus genommen. Und so bietet sich unversehens das – leider der Fernsehkamera verborgen gebliebene – Bild, daß fünf Fernsehleute plötzlich in alle Winde stieben, um ein rosiges Ferkelchen einzufangen, das die günstige Gelegenheit der Fernsehinszenierung zu einem privaten Abstecher nutzte. Schließlich wird es geschnappt und auf den Wagen verfrachtet. Der Wagen fährt wie im Drehplan vorgesehen ›aus dem Bild‹. Doch – nächste Panne – der Bauer kommt nicht zurück. Er fährt und fährt – kein Rufen hält ihn auf, er verschwindet in der Ferne. Für die nächste Kamera-Einstellung wird er aber noch gebraucht. Peter wirft sich also ins Auto, rast ihm hinterher. Das alles kostet Zeit, auch Nerven.

Meschkinnes
gut für den Bärenfang in Ostpreußen

Zutaten
1 Tasse Wasser oder Weißwein
1 Zimtstange in Stücken
1 Vanillestange kleingeschnitten
300–400 g Honig. Wichtig: das Aroma mit Bedacht
auswählen, da es später den Geschmack bestimmt!
½ l Weingeist, über 90% stark

Vorbedingung
1 Flasche, in der zwei Wochen lang das Gebräu auch wirklich ruhen kann, ohne daß Vorkoster darangehen.

Zubereitung
Wasser oder Weißwein mit Gewürzen aufkochen, durch ein Sieb gießen. Auf kleiner Flamme Honig langsam einrühren, erst dann den Weingeist hinzugeben. Auf Flasche füllen, verkorken.

Als alle Aufnahmen glücklich im Kasten sind, weicht die intensive Anspannung einem einzigen erschöpften Gedanken: Fort von Ställen, Schweinen und Misthaufen. Doch wie auf ein Stichwort öffnet sich die Tür zum Bauernhaus, die Hofbesitzerin tritt heraus und bittet mit beredter Herzlichkeit die ganze Mannschaft ins Haus. Ein »Nein« hieße Ehre und Stolz der hausfraulichen Gastfreundschaft kränken. Wir nehmen also Platz und erleben im nächsten Moment eine gewaltige Überraschung: auf den Tisch kommen ›Glumpse‹ und ›Schmandt‹, also Quark und Sahne, dazu Heringe, selbsteingelegte Pilze und Salate, Wurst – sogar ein frischgebackener Kuchen wird aus der Küche gezaubert. Da darf nach altem Brauch auch der Schnaps nicht fehlen. »Das ist ›Meschkinnes‹, selbstgebrauter«, sagt die Bäuerin mit verschmitztem Lächeln. »Da kann man nicht auf einem Bein stehen.« Wir erheben die Gläser: »Po raz pierwszy – zum erstenmal – auf die schönen Frauen«, prosten die Männer den Damen zu.

Einträchtig sitzen wir an diesem Nachmittag um den Tisch – Polen und Deutsche. Es wird viel erzählt, auf polnisch: Lustiges, wie die Jungen der staatlichen Vieh-Annahmestelle eine Sau andrehten, die gar nicht mehr werfen konnte – Stolzes, wie sie als allererste von gerade angekommenen Dachziegeln erfuhren, weil sie jemanden geschmiert hatten – Trauriges, weil sie noch ein Jahr länger auf das zugeteilte Auto warten müssen – Alltagsgeschichten also, wie sie nur jemand erzählen kann, der die ihn umgebende Wirklichkeit akzeptiert hat, der diesem Land verbunden ist, der genau weiß, daß er in diesem System seinen Platz gefunden hat. Es geht ihnen gut, dank der Schweine. Sie fühlen sich in Masuren zu Hause – oder etwa doch nicht?

Als wir Abschied nehmen, sagt die Hofbesitzerin in der weißen Schürze auf deutsch zu uns: »Kommt wieder – bitte, vergeßt uns nicht.«

11
Göttkendorf
Gutkowo

Dorfstraße in Ostpreußen
(Foto: ZDF)

Ihre letzte Mahlzeit besteht aus Brot, Wurst, Käse und Milch. »Herr, wir danken Dir«, sagt der Bauer. »22 Jahre haben wir auf diesen Augenblick gewartet. Wir verlassen Ostpreußen, um die Freiheit zu gewinnen. Amen.«

Die Familie setzt sich um den Tisch: der Bauer mit seiner Frau, der 23jährige Sohn und die polnische Schwiegertochter, die 20jährige Tochter, daneben der jüngste Sohn, 16 Jahre alt. Eine intakte Familie. In wenigen Stunden wird sie auseinanderbrechen. Mutter und Tochter gehen mit in den Westen. Auch der jüngste Sohn. Der älteste aber bleibt im Dorf. Er übernimmt den Hof.

Materiell ist es ihnen nicht schlecht gegangen. Sie waren auf Kälberzucht spezialisiert, hatten 15 Hektar Land nach und nach dazugekauft: »Von denen, die von hier fortgingen – den Deutschen, die aussiedelten. Aber auch von Polen, die den Boden aufgaben. Trotzdem haben sie uns drangsaliert, wenn ich Saatgut, Dünger, Kohle oder Reparatur-Teile wollte.«

Das Wohnzimmer der Familie wirkt noch komplett, strahlt Geborgenheit aus. Lediglich zwei übergroße Holzkisten in den Ausmaßen einer Aussteuer-Truhe deuten das bevorstehende Ereignis an. Das Ehepaar selbst verbreitet Gelassenheit, beide scheinen den endgültigen Schlußstrich innerlich längst gezogen zu haben, während wir uns fragen: Was bewegt die Familie, ein geräumiges Haus mit fünf Zimmern aufzugeben, den gutgehenden Hof mit prallem Viehbestand, das stille Heimatdorf inmitten der unberührten malerischen Masuren-Landschaft zu verlassen – um es gegen »was?« einzutauschen? In der Bundesrepublik träumt man von so einer Idylle, die Ruhe ausstrahlt und Unabhängigkeit bedeutet – König zu sein, in den eigenen vier Wänden.

Die Erklärung gibt der Bauer ohne Bedenksekunde: »Die anderen von der Familie und von unseren Bekannten sind längst weg, ich will nicht der letzte sein, der die Schlüssel hinterherträgt.« In seinem unverfälschten Ostpreußendialekt schwingt Resignation mit: »Nach dem Krieg habe ich mich hierher durchgeschlagen. Der

Hof gehörte meinem Vater, davor meinem Urgroßvater, er ist in der Familie seit 250 Jahren. Dieses Land haben wir fruchtbar gemacht. Ich habe mich nach dem Krieg darauf eingelassen, Pole zu werden, sonst hätte ich alles verloren.« Bitter fügt er hinzu: »Wir haben Polen mit aufgebaut. Jetzt sind wir über 55, jetzt können wir gehen.«

Der Blick geht durch das Fenster. Im Dorf, dem die Polen den Namen Gutkowo gegeben haben, ist es noch stiller als sonst. Gegenüber schlägt die volle Stunde von der Pfarrkirche, die jetzt katholisch ist. Auf dem Friedhof steht noch der Heldengedenkstein von 1914. Auf der Marmortafel sind Namen eingraviert: Galitzki, Warenski, Panowski. Sind es Deutsche oder Polen? Wer gibt darauf Antwort? Ausgemeißelt ist der Sinnspruch, wofür sie gefallen sind. Geblieben in Stein ist der alte Name: Göttkendorf. Früher ein kleines Dorf mit 400 Seelen. Nach 1945 wurden hier über 2000 Menschen angesiedelt, überwiegend Arbeiter, die nach Allenstein hinüberfahren, um ihr Brot zu verdienen.

»Seitdem bekannt geworden war, daß wir raus wollten, haben sie uns die Hölle gemacht«, sagt die Bäuerin. »Wir wurden gedemütigt, wohin wir auch kamen. Sogar vom Pfarrer. Als hier Pakete aus der Bundesrepublik verteilt wurden, gingen wir leer aus. Die Aussichten hier werden immer mieser, schlechte Versorgung, Schlangestehen, früher bekam man wenigstens noch was. Heute zehren wir vom Hausgemachten. Und geschlachtet wird nur einmal im Jahr«, erzählt die Frau.

Ob es nicht schwerfällt, das eigene Haus zu verlassen? Sie blickt verlegen, aber der Bauer streckt sich energisch, schaut fest in die Runde und sagt mit Endgültigkeit in der Stimme: »Sie können alle hierbleiben, ich gehe, ich habe lange genug auf diesen Augenblick gewartet.«

Gespannt schauen wir auf die Bäuerin, wie reagiert sie? Hängt sie nicht doch an ihrer Heimat, an ihrem Zuhause, das ihr seit der Kindheit vertraut ist? Sie kommt gerade aus der behaglich eingerichteten Küche, mit dampfendem Tee und selbstgebackenen Ostpreußenplätzchen. Neben der Anrichte hängt gerahmt ein Spruch: »Hoffnung sei dein Wanderstab, von der Wiege bis zum Grab.« Ob dieser Sinnspruch sie auch in das neue Leben hinüberbegleiten wird? Als wenn sie Gedanken erraten könnte, wendet sie sich uns wieder zu.

»Heimat«, sagt sie zuversichtlich, »finden wir überall. Dort wo man seine eigene Habe um sich hat, dort ist doch auch Heimat.«

Wie viel aber darf sie von der Habe mitnehmen: »Die Möbel bleiben hier«, sagt sie. »Unser Ältester übernimmt ja Haus und Hof. Unseren Hausrat verpacken wir in Kisten, die werden mit der Bahn verladen.«

Wie es mit den Ersparnissen sei, wollen wir wissen. In 25 Jahren Ehe sammelt sich doch etwas an. »Das ist es ja eben«, ereifert sich der Bauer. »Damals vor 22 Jahren, als wir den Antrag gestellt haben, da konnten wir noch mit dem Handgepäck losziehen, heute hängt einiges dran. Die ersparten Złotys darf man ja nicht ausführen. Wir kauften Hausrat dafür.«

Kristall beispielsweise, das im Westen recht begehrt ist? »Auf keinen Fall«, antwortet die Frau, »wir dürfen nur zehn Kilo mitnehmen, alles was darüber hinausgeht, müssen wir verzollen.«

Ob das Auto mitreist? Der Bauer lacht spöttisch: »Da bin ich im Westen ja gleich abgestempelt.«

Und das Vieh: »Ja, 12 Kühe kommen im Zug mit, ich werde sie im Westen verkaufen.« Unruhe klingt durch: »Hoffentlich werde ich nicht übers Ohr gehauen. Die Viehhändler wissen doch ganz genau, daß ich verkaufen muß!«

Im Dorf zurück bleiben drei andere deutsche Familien. »Unter denen, die bisher noch ohne Reisepapiere sind, wächst die Unruhe«, meint die Bäuerin. »Torschlußpanik. Keiner will der letzte sein.«

Der Auszug der Deutschen aus ihren angestammten Siedlungen im Osten geht zurück bis auf den Winter 1943, mit den ersten Flüchtlingstrecks aus der Ukraine. Damit wurde eine Völkerwanderung in Gang gesetzt, die bis heute – über 40 Jahre nach Kriegsende – immer noch nicht abgeschlossen ist. Diese ersten von den Nazis angeordneten Evakuierungen überrollte die schnell näher rückende Front. Was folgte, war die Auflösung jeder Ordnung, ein Chaos, eine Tragödie von Flucht und Vertreibung, die über 18 Millionen Deutsche in Europa erfaßte. Nach der Kapitulation verlegten vor allem Russen und Polen den Flüchtlingen den Weg zurück in die Heimat. Sie sperrten im Juli 1945 für die deutschen Rückwanderer die Oder-Neiße-Linie, gleichzeitig begannen sie, die annektierten Gebiete von Deutschen zu säubern.

Es kommt zu einer beispiellosen Massenvertreibung, vor allem aus dem polnischen und tschechoslowakischen Machtbereich – doch damit nicht genug: Dieses rigorose Hinausdrängen geht einher mit der Verschleppung von arbeitsfähigen zurückgebliebenen Deutschen zur Zwangsarbeit in die Sowjetunion.

Nach Ermittlungen des statistischen Bundesamtes in Wiesbaden fanden während der Flucht und später bei der Vertreibung rund 2,3 Millionen Deutsche den Tod. In den Gebieten östlich von Oder und Neiße wurden über 9 Millionen Deutsche heimatlos, jenseits des Riesengebirges waren es rund 3,3 Millionen Sudetendeutsche.

Nach der Volkszählung von 1950 hatten im Gebiet der Bundesrepublik Deutschland 7,8 Millionen Vertriebene Aufnahme gefunden, auf dem Territorium der DDR wurden rund 3,6 Millionen Vertriebene gezählt.

Bei ihrem Vorgehen gegen die Deutschen berufen sich besonders die Polen auf das sogenannte ›Potsdamer Protokoll‹. Darin hatten die Siegermächte im Juli 1945 die »Aussiedlung der deutschen Bevölkerung oder von Teilen derselben, die in Polen, der Tschechoslowakei und Ungarn zurückgeblieben sind«, sanktioniert.

Willkür und Unmenschlichkeit begleiten die Vertreibungsaktionen bis in die 50er Jahre. Später dann wird der Exodus der Deutschen als ›Umsiedlung‹ bezeichnet, werden Verfahrensregeln aufgestellt, die es nun auch den bis dahin von einer Ausreise ausgenommenen Personenkreisen ermöglichen, einen ›Antrag auf Aussiedlung‹ zu stellen. Hintergrund dieser scheinbaren Bereitschaft, die Deutschen aus dem Osten mit aller Formalität ausreisen zu lassen, ist bei den Kommunisten die Erkenntnis, daß sich aus der Aufnahmebereitschaft der Bundesrepublik Kapital schlagen läßt: Es werden nun jährliche Menschen-Kontingente vereinbart, für die sich der ›Eiserne Vorhang‹ nur öffnet, wenn die geforderten ›Verbindlichkeiten‹ erfüllt sind.

Nach Abschluß des Warschauer Vertrages über eine Normalisierung vereinbaren beide Seiten eine großzügigere Handhabung der jährlichen Quoten, die auch eingehalten werden. So sind von 1950 bis heute rund 745 000 deutsche Aussiedler allein aus den Ostgebieten in die Bundesrepublik gekommen – obwohl doch die Polen stets behaupten, es gäbe keine Deutschen mehr im Lande. Das Ausreiseprotokoll von 1975 legte fest, daß vier Jahre lang 125 000 Personen die Volksrepublik verlassen durften – doch die Polen erteilten stillschweigend zusätzliche Genehmigungen. Und die Deutschen zahlten: In zeitlicher Nähe zum Ausreiseprotokoll stand damals ein weiterer Finanzkredit an Polen.

Mit einem Blick auf ihre erwachsene Tochter sagt die Bäuerin in Göttkendorf kurz vor dem Aufbruch:»Wir haben noch Glück gehabt, daß wir nicht vorher noch eine weitere Hochzeit feiern mußten. Deutsche Ehepartner sind nämlich gesucht, wegen der Möglichkeit zum Ausreisen.«

Darauf waren wir schon in Oberschlesien hingewiesen worden. Ein regelrechter Heiratsmarkt habe sich gebildet, wurde getuschelt. Es hatte sich also nicht nur dort herumgesprochen, daß der ›fremdvölkische Ehegatte‹ in die Bundesrepublik mitdarf, da nach Bonner Auffassung Familien nicht auseinandergerissen werden dürfen.

Als bei der Klassenfahrt in die DDR immer mehr zur Gewißheit wurde, daß unsere Tochter nicht mitfahren durfte, machte sich ihre Klasse in einer lebhaften Debatte einen Spaß daraus, auch den Heiratsgedanken ins Spiel zu bringen:»Wenn du einen von uns Polen heiratest, Nicola, hättest du kein Problem, du könntest sofort mit in die DDR reisen«, witzelten die Schulkameraden.»Wer wollte dich denn heiraten?« fragte die Lehrerin später, als sie von der Diskussion hörte.»Wszystscy«, antwortete die Klasse lachend, alle Jungen hatten die Hand gehoben. Nicht, weil sie unbedingt Lust zum Heiraten hatten, sondern weil die Ausreise in den kapitalistischen Westen mit einem deutschen Ehegatten für jeden jungen Polen eine verlockende Perspektive ist. Ein Grund mehr für die kommunistische Führung, ihre Bürger vor Ausländer-Kontakten zu warnen, was dazu führt, daß die in Polen lebenden Westler isoliert leben, sich untereinander dafür um so enger zusammenschließen.

Die polnische Jugend freilich ist unbekümmert genug, sich über solche ›Empfehlungen‹ von oben hinwegzusetzen. Nicola wurde schon bald nach ihrem Eintritt in die polnische Klasse von ihren Schulkameraden zu Partys eingeladen. Als es dann allerdings zur Gegeneinladung bei uns kommen sollte, wurde das Zögern spürbar, und wir hatten alle Mühe, unseren Kindern zu erklären, daß wir den polnischen Familien womöglich schaden würden, wenn der Kontakt mit uns zu eng würde. Wie aber kann man einem von Vorurteilen unbelasteten jungen Menschen klarmachen, daß im sozialistischen System schon der Umgang mit kapitalistischen Westlern zu Repressalien am Arbeitsplatz, zu Ausreiseschwierigkeiten und anderen Schikanen führen kann?

Ein Erlebnis dann rückte eines Abends das ganze Dilemma grell ins Bewußtsein. Wir saßen bei polnischen Freunden um den Tisch herum, als Miliz ins Haus kam. »Nur Routine«, versicherten unsere Gastgeber, aber die mühsame Beherrschung war ihnen anzumerken. Unser Ausländer-Kennzeichen vor der Haustür hatte den Sicherheitsbeamten genügt, um sich nach den Gästen zu ›erkundigen‹. Für uns freilich auch eine Warnung: Die polnischen Freunde nicht in Verlegenheit zu bringen, mit Integrations-Absichten vorsichtiger, zurückhaltender zu sein.

Übertragen auf die noch in Polen lebenden Deutschen wird nun auch der Ausspruch klar, den Primas Glemp zum Thema ›Integration‹ von sich gab, als er die Bundesrepublik besuchte. Ein Satz, der viel Unruhe verursachte. Eine alte Frau hatte sich mit der Bitte, »daß man den Deutschen in Polen kein Unrecht zufüge«, an ihn gewandt, worauf Glemp zurückfragte: »Welchen Deutschen? Welches Unrecht?«

Offenbar ist es dem Primas unbegreiflich, wieso all die Aussiedler und Aussiedlungswilligen »sich nach 40 Jahren, also in der zweiten Generation, zu Ausländern erklären«, Glemp unterstellt, daß die Deutschen in Polen »der Bequemlichkeit und Annehmlichkeit wegen ihr Vaterland wechseln und auch keine klaren moralischen Grundsätze haben.«

Der der polnischen Kirche nahestehende Journalist Janusz Reiter ergänzte:

Unter Ausreisewilligen in Polen ist es kein Geheimnis: wer auf die deutsche Staatsangehörigkeit pochen kann (weil er die formellen Kriterien des Gesetzes von 1913 erfüllt), der hat in der Bundesrepublik bessere Aussichten als andere polnische Emigranten. In den letzten Jahren machen mehr Polen von dieser Möglichkeit Gebrauch. Doch mit der Wiedergeburt eines deutschen Nationalgefühls hat das nicht viel zu tun.

Die Ursache liegt in der politischen und wirtschaftlichen Krise Polens, die viele zur Auswanderung bewegt. Sie wollen im Westen leben. Es ist Heuchelei so zu tun, als ob man das nicht wüßte.

Ein ungeheurer Vorwurf denen gegenüber, die 20 Jahre und länger auf ihre Ausreise warten. Wer hat es ihnen verwehrt, nicht nur im Herzen deutsch zu bleiben? Es ist nicht nur das Regime, es sind nicht nur die Funktionäre, auch Priester und Bürger, die in den Kirchen Polens die Hände zum Siegeszeichen recken, in der Zuversicht, daß ihr Kampf für die Menschenrechte den Beifall und die Unterstützung des Westens findet. Der Vorwurf wäre also zurückzugeben: Viele Polen, die das Wort Freiheit im Mund führen, können sich nicht davon lossprechen, Deutschen gegenüber, die willig waren, Haus und Hof auch unter einer neuen Administration weiterzuführen, in der Rolle von Unterdrückern begegnet zu sein. Das Dilemma der Dortgebliebenen schildert ein Betroffener, nachdem er in den Westen übersiedelte. Es ist einer aus der jungen Generation, einer, der in den deutschen Ostgebieten aufwuchs, aber als Pole erzogen wurde. Seine Stimme steht für viele:

Ich bin 31 Jahre alt und lebte bis 1979 unter polnischen Verhältnissen, dem Druck der Assimilierungsprozesse vollkommen ausgesetzt. Gegen den Willen meiner Eltern brachte ich es in zehn Jahren großer Mühe auf, mein polnisches Bewußtsein aufzubauen, um mich in der polnischen Gesellschaft zu integrieren und von der verpönten deutschen ›Last‹ frei zu sein. Erst dann wurde meine junge Naivität bestraft. Meiner polnischen und von den Eltern weggegangenen Seele hat man das Vertrauen abgesprochen. Meine deutschen Eltern konnten leider und heute Gott sei Dank keine polnischen Traditionen aufweisen.

Es war die schwerste Krise meines Lebens. Ich wünsche niemandem in der Bundesrepublik Deutschland so eine Nationalitätenkrise zwischen dem Elternhaus und der herrschenden Gesellschaft in Polen durchmachen zu müssen. Alle sprechen über Grenzempfindlichkeitsgefühle der Polen, die dort lebenden Deutschen werden völlig außer acht gelassen. Die Polen leiden schon lange nicht mehr unter den Deutschen direkt. Die Deutschen im jetzigen Polen werden immer noch gewaltsamen und direkten Assimilierungsprozessen ausgesetzt.

Ich verstehe die Welt in Bonn nicht mehr; wie kann man über Versöhnung ehrlich sprechen, wenn die im deutsch-polnischen Verhältnis aktuell direkt Betroffenen übersehen werden? Niemand bestreitet doch das Heimatrecht der Polen, wohl aber bestreitet der polnische Staat das Heimatrecht der Deutschen.

Als Deutscher und Oberschlesier verlange ich gleiche Lebenschancen für Polen und Deutsche im friedlichen Miteinander; dann wird man nicht soviel über Grenzen reden müssen.

Im Haus der Göttkendorfer Aussiedlerfamilie schaut die Bäuerin besorgt auf ihren Jüngsten, den 16jährigen. »Ob er sich drüben wohl zurechtfinden wird?« seufzt sie. »Das ist mein größter Kummer, der Junge gibt sich ja die größte Mühe mit der deutschen Sprache, aber wir mußten selbst zu Hause untereinander polnisch sprechen, damit er in der Schule nicht mit einem deutschen Akzent auffiel.«

Nach einer nachdenklichen Pause fügt sie hinzu: »Das Problem hat unser Ältester wenigstens nicht.« Er ist gerade draußen, schaut nach den Kühen. Sie scheinen die bevorstehende Veränderung zu spüren und machen ihrem Unbehagen Luft mit unüberhörbarem Muh-Gebrüll.

»Diese Trennung«, fragen wir die Mutter. »Wird es nicht schmerzlich sein, wenn der Älteste zurückbleibt?«

»Er wird ja nicht allein gelassen«, sagt die Bäuerin, »seine Frau zieht mit ihm und dem Baby in das leere Haus. Und eines Tages, das hoffe ich jedenfalls, werden sie alle nachkommen.«

Ob der Sohn auch so denkt? Schließlich verläßt mit den Eltern auch das Vieh den Hof und damit sein Startkapital. Als er zurück in die

Stube kommt, scheint er sich selbst Mut zuzusprechen: »Ich glaube, daß ich den Stall in zwei Jahren wieder voll habe – ob mit oder ohne Entwicklungshilfe, die aus dem Westen kommen soll.« Er schaut auf seine Schuhspitzen, um den Mund zuckt es: »Hoffnung verloren – alles verloren«, sagt er schließlich, während die Augen der Mutter feucht werden. Mit diesem alten masurischen Spruch scheint sich die Familie über all die Jahre hinweg immer wieder selbst getröstet zu haben.

Hat die Aussicht auf eine Westhilfe für Polens Bauern seinen Entschluß beeinflußt, in Ostpreußen zu bleiben, wollen wir wissen. Das Projekt spukt schon lange in vielen Köpfen. Ist es ein Lichtblick?

»Die privaten Bauern hier warten mit Spannung auf den Segen – manche glauben schon nicht mehr daran, denn das ganze Hin und Her zieht sich doch schon viel zu lange hin.«

Begrüßen die Landwirte das Projekt überhaupt grundsätzlich? »Ich persönlich bin etwas skeptisch«, sagt der Jungbauer. »Nach den Erfahrungen mit den Paketen aus der Bundesrepublik kann es ja vielleicht passieren, daß sie uns genauso übergehen.«

Und die anderen? »Na, einige sagen, wenn der Staat das Geld in die Finger kriegt, ist es weg – genauso verloren wie die 25 Milliarden Dollar-Kredite aus dem Westen in der Gierek-Zeit, die unsere Industrie auf die Beine bringen sollte. Und Sie wissen ja, was daraus geworden ist.«

Das Tauziehen um die westliche Hilfe für die private polnische Landwirtschaft ist auch ihm bekannt. Ursprünglich war daran gedacht, die katholische Kirche zum Sachwalter zu bestellen, dagegen erhob die polnische Führung Einsprüche. Immerhin geht es um die stattliche Summe von 3–5 Milliarden Mark.

Die polnische Regierung – sonst für westliche Kredite aufgeschlossen wie kein anderes östliches Land – ist hin- und hergerissen zwischen dem offenkundigen Vorteil und dem zu befürchtenden Nachteil: Aus der Sicht des kommunistischen Staates ist eine über die Kirche abgewickelte Westhilfe ein gefährliches Experiment, das zu einem erheblichen Machtverlust der Regierung führen könnte. Denn die in Aussicht gestellten Kredite würden den privaten Sektor der polnischen Landwirtschaft langfristig festigen. Das aber hätte

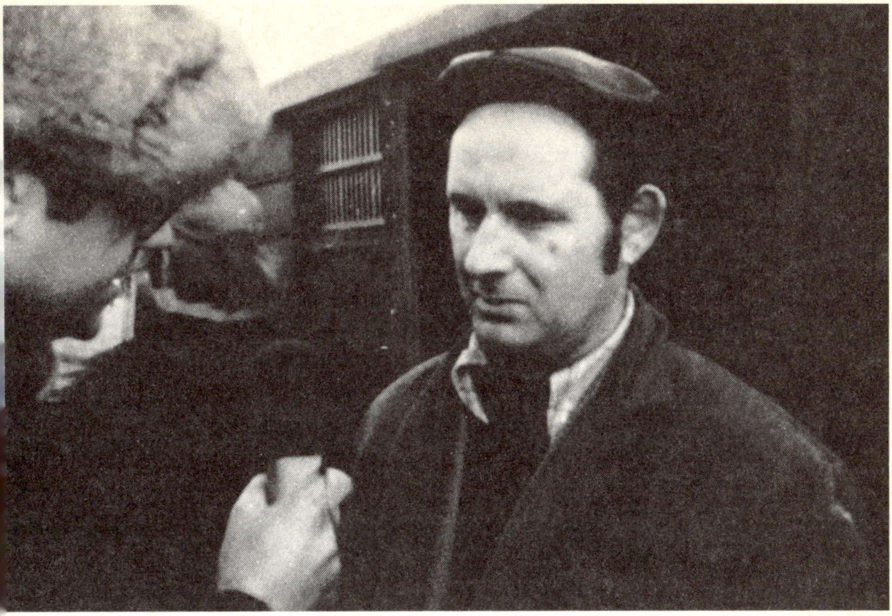

Nach über 20 Jahren – Genehmigung für die
Ausreise: »Ich will nicht der letzte Deutsche
im Dorf sein«   *(Foto: ZDF)*

Mit dem Panjewagen zum sozialistischen
Fortschritt   *(Foto: Ruge)*

zur Folge, daß es auf lange Zeit vorbei wäre mit den sozialistischen Veränderungen auf dem Lande.

Die private Landwirtschaft würde sich Schritt für Schritt lösen können von der staatlichen Bürokratie. Einmal aus der Abhängigkeit staatlicher Verteilungsmechanismen entlassen, hätten die Bauern das Ziel erreicht, für das schon die verbotene ›Land-Solidarität‹ gekämpft hatte: Die freie Verfügung über die Produktionsmittel.

Der polnische Bauer ist bislang nur theoretisch ein ›freier Produzent‹. Er kann nicht entscheiden, wo er Landmaschinen kauft, er kann nicht einmal bestimmen, wem er seine Milch verkaufen will – der Staat hat auf alles ein Monopol.

Für Kommunisten besteht daher eine innere Logik, die Hand fest auf die Verteilung der westlichen Spendengelder zu legen. Landwirtschaftsminister Zieba hat diesen Anspruch unmißverständlich formuliert:»Die Landwirtschaft ist im sozialistischen System unteilbar, man muß alle Sektoren unterstützen.« Deswegen hatte die polnische Regierung vorgeschlagen, ein Drittel der Spenden den privaten Bauern zukommen zu lassen und den Rest zu gleichen Teilen auf die zuliefernden Handwerker und die Industrieunternehmen für landwirtschaftlichen Bedarf zu verteilen.

Die Zweifel an der Durchführbarkeit des Projektes werden immer wieder von Meldungen über mögliche Einigungsschritte zwischen Staat und Kirche abgeschwächt. Das scheint dann den West-Politikern wie Außenminister Genscher recht zu geben, die sich unbeirrt für diese Landwirtschaftshilfe einsetzten. Er warb nicht nur bei der katholischen, auch bei der evangelischen Kirche in der Bundesrepublik dafür. Genscher war auch einer der eifrigsten Befürworter der West-Hilfe für die polnische Landwirtschaft bei der EG in Brüssel.

Nach Meinung von polnischen Experten könnte das Hilfsangebot aus dem Westen, das zur Hälfte aus öffentlichen Mitteln der Europäischen Gemeinschaft sowie den USA, zur Hälfte aus kirchlichen Mitteln der europäischen Bischofskonferenzen sowie aus privaten Spenden kommen soll, die polnische Landwirtschaft in relativ kurzer Zeit wieder in Schwung zu bringen. Das Land wäre imstande, sich selbst zu ernähren und könnte künftig sogar auch Überschüsse exportieren.

Dennoch – auch hierzulande ist das Projekt umstritten. Es gibt Stimmen von Politikern mit der Meinung: »Den Polen kann man die Sahara schenken – dann ist dort bald kein Sand mehr.« Und es mehren sich kritische Anmerkungen aus der Bevölkerung: Man fragt, warum mit deutschen Steuergeldern mitten in Europa »eine Entwicklungshilfe gefördert werden soll, wie sie sonst nur für die Dritte Welt üblich ist, wo täglich etwa 40000 Kinder elendig an Nahrungsmangel sterben.«

Befürchtet wird, »daß die West-Hilfe an der bestehenden Situation in Polen ebenso wenig ändert wie seinerzeit der Milliarden-Kredit an die Gierek-Regierung«.

Andere Bürger fragen: »Wie kann man die rigorosen Sparmaßnahmen in der Bundesrepublik der eigenen Bevölkerung gegenüber erklären, wenn die Einsparungen dann dafür benutzt werden, eine neue Polen-Hilfe in Milliardenhöhe zu finanzieren – und sie womöglich auch noch abzuschreiben.«

»Wir wollen helfen, wir wollen dazu beitragen, das jahrtausendalte, oft belastete Verhältnis zwischen Deutschen und Polen zu entkrampfen«, ist die Meinung vieler in der Bundesrepublik. »Wir sollten aber nicht nur die Gebenden sein und im blinden Vertrauen handeln. Das deutsche Interesse wahren, hieße, sich in der Polen-Frage endlich der eigenen Volksgruppe zu nähern. Wenn das von der Volksrepublik weiterhin verwehrt wird, wäre dann der Gedanke zu abwegig, auf die Beteiligung an der internationalen Landwirtschaftshilfe für Polen zu verzichten, zugunsten einer anderen deutschen Stiftung: des Aufbaus eines Hilfswerkes für die Spätaussiedler, errichtet von Kirche und Regierung der Bundesrepublik, damit sich diese Deutschen nach vielen Jahren politischer Indoktrination und Isolierung endlich eingehend mit der deutschen Sprache, Geschichte und Kultur beschäftigen können?«

Die Eingliederung dieser Deutschen aus dem Osten wird für den Jüngsten der Göttkendorfer Familie am schwierigsten werden. Er spricht nur ein paar Brocken deutsch, sucht krampfhaft nach Worten, als wir ihn nach seinen Berufswünschen fragen: »Ich will in die Elektronik«, von dem Gedanken ist er besessen. »Wenn sie den Vater nicht rausgehen lassen hätten – ich wäre abgehauen.«

Wem wäre er wohl entkommen? Wohin hätte er sich wenden können? In einem Land, das von Militär umstellt ist und aus dem es kein Entrinnen zu geben scheint – viel schlimmer: wo jeder gezwungen wird zu einem Dasein, das viele nur durch innere Emigration bewältigen.

»Nach außen«, sagen unsere polnischen Freunde, »wird sich unsere Lage immer wieder ›normalisieren‹. Wir werden weiterhin ›Sto lat‹ singen – hundert Jahre sollst du leben, aber in unseren Herzen weinen wir, weil es ein Fluch ist, so lange in diesem kommunistischen System zu leben. Wir bleiben Internierte, auch wenn wir die freie Luft Polens atmen.«

Um diesem Eingesperrtsein zu entfliehen, werden die abenteuerlichsten Ausbruchsversuche unternommen.

»Junge«, sage ich, »soll ich dir erzählen, was für Fluchtgedanken schon andere hatten:

Man kann in die amerikanische Botschaft in Warschau auch von der ulica Piękna gelangen, man muß nur durch das stählerne Gittertor gehen, gleich neben der Schweizer Botschaft. Auch an diesem Morgen ist das Tor offen, im Wachhäuschen auf dem Bürgersteig döst ein Miliziant. Plötzlich schreckt er hoch.

Ein Mann rennt in drei, vier kurzen Sätzen über die Straße, unter dem Arm trägt er einen polnischen Schuhkarton. Er passiert das Tor, ist auf dem exterritorialen Boden der US-Botschaft. Er stürmt auf die Glastür zu, in die Einlaßpforte zum amerikanischen Konsulat. Der Mann stößt die Flügeltür auf, rast in den Vorraum auf ein Pult zu, neben dem die Fahne der Vereinigten Staaten von Amerika hängt. Hinter dem Pult steht ein Marine-Wachsoldat in Uniform: ›What do you want?‹ fragt er den atemlosen Mann mit dem Schuhkarton unter dem Arm. ›Bomba‹, stößt der hervor und tippt vorsichtig auf den Pappkarton. ›Ich Pole – will weg hier – sofort – nach USA. Du wählen: Mich bringen zum Airport, oder bumm...‹, er deutet mit unmißverständlicher Handbewegung die Explosion einer Bombe an.

Der Wachsoldat greift zum Telefon, gibt ein paar knappe Stichworte durch, nickt dem Mann zu, der sich die Freiheit erpressen will.

Der Pole mit der Bombe im Schuhkarton unter dem Arm wird zu

einem amerikanischen Fahrzeug der Botschaft geführt. Mit ihm steigt ein Marine-Offizier ein. Der Diplomaten-Wagen fährt vom Gelände der US-Mission herunter, am Außenposten vorbei, ohne Behinderung. Die Straße ist normal befahren, die Richtung stimmt, niemand folgt, das Ziel ist der Flughafen Warschau.

Der Mann hat keinen Reise-Paß. Der Mann hat auch kein Visum, aber die Amerikaner haben ihm versichert ›O. k., wir bringen dich zum Flughafen‹.

Als sie in den Bogen einfahren, kurz vor Okęcie, da wo die Zufahrt von Bäumen verdeckt ist, plötzlich eine Straßensperre, Polizei, Militär, Blaulicht. Die Wagen vor dem US-Fahrzeug werden durchgewinkt. Jetzt sind die Amerikaner dran. Wird sich die Kelle heben, oder nicht? Da vorn, keine 500 m mehr, wartet der große Vogel – zum Flug in die Freiheit? Im Wagen tickt die Zeitbombe. Die Kelle mit dem Stopzeichen schießt nach oben, Kontrolle – auch für die Diplomaten. Der Mann mit dem Pappkarton steigt langsam aus, legt die Bombe auf den Kühler des Wagens. Da werden ihm die Hände auf den Rücken gerissen. ›Sorry‹, sagt der Amerikaner zu dem Polen, ›wir mußten diese da informieren. Du hättest es wissen müssen, du hast einfach keine Chance, zu entkommen.‹ Der Pole wurde abgeführt.«

Der Junge auf dem Hof in Ostpreußen sagt darauf: »Ich hätte es schon anders angestellt, ich wäre in die deutsche Botschaft in Warschau, die hätten mich nicht hängenlassen – einen der Ihren.«

Weiß er von dem Fall des Deutschen aus der DDR, der sich in der Warschauer deutschen Botschaft am Heizungsrohr festgekettet hatte, um die Ausreise in die Bundesrepublik zu erzwingen? Es ist kaum anzunehmen. Solche Fälle gelangen nicht an die Öffentlichkeit, sind tabu. Auch für deutsche Korrespondenten.

Tatsächlich haben sich schon lange vor Prag und Budapest auch in Warschau dramatische Szenen in der deutschen Botschaft abgespielt. Der Fall des Asylanten, der längere Zeit am Heizungsrohr hing und dann doch aufgab, ist nur ein Beispiel.

Besonders ergreifend ist das Schicksal eines 15jährigen Deutschen aus der DDR. Seine Eltern waren nach Jugoslawien gefahren, um sich von dort aus in die Bundesrepublik abzusetzen. Den Jungen hatten sie vorher in den Zug nach Warschau verfrachtet. Zu dritt hätten sie nicht die Reiseerlaubnis bekommen. »Schlag dich in Polen zu unseren Freunden durch«, hatten die Eltern gesagt, »sie werden dir helfen, bei der deutschen Botschaft den Asyl-Antrag zu stellen.«

Doch die Rechnung geht nicht auf. »Was nützt dir ein deutscher Paß«, erklären die Konsular-Beamten, »wenn dir das polnische Visum fehlt.« Der Junge gibt nicht auf. »Redet mit den Polen«, fleht er die Diplomaten an. Die Gespräche werden einige Male im Garten geführt, um die Abhörgeräte, die der Geheimdienst mit großer Wahrscheinlichkeit in den Räumen des Botschaftsgebäudes installiert hat, zu umgehen. Dabei wird ein Botschaftsbeamter mit dem Jungen fotografiert, von der polnischen Staatssicherheit. Der Junge wird von da an beschattet, der Diplomat zu einer Unterhaltung ins polnische Außenministerium gebeten. Nun wird der ›DDR-Besucher‹ auch den polnischen Freunden zu heiß. Die ›Sicherheit‹ ist auf die Wohnung aufmerksam geworden. Die polnischen Gastgeber werden unter Druck gesetzt. Das kann ernste Konsequenzen haben: West-Reise-Entzug, Studienplatz-Verbot, Melde-Auflagen u. a.

Der Junge verliert seine Unterkunft in Warschau, steht fast mittellos da. In der deutschen Botschaft schleppen sich die Verhandlungen hin, der 15jährige fühlt sich im Stich gelassen. Er kehrt nicht mehr dorthin zurück, sondern macht sich als Anhalter auf, um sich zur Ostseeküste durchzuschlagen. Tagelang irrt er herum, versucht schließlich an Bord eines Küstenschiffes Richtung Westen zu gelangen. Da spürt ihn die Miliz auf, sperrt ihn ein. Schiebt ihn am Ende dieser Odyssee ab in die DDR. Dort erwartet den Jungen eine Verurteilung wegen Republikflucht.

Die deutschen Diplomaten in Warschau werden zu strengstem Stillschweigen verpflichtet, bis es zu einer Regelung mit der DDR kommt: Gezahlt wird die übliche ›Kopfprämie‹ für den Jungen. Nach Monaten der Haft darf der Junge endlich in den Westen ausreisen, zur Familie.

Gerade die deutsch-deutsche Annäherung in dieser Hinsicht hat bei den Polen eine gewisse Zurückhaltung in der Aussiedlerfrage ausgelöst. So beobachtet Warschau mit gemischten Gefühlen, daß die Bundesrepublik für die ›Ausreise von DDR-Bürgern‹ immer größere Geldbeträge locker macht. »Weshalb«, so fragen die Polen nun, »erhalten wir nicht auch ein ›Kopfgeld‹ für jeden Aussiedler?« In diesem Zusammenhang alarmiert die Nachricht von einer neuen Praktik in Polen, die aus der Aussiedlung ein Zusatz-Geschäft herauszuschlagen scheint: War es bisher üblich, den deutschen Aussiedlern mit dem Ausreisevisum auch die Entlassung aus der polnischen Staatsbürgerschaft auszuhändigen, so sind nach Angaben des CDU-Abgeordneten Hupka jetzt Wartezeiten bis zu fünf Jahren vorgesehen. Wie bei Touristen aus Polen, die als Besucher in der Bundesrepublik beschließen, nicht mehr zurückzukehren.

Der Preis für eine nachträglich gestellte ›Entlassung aus der polnischen Staatsbürgerschaft‹ betrage um die 1000 West-Mark pro Kopf, heißt es. Gravierender aber ist, daß diese Personen als Doppelstaatler an deutschem Ausländerrecht gemessen werden und daß ihnen dadurch bei der beruflichen Eingliederung über Jahre hinweg Schwierigkeiten entstehen.

Vor den Aussiedlern aus Göttkendorf liegt noch ein beschwerlicher Weg. Der Viehtransport von Ostpreußen bis ins Auffanglager Friedland dauert etwa sechs Tage. Unterwegs muß sich der Bauer um Vieh und Futter selbst kümmern. Über der ganzen mühsamen Fahrt aber schwebt die Ungewißheit: was erwartet diese Menschen am anderen Ende? Zunächst Lager, Arbeitslosigkeit und Teuerung – keine hoffnungsvolle Basis für jemanden, der in seinem sechzigsten Lebensjahr die Existenz total neu organisieren will.

Ob der Bauer daran denkt, wieder in die Landwirtschaft zu gehen, fragen wir ihn. Energisch schüttelt er den Kopf: »Einmal in meinem Leben möchte ich aus den Gummistiefeln heraus!«

Stellt er es sich nicht zu leicht vor, drüben einen Job zu finden? »Wissen Sie, für jemanden wie mich, der gewohnt ist zuzupacken, findet sich immer Arbeit. Ich besitze keine zwei linken Hände. Ich habe von der Schlosserei, Klempnerei bis zu den elektrischen Anlagen alles selbst gemacht auf meinem Hof.«

Wartet im Westen jemand auf diese Ostpreußen-Familie? »Wir haben Verwandte und Bekannte im Ruhrgebiet, aber wir erwarten nicht, daß sie uns gerade mit offenen Armen empfangen werden. Da denkt ja doch jeder an sich selbst.«

In Ostpreußen, in Schlesien, in Pommern haben sie Land und Hof aufgegeben, diese deutschen Aussiedler. Was werden sie dafür gewinnen in der Bundesrepublik?

»Von der Freiheit allein«, so sagt ein polnischer Nachbar sarkastisch beim Abschied zu den Deutschen, »könnt ihr nicht leben.«

12
Allenstein
Olsztyn

Erntedankfest im Stadion: für die Propaganda stimmen die Zahlen
(Foto: ZDF)

Das Schauspiel trifft uns unvorbereitet. Wir sind zum Erntedankfest geladen, zusammen mit allen Westkorrespondenten. Über dem neuen Stadion von Olsztyn hängen Regenwolken, aber Polens Führung will feiern. Jeder Platz ist besetzt, Betriebsabordnungen, Pfadfinder, Parteijugend sind auf den Rängen blockweise verteilt. Fanfarenstöße richten die Aufmerksamkeit auf den Rasen. Die weite Spielfläche ist noch leer, aber auf der Aschenbahn sind indessen farbenprächtige Trachtengruppen aufgezogen. Ein Paar löst sich nun aus dem Gesamtbild – sie trägt das Brot, er ein Säckchen, mit Salz wohl. »Ein Hochzeitspaar?« frage ich Tomek, unseren *Interpress*-Begleiter. »Nein«, antwortet er, »sie wurden ausgewählt, weil sie als Beste den Agrar-Plan erfüllt haben. Er kommt aus Kielce, sie stammt aus Bromberg.«

Die Musik setzt ein, alle erheben sich. Der Parteichef verläßt die Tribüne, geht dem Paar entgegen. Kameras begleiten und blitzen die Übergabe des Erntebrotes, des Salzes. Beifall braust auf. Orden werden angeheftet, Dankesworte gesprochen. Als der Parteichef die Hand der jungen Frau ergreift und sich zum Kuß darüberbeugt, kennt der Jubel keine Grenzen.

Noch einmal ein Fanfarenstoß. Dann ein dumpfer Trommelwirbel, die Pforten zur Arena springen auf, und von vier Seiten stürmen Reiter herein in schwarzen Umhängen. Auf ein Kommando fliegen die Kapuzen zurück, die Umhänge öffnen sich. Weiße Mäntel werden sichtbar, weiße Kappen, die genauso wie die Waffenröcke schwarze Kreuze tragen. Allenstein erlebt die ›Wiederkehr‹ der deutschen Kreuzritter.

Vor dem diplomatischen Corps, den ausländischen Presse-Beobachtern, den einheimischen Gästen wird nun noch einmal die Geschichte dargestellt: von den Rittern, die im 13. Jahrhundert ins Land der Pruzzen vordrangen, um die Heiden zu christianisieren. Von den Rittern, die dann einen Ordensstaat errichteten, der – nach polnischer Geschichtsauffassung – die Ausbeutung Ostpreußens zum Ziele hatte.

Ins Stadion fluten braune Scharen, Bauern, die mit Dreschflegeln gegen die Ritter vorgehen. Nochmals ein Fanfarenstoß. Ein Sturmbrausen wird über die Lautsprecher eingespielt: Buntgekleidete Lanzenreiter eilen mit goldenen Helmen auf dem Kopf und engelähnlichem Federschmuck auf dem Rücken flügelschlagend den Bauern zu Hilfe. Ordensritter für Ordensritter sinkt von den Schlägen getroffen vom Pferd. Am Ende des Getümmels weht der polnische Adler über dem Schlachtfeld. Die Menschen im Stadion sind außer sich geraten, sie springen von den Sitzen. Siegestaumel erfaßt die Massen. »Die Deutschen sind besiegt«, schreien sie und deuten auf die am Boden liegenden Kreuzritter. Alles um uns herum tobt, während wir sitzenbleiben.

Etwa 50 Kilometer von Allenstein entfernt spielte sich diese Szene am 15. Juli 1410 auf dem Schlachtfeld von Tannenberg ab, das die Polen Grunwald nennen. »Der Hochmeister des Ordens, Ulrich von Jungingen, und 600 Ritter sinken auf die Wahlstatt«, wie es bei Joseph von Eichendorff, dem schlesischen Dichter, heißt, »und 40000 Männer seines Heeres um ihn her. Der Orden schien mit einem Schlage vernichtet, alles verloren, nur die Ehre nicht, denn sie war durch 60000 erschlagene Polen blutig erkauft.«

Ein Schlachtendrama, das die Propaganda auf beiden Seiten über Jahrhunderte benutzt, um das Klima zwischen den Völkern zu vergiften. Die Kämpfe des Ordensstaats in Preußen mit den Königen von Polen im 14. und 15. Jahrhundert sind noch heute ein Reizthema – in der Volksrepublik.

Bei den Polen sieht das so aus, als ob die Deutschen Kreuzzüge gegen das Land unternommen hätten, um es zu unterjochen. Blutgierigen Horden ähnelnd seien die Ordensritter aus Germanien in Polen eingefallen. Das liest sich zumindest so bei Nobelpreisträger Henryk Sienkiewicz in seinem Buch ›Die Kreuzritter‹ oder bei Adam Mickiewicz, dem polnischen Nationaldichter, in seinem Werk ›Konrad Wallenrod‹.

Den Deutschen wurde beigebracht, dem ritterlichen Orden sei nur durch den Verrat polnischer Landadeliger die Niederlage bereitet worden. Die Schlacht bei Tannenberg, die dazu herhalten mußte, in der Deutung des 19. Jahrhunderts als ein Ringen des Deutschtums mit dem Polentum verglichen zu werden, ist mit dem Aufkommen

des Nationalismus genauso einseitig heroisierend in die deutsche
Literatur eingegangen, z. B. bei Ernst Wicherts ›Heinrich von
Plauen‹.

Allein in einem Punkt sind sich beide Seiten einig: Gerufen wurde
der Orden von Herzog Konrad von Masowien, der Hilfe bei den
Rittern gegen die heidnischen Pruzzen an seinen Grenzen suchte.
Was danach zwischen Deutschen und Polen vereinbart wurde,
bleibt bis heute strittig.

Eine Auseinandersetzung für Historiker, von rein akademischem
Interesse, die für die heutigen Beziehungen von unerheblicher
Bedeutung ist. Dieser Ansicht waren wir vor dem Erntedankfest in
Allenstein. Nun jedoch mußten wir uns fragen: Geht die Verun-
glimpfung der Deutschen weiter? Ist nur der ein guter Deutscher,
der die polnische Sicht der Geschichte voll bejaht?

In Allenstein jedenfalls wird der Mythos vom Drang der Deutschen
nach Osten wiederbelebt – das ist allen im Stadion bewußt. Auch
dem letzten wird dabei klar vor Augen geführt, daß jeder Vorstoß
der Germanen nach Osten schließlich an der Abwehr der Slawen
scheitern muß, wenn sie nur zusammenstehen. Die Verherrlichung
dieser Tat bestimmt nicht nur das Erntedankfest. Sie ist immer
präsent, auch im heutigen polnischen Denken und Trachten, sie
manifestiert sich sogar in einem riesigen Denkmal. Bei Tannenberg, auf dem Schlachtfeld, errichteten die Polen ihr Grunwald-
Mahnmal. Eine Pilgerstätte vor allem für Schulklassen – ein Pflicht-
programm.

Auch die Deutschen weihten hier eine Gedächtnisstätte ein – auf
einer Anhöhe westlich von Hohenstein, etwa 30 Kilometer von
Allenstein entfernt. Allerdings aus einem anderen Anlaß. Wieder
stehen sich Deutsche und Slawen gegenüber. Es ist die 2. russische
Armee unter Samsonow, die im August 1914 von der 8. deutschen
Armee geschlagen wird. Feldmarschall von Hindenburg geht als
›Retter Ostpreußens‹ in die Geschichte ein. Der Ehrenhof für den
späteren Reichspräsidenten, den Sieger von Tannenberg, wird 1945
gesprengt. Ausgelöscht bleibt auch bis heute die Erinnerung an
Hindenburg in Posen, wo er am 2. Oktober 1847 in der Bergstraße 7
geboren wurde – verdrängt, als hätte es nie die Gefahr vom Drang
der Sowjets nach dem Westen gegeben.

An der Parteiloge im Stadion entsteht Unruhe. Ein Mann hat einen Farbbeutel geworfen. »Sieh an«, sage ich zu Tomek, »da ist jemand mit dem Programm nicht einverstanden.« Die Antwort würgt der *Interpress*-Begleiter in sich hinein, es hört sich an, als hätte er gesagt: »Kann nur ein ehemaliger Deutscher sein.«

»Bei der Volksabstimmung 1920 hatten 17 620 Einwohner Allensteins für die weitere Zugehörigkeit zu Deutschland gestimmt und nur 320 für Polen«, sage ich. »Wollen Sie immer noch dabei bleiben, daß Ihre Olsztyner seit der Kreuzritter-Zeit urpolnisch empfinden? Wenn alles so eindeutig ist – warum läßt mich Ihre Zensur-Behörde nicht den Nikolaus Kopernikus drehen, der hier lebte«, frage ich weiter.

Drei Jahre warte ich nun schon auf diese Drehgenehmigung. Es soll ein Beitrag für Wim Thoelke werden, eine Quiz-Frage für den ›Großen Preis‹. Den Polen ist jedoch nicht auszureden, daß es mir nicht um die Nationalität des Gelehrten geht, daß ich den Streit, ob Kopernikus Deutscher oder Pole war, nicht anheizen will. Mir geht es vielmehr darum, seine Lebensstationen zu zeigen: Thorn, Allenstein und Frauenburg, das die Polen heute Frombork nennen. Wim Thoelkes Kandidaten sollen den Namen des Astronomen erraten, der auch Mediziner und Domherr war.

In der Burg von Allenstein gibt es noch einige Hinweise auf das Schaffen des Universalgeistes Kopernikus, dem es bestimmt war, die Himmelslehre auf den Kopf zu stellen. Als der frisch berufene kirchliche Administrator nach Allenstein geschickt wird, hat er einen mächtigen Gönner: den Bischof von Ermland. So darf sich Kopernikus seinen Stern-Beobachtungen widmen, obwohl er schon bald mit den herkömmlichen Ansichten und Lehren kollidiert. Den jungen Astronomen irritiert die Sonnenuhr im Burghof, die noch heute dort zu finden ist. Der astronomische Kalender weicht nämlich vom kirchlichen um zehn Tage ab. Wer hat recht? fragt Kopernikus.

Im gedeckten, verglasten Burggang fängt er an, Meßeinheiten für den Sonneneinfall an die Wände zu pinseln. In Fragmenten sind auch diese Eintragungen von Kopernikus erhalten, den die wissenschaftliche Welt der damaligen Zeit den ›deutschen Ptolemäus‹ zu nennen beginnt – nachdem er es wagt, gegen die kirchliche Meinung nicht mehr die Erde, sondern die Sonne in den Mittelpunkt der Planetenbahnen zu stellen. Im polnischen Reiseführer heißt es über Allenstein:

In diesem Gebiet um Olsztyn, in dem ursprünglich die Pruzzen wohnten, errichteten die Kreuzritter ein Kapitel des Bistums von Ermland und eine wehrhafte Burg. Die Burg war der Sitz des Domherrn, der die Besitztümer des Kapitels verwaltete. In dieser Funktion residierte auch der polnische Astronom Mikołaj Kopernik Anfang des 16. Jahrhunderts in Olsztyn, als er 1521 die Verteidiger der Stadt während der Belagerung durch die Kreuzritter befehligte. Seit der Schlacht bei Grunwald nahm Olsztyn polnischen Charakter an.

»Stimmt«, sagt Tomek, »weiß jedes Schulkind bei uns.« Ich schaue in die Runde dieses Stadions, wie die Menschen mitgehen bei dem Schauspiel da unten. Sie leben in ihrer Geschichte. Was hätten heute Deutsche dagegen zu setzen? Was würde unsere Generation, frage ich mich im stillen, dieser polnischen Betrachtung von historischen Vorgängen, mit ihren Auslassungen und Verbiegungen, entgegnen können?

»Es stimmt fast alles«, sage ich zu Tomek. »Bis auf Kleinigkeiten. So stört mich der Satz, daß Allenstein seit 1410 ›polnischen Charakter‹ annahm. Zu ergänzen wäre, welche Motivation die Allensteiner hatten, sich freiwillig einer anderen Obrigkeit zu unterstellen.« Fast alle Städte und viele Adelige hatten sich vom Orden losgesagt, aber nicht, weil sie ›polnisch‹ fühlten, sondern weil die Schirmherrschaft des polnischen Königs mehr Freiheit für den Einzelnen versprach. Die abgefallenen Städte kündigten 1454 dem Orden den Gehorsam auf und trugen Kasimir IV. von Polen die Regentschaft über Preußen an. Von da an nannten sich diese Landesteile das ›königliche Preußen‹.

»Quizfrage«, sage ich zu Tomek. »Was ist der Unterschied zwischen dem ›königlichen Preußen‹ und dem ›Königreich Preußen‹?«

»Das ist eben euer Mißverständnis«, sagt Tomek. »Das hätte es nie geben dürfen, dann wäre uns und euch ein jahrhundertelanger Konflikt bis in unsere Zeit hinein erspart worden.«

Was also ging in Preußen vor, als der Orden sich zurückziehen mußte? Den Kreuzrittern verblieb ein Stück Rest-Preußen um Königsberg herum. Jahrzehntelang versuchte der Orden vergeblich, seinen alten Einfluß zurückzugewinnen. Schließlich leisteten die letzten Kreuzritter dem polnischen König den Treue-Eid. Als der Hochmeister Albrecht von Brandenburg-Ansbach zum evangelischen Glauben übertrat und den Ordensstaat in ein weltliches Herzogtum umwandelte, wurde Königsberg Residenz.

Doch die Linie der neuen preußischen Herzöge starb 1618 aus, das polnische Lehen fiel im Erbrecht an die Berliner Familie, an die Kurfürsten von Brandenburg. Friedrich I. ließ sich 1701 in Königsberg zum ›König in Preußen‹ ausrufen. Damit war die Interessenkollision programmiert, die zu einem neuen Ringen zwischen Deutschen und Polen führte: Während die Hohenzollern nun danach trachteten, von Berlin aus auf dem Landweg ihr Preußen im Osten zu erreichen, hatte die polnische Politik gegensätzliche Interessen im Auge: die Sicherung des freien Zugangs von Warschau zum Meer, zur Ostsee.

Die geographische Schnittstelle dieser gegensätzlichen Interessen verlief zwischen Berlin und Königsberg sowie zwischen Warschau und Danzig – sie lag auf den Schlachtfeldern von Tannenberg.

Drunten im Stadion von Allenstein tragen sie jetzt die Erntekronen herein. Das ist der Augenblick, wo die Staatsführung bekennen müßte, wie die Ernte wirklich ausgefallen ist. 1982 mußten allein neun Millionen Tonnen Getreide importiert werden – in ein Land, das einst als deutsche Kornkammer galt. 1984 soll ein Rekordjahr gewesen sein, dennoch mußten auch in diesem Jahr über zwei Millionen Tonnen Futtergetreide eingeführt werden. So hört die Bevölkerung zwar hin, wenn in den Reden offiziell die Aufbauleistungen herausgestellt werden, wonach Polen der zehnte Platz unter den Industrienationen der Erde zuzuerkennen ist. Aus dem Volksgemurmel auf den Rängen zu solchen Lobpreisungen ist jedoch Spott herauszuhören: »Den realen Sozialismus, den spürt jeder am eigenen Leib, an jedem Mittags- und Abendbrottisch.«

»Der Mensch lebt nicht von Brot allein«, durfte schon der Russe

Wladimir Dimitrij Dudinzew sagen. Ob der wohl 1956 wußte, wie
oft er im Ostblock zitiert werden sollte, daß er eigentlich einen
Bibel-Spruch in das kommunistische Denkgebäude einführte? Bei
Matthäus 4,4 heißt es: ›Der Mensch lebt nicht vom Brot allein,
sondern von einem jeglichen Wort, das durch den Mund Gottes
geht.‹
Auf den Gabentisch des Erntedankfestes in Allenstein werden von
der Partei daher auch die geistigen Früchte gelegt, die das polnische
Volk hervorbrachte. Der große Astronom darf nicht fehlen in
dieser Schau auf dem Rasen des Stadions. Daß Nikolaus Kopernikus sich gegen den Orden stellte, betrachten viele Bürger der
Volksrepublik als Beweis seiner nationalen Zugehörigkeit zu
Polen. Diese selbstverständliche Vereinnahmung großer Geister
sollte uns noch mehrmals begegnen. Dazu zählt beispielsweise auch
der Bildhauer Wit Stwosz, der von deutschen Kaufleuten nach
Krakau gerufen – dort den berühmten Marienaltar schuf, den mit
15 m Höhe und 11 m Breite stattlichsten Schnitzaltar der Spätgotik.
Vertraut wird uns dieser Name erst, wenn wir Veit Stoß sagen und
an ähnliche Meisterwerke in Nürnberg denken.

*Fast jeder Pole kennt Wit Stwosz – nicht jeder weiß, daß er ethnisch
Deutscher war (Ruhm für die polnische Wissenschaft, daß sie in dieser Sache durch die Arbeiten des Pfarrers Boleslaw Przybyszewski
den endgültigen Beweis dafür erbracht hat); viele bilden sich ein, er
sei Pole gewesen und sind bereit, jeden zu ohrfeigen, der dem
widerspricht – niemand außer Spezialisten kennt die Hunderte, ja
Tausende Vor- und Familiennamen schöpferischer Deutscher, die
unverwischte Spuren in unserer Kultur hinterlassen haben.*

Das schreibt Jan Jozef Lipski, polnischer Literaturhistoriker, PEN-
Club-Mitglied und Bürgerrechtler, der unter anderem für diese
Ansicht von der kommunistischen Führung als Vaterlandsverräter
behandelt, vor Gericht gestellt wurde. Lipski ist ein mutiges Beispiel für die polnische Welt der Paradoxien, in der auch ein intellektuelles Klima weitergedeihen kann, das sich um Gängelungen von
oben nicht schert.
Diese Bereitschaft zum Wagnis findet sich immer wieder, zieht sich

durch alle Lebensbereiche. Im Kampf um das tägliche Brot hat sich eine Art Doppelschiene entwickelt, ohne die das Versorgungssystem in Polen wohl längst zusammengebrochen wäre. Zum Überleben tragen nicht zuletzt die mehr als 15 Millionen Auslandspolen bei, die ihren Verwandten aus der Entfernung unter die Arme greifen. Auch mit Devisen. Der Staat ist nicht blind dafür, aber er hält die Augen geschlossen.

Da die offiziellen Zuteilungen auf Marken weder hinten noch vorne reichen, blüht in Polen ein schwarzer Markt, an dem sich gewitzte Geschäftsleute mit Gespür für die Lücken im System eine goldene Nase verdienen.

»Wieso«, fragt sich der Besucher, wenn er erstmals nach Warschau kommt, »sieht man im Straßenbild neben Panjewagen auch Benzin-Kutschen teuerster westlicher Automobil-Produktionen – mit polnischen Kennzeichen?«

»Das sind die polnischen Millionäre«, lautet die Antwort. »Sie nehmen einige Risiken auf sich, um die Bevölkerung mit all dem zu versorgen, was es auf dem offiziellen Markt nicht gibt – von Auto- und Maschinen-Ersatzteilen bis zur Zahncreme.«

Das Risiko lassen sich die Händler entsprechend teuer bezahlen: ein Kilo Kaffee kostet 1984 auf dem Schwarzmarkt um die 3500 Złoty (bei einem Durchschnittsverdienst von 15000–20000 Złoty), für ein Kilo Südfrüchte werden über 2000 Złoty verlangt, und ein Stück Seife kostet ebenso wie Zahncreme 250 Złoty.

Gelegentlich greift die Obrigkeit zwar mit scheinbar geharnischten Razzien ein. Doch im Grunde duldet sie stillschweigend diese Lösung; einmal, weil die Funktionäre selbst von dem polnischen Erfindungsreichtum profitieren, mit dem die Marktlücken gefüllt werden, zum anderen mogelt sich das Regime so elegant um den Offenbarungseid herum. Denn solange die Bevölkerung nicht total abgeschnitten wird von den Devisen-Möglichkeiten zusätzlicher – illegaler – Versorgung, solange ist sie auch leichter im Griff zu halten. Jemand, der ein schlechtes Gewissen hat, ist leichter erpreßbar. Und auf diesem Sektor einen ›Fall‹ zu konstruieren, dürfte nicht schwerfallen.

Für uns Westler ist dies alles eine zweischneidige Angelegenheit. Da wir davon ausgehen können, daß wir ständig beobachtet werden, ist das bunte Treiben auf dem Schwarzmarkt für uns ein lebendiges Schauspiel, bei dem wir eher Zuschauer sind. Wir müssen auch damit rechnen, daß uns Fallen gestellt, Provokationen in Szene gesetzt werden – sogar auf dem Markt.

Eines Tages mache ich meine übliche Gemüse-Runde, als mich der Verkäufer mit einem Wink beiseite nimmt. Er hätte was für mich. Etwas unwohl ist mir, als ich ihm in das Bretterhäuschen hinter dem Gemüsestand folge. Es ist dunkel in der fensterlosen Bude, deswegen erkenne ich nicht gleich, was unter der Zeitung liegt, die der Gemüsemann nun hochhebt: Zum Vorschein kommt ein halbes Schwein, und er bietet mir die ›Bückware‹ – Bezeichnung für all das, was man unter dem Ladentisch bekommt – zu einem Kilopreis an, der selbst einen Westler den Kopf schütteln läßt. Außerdem: wer garantiert für die hygienische Unbedenklichkeit?

Es ist nicht lange her, da waren drei Viertel unserer Familie auf einen Schlag von einer Lebensmittelvergiftung heimgesucht worden. Ein Mohnkuchen muß der Übeltäter gewesen sein; da ich ihn nicht mag, hatte ich als einzige davon nicht gegessen und war verschont geblieben. Ich erlebte die schlimmsten Stunden. Nachdem sich in der Nacht die Natur mit einem gewaltigen Aufruhr von Magen und Darm aufgebäumt hatte, folgte diese entsetzliche Stille. Aus den Betten, an die ich als Krankenschwester trat, kam nicht einmal das Geräusch des Atmens. Ich hatte mir eine Feder aus dem Kopfkissen gezogen, um an jedem einzelnen Mund zu prüfen, ob der Hauch die Feder zum Zittern bringt. Die Stunden des Entsetzens und Bangens bis zum Eintreffen des Arztes wollten kein Ende nehmen.

Dies alles kommt mir wieder lebhaft vor Augen, als ich vor dem halben Schwein stehe. Ich gebe dem Gemüsemann zu verstehen, daß ich es mir überlegen werde.

Freilich anders als für die Polen, stellt sich dennoch auch für uns Westler das Versorgungsproblem. Einerseits werden auch wir vom polnischen Staat mit den nötigen Lebensmittelkarten für Butter, Zucker, Mehl, Alkohol und Fleisch versorgt, andererseits sind die Waren so schwer zu bekommen, daß wir uns vielfach scheuen, das wenige Vorhandene vielleicht jemandem wegzunehmen, der nie miterlebt hat, wie leicht, viel zu leicht, in einem westlichen Supermarkt die verlockenden Waren im Einkaufskorb landen. In Polen muß man selbst fürs Mineralwasser Stunden des Wartens in Kauf nehmen.

Gewiß gibt es auch im sozialistischen Polen Devisen-Läden. Doch längst nicht alle Artikel des täglichen Bedarfs sind hier zu haben. Und der Vorrat einer Familie mit heranwachsenden Kindern bedarf ständiger Auffüllung, unabhängig von notwendiger Bekleidung und dem gesunden Appetit von Halbwüchsigen sowie den gesellschaftlichen Verpflichtungen, zu denen auch regelmäßige Einladungen zu Abendessen gehören.

Die Reserven im Keller schrumpfen im gleichen Maße wie die Liste mit Einkaufswünschen wächst. Ganz oben stehen Hygiene-Artikel wie Toilettenpapier, Seife, Zahncreme und Waschpulver. Danach Medikamente, hauptsächlich gegen Grippe, von der insbesondere die Kinder und fast alle, die im Haus ein- und ausgehen, mit pünktlicher Wiederkehr erwischt werden.

Die Liste enthält auch ›Banalitäten‹. Weiße Oberhemden-Knöpfe zum Beispiel. Es kann vorkommen, daß in ganz Warschau wochenlang nur rosa Knöpfe zu bekommen sind, weil diese Serie gerade im Plan ist. Gummiband, Reißverschlüsse sind ebenfalls Mangelware. Was ist mit der besten Hose anzufangen, wenn sie ohne den rettenden Halt aus der Reinigung kommt, Ersatz jedoch weit und breit nicht aufzutreiben ist. Oder Butterbrotpapier – gewiß eine ›Bagatelle‹. Aber in Polen herrscht chronischer Papiermangel, so daß die polnischen Kinder ihr Pausebrot in Zeitungspapier eingewickelt in die Schule mitbringen.

Dies freilich sind Kleinigkeiten im Vergleich zu den ›mittleren Katastrophen‹, die im Haushalt eintreten, wenn: der Staubsauger ausfällt, weil der westliche Schalter kaputt und auf dem polnischen Markt nicht zu haben ist; oder die Waschmaschine ihren Geist aufgibt, weil der Schlauch geplatzt ist und die passenden Ersatzteile nicht aufzutreiben sind.

Dann stehen Dinge auf der Liste, welche die Polen in ihrem Land fast nicht bekommen: Zubehörteile fürs Auto wie z. B. Lack, aber auch Ausgefallenes wie ›Rheuma-Ärmel für Stefan‹. Das ist der polnische ›Mann für alles‹ in der Nachbarschaft, der mal schnell den tropfenden Wasserhahn in Ordnung bringt oder zumindest jemanden weiß, der einen kennt, der so etwas repariert. Für die Kinder stehen Süßigkeiten und Ketchup auf Platz 1 der Liste ihrer Wünsche. Gleich dahinter folgen deutsche Wurst und Aufschnitt.

Drei- bis viermal im Jahr wird dann eine Versorgungs-Fahrt in die nächste westliche Großstadt unaufschiebbar: die Strecke Warschau-Berlin hat deswegen von den Westlern den Spitznamen ›Salami-Piste‹ bekommen.

Während ausländische Vertretungen wie die amerikanische, französische oder britische die Versorgungtransporte für ihre Kolonie über die Botschaft organisieren, ist bei den Westdeutschen jeder sein eigener Versorgungs-Unternehmer. Der Diplomaten-Laden ›Baltona‹ bleibt Nicht-Diplomaten wie uns Journalisten verschlossen. Und doch können wir froh sein, daß wir wenigstens das Nadelöhr zum Westen haben, auch wenn es mit bürokratischen Hemmnissen reichlich gespickt ist.

Einmal haben Peter und ich uns zur Fahrt in den Westen an seinem Drehort Grünberg in Schlesien verabredet, von der dortigen Grenze bis Berlin sind es knapp 100 Kilometer. Doch mein in Warschau gebuchter Flug fiel aus wegen Nebels. Ich hastete zum Bahnhof, um statt des Flugzeugs nun den Zug direkt nach Berlin zu nehmen – am Wochenende ein dramatisches Unternehmen.

Man kann im Ostblock auch als Westler nicht einfach in den Zug Richtung Westen steigen. Ein Teil der Bahnstrecke muß in Devisen bezahlt werden, für beide Einzahlungen ist zusätzlich an verschiedenen Schaltern Schlange zu stehen. Wichtiger noch: man braucht Stempel, daß die Devisen offiziell getauscht sind. Stempel geben nur bestimmte Devisen-Stellen aus. Niemals der Mann am Fahrkarten-Schalter. So eine einfache Prozedur dauert fünf Stunden. Inzwischen sind mehrere Züge weg. Als ich endlich im Abteil sitze, kommt der Devisen-Kontrolleur. Als Ausländer mit ständigem Wohnsitz in Warschau brauchen wir für den Übergang zum Westen eine Bescheinigung von unserer polnischen Bank, daß wir dort ein Konto haben und berechtigt sind, Devisen auszuführen. Die Höhe der Summe im Portemonnaie muß mit dem Betrag auf dem Papier übereinstimmen. Das verflixte Papier aber hat Peter in seiner Brieftasche, weil wir ja ursprünglich von Grünberg gemeinsam mit

Das alte Allensteiner Rathaus, wo heute polnische Kommunisten regieren
(Foto: Ruge)

dem Auto über die Grenze wollten und die Bank für eine zweite Bescheinigung schon geschlossen hatte.

»Wann wollen Sie nach Warschau zurück?« fragt mich streng der Devisen-Kontrolleur. »Übermorgen«, antworte ich wahrheitsgemäß. »Sie fahren heute wieder in die polnische Hauptstadt«, sagt er mit Endgültigkeit in der Stimme. Irgend etwas ist in diesem Moment mit meinem Magen nicht ganz in Ordnung. Ich versuche, die Situation zu erklären; denn die Enttäuschung wird groß sein, wenn ich plötzlich mit leeren Händen wieder vor der Tür stehe.

»Wieviel Devisen haben Sie bei sich?« fragt dann der Beamte und durchbohrt mich mit stählernem Blick. Ich breite meine D-Mark vor ihm aus. Ein ansehnlicher Betrag, entsprechend der Länge meiner Besorgungsliste. Er setzt sich neben mich, zählt nach. »Sie haben die Wahl – entweder Sie deponieren das Geld im Zug oder Sie fahren zurück!« Ich frage, was denn mit meinem Geld passiert. »Bekommen Sie zurück«, sagt er barsch. »Wo?« will ich wissen. »Im Zug.« Nun will ich freilich mit dem Auto zurückfahren. Außerdem brauche ich das Bargeld zum Einkaufen in Berlin. Ich zögere. Da steht er auf, murmelt »chwileczkę« – einen Moment – und verläßt das Abteil.

Mir gegenüber sitzt ein polnischer Mitreisender. Er hat die Diskussion verfolgt und bietet mir teilnahmsvoll an, seine eigenen Devisen zu teilen, damit ich in Berlin einkaufen kann. Ich bin gerührt von so viel spontaner Hilfsbereitschaft, die wir übrigens immer wieder in der polnischen Bevölkerung erleben konnten – und das bei all der eigenen Misere! Der Devisenmensch steht breit im Rahmen, hinter ihm die Verstärkung: eine korpulente polnische Zolldame. Zu zweit lassen sie sich drohend mir gegenüber auf die Sitze fallen. Das bedeutet ein längeres Gespräch. Nun muß ich meinen Paß vorweisen. Beide studieren lang und stumm darin herum, besonders an meinem eingestempelten Visum. Die Mienen bleiben düster. Schließlich frage ich, ob sie auch mein Akkreditierungs-Papier als Korrespondentin sehen wollen. Blitzartig verändern sich die Gesichter, so als ob ich ein Zauberwort gesprochen hätte. Sie schauen in das Papier, kein weiteres Wort, der Devisen-Mann zieht ein Formular aus seiner Tasche, trägt meine Devisen ein, Stempel drauf – der ganze Spuk ist vorbei. »Nächstes Mal denken Sie aber an

Ernterealität in Ostpreußen: knietief stehen die Getreidefelder unter Wasser, weil die Landreform die Drainagen zerschnitten hat
(Foto: ZDF)

Die Altstadt von Allenstein: übertünchte Fassaden, verdeckte Versorgungsmängel
(Foto: Ruge)

die Devisenbescheinigung«, mahnt er höflich beim Hinausgehen. Nun bin ich ziemlich perplex.

»Warum haben Sie denn das Dokument nicht gleich gezeigt?« fragt mein freundlicher Abteil-Begleiter. »Wie wäre es wohl jemandem ergangen, der dieses Papier mit dem Stempel des polnischen Außenministeriums nicht in der Tasche hat – das wollte ich einfach wissen«, antworte ich. Dennoch – auch wenn ich sonst kein Wodka-Freund bin, jetzt hätte ich ganz gut einen vertragen können.

Auf meiner Einkaufsliste stehen auch Strampelhöschen und Windeln. Für Ewa, die Germanistin, Nicolas treue Schularbeiten-Betreuerin. Vor kurzem hat sie Anna zur Welt gebracht. Seitdem klebt über dem Klingelknopf der Familie ein Zettel: »Bitte nicht klingeln – klopfen!« Ewa wohnt mit ihrem Mann und dem fünfjährigen Bartok in einer Ein-Zimmer-Wohnung. Das weiße Babykörbchen für das so ersehnte Schwesterchen steht überall im Weg, so eng ist es.

Trotzdem ist Anna ein glückliches Krisen-Baby: Wohin auch immer ihr Körbchen geschoben wird, sie schläft und läßt sich außer vom Hunger durch nichts aus der Ruhe bringen. Die Eltern haben es geschickt verstanden, die 25 Quadratmeter so einzuteilen, daß – getrennt durch eine Regal-Wand – zwei Wohn-Schlafbereiche entstanden sind. Bartok und Anna arrangieren sich in ihrer Bettecke mit der Wickelkommode, die Eltern mit Schlafcouch, Eßtisch und Kühlschrank. Ewa und ihr Mann können sich glücklich preisen mit diesem Haushaltsgerät. Auf einen Kühlschrank muß man in Polen unter Umständen Jahre warten. Es gibt lange Wartelisten. Tiefkühltruhen sind schon aus Platzgründen kaum in einem jungen Haushalt unterzubringen. So wird oft das Fensterbrett an der Hausfassade zur Kühl-Deponie. Oder der Balkon – wenn dort nicht schon Fahrrad, Moped oder Tretroller den Platz besetzen.

Ewas Küche ist winzig. Trotzdem ist sie selig, daß sie dort gerade noch ihre Waschmaschine einpassen konnte. In der Mini-Diele ist ein Hohlraum über der Hutablage die Rettung: er ist vollgestopft bis unter die Decke mit randgefüllten Koffern. Im Frühjahr tauscht Ewas Mann den Koffer mit den Wintersachen gegen den mit den Sommersachen aus, die bei den Eltern aufbewahrt werden.

Die Sonnenuhr im Burghof von Allenstein gab Nikolaus Kopernikus einige Rätsel auf
(Foto: Ruge)

Eine Drei-Zimmer-Wohnung sollten Ewa und ihr Mann – sie gehören beide zur Klasse der ›inteligencja‹ – schon vor vier Jahren beziehen. Sie sparen seit 15 Jahren für diese Wohnung. Das Gesparte – über 60 000 Złoty – liegt ohne Zinsen bei der Wohnungsbaugenossenschaft. Der Wohnungsbau nach Plan verzögerte sich, von Jahr zu Jahr werden sie vertröstet.

Annas Eingliederung in die sozialistische Gemeinschaft dauerte zehn Tage. Als nämlich der stolze Vater die Geburtsurkunde aus der Klinik mitnehmen wollte, hieß es:»Die Papiere werden niemals persönlich ausgehändigt – nur über die Post.« Die Post jedoch braucht manchmal lange in Polen. Obwohl der junge Vater fast einen Tobsuchtsanfall in der Klinik bekam, wurde ihm das Dokument über Annas Existenz nicht anvertraut.

Auf dem Standesamt aber hieß es:»Ohne Geburtsurkunde keine Marken, ohne Marken keine Watte, keine Windeln (einmalig 25 Stück), kein Milch- und kein Waschpulver.« Anna wäre bereits in ihren ersten Lebenstagen in die Klemme der sozialistischen Zwänge geraten, wenn ihre Eltern und Großeltern nicht rechtzeitig Vorsorge getroffen hätten.

Nachdem nun Anna endlich Kartenbesitzerin in der Gruppe ›Null‹ geworden ist, hat sie Anrecht auf 900 Gramm Waschpulver und zwei Stück Seife im Monat. Auch stehen ihr alle zwei Monate 200 Gramm Watte und 200 Gramm Baby-Öl zu. Als Ewa jetzt ein Babyjäckchen für Anna kaufen wollte, ist sie froh, daß sie keine Zwillinge bekommen hat. Als eine Kundin zwei Strampelhöschen für ihre Zwillinge haben wollte, weigerte sich die Verkäuferin kategorisch und bestand auf der Regelung:»Pro Mutter eine Strampelhose!«

Der Kampf um die notwendigsten Dinge gehört zum Alltag in Polen. Welche Mühe nehmen Ewas Landsleute beispielsweise auf sich, um ein Paar Stiefel zu erstehen: da wird eine Verkäuferin mit einem ansehnlichen Betrag – möglichst in Devisen – bestochen, damit bei der nächsten Warenanlieferung ein Paar ihrer Größe, nicht einmal der Wunsch-Farbe, geschweige denn des Traum-Modells, für sie zurückgelegt wird und gar nicht erst in den Regalen auftaucht.

Ein makabrer Spruch macht in Warschau die Runde: Zwei Verkäu-

ferinnen stehen vor den leeren Regalen. Sagt die eine zur anderen:
»Schau mal – es geht aufwärts im Sozialismus. Wir haben keine
Schlangen mehr!«

Welcher Kontrast freilich, wenn man das Glück hat, im sozialistischen System zur Spitze der Funktionäre zu gehören. Nach der
kommunistischen Nomenklatura, die auch in Polen zu einer Eintei-
lung in arm und reich geführt hat, lebt die führende Klasse in weiter
Entfernung vom Volk und dem grauen Alltag der Versorgungsmisere. Einmal durften wir Westler hinter den Vorhang schauen: Wir
waren Gäste bei Lady Gierek – allerdings lange nachdem der
Parteichef abgesetzt worden war.

Die Einladung erweckte Neugier: »Der Direktor des Departements
für Presse, kulturelle und wissenschaftliche Zusammenarbeit im
polnischen Außenministerium beehrt sich, E. und P. Ruge zum
Neujahrsempfang einzuladen.« Aber nicht die Einladung als solche
reizte, denn der Neujahrs-Empfang für die Auslandskorrespondenten fand jedes Jahr statt. Der Ort war es: Es handelte sich um den
ehemaligen Wohnsitz von Edward Gierek und seiner Frau Stanis-
ława, genannt »Stasia«.

Die Luxus-Villa im Warschauer Prominentenort Konstancin-
Jeziorna, ulica Saneczhowa 11, ist Teil des requirierten Besitzes des
ehemaligen Parteichefs, Teil auch des ›materiellen Vergehens‹,
dessen Gierek für schuldig am polnischen Volk befunden wurde.
Die Amnestie des Warschauer Militär-Regimes im Juli 1984
bewahrte auch ihn vor den Folgen einer Gerichtsverhandlung. Jetzt
ist die Gierek-Villa dem Außenministerium unterstellt.

Wie nun sieht die *dolce vita*-Umgebung aus, in der sich zehn Jahre
lang all diejenigen Politiker und Wirtschaftler die Klinke in die
Hand gaben, denen jetzt vorgeworfen wird, den wirtschaftlichen
Ruin Polens mitverschuldet zu haben? Neugier ist der wohlberech-
nete journalistische Instinkt, auf den die polnischen Gastgeber
nicht ungeschickt bauten. Noch vor kurzem hatten sie ein Fiasko
erlebt, als ihnen bei einem anderen Empfang für die in Warschau
akkreditierten Diplomaten ein fast totaler Boykott der westlichen
Gäste beschert wurde. Das war in einem polnischen Repräsenta-
tionsbau gewesen. Hier im Gierek-Haus aber strahlen die Gastgeber: »Es sind sogar westliche Diplomaten gekommen.«

Doch zuvor galt es, die Gierek-Villa zu finden. Die Fahrt führt aus der Stadt heraus in die waldreiche Umgebung. Unterwegs stoppen sechs Soldaten militärisch unseren Wagen. Ausweiskontrolle ist jedoch nicht nötig. Die Einladungskarte garantiert den Durchlaß. Wir fragen trotzdem nach dem Weg. Die Villa soll versteckt in einem Park liegen. Doch die Soldaten zucken bedauernd mit den Schultern, sie können uns nur den Rat geben: »Fahren Sie am besten den Lichtern nach.« Tatsächlich gelangen wir nach einigen Kilometern über eine extra vierspurig angelegte – in Polen seltene – Prachtstraße zu einem kleinen Ort. Die Hauptstraße ist, anders als sonst üblich, taghell erleuchtet. Miliz steht an einer Abzweigung und weist uns den Weg in eine mit Lampen reichlich erhellte Zufahrt. Zirka 500 Meter führt der Weg vorbei an einer hohen Umzäunung mit Sichtschutz. Dann die Einfahrt: vier Posten stehen davor, zwei Milizbeamte, zwei Zivile – die Einladung ist heute abend das Passepartout in eine bisher der Öffentlichkeit verborgen gebliebene Welt. Vor uns liegt zunächst der Park mit dichtem Baumbestand, alte, dicke Stämme – im Sommer muß das eine herrliche Oase sein.

Dezente Bodenleuchten weisen den Weg zum Haus. In der matten Beleuchtung erfaßt das Auge einen großen Quaderbau, den Finnen abgeschaut, viel Glas, kühl und streng gefaßt. Ein eigener Baustil hat sich in Polen nach dem Zweiten Weltkrieg nicht entfaltet.

Das muß noch nichts über das Innere aussagen; Polen ist reich an Kulturschätzen. Doch auch im Innern stillose Kühle in teurer Fassung: Marmor-Fußboden, Türen aus kostbarem afrikanischem Holz, extra eingeflogen. Nüchterne Decken und Wände, auch die Vorhänge glatt und streng. Es fehlt jeder Hinweis auf eine persönliche Note. Große nackte Empfangsräume unten. Wie wird es oben aussehen? Irgendwo muß das Private zu finden sein, das Intime. Wie lebte Lady Stasia?

Es ist nicht ausdrücklich erlaubt, aber auch nicht verboten – ein kurzer Abstecher von der Empfangsgesellschaft. Ein Sicherheitsbeamter folgt uns diskret, während wir die Treppe hinaufsteigen, die uns über nichtssagende Läufer in die oberen Räume führt. Alles ist hoch, bombastisch, kahl und nüchtern. Wie schlief wohl Madame Gierek? Das Schlafzimmer enttäuscht. Die Möbel wurden extra angefertigt –»teuer«, wird hinter der Hand geflüstert. Trotzdem: die Einrichtung, mattweiß in verziertem Schleiflack, wirkt wie frisch aus dem Versandhaus-Katalog. Romantikerin war Lady Gierek nicht. Im Zimmer eines Durchschnittshotels könnte man sich kaum anders fühlen.

Daneben das Bad. Riesig. Zwei Waschbecken. Madame liebte es, sich neben Monsieur die Zähne zu putzen. Auch ein Bidet ist vorhanden. Für polnische Wohnverhältnisse alles ungeheuer luxuriös – allein die Raumverschwendung.

Durch ein Vorzimmer gelangt man in Giereks Eßzimmer. Auch hier wieder der Katalog-Eindruck. Ein langgestreckter Tisch für etwa 30 Personen, die ins Haus zu intimen Abendessen gebeten wurden. Schnörkel-Stühle aus schwerer Eiche nach Art des Gelsenkirchener Barock. Schränke und Bücherborde ohne Inhalt. Sie scheinen den Raum zu erdrücken. Kerzenleuchter mit dem polnischen Adler sind die einzigen Gegenstände, die eine kalte Decken- und Wandbeleuchtung mit etwas Wärme überstrahlt haben mögen.

Es fällt schwer, sich nach diesen Eindrücken irgendwelche exotischen Hobbys des Hausherrn oder der Hausfrau vorzustellen. »Doch, im Keller«, heißt es. Dort ist ein Kino mit Platz für 25 Personen. Edward Gierek, der Fußballfan, schaute mit Leidenschaft dem Rasensport zu.

Unser Sicherheits-Begleiter, ein Mann mit kernig-gegerbtem Gesicht, kann sich zum Schluß eine Bemerkung nicht verkneifen: »Mein Vater hatte ein schöneres Haus, gemütlicher. Obwohl der nur ein Bauer war.«

Die Amnestie für ›Gierek und seine Clique‹, wie diese Ära heute in Polen bezeichnet wird, mag alle die Politiker im Westen aufatmen lassen, die in der Phase der Annäherung Lobeshymnen auf die Genossen in Warschau anstimmten. Dazu gehört auch ein deutscher Bundeskanzler, Helmut Schmidt, der von Edward Gierek sagte, diesen Mann hätte er gern in seinem Kabinett.

Die Amnestie für die eigenen Partei-Genossen verrät aber auch die Furcht der derzeitigen Machthaber, bei ihrem Sturz womöglich nicht mit einem blauen Auge davonzukommen.

»Das System zieht die Verantwortlichen zur gerechten Strafe heran«, ist Tomeks ständiger Spruch, wenn wieder einmal Produktionsausfälle, Mängel in der Versorgung oder Korruption zu beklagen sind. Was der *Interpress*-Mann nicht sagt: wie in einem System ein Verantwortlicher ausfindig zu machen sei, wenn die Schuldzuweisung weiter so gehandhabt wird wie bisher.

Im Stadion von Allenstein ist die Stimmung umgeschlagen. Die Parteiführung stimmt ernstere Töne an: es werden die Plan-Vorgaben und die Erfüllung der Produktionsziele verglichen. Doch hört auch da die Bevölkerung gleich wieder weg: »Es finden sich immer Entschuldigungen, um später – nachträglich – die von der Partei künstlich aufgeblasenen Zahlengebäude vor dem Einsturz zu bewahren«, sagen die Leute.

Für die Mißwirtschaft in Polen gibt es bei den Kommunisten stets nur einen Schuldigen: immer ist es der andere, und wenn der Himmel dafür herhalten muß bzw. der Wettergott. Schuld sind die Wolkenbrüche, deshalb standen die Felder wochenlang unter Wasser. Schuld ist der harte Winter, daher verzögerte sich die Aussaat. Schuld haben die Überschwemmungen der Flüsse und die darauf folgende Dürre. Folge dieser Natur-Ereignisse ist eine beklagenswerte Lage, von der das Land selbstverständlich unverschuldet heimgesucht wurde.

Zu den von Kommunisten angeführten Schuldigen zählt auch der Westen, vorrangig wieder die Deutschen: sie geben zu wenig Geld für die Flußregulierungen, für Düngemittel und Saatgut, zum Aufbau der Industrie, heißt es. Doch der größte Vorwurf: sei eine Investition erst abgeschlossen, dann ließe der Westen die Polen auf ihren Produkten schnöde sitzen, so daß man wieder in eine unverschuldete Zwangslage gerate. Denn ohne Export keine Devisen, und damit keine Rückzahlungen, so käme man in den Geruch des säumigen Zahlers.

Womit sich der Kreis in der Logik kommunistischen Denkens treffend schließen läßt: Schuld sind immer die anderen.

Der schwerwiegendste Tadel des Regimes richtet sich gegen jene angeblichen Schmarotzer, die aus dieser Misere Profit ziehen. Dazu zählen wiederum auch die Deutschen-West. Das freie Spiel der Marktwirtschaft nämlich hat aus der Industrie-Landschaft der Bundesrepublik einen Agrar-Überproduzenten werden lassen. Wir sind der viertgrößte Lebensmittel-Exporteur der Welt, und das, obwohl wir von unseren früheren Getreidekammern im Osten abgeschnitten sind. Die Deutschen, für die frühere Staatslenker glaubten, im Osten noch mehr Lebensraum schaffen zu müssen, versorgen heute mit weniger Boden mehr Menschen – auch im Osten.

Mehrfach hatte die Europäische Gemeinschaft eine Lebensmittel-Hilfe für Polen in Gang gesetzt. Dazu gehörten auch mehrere Butter-Groß-Lieferungen aus der Bundesrepublik. Und weil das auch mit Steuergeldern der Deutschen-West finanziert wurde, lag für uns Polen-Korrespondenten öffentliches Interesse vor. Die deutsche Seite zeigte sich besonders engagiert: »Es geht ja um eine humanitäre Hilfe«, hieß es. Dies wollten wir dokumentieren.

Als daher die ZDF-Kollegen aus München mitteilen, die ersten Lastwagen eines 10 000 Tonnen Butter-Kontingents hätten die deutschen Kühlhäuser Richtung Osten verlassen, melden wir bei *Interpress* unser Drehvorhaben an: das Eintreffen der Butter in Polen, dann die Verteilung an die Bevölkerung.

Doch in der ulica Hoża, dem Direktionssitz verschiedener Lebensmittel-Ketten in Warschau, gehen die Jalousien runter. Wir scheinen einem Phantom nachzujagen. Bei ›Hortex‹, dem staatlichen polnischen Lebensmittel-Importeur werden wir vertröstet: »Wir wissen noch nicht, wann die Butter eintrifft, rufen Sie in den nächsten Tagen wieder an.« Am nächsten Tag eine ähnliche Auskunft, spürbares Achselzucken: »Jetzt ist ein Teil der Butter zwar in Polen angekommen; aber wir können leider nicht sagen, wo sie lagert.« Gleich darauf: »Schade, jetzt kommen Sie mit Ihrer erneuten Frage zu spät – nun ist die Butter verteilt.«

Ein Einzel-Beispiel? Die Holländer wollten genau wissen, wo und wie ihre 5000 Tonnen Rindfleisch an den Bürger gebracht wurden. Ihre Warschauer Diplomaten verfolgten die Ladung von der Grenze bis nach Tschenstochau. Dort fuhren die Lastwagen auf ein Fabrikgelände, ab dann löste sich die Schlachtware auf mysteriöse Weise ›in Luft‹ auf – es war nicht möglich, herauszufinden, auf welchem Weg, in welcher Form beziehungsweise Verpackung das Fleisch die Fabrik wieder verlassen hat.

Ähnliches passierte mit einer Blumenspende für das Kinder-Gesundheits-Zentrum in der Nähe von Warschau. Dieses Mahnmal für die Opfer des Nazi-Terrors in Polen – ein aus internationalen Geldern unterstütztes Krankenhaus – sollte Tulpenzwiebeln aus dem Westen erhalten. An der vorgesehenen Stelle blühte aber nur ein Teil auf, den beachtlichen Rest bekamen die Tulpenspender, die nach dem Verbleib ihres Geschenks forschten, ganz woanders zu Gesicht: in einem wunderschönen Blumenbeet vor dem Amtssitz des Ministerrats.

Kein Wunder also, wenn Gerüchte aus dem Boden schießen. Gerüchte, die zum Teil abenteuerlich klingen, denen die Bevölkerung freilich aufgrund eines tiefsitzenden Mißtrauens gegen die Funktionäre geneigt ist, Glauben zu schenken. So wird kolportiert, Eisenbahn-Angestellte hätten in Güterwagen Richtung Sowjet-Union Büchsen gefunden, die ›rein zufällig‹ aus einer Ladung herausgefallen seien. Der Aufdruck ›Farbe‹ habe sie aber stutzig gemacht, denn zu jenem Zeitpunkt war in ganz Polen keine Farbe aufzutreiben. Beim Öffnen der Büchsen habe ihnen statt ›Farbe‹ etwas ganz anderes entgegengeleuchtet: köstliches Schweinefleisch! »Das ist nicht wahr«, behaupten gleich darauf andere. Es habe sich nicht um Büchsen mit der Aufschrift ›Farbe‹ gehandelt, sondern um Dosen mit dem Etikett ›Erbsen‹.

Merkwürdiges ergibt sich auch auf der Suche nach der deutschen Butter. Endlich eine Stelle, die unterrichtet ist. Die Direktion für Milchprodukte versichert: »Ja, die erste Butterlieferung aus der Bundesrepublik ist in Posen verteilt worden. Weitere Anlieferungen sind vorgesehen in Breslau und Danzig. Aber, dahin wollen Sie doch gewiß nicht fahren.«

»Nein«, sage ich, »ein Anruf bei Bekannten tut's auch.«

Doch die Recherche in fast allen großen Städten ergibt: Von deutscher Butter ist nichts bekannt. »Kommen Sie wieder vorbei«, sagen die Milchfunktionäre in Warschau. »Wir erwarten weitere 10 000 Tonnen Butter.« Das ist eigentlich ein Berg, der so leicht nicht zu übersehen ist – 10 000 Tonnen Butter, der statistische Gesamtverbrauch der polnischen Bevölkerung während eines Monats.

Zweiter Teil der Butter-Geschichte. Mieczysław Rakowski, dem Vizepremier, erzähle ich von der Butter-Suche. Die Antwort lese ich eine Woche darauf in der Wochenzeitung *Polityka*, deren

Chefredakteur er damals noch gleichzeitig ist:»Die Westdeutschen sollen doch froh sein«, heißt es da,»daß wir ihnen ihre Butter abnehmen, so sparen sie die hohen Kühlhaus-Kosten. Im übrigen – wie wir Polen die Butter verwenden, ist doch unsere Sache, wir zahlen schließlich dafür.« Sehr fein umgeht *Polityka* dabei die Tatsache, daß die Polen die Butter aus der EG mit einem Preisnachlaß von 15 Prozent bekommen; daß die Volksrepublik diese Butter vorerst gar nicht bezahlt, sondern in Brüssel um Kredithilfe bittet und daß die Spitze der Geldgeber-Länder angeführt wird von Banken aus der Bundesrepublik: mit einigen Hundertmillionen Mark.

Es sind Kredite, die zum Teil über ›Hermes‹ abgesichert werden müssen, mit einer Klausel, daß bei Zahlungsverzug auf polnischer Seite die Bundesregierung über diese Versicherung in die Pflicht genommen werden kann. Anders hätten sich deutsche Banken zu diesem Buttergeschäft nicht mehr bereit gefunden. Kredite also, die den deutschen Steuerzahler noch in zehn Jahren belasten werden, wenn der Schuldenmacher Polen seinen Rückzahlungs-Verpflichtungen nicht nachkommt.

Was liegt näher, als bei der deutschen diplomatischen Vertretung in Warschau nach dem Verbleib des Butterberges zu fragen. Doch den Gang zur Wirtschaftsabteilung hätten wir uns sparen können. Für solche Auskünfte sei Bonn zuständig, heißt es. Nach den im Auswärtigen Amt vorliegenden Informationen, so erklärt die Pressestelle per Telex, werden die Lieferungen sofort in das polnische Verteiler-System eingebracht. Auf die erneute Anfrage, wer denn hinter dieser Erkenntnis stehe, gibt sich das Auswärtige Amt formell:»Auch bei wirtschaftlicher Hilfe läßt sich die Bundesregierung von der starken Beachtung des Grundsatzes der Nicht-Einmischung leiten.«

Dritter Teil der Butter-Geschichte. Der Zufall will es, daß ich bei einem Abendessen in französischen Kreisen neben einem Geschäftsmann aus Grasse sitze. Dieser Ort in Südfrankreich ist weltberühmt für seine Parfüm-Industrie. Aber, so werde ich unterrichtet, er ist inzwischen auch Sitz bedeutender Aroma-Hersteller.

»Bei meinem letzten Polen-Besuch«, sagt mein Tischnachbar, der die Firma Meró vertritt,»wurde mir im Hotel scheußlich ranzige

Butter serviert. Ich habe heute deswegen bei ›Hortex‹ ein Experiment gemacht. Ich ließ die Direktoren in verdeckten Packungen erst ihre polnische Hotel-Butter probieren und dann unsere Kühlhaus-Butter, die wir mit Aroma-Stoffen behandelt haben. Stellen Sie sich vor, die Direktoren von ›Hortex‹ waren so angetan, daß sie nach kurzer Beratung für über 30000 Tonnen Butter-Aromastoffe bestellt haben. Natürlich läuft das Geschäft über französische Kredite – wir wollen doch auch unseren Beitrag für die hungernden Polen leisten.«

Was mit der Butter danach geschieht . . .

Im Stadion von Allenstein haben sich Tausende von Jugendlichen auf dem Rasen die Hände gereicht. Sie tanzen. Gigantisch geht es zu, wenn gezeigt werden soll, daß der Sozialismus gesiegt hat.

Die Fröhlichkeit ist nicht gespielt. Das ist ein Tag der Dankbarkeit im ganzen Land, weil es den Menschen hier etwas besser geht als noch vor Jahren. Was macht es aus, daß Fleisch und Zucker weiter rationiert sind. Man will jetzt leben. Die Ansprüche der Bevölkerung wachsen schneller als erwartet, so reagiert das kommunistische Regime nach außen hin mit aufgesetzter Selbstüberschätzung.

»Der größte Ostblock-Schuldner der Bundesrepublik gebärdet sich heute schlimmer als ein Entwicklungsland«, sagen daher schon viele deutsche Bankleute.

Aber sind wir nicht mit schuld daran?

»Unser Handelsgebaren muß geändert werden«, resümieren nicht nur die Banker, »solange sich der deutsche Kaufmann auf die windigsten Ost-Geschäfte einlassen kann, weil er erwarten darf, daß ›Hermes‹ mit Bürgschaften einspringt, wenn es schiefgeht, wird das Risiko des Polen-Handels letztlich vom deutschen Steuerzahler finanziert. Und da sei die Frage erlaubt: Was für einen Gegenwert erhalten die Deutschen für die verlorenen Gelder? Jeder für sich mag die Frage beantworten, ob wir als Deutsche über 40 Jahre nach Kriegsende weiter in einer moralischen Schuld stehen. Wenn die Antwort ›ja‹ lautet, dann doch allenfalls gegenüber dem polnischen Volk, aber nicht denen gegenüber, die es in ein kommunistisches System gezwängt haben und sich zu ihren Machthabern erklärten.«

13
Marienburg
Malbork

Die Ordensburg an der Nogat
(Foto: Ruge)

Die Vertreibung der Deutschen fand eigentlich zweimal statt«, sagt mein Begleiter, ein Geschichtsstudent, der den Auftrag von *Interpress* hat, westlichen Besuchen der Marienburg in Ostpreußen die richtige Sicht auf den Stammsitz der Kreuzritter zu ›ermöglichen‹.

»Mit den Deutschen war es zu Ende«, sagt er, »1410, nach der Schlacht von Grunwald (Tannenberg) und 1945, nachdem die Rote Armee hier durchmarschierte.«

Wir stehen an der Nogat. Mächtig ragt die Wehranlage des Ordens aus dem Ufersand. Türme, Mauern recken sich gigantisch in die Höhe, wie sakrale Bauten. Und doch sprengen die Giebel, die übereinandergetürmten Säle und Gemächer, den Eindruck von einer befestigten Klosteranlage. Ein Machtanspruch geht von dieser reichen Backstein-Gotik aus, für die – so haben es spätere Schloß-Baumeister errechnet – vom 13. Jahrhundert an rund 4,5 Millionen Ziegel im Sonderformat 9 × 15 × 43 cm verbaut wurden. 1309 wird die Marienburg der Hauptsitz des Ordens und zugleich Residenz der Hochmeister – Sinnbild der innigen Verbindung von Kreuz und Schwert.

»Die Polen restaurieren die Ordensburg, die im Verlauf der Kampfhandlungen 1945 schwer zerstört wurde, schon seit Jahren. Die Bauarbeiten in Marlbork sind auch in Zeiten der Krise nicht zum Stillstand gekommen – warum wohl?« fragt mich mein Begleiter.

»Bestimmt nicht, weil sie dem Orden ein Denkmal setzen wollen«, antworte ich. »Getroffen«, sagt der Geschichtsstudent. »Hier entsteht ein Denkmal für die polnische Größe. Der Sieg von Grunwald fällt um so bedeutender ins Gewicht, je gewaltiger sich dieses Zeugnis ehemaliger deutscher Herrschaft ausnimmt.«

»Die Jahreszahl 1410, die schon jedem polnischen Schulkind eingebläut wird«, entgegne ich meinem Begleiter, »ist für den deutschen Normalbürger kein Datum, schon gar kein brisantes.« Ich sehe ihm fast seine Enttäuschung an über diese Eröffnung. Der Stolz des Siegers, der beim Unterlegenen, dem vermeintlichen Gegner, keine Reaktion auslöst, schmeckt bekanntlich fade. Ihm fehlt die Anerkennung des historischen Ereignisses durch den Deutschen-West, das nach polnischer Geschichtsauffassung so dargestellt wird, als ob sich die Kreuzritter mit Lug und Trug Ostpreußen aneigneten, auf dem sie eigentlich nur die Pruzzen ›befrieden‹ sollten. Die Deutschen-Ost sind auch darin fortschrittlicher!

Der Deutsche Ritterorden war 1198 während des vierten Kreuzzuges in Palästina entstanden. Unter dem Hochmeister Hermann von Salza, einem Freund des deutschen Kaisers Friedrich II., verlegte er seinen Sitz nach dem Burzenland in Siebenbürgen, das er seit 1211 als ungarisches Lehen besaß. Aber schon 1225 sah sich König Andreas II. gezwungen, den auf die Schaffung eines eigenen Staates bedachten Ritterorden aus Ungarn zu vertreiben. Seine dort so kläglich gescheiterten Pläne suchte dieser nunmehr im polnisch-preußischen Gebiet zu verwirklichen. Bereits 1226 ließ er sich hinter dem Rücken des masowischen Herzogs vom Kaiser seinen neuen Besitz, das Kulmer Land, sowie alle künftigen Eroberungen bestätigen und unterstrich damit seine weitgesteckten Ziele. Binnen weniger Jahrzehnte gelang es den Deutschordensrittern, die Pruzzen zu unterwerfen, die gewaltsam christianisiert und teilweise ausgerottet wurden. 1237 vereinigte sich der Deutsche Ritterorden mit dem (1202 gegründeten) Schwertbrüderorden und wurde dadurch auch zum Herrn über Livland und Kurland. So entstand ein mächtiger Ordensstaat, der mit seiner expansionistischen Politik die nordwestlichen Gebiete Rußlands, Litauen und Polen bedrohte.
Zu Beginn des 14. Jahrhunderts eroberten die Ordensritter Pommerellen und schnitten damit Polen von der Ostsee ab. Dies führte in der Folge zu einer empfindlichen Schädigung des polnischen Wirtschaftslebens, da der Orden fortan den gesamten Seehandel Polens kontrollierte und aus ihm den Hauptnutzen zog. Adel und Städte waren deshalb in steigendem Maße bereit, ihre Kräfte gegen den Ordensstaat aufzubieten, der sich obendrein anschickte, auch Kujawien und das Dobrzyner Land in seine Gewalt zu bringen.
Von Kaiser und Papst unterstützt und der Hilfe fast aller westeuropäischer Feudalherren sicher, mischte sich der Deutsche Ritterorden ständig in die inneren Angelegenheiten Polens ein, wobei er nicht nur

die Zwistigkeiten der polnischen Teilfürsten skrupellos für sich ausnutzte, sondern häufig auch die Nachbarmächte gegen Polen hetzte.

So liest es sich in der Darstellung der Deutschen-Ost. Die DDR hat ihr Geschichtsbild weitgehend den polnischen Wunschvorstellungen angeglichen. Eine Übereinstimmung unter sozialistischen Brüdern, über die man hinweggehen könnte, wenn es nicht auch bei den Deutschen-West Ansätze zu einer neuen Lesart gäbe. Da heißt es:

Tatsächlich gibt es eine Menge von Privilegien und Bestätigungen, die dem Orden seit 1229 erteilt worden sind. Es ist dies ein Beweis dafür, mit welcher Sorgfalt die Ordensritter verschiedenartige Rechte auf Landbesitz sammelten, was sie eindeutig vor ihre Verteidigungs- und Missionsaufgaben stellten. Sie zögerten auch nicht, die Urkunden durch Fälschungen zu ergänzen. Für eine Fälschung hält man, vor allem unter polnischen Historikern, das sogenannte Privileg von Kruschwitz aus dem Jahre 1230, das die früheren Verleihungen Konrad von Masowiens durch eine neue Konzession dieses Herzogs ergänzt, weil die Urkunde ›dem Orden den vollen Besitz all dessen übergibt, was die Ritter von den »Sarazenen« (Pruzzen) erkämpfen‹. Diese Urkunde soll Papst Gregor IX. vorgelegen haben, der daraufhin, am 12. 8. 1230, die Verleihungen Konrads bestätigte, wobei er die entsprechenden Punkte der Fälschung von Kruschwitz zusammenfassend berücksichtigt, indem es heißt, ›daß dem Orden alles zufallen solle, was er im Heidenland erkämpfte‹.

Das schreibt Henryk Lowmiański, Professor für mittelalterliche Geschichte, Mitglied der polnischen Akademie der Wissenschaften. Veröffentlicht aber wurde seine Geschichtsdarstellung bei den einstigen Usurpatoren: den Deutschen Kreuzrittern, zu lesen in Band 30 der ›Quellen und Studien zur Geschichte des Deutschen Ordens‹, herausgegeben 1982 in Marburg.

Es zeugt vom historischen Abstand, daß das heutige Ordenshaus in Wien überzeugt davon ist, zu den deutsch-polnischen Beziehungen dadurch beizutragen, »die Deutschordensforschung der Polen besser bekannt zu machen, um damit eine Lücke auszufüllen und der

Vertiefung der gemeinsamen Diskussion zu dienen«, wie es von den letzten Deutschordensrittern in aller Harmlosigkeit dargestellt wird.

Zwei Fragen bleiben bisher ohne Antwort:

Ist auch die polnische Seite gewillt, die Sicht des Ordens in ihren Medien zu verbreiten? Und bedeutet die angenommene Gemeinsamkeit, daß wirklich öffentlich an Universitäten, in Schulen in Polen darüber diskutiert wird?

Wer bietet eigentlich den Polen Einhalt, ihrer nachwachsenden Generation weiterhin beizubringen, der ›Drang nach Osten‹ bei den Deutschen sei der Störungsfaktor Nr. 1 des deutsch-polnischen Verhältnisses?

Mein Begleiter vor der Marienburg bringt diese Meinung auf die schlichte Formel: »Die Bedrohung Polens hat mit den Kreuzrittern begonnen, und sie dauert bis heute an.«

Der Propaganda-Apparat der Polen wird sich die Freude nicht versagen, bei jeder passenden Gelegenheit darauf zu verweisen, daß das Unrechtsbewußtsein, das man den Deutschen nun über 40 Jahre einimpfte, endlich dazu geführt habe, daß der Deutsche Orden nun auch bereit ist, in seinen Schriften die ihm vorgehaltenen Verfehlungen abzudrucken, sich damit selbst zu korrigieren. Das erst macht einen Sieg in den Augen von Kommunisten vollkommen, wenn der Angeklagte die Argumente seiner Feinde übernimmt.

Am Abend, als wir spät ins Hotel zurückkommen, finden wir einen Zettel: »Bitte zu Hause anrufen«. Die Kinder liegen schon lange im Bett, als wir endlich Verbindung mit Warschau bekommen. Am anderen Ende der Leitung meldet sich die Pani, die in unserer Abwesenheit die Kinder liebevoll betreut. »Oliver hat Ohrenschmerzen«, informiert sie uns besorgt.

»Da fahr ich besser nach Hause«, sage ich zu Peter. Er bringt mich am nächsten Morgen an den ersten Zug nach Warschau.

Das Abteil ist kalt. Weder Heizung noch Licht funktionieren. An der nächsten Station steigt ein älterer Herr zu, sehr freundlich und sympathisch. Als erstes zieht er eine bauchige Thermosflasche aus seiner Aktentasche. Schöner dampfender Tee fließt in einen

Becher, er bietet auch mir davon an. »Zum Aufwärmen«, sagt er, wickelt seinen Mantel um sich wie eine Decke und schickt sich zu einem Nickerchen an. Er müsse jetzt ein wenig schlafen, sagt er wie um Entschuldigung bittend. Ob ich ihn wohl nach der dritten Station wecken könne? Er macht dabei eine Handbewegung wie mit einem Schlag auf den Kopf.

Mir ist das ganz recht, so kann ich ungestört meine polnischen Vokabeln lernen, mein Polnischlehrer versteht keinen Spaß, wenn ich die Schularbeiten nicht gemacht habe.

Vor dem Einschlafen stellt der Mitreisende seine Thermosflasche auf den Sitz, einladend: ich solle mich bedienen, wann immer ich Lust hätte. Es ist nicht lange still unter dem Mantel, plötzlich wirft er ihn von sich, springt auf, hängt den Mantel an den Haken und sagt: »Nein, mit einer netten Frau im Abteil finde ich keine Ruhe. Ich bin hellwach.« Nun wolle er etwas arbeiten. Er entschuldigt sich, daß er so schlecht deutsch könne; ich deute auf meine Polnisch-Lektion und versichere ihm, daß ich viel schlechter Polnisch könne als er Deutsch. Er schaut auf meine Schularbeiten und bietet an, mir zu helfen. Darüber bin ich ziemlich froh, Polnisch ist mit seinen sieben Fällen kein leichter grammatikalischer Brocken.

Als wir die Schularbeiten aufseufzend beendet haben, meint er, nun hätten wir uns einen Stärkungsschluck redlich verdient. Wir trinken Tee, und er stellt sich vor. Ingenieur, lese ich auf seiner Karte.

Herr Ingenieur will mich nun abfragen. Ich krame ein Wortspiel hervor, das im Polnischen lauter ähnlich klingende Wörter enthält: kura (Hühnchen), góra (Berg), rura (Rohr), dziura (Loch), chmura (Wolke), hurra (hurrah), bura (Schelte) usw.

Ich mache zwei Fehler. Dafür, sagt er, müsse ich nun seine Deutsch-kenntnisse prüfen.

Die Schwierigkeiten beginnen schon beim ersten Wort. Wenn ein Pole »Hühnchen« sagen soll, hat er etwa die gleichen Zungenpro-bleme, als wenn ein Deutscher das Wort »przyjść« heil über die Lippen bringen soll. Immer wieder muß ich ihm das Wort vorsagen, er rauft sich die Haare, springt plötzlich mit einem Entsetzensschrei hoch, faßt sich mit schmerzverzerrtem Gesicht an seine Sitzfläche, um gleich darauf in schallendes Gelächter auszubrechen. Er deutet auf seinen Sitzplatz: Die Thermosflasche mit dem Tee ist umgefallen, und der kochendheiße Inhalt ist über dem Sitz ausgelaufen. »Und ich dachte, mein Herz ist schuld daran, daß mir plötzlich so heiß wird«, lacht der Ingenieur, indem er versucht, seinen Anzug zu säubern.

Der Mann könnte mein Vater sein, er hat all die Kriegsgreuel, die meine Generation mehr vom Hörensagen kennt, am eigenen Leibe erlebt. »Wie kommt es«, frage ich ihn, »daß sich polnische und deutsche Menschen heute trotzdem so gut vertragen – nur in der großen Politik sich so schwer zusammenfinden?«

»Ihr im Westen macht Fehler«, sagt mein Gegenüber. »Ihr verkennt immer noch unsere Situation. Ihr wollt nicht wahrhaben, daß wir im Gulag sitzen, in einem großen Gefängnis, um uns herum Stacheldraht, Zäune, Gewehre. Ihr habt gesehen, wie es der ›Solidarität‹ ergangen ist. Sie hat an den Fundamenten der Macht gerüttelt. Doch jetzt sind statt der Gewehre Kanonen auf uns gerichtet.«

Stumm schauen wir beide aus dem Fenster. Doch er fährt fort: »Vielleicht ist es ganz gut, daß es passiert ist. So haben wir eine neue Frist für einen neuen Anlauf gewonnen, und der Westen hat gesehen, was Kommunismus wirklich ist. Jetzt besteht für uns die Chance, daß der Westen endlich aufwacht. In Polen hat sich der Kommunismus selbst entlarvt, der militärische Gewaltakt hat gezeigt, wo der Herr und wo die Knechte sitzen. Und wenn der Westen wieder wie im Falle Afghanistan nach kurzem Aufschrei in lethargische Wohlstandsmattigkeit zurückfällt, dann ist die Chance verspielt, den Herrn jetzt und für alle Zeiten zu zwingen, die Maske abzulegen und zu offenbaren, daß er nur mit Gewalt die Schwäche seiner Herrschaft überdecken kann und daß er die eigene Knechtschaft nur auf Kosten des Westens zu ernähren vermag. Die Ritterrüstung ist hohl, das Gerassel vermessen«, ereifert sich der Ingenieur, »die Drohung mit dem Atomknopf – alles Bluff. Geschürte Panikmache aus Moskau. Wenn sich der Fehler Frankreichs fortsetzt, dann habt ihr den Kommunismus auch bald bei euch – bis zum Atlantik!«

Wie er sich denn eine Ost-Politik vom Westen vorstellt, will ich wissen.

»Für uns«, sagt der Ingenieur, »liegt der einzige Hoffnungsschimmer in einer festen Reaktion des freien Westens. Jetzt«, so meint er, »ist es an der Zeit, Moskau an Jalta zu erinnern. In Jalta wurde das Recht auf freie Wahlen vereinbart. Alle zivilisierten Nationen haben sich zum Selbstbestimmungsrecht der Völker, zur Humanität und zur Würde des Menschen bekannt. Es ist doch nicht wahr, daß die Konferenz von Jalta im Februar 1945 die Teilung Europas in zwei Einfluß-Sphären beschlossen hat. Wenn Stalin sich an die Abmachung von Jalta gehalten hätte, wäre Ost-Europa heute frei.« Meine Skepsis steht mir wohl ins Gesicht geschrieben, denn er wird eindringlicher:»Schauen Sie sich doch unsere Gesellschaft in Polen an. Die Abkehr vom Kommunismus wird immer offenkundiger. Schon zeigt sich, daß ihm keine guten, vor allem junge Menschen mehr zur Verfügung stehen. Weniger geistige Potenz aber wird zu einer Nivellierung des Stils führen, zur Verflachung des Umgangs in der Politik. Brutalität wird Sprachlosigkeit ersetzen angesichts der wachsenden Kritik. Darum sorgen sich schon jetzt viele meiner Landsleute. Nicht die kommerzielle Moral des Westens, sondern die politische entscheidet mit über die Freilegung dieser Kräfte.« Das möchte ich doch näher wissen, was er darunter versteht: ›Die Moral müsse in die Politik zurückkommen.‹

»Ihr im Westen denkt nur an die kommerzielle Moral – dabei füttert Ihr noch den Kommunismus.«

»Meinen Sie, daß wir keine Kredite mehr geben sollten?« frage ich.

»Richtig«, antwortet er, »der Westen läßt sich doch dasselbe einreden, wie wir es hier täglich zu hören bekommen: wenn der Westen keine neuen Kredite gibt, treibt er uns direkt in die Arme der Sowjets. Auch das ist Bluff – der Russe hat uns doch schon längst in den Klauen.« Und er zählt polnische Betriebe auf, die der russischen Industrie zuliefern. »Im Warenaustausch, aber den Preis setzen die Russen fest. Genauso machen sie es mit dem Westen. Der KGB investiert in die Entspannungs-Illusion des Westens ebenso viel wie in die eigene Rüstung. Wenn das der Westen nicht erkennt, wird er Moskau niemals zum Umdenken bringen.«

Der Zug verlangsamt sein Tempo. Ich bedaure es, als er hält und mein temperamentvoller Gesprächspartner seine Aktentasche nimmt und aufsteht. Als er die leere Thermosflasche einpackt, lacht er auf: »Alter Mann und heißer Tee«, verspottet er sich selbst. »Ich werde nie mehr Zug fahren können, ohne an ›Hühnchen‹ und heißen Tee zu denken.« Noch auf dem Bahnsteig lacht er und deutet winkend auf die leere Thermosflasche.

Mich läßt er freilich sehr nachdenklich zurück. Wie sähe es heute in Europa aus, wenn Stalin sich an die Worte von Jalta gehalten hätte? Wir alle – die polnische und die deutsche Bevölkerung – sehnen uns nach einem versöhnlichen, freiwilligen Nebeneinander der Völker. Besonders die Nachkriegs-Generation möchte zum besseren Kennenlernen und Verstehen ein unkompliziertes Hin und Her über die Grenzen – ohne Stacheldraht. Denn in die ›Knechtschaft‹, wie der Ingenieur sagt, will niemand. Aber solange ›Herrschaft‹ mit Gewalt verteidigt werden muß, setzt sich die Formel von der anzustrebenden Verständigung aus zu unterschiedlichen Erwartungen in West und Ost zusammen. Für die Kommunisten bleibt das Ziel die Weltherrschaft – aber weil darüber im Osten nicht so viel geredet wird, glauben viele im Westen, die Gefahr sei gebannt. Sie entdecken sogar Friedenswillen in den östlichen Illusions-Hülsen wieder, ohne wahrnehmen zu wollen, daß in Wirklichkeit Hülsen aus Stahl in den Rohren der Panzer und Raketen auf sie gerichtet sind.

Es gehört zur Propaganda-Technik östlicher Machtapparate, die Jalta-Gespräche über die Jahre hinweg umzudeuten, das Falsifikat von der angeblichen Abgrenzung in zwei Einfluß-Sphären in Europa glaubhaft zu machen, was dem Westen um so leichter eingeredet werden kann, seit sozialdemokratischen Regierungen das fragwürdige Verdienst zukommt, den Geschichtsunterricht in den Schulen reduziert zu haben.

Wer also sagt das Selbstverständliche, daß »die passive Duldung der Unterjochung Osteuropas auf die Dauer für den Westen keine annehmbare Alternative sein kann?« Ist es die Regierung in Bonn, Paris, Rom oder London? Die nackte Wahrheit sagte ein anderer: Ronald Reagan, der amerikanische Präsident, der endlich aussprach, was vor ihm immer und immer wieder hätte in Erinnerung gebracht werden müssen.

Jalta, das ist auch der Prüfstein für die deutsche Politik in ihrem Verhältnis zu Ost und West. Über 20 Jahre lang hatte uns die sozialliberale Koalition eingeredet, eine Voraussetzung für den Frieden in Europa sei die Teilung Deutschlands, die hintenangestellte Wiedervereinigung als Opfer nicht zu groß für den Preis der Freiheit.

Die SPD ist heute gedanklich da angelangt, wohin sie der ›Wandel durch Annäherung‹ führen mußte: sie hat sich der sowjetischen Lesart angenähert, daß die Ergebnisse des Zweiten Weltkriegs Realitäten geschaffen hätten, die in Frage zu stellen bereits friedensgefährdend wirken könne. Sie hat damit auch den Gedanken ihres Godesberger Programms verlassen, die Befreiung des Menschen ohne Rücksicht auf das herrschende System anzustreben. Heute ist sie bereit, Rücksicht auf ein solches System zu nehmen, auch wenn dabei – angeblich um des lieben Friedens willen – Menschen unterdrückt werden müssen.

Diese Haltung ist nicht nur aus dem neuen deutschlandpolitischen Positionspapier der SPD herauszulesen, sie wird von SPD-Politikern bereits praktiziert. Bei seiner Warschau-Visite, kurz nach der Ermordung des Priesters Popiełuszko, vermeidet es der SPD-Oppositionsführer, das Grab des Arbeiter-Märtyrers zu besuchen. Es wäre mehr als eine Geste gewesen, wenn er sich der Gedenkstätte, die der polnischen Bevölkerung so viel bedeutet, nun mit oder ohne Kranz genähert hätte. Hans-Jochen Vogel aber hütet sich, auch nur den Anschein zu erwecken, er würde mit Oppositionellen in der Volksrepublik sympathisieren. Er sei schließlich Staatsgast, sagt der SPD-Politiker und warnt nach seinem Treffen mit Polens Militärdiktator Jaruzelski sogar die regierenden Christlich-Liberalen in Bonn, das Thema ›Grenzen in Europa‹ oder die Frage ›deutscher Minderheiten in der Volksrepublik‹ zu berühren. »Eine solche Debatte könnte alles, was wir an Versöhnung auf den Weg gebracht haben, im Kern treffen.«

Daß seit der Wende in Bonn wieder über die deutsche Frage gesprochen wird, weist auf die veränderte Gewichtung in der Deutschlandpolitik hin. Die Wirkung dieser Wende läßt sich an den Reaktionen aller unserer Nachbarn – auch in Westeuropa – ablesen. Der Unmut von Herrn Andreotti schien eine Einzelstimme, bis Herr Kreisky uns aufklärte, der Italiener habe nur ausgesprochen, was die meisten westeuropäischen Politiker dächten.

Müssen wir uns wirklich wundern? Wir ernten nur die Früchte einer Deutschlandpolitik, die es jahrelang unwidersprochen anderen

Eine Attraktion für Touristen: die 140 Kilometer lange Kanal-Verbindung von der masurischen Seenplatte bis zur Ostsee, die vier schiefe Ebenen überwindet, ist nach 110 Jahren immer noch intakt *(Foto: Ruge)*

Die ›Wolfsschanze‹: gesprengte Bunker des ehemaligen Führerhauptquartiers, wo am 20. 7. 1944 Oberst Graf Stauffenberg seinen Attentatsversuch auf Hitler unternahm

(Foto: Ruge)

überlassen hat, unseren Willen nach Frieden und Entspannung in Europa, den Verzicht auf Gewaltlösungen so zu interpretieren, als ob wir zur Selbstaufgabe des nationalen Einigungsgedankens bereit wären. Wir bekommen zu spüren, was es nach sich zieht, in der deutschen Ostpolitik die Themen ›Wiedervereinigung‹ und ›deutsche Volksgruppen‹ zu verdrängen. Als ungebührlich, abwegig, friedensstörend erscheint es nun, daß eine deutsche Bundesregierung wieder an Jalta erinnert, an die bis jetzt offen gebliebene deutsche Frage.

Es ist das Verdienst von Helmut Kohl, dem Westen dies wieder bewußt gemacht zu haben. Noch deutlicher wurde der CDU-Kanzler beim Treffen der Jungen Union in Berlin: die deutsche Frage sei nicht nur ein Anliegen der Deutschen, auch für den Westen ergäben sich daraus moralische wie politische Verpflichtungen. Wer die deutsche Ausgangsposition für Friedensverhandlungen etwa damit unterlaufe – wie Teile der SPD es tun, die den völkerrechtlichen Anspruch als ›Formelkram‹ abzuwerten versuchen –, höhle die Verantwortung der vier Mächte für Deutschland als Ganzes aus, gäbe damit Berlin preis.

»Kein völkerrechtlich gültiges Dokument hat bisher die territoriale Souveränität, das völkerrechtliche Eigentumsrecht in den Gebieten östlich von Oder und Neiße übertragen«, rief der Präsident des Bundes der Vertriebenen, Herbert Czaja, den Abgeordneten des deutschen Bundestages zu, als sich im Frühjahr 1985 im Parlament am umstrittenen Motto des Schlesiertreffens eine Debatte entzündete. Czaja, der von der ›offenen Wunde der deutschen Frage‹ sprach, wehrte sich dagegen, die Vertriebenen ins politische Abseits zu stellen, nur weil sie sich weigern würden, sich in der Diskussion über Deutschland von ›Politikern verschiedener Schattierungen auf Kulturpflege und Heimaterinnerung zurückdrängen zu lassen‹.

Es mag in Erinnerung gerufen werden, was in einer anderen Debatte des deutschen Bundestages, am 13. 6. 1950, der ehemalige Reichstagspräsident Paul Löbe (SPD) im Namen und Auftrag aller Fraktionen zur Anerkennung der Oder-Neiße-Linie durch Walter Ulbrichts DDR erklärte: »Niemand hat das Recht, Land und Leute preiszugeben... Die Mitwirkung an der Markierung der Oder-

Neiße-Linie als angeblich unantastbarer Ostgrenze Deutschlands ist ein Beweis für die beschämende Hörigkeit gegenüber einer fremden Macht.«

Ist es auch schon vergessen, daß die SPD-Führung über 100000 Flugblätter beim Deutschland-Treffen der Schlesier 1963 verteilen ließ: »Breslau, Oppeln, Gleiwitz, Hirschberg, Glogau, Grünberg – das sind nicht nur Namen, das sind lebendige Erinnerungen, die in den Seelen von Generationen verwurzelt sind und unaufhörlich an unser Gewissen klopften. Verzicht ist Verrat... Das Recht auf Heimat kann man nicht für ein Linsengericht verhökern – niemals darf hinter dem Rücken der aus ihrer Heimat vertriebenen oder geflüchteten Landsleute Schindluder getrieben werden.«

Und was sagte Herbert Wehner 1965 in einem Interview mit dem *Süddeutschen Rundfunk*: »Der deutsche Rechtsstandpunkt ist etwas, das für die Versöhnung zwischen benachbarten Völkern nicht außer acht gelassen werden darf; sonst wird Versöhnung oder Streben nach Versöhnung zu einer Art Heuchelei. Ich bitte um Entschuldigung, aber die Versöhnung ohne Recht ist ja eine Art von Unterwerfung, und die kann keiner von uns wollen, weil sie der weiteren Entwicklung nicht nützt.«

»Das Grundsatzprogramm der CDU vom Oktober 1978 mit seinen verbindlichen Aussagen zur Deutschland-Politik besteht weiter«, dürfen sich dagegen CDU-Politiker vom Kanzler erinnern lassen. Darin heißt es: »Die deutsche Frage ist offen. Wir werden das Bewußtsein von Deutschland in allen seinen Teilen bewahren und lebendig erhalten... Nur in einem freien Europa werden seine Völker ihre Zukunft selbst bestimmen können.« Auf dieses Zitat geht die Formulierung zurück, mit der das umstrittene Motto des Schlesiertreffens abgeändert wurde: »40 Jahre Vertreibung – Schlesien bleibt unsere Zukunft – Im Europa freier Völker.«

Die klare Position der CDU unterstrich bisher auch die Auffassung, »daß man zwar nicht im Besitz der ostdeutschen Gebiete sei, sich aber als Eigentümer fühle«. Dies, so versichert der Bundesminister für Innerdeutsche Beziehungen, Windelen, bedeute nicht, »daß man permanent die Grenzfrage in den Mittelpunkt rücken wolle, vielmehr müsse als oberstes Ziel immer wieder die Wiederherstellung der Freiheit in ganz Europa genannt werden«.

Allerdings sind auch neue Töne zu hören, die eine modifizierte Haltung in der CDU, wenn nicht gar eine Positionsänderung in der Ost-Politik erwarten lassen. Der dem Kanzler nahestehende stellvertretende CDU/CSU-Fraktionsvorsitzende Volker Rühe betonte in der Bundestagsdebatte im Frühjahr 1985: »Wer nüchtern und illusionslos nachdenke, wisse, daß der Warschauer Vertrag mit Polen eine ›politische Bindungswirkung‹ habe, die auch von einem wiedervereinigten Deutschland nicht ignoriert werden könnte.«

Ich frage den Studenten der Geschichte angesichts der Marienburg nach Jalta. Ich versuche, ihm klarzumachen, daß es nicht ›territoriale Ansprüche‹ sein müssen, wenn Deutsche an einer völkerrechtlichen Klärung der Grenzen von 1937 festhalten, daß niemand das Recht hat, uns ›Realitäten‹ einreden zu wollen, um damit den Deutschen ihr Mandat für eine europäische Friedenskonferenz abzusprechen: »Die 1945 gezogenen Grenzlinien sind das Ergebnis des Machthungers der Sowjets, aber auch vom Wunsch der Siegermächte bestimmt, Deutschland durch den Verlust eines Viertel des alten Reichsgebietes zu schwächen. Ein Landraub«, so sage ich zu dem Studenten, »den auch der Warschauer Vertrag nicht sanktionierte. Die deutsch-polnischen Grenzen können erst in einem zukünftigen Friedensvertrag mit Gesamtdeutschland festgelegt werden.«

Mein Gesprächspartner schüttelt den Kopf: »Wir stehen hier auf slawischem Boden.«

»Warum wollen die Polen, die selbst einmal in ihrer Geschichte über 123 Jahre auf ihre Selbstbestimmung hofften und bauten, den Deutschen den gleichen Selbstbehauptungswillen absprechen«, insistiere ich weiter. »Warum sollen wir unseren Glauben daran, daß ein Völkerfrieden gefunden wird in Europa, der von allen Betroffenen nicht als Festschreibung von Unrechtzuständen empfunden wird, in Frage stellen lassen? Warum sollte 40 Jahre nach der Vertreibung von Polen und Deutschen dies nicht zu einem beiderseitigen Wunsch werden können?«

Er mag darüber nicht diskutieren; für ihn ist die Sowjetunion seit Jalta der Garant gegen »die deutsche Gefahr seit der Kreuzritterzeit«.

Als wir beim Rundgang in der Marienburg auf ein Gemälde mit einer Heerschar von Kreuzrittern treffen, muß ich an die Gralsburg denken, an die Artus-Runde, an die Überlieferung von reinem Ritterum. Nachdem sich diese Ideale im 12. Jahrhundert auf den Kreuzzügen im Orient nur teilweise realisieren ließen, stellte die Marienburg wohl den letzten Versuch dar, im Osten zu einer solchen idealisierten Gemeinschaft zu finden. Daher auch der Zustrom der Ritter aus ganz Europa in den Ordensstaat, daher auf dem Gemälde die Darstellung der Ritter ohne Hinweis auf ihre Nationalität: die Gestalten auf den Bildern in der Marienburg weisen lediglich die Ortsherkunft aus.

Für meinen Begleiter, den Studenten der Geschichte, ist der Wiederaufbau eine Herausforderung und eine Möglichkeit, den Sieg über die Deutschen durch die endgültige Besitznahme jedes einzelnen Steines auszukosten – wenn das nationale Selbstbewußtsein der Polen diese geschichtliche Überhöhung verlangt, und solange es ihre innere Angelegenheit bleibt, mag das angehen. Außerdem: Die historischen Untersuchungen – ob in der DDR oder bei uns – aus welchen Gründen damals Ritter aus ganz Europa dem Ruf des Ordens gefolgt waren, um auf einem Territorium, nordöstlich eines polnischen Herzogtums, einen Ordensstaat zu errichten – wem bereitet das bei uns noch Kopfzerbrechen?

Wenn aber die Tatsache, daß der Orden von einem deutschen Hochmeister geführt wurde, von polnischer Seite bis in unsere Tage so ausgelegt wird, als ob im Auftrag der germanischen Völker ein Eroberungskreuzzug gegen die Slawen geplant worden sei, an dessen Folgen das Land heute noch leide, dann wird hier ein Konflikt künstlich am Leben erhalten, der unseren Widerspruch verlangt: weil hier eine Anklage erhoben wird, die uns in eine permanente geschichtliche Schuld für Polens Misere stellt.

Es gibt heute in Ostpreußen noch eine zweite polnische Gedenkstätte, die mit einem Sieg über die Deutschen verbunden ist: Hitlers Befehlszentrale im Osten, die ›Wolfsschanze‹. Das ehemalige Führer-Hauptquartier, nahe Rastenburg (Kętrzyn), liegt in einer waldigen Ebene, von kleineren Seen umgeben.

Schon von der Straße aus ist ein Hinweisschild zu sehen. Wir fahren über ein Eisenbahngleis und stoßen auf ein Kassen-Häuschen. Der Parkgroschen ist fällig. Ob wir auch einen Führer durch das acht Quadratkilometer große Gelände wollen?

Es regnet. Bei den Bierbuden drängeln sich die Menschen um einen trockenen Platz. Touristen-Rummel um ein paar Bunker-Ruinen. Den Weg säumen Bildtafeln, die an die Nazi-Verbrechen erinnern, begangen an der polnischen Bevölkerung. Wir suchen die ›Baracke‹, den Ort, der seit dem 20. Juli 1944 für Deutsche unvergessen ist: »Das ist der Tag des Attentats, als Claus Graf Schenk von Stauffenberg unter den Kartentisch eine Aktentasche mit einer Bombe lehnte, deren Explosion Hitler wie durch ein Wunder fast unverletzt übersteht«, sage ich zu dem polnischen Führer, der es mir verwehren will, in das Gemäuer zu klettern. »Warum steht hier kein Hinweis auf das Attentat? Auf die Tatsache, daß Deutsche zu Widerstand gegen die Nazis fähig waren?« frage ich den Polen. Der zuckt mit den Achseln.

Wir gehen die schmalen Fußwege unter den Bäumen weiter, über die sich Tarnnetze spannten. An manchen Bäumen sind noch die Aufhänge-Vorrichtungen zu sehen. »Der Bunker Görings, der Bunker von Keitel, der Bunker Hitlers«, leiert der Mann herunter. Die Bauten, mit Betondecken bis zu zwei Meter Dicke, über die Erdreich aufgeschüttet worden war, bilden einen Anblick, als ob eine Riesenfaust die Anlagen zerschmettert hätte. Bunker reiht sich an Bunker.

Wer die anderen Bewohner waren, daß ein Kino, mehrere Casinos, ein Gästehaus auf dem Areal standen, daß das Gelände in mehrere Sperrzonen eingeteilt war, mit Minenfeldern, daß ein Flugplatz, ein Bahnanschluß zur ›Wolfsschanze‹ gehörten, und daß sogar daran gedacht war, das Führerhauptquartier per Unterseeboot zu erreichen, wovon noch einige Schleusenbauten in Masuren zeugen. Dies alles sagt der polnische Führer an der ›Wolfsschanze‹ freilich nicht. Er sieht seine Aufgabe darin, uns davor zu bewahren, daß wir in dem überwucherten Gelände verloren gehen.

Als technische Wunderleistung gelten noch heute die berühmten Schiffshebewerke, mit denen früher im ›Oberländischen Kanal‹ Schiffe und Holzflösse streckenweise über Land gezogen wurden, um die sogenannten ›Schiefen Ebenen‹ zu überwinden: Mit Hilfe von Wasserkraft konnten die Schiffe auf großen eisernen, durch Drahtseile verbundene Gitterwagen ›über Berg und Tal‹ befördert werden.

Dank dieses gewaltigen Ingenieurwerkes – in der Zeit Kaiser Wilhelm I. 1876 vollendet – wurde die Ostsee über das Frische Haff mit dem Zentrum der Masurischen Seenplatte verbunden. Übers Wasser ging es bis Liebemühl im Kreis Osterode (Regierungsbezirk Königsberg), und von dort weiter durch den kanalisierten Liebefluß und den Drewenzsee zu weiteren Ortschaften westlich und östlich von Osterode. Im Süden sogar bis Deutsch-Eylau. Das technische Wunderwerk ist noch heute intakt. Es dient als Attraktion für Touristen, die von Elbing bis Osterode mit Ausflugsbooten zu einer der selten-schönen Fahrt in die Masurische Naturpracht aufbrechen können.

»In einem Gebäude können Sie sich einen polnischen Dokumentar-Film ansehen, in Englisch, Französisch, auch in Deutsch«, sagt der Pole. Doch als der Vorführer hört, zwei westdeutsche Journalisten wollen sich diesen Film über Hitler und die ›Wolfsschanze‹ ansehen, entsteht Verwirrung. Schließlich kommt ein Funktionär, weist auf den Regen hin und sagt:»Der Film wird nur vorgeführt, wenn mindestens 30 Besucher Karten kaufen.«

Wir kaufen 30 Karten, nun muß der Film auch gezeigt werden. Wir sehen Hitler in Ostpreußen in Gesprächen mit seinem Architekten Speer, von Militärs umgeben. Wir sehen Mussolini, wie er nach dem Attentat mit dem Zug ankommt, beim Empfang in der ›Wolfsschanze‹, in der Lagebesprechung. Dann die Folgen der Explosion und Hitlers Worte von der Vorsehung, die ihn gerettet habe, seinen Rache-Schwur, das Blutgericht, Freisler, und dann die Schluß-Szene: der Führer mit hohen Wehrmachts-Offizieren. Im Kommentar dieser polnischen Dokumentation heißt es dazu:»Das sind dieselben Offiziere, die in der Bundesrepublik Deutschland die Bundeswehr wiederaufgebaut haben.«

Daß sich in Polen in der Zeit der Solidaritäts-Bewegung die Stimmen mehrten, die zu einer unbefangeneren Haltung gegenüber den Deutschen-West aufriefen, sei an dieser Stelle auch vermerkt. Immer wieder sagten uns gerade junge Leute, nicht nur Studenten:

»Freunde erkennt man in der Not. Wir werden euch die Hilfssendungen, euer weltweites Eintreten für unsere Nöte nicht vergessen.«

Jan Jozef Lipski formulierte damals, in diesen wenigen Momenten der Freiheit, was viele empfanden:

Im polnischen Bewußtsein unserer geschichtlichen Beziehungen zu den Deutschen ist eine Masse Mythen und falscher Bilder entstanden, die im Namen der Wahrheit und zum Zwecke eigener Gesundung einmal von Lügen gereinigt werden müssen: die falschen Vorstellungen von einer eigenen Geschichte sind eine Krankheit der Seele der Nation, sie dienen hauptsächlich der Fremdenfeindlichkeit und dem nationalen Größenwahn.

Wir haben uns daran beteiligt, Millionen Menschen ihrer Heimat zu berauben, von denen die einen sicherlich sich schuldig gemacht haben, indem sie Hitler unterstützten, die anderen, indem sie seine Verbrechen tatenlos geschehen ließen, andere nur dadurch, daß sie sich nicht zu dem Heroismus eines Kampfes mit der furchtbaren Maschinerie aufraffen konnten, in einer Lage, als ihr Staat Krieg führte. Das uns angetane Böse, auch das größte, ist aber keine Berechtigung und darf auch keine sein für das Böse, das wir selbst zugefügt haben; die Aussiedlung der Menschen aus ihrer Heimat kann bestenfalls ein kleineres Übel sein, niemals eine gute Tat.

Als die ARD, das Erste Deutsche Fernsehen, eine Dokumentations-Serie über die Vertreibung der Deutschen aus den Ostgebieten ins Programm nimmt, bricht ein von polnischen Kommunisten inszenierter propagandistischer Sturm über der Volksrepublik los. Tagelang geifern die Deutschland-Experten, schütten Haß aus, verleumden die Absicht des Senders, das Geschehen jener Tage, der Jahre 1945/46 einer jungen deutschen Generation vor Augen zu führen. Ohne je ein Bild dieser Fernseh-Serie gesehen zu haben, steht das Urteil der Meinungsmacher in Polen fest:»Hier dürfen die Vertriebenen ihren Revanchismus-Umtrieben Gehör verschaffen. Wieder einmal sind es die Deutschen, die das Verhältnis zu Polen belasten.«
Einer in der deutschen Botschaft in Warschau wacht nach diesem

propagandistischen Trommelfeuer auf: der Presse-Attaché Klaus Reiff. Er fährt in die Bundesrepublik, besorgt sich ein Video-Gerät und läßt sich 12 Kassetten mit verschiedenen Fernsehprogrammen geben, so unter anderem auch die ZDF-Serie ›Preußen in fünf Verhandlungen‹.

Zurück in Warschau lädt der Presse-Attaché zur Vorführung mit Programmen aus der ARD und dem ZDF ein. Gezielt werden unter den polnischen Journalisten die Deutschland-Experten angesprochen. Und sie kommen. Einige gestehen Klaus Reiff nach den Vorführungen: »Das sei ihnen vorher so nicht geschildert worden. Was sie nun gesehen hätten, ließe sie zu einem anderen Urteil kommen.« Dennoch, in der polnischen Presse zeichnet sich keine Veränderung ab.

Da passiert etwas, was den Presse-Attaché der Deutschen Botschaft veranlaßt, statt neuer Einladungen einen Brief in eigener Sache an alle West-Korrespondenten zu verschicken:

»Zu meinem Bedauern muß ich Ihnen mitteilen, daß die nächsten Video-Vorführungen ausfallen müssen. Von unbekannten Tätern ist ein Einbruchdiebstahl bei mir zu Hause verübt worden, nachdem am Tag zuvor mein Telefonanschluß unterbrochen wurde. Zielsicher stahlen die Einbrecher meinen Video-Recorder sowie 12 Kassetten. Die schwarz-rot-goldene Fahne der Bundesrepublik wurde aus dem Regal gezerrt und zertrampelt.«

Außerdem erreicht die Botschaft ›offiziell‹ ein Protest, der sich gegen die Video-Vorführungen für polnische Staatsbürger richtet. Der Einbruch wird nie aufgeklärt. Als der Presse-Attaché ankündigt, er werde sich nicht hindern lassen, im Rahmen der Öffentlichkeitsarbeit weiterzumachen, schlägt der geheimnisvolle Unbekannte noch einmal zu: in der Villa des Diplomaten in Warschau wird erneut eingebrochen. Diesmal wird nur das deutsche Fernsehgerät gestohlen. Für uns keine Überraschung, denn das deutsche Video-Gerät läßt sich mit einem polnischen Fernseher nicht kombinieren, da gibt es Diskrepanzen in Bild und Ton.

»Die Vertreibung der Deutschen hat eigentlich nie aufgehört«, sagt mein Begleiter in Marienburg. »Die Ordensburg erinnert uns daran, die ›Wolfsschanze‹ bei Rastenburg mahnt uns. Unser Mißtrauen bleibt bestehen, weil wir uns selbst nicht sicher sind. Seit über 40 Jahren müssen wir mit dem Zwiespalt fertigwerden, den uns eure Teilung bereitet. Habt ihr Streit untereinander, fürchten wir uns. Vertragt ihr euch zu gut, dann erschrecken wir schon bei dem Gedanken, ihr könntet euch auf unsere Kosten wieder einmal einigen.«

Heute, im nachhinein, bekommt dieses Gespräch an der Nogat noch eine andere Bedeutung: es zeigt die Furcht der Polen, isoliert dazustehen, nicht mehr ernst genommen zu werden vom Westen, aber auch nicht vom Osten.

Der Wiederaufbau der Marienburg mag der nationalen Erbauung dienen, mag anderen vorgeführt werden als Ausdruck eines wiedererstarkten polnischen Nationalismus. Dahinter jedoch verbirgt sich auch der nationale Anspruch, Mitglied eines europäischen Kulturkreises zu sein. Zu dieser Seite zu gehören und nicht zur Supermacht im Osten.

»Also, was sollen wir tun?« frage ich meinen Begleiter vor der Ordensburg. Er schweigt, dafür fallen mir einige ›Empfehlungen‹ ein, die uns West-Korrespondenten ständig von kommunistischer Seite nahegelegt werden:»Macht in der Bundesrepublik ein Ende mit der Diskussion über die angeblich offene Grenzfrage, hört auf mit dem Minderheiten-Gefasel, führt den Dialog der 70er Jahre fort, gebt Kredite ohne Bedingungen, fühlt euch nicht aus der Schuld uns gegenüber entlassen.«

Von all dem höre ich an der Nogat nichts. Als ich meine Frage wiederhole, was denn nun zu tun sei, um zu einer besseren Verständigung zu kommen, überrascht mich mein Gesprächspartner mit einem unerwartet offenen Gedanken:

»Die Auflehnung gegen das Deutsche bei uns Polen, seit 1410 beziehungsweise 1945 oder heute, geht nicht vom Volk aus, sie wird immer durch das Verhalten der Obrigkeit verursacht – mal ist es unsere, mal ist es eure. Ich vermute, ich setze sogar voraus, die Sehnsucht nach Harmonie und Ausgleich zwischen uns ist auf beiden Seiten gegeben. Bei euch jedoch in der Bundesrepublik müssen Regierungen stärker auf diese Bürger-Erwartung Rück-

Tabu-Thema: Der Hitler-Stalin-Pakt vom 23. August 1939 mit dem geheimen Zusatzprotokoll. Der Überfall Hitlers auf Polen am 1. 9. 1939 wird groß herausgestellt, nicht erwähnt dagegen der Einmarsch der Russen am 18. 9. 1939. Die ZDF-Serie »Preußen« verschwindet auf rätselhafte Weise in Warschau. *(Foto: ZDF)*

Verteibung ohne Ende – 1945 treibt die Angst vor der Roten Armee Millionen auf die Straße nach Westen. Die Massenvertreibung der Deutschen danach durch Polen, Russen und Tschechoslowaken ist bis heute ein Tabu-Thema im Osten. *(Foto: ZDF)*

sicht nehmen, weil Bürger zugleich Wähler sind. Deshalb seid ihr leicht durch das Wort ›Dialog-Angebot‹ zu verführen. Ihr müßt dann Erfolge vorweisen, und dabei bröckeln eure Positionen ab. Mehr Festigkeit ist daher vonnöten, uns gegenüber, unseren Nachbarn, aber auch in bezug auf eure eigenen Leute – seid nicht mehr so knieweich!«

14
Danzig
Gdańsk

Das alte Krantor an der Mottlau
(Foto: Ruge)

Wenn Sie heute mittag zur Rathausfeier gehen, lassen Sie die Kamera zu Hause!« Das war eine Warnung. Ich wollte mehr wissen von dem unbekannten Anrufer, doch in der Telefonleitung machte es nur noch ›klick‹. Als ich vom Hotelzimmer aus die Vermittlung verlange, kann sich das Mädchen nicht an ein Auswärtsgespräch erinnern. Der Anruf war also aus dem Hotel gekommen, mit welcher Absicht, würde sich herausstellen – nun war ich neugierig. Ursprünglich hatte ich gar nicht vorgehabt, zur Rathausfeier zu gehen.

Im gotischen Rathaus sollten polnische Helden – die Verteidiger von Danzig – gefeiert werden. Zum 40. Jahrestag des Kriegsbeginns war für die Kämpfer auf der Westerplatte und in der Danziger Post eine Ordens-Verleihung vorgesehen. An beiden Stätten hatte ich schon vorweg mit dem Team Aufnahmen fürs Fernsehen mit Überlebenden gedreht.

Am 1. September 1939, als Hitler verkündete: »Ab 5 Uhr 45 wird zurückgeschossen«, feuerte die Schiffs-Artillerie des Panzerkreuzers ›Schleswig-Holstein‹, der Tage vorher in der Krümmung gegenüber der Halbinsel Westerplatte an der Einfahrt zum Danziger Hafen unter dem Vorwand eines Freundschaftsbesuches im Freistaat geankert hatte. Die ersten Salven der ›Schleswig-Holstein‹ schlugen in das Militär-Depot der Polen auf der Westerplatte ein. So begann der Zweite Weltkrieg in Danzig.

Major Sucharski, dem polnischen Kommandanten, unterstanden 182 Mann. Gegen den deutschen Angriff sollten sie 12 Stunden aushalten. So sah es der polnische Kriegsplan vor. Die polnische Besatzung aber kämpfte sieben Tage. Die Verluste betrugen auf polnischer Seite 15 Teilnehmer, auf deutscher Seite fielen 350 Soldaten.

So jedenfalls erzählen es Bildtafeln in sechs Fremdsprachen den Touristen, die heute die Ruinen auf der Halbinsel aufsuchen. Die

Westerplatte ist zur nationalen Gedenkstätte erklärt worden. Mit einem Denkmal, das einem aufragenden Finger ähnelt, und von dem Tomek, unser Beschützer, erklärt: es sei ein Symbol für die Vaterlandsliebe und die Tapferkeit der Polen.

Als ›Freie Stadt‹ unterstand Danzig – mit Langfuhr, Oliva, Zoppot usw. – unmittelbar dem Völkerbund in Genf, der einen verantwortlichen Hohen Kommissar für dieses Mandat ernannte. Gleichwohl war der deutsche Charakter der Stadt nicht zu übersehen; nur rund 3 bis 4 Prozent der Einwohner gehörten der polnischen Nationalität an. Im polnischen Reiseführer von *Interpress* liest sich dagegen die Geschichte von Danzig so:

Gdańsk war schon im 10. Jh. als Wehrburg der slawischen Fürsten von Gdańsk und Pomorze und als Mittler im Seehandel bekannt. 1308 brachte der Deutsche Orden Gdańsk hinterlistig in seinen Besitz, rottete die Bevölkerung aus und zerstörte die Stadt. Die Rückkehr zu Polen im Jahre 1454 war für Gdańsk der Beginn seiner Blütezeit. Im 16. und 17. Jh. entwickelte sich die Stadt dank ihres blühenden Seehandels zu einem der größten Häfen Europas. Gdańsk bereicherte sich damals um viele Prachtbauten und war wegen seiner Goldschmiedekunst und seiner Möbel- und Uhrenfertigung weithin bekannt. Nach der zweiten Teilung Polens (1793) gelangte Gdańsk unter die Herrschaft Preußens. In den Jahren 1919– 39 bildete es einschließlich der umliegenden Gebiete des Weichseldeltas eine Freistadt, die jedoch zum polnischen Zollgebiet gehörte. Nach der Machtergreifung Hitlers begannen die Nazis, die politische Ordnung der Freistadt zu unterhöhlen. Bei den Kämpfen um die von der nazistischen Besatzung verteidigte Stadt wurde 1945 die historische Innenstadt zu 90 Prozent zerstört. Der Wiederaufbau der Altstadt von Gdańsk nach dem Kriege ist eine hervorragende Leistung der Denkmalpflege.

In dieser Beschreibung findet sich kein Hinweis darauf, daß Danzig zwischen 1360 und 1361 bereits der Hanse beitrat und daß es Lübecker Kaufleute und Schiffer waren, die zahlreiche deutsche Niederlassungen gründeten und Danzig über den Ostsee-Raum hinaus berühmt machten.

Der ›Freistaat‹ an der Ostsee glich zuletzt einer Insel, die von polnischem Gebiet umschlossen war. Doch die Verteidiger der Danziger Post werden heute als polnische Patrioten bezeichnet, da sie sich angeblich der Germanisierung der ›Freien Stadt Danzig‹ widersetzten. Einen solchen Patrioten bekommen wir vor die Kamera: »Seit die Nazis im deutschen Reich die Macht übernommen hatten, wurden die wenigen Polen in Danzig drangsaliert«, sagt Franciszek Mielewczyk. »Einige verließen unter diesem Druck freiwillig die Stadt.« Er hatte am Altstädter Ring ein Metzgergeschäft. Da er sich ›der deutschen Bewegung‹ nicht anschließen wollte, wurde sein Betrieb von den Behörden geschlossen. Jedenfalls erzählt er es so, um zu begründen, warum er seine Stellung wechselte und zur Post ging.

Danzig hatte als selbständiger Staat eine eigene Post- und Telegrafen-Verwaltung mit mehreren hundert Beamten. Laut Versailler Vertrag waren die Polen aber berechtigt, innerhalb des Hafengebietes eigene Posthoheit auszuüben. Hierzu wurde ihnen eine leerstehende Kaserne am Heveliusplatz zur Verfügung gestellt. »In den Nächten vor dem denkwürdigen 1. September«, so ergänzt der Postler Mielewczyk, »transportierte ich Munition und Waffen von der Westerplatte nach Danzig, denn alle ahnten, daß die gespannte Atmosphäre sich entladen würde.« Was die Verteidiger von der Post zu dieser Vermutung kommen ließ: schon Tage vorher hatten um das Postgebäude herum Wehrmacht und SS Stellung bezogen. Sie lagen in Privathäusern, deren Bewohner evakuiert worden waren. Was Franciszek Mielewczyk damit auch sagen will: Hitlers Überfall auf Polen und das gleichzeitige Vorgehen gegen polnische Einrichtungen in der Freien Stadt war von langer Hand vorbereitet. Nur, bei den Deutschen rechnete wohl niemand mit dem hartnäckigen polnischen Widerstand in Danzig und mit der Tatsache, daß auch sie sich intensiv auf diesen Überfall vorbereitet hatten. Franciszek fährt fort: »Als die Deutschen gegen die Danziger Post Flammenwerfer einsetzten, gab unser Kommandant den Befehl zur Aufgabe. Das war um 19 Uhr 15.«

Hierzu bemerkt ein deutscher Augen- und Ohrenzeuge aus Danzig: »Die Kämpfe um die polnische Post dauerten nur wenige Stunden. Bis die ›Postbeamten‹ den Kampf aufgaben, sind keine Flammenwerfer eingesetzt worden. Der Gebäudekomplex war durch deutsche Truppen hermetisch abgeriegelt. Die umliegenden Gebäude waren von der Zivilbevölkerung geräumt. Ist es vorstellbar, daß da irgendwelche Verteidiger entkommen konnten?« Heute sind alle Kampfspuren an der Post beseitigt, das zerstörte Gebäude ist wiedererstanden als Studentenwohnheim.

»Nur vier Verteidigern der Post gelang die Flucht, alle anderen wurden gefangengenommen und zwei Monate später erschossen, sie liegen auf dem Heldenfriedhof zwischen den Danziger Stadtteilen Zaspa und Przymorze, dorthin sind sie später umgebettet worden. Zuerst hatte man sie verscharrt wie die Hunde«, sagt Franciszek Mielewczyk. Die Gräber sind heute in einer Reihe geordnet und mit Namen gekennzeichnet. »Und Sie?« frage ich, »hat man Sie als einen der vier Überlebenden geehrt? Haben Sie Ihre Metzgerei nach dem Kriege wiederbekommen?« Er zuckt die Achseln. »Ich habe meine Postrente. Nach dem Kriege wurde ich hin und wieder zum Veteranen-Kaffee eingeladen. Da fand ich auch gelegentlich einen Umschlag mit bescheidener Geldsumme neben meinem Teller. Aber dies alles hörte schon vor Jahren auf. Vielleicht bringt mir ja jetzt der Orden etwas mehr.«

Vom Hotel sind es nur wenige Schritte bis zur Altstadt. Die wiedererstandene vielgiebelige Kulisse an der Mottlau spiegelt ein Bild des Bürgerreichtums wider bis hinunter ans Alte Krantor mit seiner großen Nase, die weit ins Hafenbecken hineinragt und an der einst Segelmasten hochgehievt wurden für die Hanse-Flotte der Danziger im 15. Jahrhundert.

Die Feier im Rathaus hat viele Schaulustige auf die Beine gebracht. Auf der Brücke zum Grünen Tor ist kaum ein Durchkommen. Alles staut sich. Neugierige, die unten am Kai die Ausflugsschiffe besichtigen, Touristen – ein internationales Sprachengewirr. So fällt es überhaupt nicht auf, als ich plötzlich von hinten angetippt und auf deutsch angesprochen werde: »Dreh' dich nicht um«, sagt ein Mann, aber ich weiß sofort, wer es ist. Seine Stimme ist mir bekannt. »Geh' ruhig weiter, vielleicht werden wir schon beobachtet. Treffpunkt Beichtstuhl, heute abend« – weg ist er, untergetaucht im Gewühl. Bis zum Abend ist noch viel Zeit, was mag er wollen, unser polnischer Freund, ein respektierter Werftdirektor. Mein Weg führt durch das Grüne Tor zum Langmarkt, an dessen Ende das Rathaus steht. Wie ein Wegweiser spannt sich über den Platz ein Regenbogen, den ein Springbrunnen ausschickt, der sich in der Sonne badet vor dem großen, 80 Meter hohen Renaissance-Turm des Danziger Rathauses. Neptun auf dem berühmten alten Brunnen weist mit dem goldenen Zepter auf die blanken Fenster, hinter denen jetzt die Helden Danzigs ausgezeichnet werden.

Wieder tippt mich jemand an:»Hallo«, sagt ein deutscher Tourist, »kennen Sie mich nicht? Ich bin aus Bremen.« Ich nicke, ich hatte die Bekanntschaft der Reisegruppe ein paar Tage vorher gemacht. »Ist es nicht schön hier?« sagt der Bremer. Er zeigt auf den Artus-Hof neben dem Rathaus, wo einst die Kaufmannsgilden feierten. »Toll wiederaufgebaut, was hier total zerstört war«, schwärmt der Bremer.»Das ist den Polen groß anzurechnen. Wie sagt man bei uns in Bremen: ›Der erbt und erweitert seinen Besitz, der ihn wiederherstellt und unterhält.‹ Die Polen haben sich ihr Besitzrecht redlich erworben.«

Er sagt das im Brustton der Überzeugung. So frage ich ihn:»Waren Sie schon mal im Rathaus-Archiv?« Er verneint. Sie seien ja nicht zum Vergnügen hier; ihre Polen-Reise stelle eine neue Qualität der Normalisierung dar: Die Beziehungen auf der Ebene von Städte-Partnerschaften.

Danzig – Bremen, zwei Hanse-Städte, zwei Bürgermeister, die gut miteinander können – das hat mir Hans Koschnick, der erste Mann in Bremen, versichert. Längst sei aus dem Treffen kommunaler Honoratioren mehr geworden, und er zählt auf: Austausch von Ärzten und Personal im Gesundheitswesen, Bremer Städteplaner zu Gast beim Danziger Stadt-Architekten, Reisen von Lehrern, Journalisten und Künstlern, Arrangements von Sprachferien.»Es ging mir darum, die Chance von menschlichen Begegnungen zu ergreifen und den Trümmerschutt der Kriegs- und Nachkriegszeit abzubauen«, sagt Bremens Bürgermeister. So habe man das Tor zum Osten zu öffnen versucht und schließlich Rahmen-Vereinbarungen zwischen Bremen und Gdańsk entwickelt. Koschnick vermeidet es, von ›Danzig‹ zu sprechen, auch der Rahmenvertrag sei

ganz auf die Zukunft gerichtet:»Die Entwicklung in Polen werde
zu neuen, pluralen Strukturen führen.«

Die Reaktionen auf solche Perspektiven im deutsch-polnischen
Verhältnis verlaufen im Osten und im Westen entsprechend kon-
trär: Es gab Lorbeeren für diese praktizierte Entspannungspolitik,
andere verdammten das Vorgehen der Bremer und sprachen von
›Verzicht-Politik‹. Warum?

Seit der Schlacht von Tannenberg 1410 erkannten die Danziger
zwar den polnischen König als ihren neuen Schirmherrn an; der
Stadtstaat regelte aber bis ins 18. Jahrhundert seine Angelegenheiten selbst. Versuche der polnischen Krone, die Sonderstellung der
Hanse-Stadt zu brechen, mißlangen. Die Danziger wiesen Belage-
rungen ab, der polnische König durfte einen Burggrafen entsen-
den, aber Haus und Stallung wurden ihm verwehrt, um dem
Anschein vorzubeugen, in Danzig gäbe es eine königliche Residenz.

Nach den polnischen Teilungen war Danzig von preußischem
Gebiet eingerahmt. 1793 unterstellte sich die Stadt der Herrschaft
der Hohenzollern, aber Napoleon gab den Danzigern ihre Eigen-
ständigkeit 1807 wieder zurück, die Stadt erhielt den Status eines
›Freistaates‹, was auch der Völkerbund noch einmal nach dem
Ersten Weltkrieg bestätigte.

Was die Bremer Vorreiter für eine neue Dimension der deutsch-
polnischen Beziehungen bei einem Gang ins Rathaus-Archiv hätte
interessieren müssen: Danzig siegelte seine Urkunden – wie alle
souveränen Staaten – mit rotem Wachs, und Bürgerrecht erhielten
nur»Menschen deutscher Art und Zunge«.

Die Polen warteten also nur darauf, daß die Nachkriegs-Deut-
schen in einem offiziellen Dokument von ›Gdańsk‹ sprechen würden, weil es sich nahtlos ummünzen ließ zu einer rechtmäßigen
Anerkennung einer vorausgegangenen widerrechtlichen Eingliederung des ›Danziger Freistaates‹ in die Volksrepublik.

Vertrag ist Vertrag – auch wenn das nicht bedeutet, daß dabei
Bremen mit Handlungsvollmacht für die Außenpolitik der Bundesrepublik Deutschland versehen war, so wurde dennoch von der
polnischen Führung unterstellt, daß eine so wichtige internationale
Vereinbarung – wie der Rahmenvertrag zwischen Bremen und

Danzig – nicht ohne Billigung der damaligen sozialliberalen Bundesregierung zustandegekommen sein konnte.

Die Bremer Annäherung berührt daher nicht nur eine Frage von internationalem Rang, sie gerät auch gefährlich nahe an den Rand der Verletzung unserer nationalen, deutschen Belange. Es hat nämlich mehrere Versuche der polnischen Seite gegeben, diese Art von Abkommen auf andere Städtepartnerschaften auszudehnen, so zwischen Thorn und Göttingen. Es ist auch nicht auszuschließen, daß mancher deutsche Bürgermeister mit der Ehre liebäugelt, eine ›deutsche Stadt im Osten‹ zum Partner zu haben.

Ein hoher Funktionär in Warschau fragte mich: »Sie kennen das polnische königliche Wappen über dem Hohen Tor in Danzig, am Ende der Langgasse, wo bei feierlichen Anlässen der Einzug für Gäste in die Stadt begann – ein Beweis doch mehr, daß Danzig schon immer in polnischer Abhängigkeit stand!«

»Ich kenne noch mehr Wappen am Hohen Tor«, sage ich, »neben dem polnischen sind gleichrangig die Wappen Danzigs und Westpreußens zu sehen.«

»Aber wir« – sagt der Funktionär – »haben Danzig seine Identität wiedergegeben.«

»Ja«, sage ich, »mit Steinen, die Sie zum Teil aus Breslau herangekarrt haben.«

Die Aufbauleistung in Danzig ist mit polnischen Augen gesehen nicht Rekonstruktion, sondern Schaffung von polnischer Identität, so wie in vielen Städten der deutschen Ostgebiete. Sie stellt in Wahrheit jedoch nicht nur eine kulturelle Inbesitznahme dar, sondern den Versuch einer politisch-historischen Aneignung. Um dies zu legalisieren, reichen jedoch Verträge zwischen Bremen und Gdańsk nicht aus, auch wenn die vertragschließenden Partner im Sinne einer neuen Völkerfreundschaft zu handeln glauben.

»Übrigens«, sage ich zu dem Bremer am Neptun-Brunnen, »nach Auffassung der alten Danziger stehen Sie hier auf fremdem Territorium – weder auf polnischem noch auf deutschem.«

Er schaut mich ungläubig an. »1939 hat Hitler den Freistaat dem Deutschen Reich einverleibt, 1945 haben die Polen ebenfalls eine Annexion begangen. Solange kein Friedensvertrag über das Schicksal Danzigs entscheidet, ist dies hier demnach weiter Schutzgebiet des Völkerbundes.«

»Das sind doch Phantasten«, sagt der Bremer. »Sehen die denn immer noch nicht die Realitäten? Die gilt es jetzt anzuerkennen, mit Gewalt will doch im Ernst niemand in der Bundesrepublik das ändern.«

Oben an der Rathaustreppe entsteht Bewegung. »Bleiben Sie«, sage ich, »jetzt sehen Sie die Realität.« Die Türen öffnen sich weit. Männer im Sonntagsanzug treten blinzelnd in die Sonne. Die Helden von Danzig, die Verteidiger der Post, die Verteidiger der Westerplatte. Familienangehörige überreichen Blumen, Küßchen links und rechts. Und dann geschieht etwas, was im Protokoll nicht vorgesehen ist: Eine deutsche Touristen-Gruppe geht auf die dekorierten Helden zu. Die Polen stutzen, ein Moment des Erstaunens. Dann aufgeregtes Durcheinander, Händeschütteln, Umarmungen.

»Wer begrüßt hier wen?« frage ich mich. Ich bahne mir einen Weg durch die Menge, rudere auf die Gruppe zu, denn im Nu ist auf dem Langmarkt ein Menschenauflauf entstanden. Jeder begreift: dies ist eine deutsch-polnische Verbrüderung!

Von der Szene springt es wie ein elektrischer Funke auf die Menge über. Deutsche Worte, polnische Namen gehen hin und her. Ich höre Worte wie: »Westerplatte«, »Schleswig-Holstein«, »Kampf«, »Verteidigung«...

»Endlich sehen wir uns«, sagt einer von den Deutschen zu den Polen. Die Deutschen – das wird auch den umstehenden Neugierigen klar – sind ehemalige Marinesoldaten des Panzerkreuzers ›Schleswig-Holstein‹, die hier ihren Kampfgegnern von einst gegenüberstehen.

»Ein historischer Augenblick, und keine Kamera dabei«, fluche ich. Aber da werde ich auch schon wüst zur Seite gestoßen. An mir vorbei schießen vierschrötige Kerle auf die deutsche Gruppe zu. Greifer, wie ich sie schon so oft erlebt habe.

Es geht ganz schnell. Die deutsche Gruppe wird von der polnischen abgedrängt, die Helden der Westerplatte sehen sich plötzlich von einem Kordon umstellt, eine Gasse öffnet sich, in die das eingekreiste Menschenknäuel abzuwandern beginnt. Der Spuk ist vorüber.

Es ist so, als ob eine Waffenverbrüderung niemals stattgefunden hätte.

Betreten sehen sich die Deutschen von der ›Schleswig-Holstein‹ vor dem Danziger Rathaus an – allein gelassen.»Nun ist es also klar«, sagt einer von ihnen.»Die oben wollen keine Aussöhnung.«

»Wir haben«, erzählt darauf ein anderer,»der polnischen Botschaft in Köln unseren Wunsch vorgetragen, bei den Feiern in Danzig dabei zu sein – ganz offiziell. Wir wollten ein Zeichen setzen, wir wollten der Welt beweisen, daß Polen und Deutsche sich über den Waffen die Hand zur Versöhnung reichen können. Den Antrag haben sie uns glatt abgelehnt, kein Visum.«

»Na und dann? Wie sind Sie hierher gekommen?« frage ich.

»Als Touristen, jeder hat für sich einen Reiseantrag gestellt. Sie sind dann erst vor Ort auf uns aufmerksam geworden. Wahrscheinlich sind sie durch unsere erste Anfrage wohl auf unser Erscheinen vorbereitet gewesen.«

»Und das mehr, als Sie ahnen«, sage ich und erzähle von der Warnung, die ich im Hotel erhalten hatte. Daß jedes Mittel vorgesehen war, um zu verhindern, daß diese Verbrüderungs-Geste über die Sender des deutschen Fernsehens ausgestrahlt wurde, erfahre ich später. Peter Gatter, der ARD-Korrespondent, hatte die Szene mit der Kamera gedreht. Stunden darauf wird der Film ›beschlagnahmt‹. Der oberste Chef von *Interpress* reist sofort nach Danzig, der *Interpress*-Begleiter von Gatter wird abgelöst und dem deutschen Fernsehen ein Nachspiel angedroht.

Der WDR in Köln protestiert zwar gegen diesen Übergriff der Staatssicherheits-Organe, aber beide Seiten kehren bald darauf wieder zur Normalität zurück, denn keinem liegt daran, das Büro des ARD-Fernsehens in Warschau wegen dieses Vorfalls zu schließen.

Das offizielle Bemühen, die Aussöhnung zwischen den ehemaligen Kriegsgegnern zu verhindern, steht im krassen Widerspruch zur breiten Meinung der Bevölkerung. 60 Prozent der polnischen Bevölkerung sind unter 30 Jahre, und vor allem diese Jugend möchte einen Schlußstrich ziehen, möchte sich frei und ungezwungen mit der Jugend in anderen Teilen der Welt treffen. Wie oft

haben wir von polnischen Studenten den Satz zu hören bekommen:
»Grüßen Sie unsere Alterskameraden in der Bundesrepublik.
Sagen Sie ihnen, daß wir sehr viel Sympathien für sie haben, daß wir
vor allem Verständnis für das Problem der deutschen Teilung haben
– wir wissen, was es bedeutet, geteilt zu sein, weil wir selbst dreimal
die Teilung unseres Vaterlandes ertragen mußten.«
Solche Sätze passen freilich nicht ins offizielle Konzept der kommunistischen Propaganda. Denn sie zeugen vom Demokratisierungs-
Prozeß, der die polnische Jugend in den 16 Monaten des legalen
Wirkens der ›Solidarität‹ erfaßt hatte. Die ›Erneuerung‹ in Polen
wurde ja hauptsächlich von der jungen Generation getragen. Sie
hatte die Periode der Öffnung als Phase einzigartiger Hoffnungen
auf Demokratie bezeichnet.»Jetzt wissen wir, was Demokratie ist«,
sagten Siebzehnjährige.»Wir konnten alles sagen, alles lesen, uns
offen versammeln und diskutieren. Wir können nicht glauben, daß
dies alles vorbei sein soll. Niemand von uns will wieder zurück in die
Unfreiheit des Geistes und der Zunge.«
Die Partei versuchte, wieder ›Zucht und Ordnung‹ in die Schulen zu
bringen. Sie schickte Militär-Kommissare in die Klassenzimmer,
um die aufmüpfige Jugend an die ideologische Kandare zu nehmen.
Doch diese Versuche quittierte die polnische Jugend mit Buhrufen
und Gelächter. Der ZK-Sekretär und heutige polnische Außenminister Olszowski war irritiert:»In den Köpfen der meisten Polen ist
vieles in Unordnung geraten.« Das Abweichen von den marxi-
stisch-leninistischen Prinzipien hätte sich bis in den Geschichts-
Unterricht eingeschlichen.
Das war eine offene Anspielung auf die veränderte Geschichts-
Darstellung an den Schulen, die ohne den Einfluß der ›Solidarität‹
undenkbar gewesen wäre. Doch nun sollte alles wieder zurückge-
stoßen werden in die Tabu-Zone, all das, worüber Lehrer mit
Schülern 16 Monate lang offen diskutiert hatten – über die Morde
von Katyn, die polnisch-russischen Beziehungen und die Ost-West-
Verschiebung nach dem Hitler-Stalin-Pakt.
Für die Kommunisten gibt es nur einen Grund für das Abweichen
der polnischen Jugend vom rechten Pfad der ideologischen Tugend:
»Antikommunistische Extremisten sind es, die das Bewußtsein der
jungen Menschen vergiften.« Den ideologischen Feind machte die

Armeezeitung *Żołnierz Wolności* vor allem in der polnischen Leh-
rerschaft aus. Doch die polnische Jugend reagierte auf die Attacken der Kommu-
nisten keineswegs so folgsam wie es die ideologischen Einpeitscher
gern gesehen hätten. Reihenweise Austritte mußte nicht nur die
Partei hinnehmen; der Leiter der Jugendabteilung beim ZK der
Partei gab zu, daß in den vergangenen drei Jahren 40 Prozent der
Pfadfinder und 20 Prozent der Mitglieder des sozialistischen
Jugendverbandes ZMS ihre Organisation verlassen haben.

Mit Ernüchterung hatte die polnische Jugend festgestellt:»Was
haben unsere Eltern nach 40 Jahren Leben im Kommunismus
erreicht: trotz aller Plackerei gerade eben eine eigene Wohnung,
vielleicht einen Kleinwagen. Aber im Alter können sie noch nicht
mal gewiß sein, daß sie diese Errungenschaften nicht mit der
nächsten Generation teilen müssen.«

Berufswünsche, die aus dem System herausführen, stehen daher für
viele polnische Jugendliche oben auf der Liste:»Seemann«,»Ste-
wardess«,»Geologe«,»Archäologe«... Es zeigte sich auch, daß
die Jugend den polnischen Massenmedien den Rücken kehrte. Im
Sommer 1980 hatte sich nämlich herausgestellt: Plötzlich war das
Fernsehen hochinteressant, die Zeitungen – obwohl staatlich kon-
trolliert – gingen reißend weg. Nicht nur wegen der Offenheit der
Berichterstattung, vor allem wegen der unverblümten Kritik, mit
der endlich schonungslos den Mißständen im Lande zu Leibe
gerückt wurde. Ebenfalls ein Verdienst der ›Solidarität‹ ist es
gewesen, die Öffnung der Massenmedien als notwendiges Ventil
für den Überdruck in der Bevölkerung durchzusetzen.

Auf die jähe Kehrtwendung durch den Militärcoup im Dezember
1981 reagierte die polnische Jugend mit Boykott.

In Warschauer Gymnasien spielten sich gespenstische Szenen ab:
Zwischen zwei Unterrichtsstunden erhebt sich ein 18jähriger plötzlich von seiner Bank, greift die vor ihm liegende Tageszeitung, lupft
sie mit zwei Fingerspitzen hoch und läßt sie sanft zu Boden segeln.
Kaum daß sie den Fußboden erreicht hat, beginnt der 18jährige
energisch auf der Zeitung herumzutrampeln. Sein Hintermann,
baumlang wie die meisten dieser Heranwachsenden, die kurz vor
dem Abitur stehen, wiederholt die Prozedur mit seiner eigenen

Zeitung, der Vorgang pflanzt sich in Sekundenschnelle durch die ganze Klasse fort, bis der Fußboden total übersät ist mit zerstampften Zeitungsblättern. Wortloser solidarischer Protest gegen die staatliche Propaganda-Maschinerie, die nun wieder konkurrenzlos die Meinungsbildung der Volksmassen unter die ideologisch geprüfte Feder genommen hat.

In einem Lyceum, nicht weit von unserer Wohnung entfernt, sind während der Verhaftungswelle drei Lehrer interniert worden, die sich offen zur ›Solidarität‹ bekannt hatten. Am folgenden Tag bietet die Schule ein groteskes Bild: alle Mädchen tragen schwarze Strümpfe, die Jungen haben Trauerflor am Ärmel oder eine Anstecknadel mit dem polnischen Adler im Knopfloch, darüber quer einen schwarzen Streifen.

In den Pausen geben Korridore und Flure die Kulisse ab für ein makabres Schauspiel: in völligem Stillschweigen flanieren die 600 Schüler eines Gymnasiums durch das Schulgebäude, so daß im Lehrerzimmer ein gequälter Aufschrei zu hören ist:»Schafft um Gottes willen die Pausen ab!«

Die Lehrer jedoch werden weiter unter Druck gesetzt. Die von oben verordnete ideologische Säuberung verlangte von jedem einzelnen eine schriftliche ›Loyalitäts-Erklärung‹ zum kommunistischen Regime. Wer sich weigerte, wurde erbarmungslos aus dem Schuldienst verbannt – so wie es im ganzen Land quer durch Berufe der ›inteligencja‹ geschah. Mancher von ihnen, der sich standhaft weigerte, seine Überzeugung zu verkaufen, fand sich als Bäcker oder Taxichauffeur wieder.

Unter den Schülern – die reichlich Erfahrung sammeln konnten mit den knüppelnden Sicherheitskräften der ZOMO – grassierte der Reim:»Weder IXI noch OMO säubern so gut wie ZOMO.«

Grzegorz Przemyk, der von Sicherheitskräften zu Tode gefolterte Schüler, wird später zum Märtyrer-Symbol der Jugend für den Kampf um die Freiheit.

In dieser Atmosphäre des Schocks und des Protests, in der Lehrer und Schüler wieder heimlich dazu übergingen, Lernzirkel zu gründen, in denen Literatur und Geschichte ideologiefrei vermittelt wurde, näherte sich das Ende der Schulzeit für unsere Tochter. Das Abitur stand vor der Tür.

Wochenlang hatte alles in der Schwebe gehangen. Tage und Nächte der Ungewißheit, als gleich nach der Ausrufung des Kriegsrechts sämtliche Schulen geschlossen wurden, mit der vagen Ankündigung: Wiedereröffnung vielleicht in einem halben Jahr. Für uns hätte das bedeutet – Verschiebung des Abiturs um ein Jahr, weit über die Dauer unseres Aufenthaltes in Polen hinaus.

In dieser Zeit, als es verboten war, sich in größeren Gruppen zu versammeln, als Telefon- und Telexleitungen durchtrennt waren, als Westler pauschal zu antikommunistischen Feinden abgestempelt wurden, es somit für die Bevölkerung zum persönlichen Risiko wurde, wenn sie sich so einem westlichen ›Bazillenträger‹ näherten, meldeten sich polnische Freunde bei uns: spontan erklärten sie sich bereit, unsere Tochter aufzunehmen, wenn unsere Zeit in Polen abgelaufen sein würde. Einer meinte es besonders gut und schlug vor, Nicola nach Belgrad zu bringen, zu seiner Familie, damit sie dort in Ruhe an einer polnischen Schule das Abitur machen könne. Beeindruckende Bekundungen menschlichen Zusammengehörigkeitsgefühls in der Not.

Doch der Schulbetrieb ging ›planmäßig‹ weiter. Kurz nach der Wiedereröffnung der Schulen waren es bis zum Abitur genau noch 100 Tage: In Polen ein magisches Datum, verbunden mit abergläubischen Vorstellungen. An diesem Stichtag rennen die Abiturienten in Polen zum Friseur, denn ab jetzt darf nichts mehr abgeschnitten werden: wer von nun an noch Haare, Bartstoppeln oder Fingernägel kürzt,»stutzt damit auch den Verstand«, weiß das Sprichwort.

Vier Tage sind für das Abitur angesetzt. Vor der Modzelewski-Schule versammeln sich die Prüflinge. Von allen Seiten strömen sie herbei, begleitet von Eltern, Freund oder Freundin. Feierlich gekleidet sind sie, die Abiturienten: die Jünglinge tragen dunklen Anzug und Krawatte, die Mädchen gedeckten Rock und helle Bluse. Die Jungen retten sich mit Galgenhumor über das Lampenfieber hinweg, verspotten sich gegenseitig:»Mensch, hast du dich aber fein gemacht!«

Eine Mutter fragt ihre Tochter besorgt:»Soll ich dir wirklich keine Beruhigungspille geben?«Die Tochter schüttelt bleich, aber gefaßt

Franciszek Mielewczyk, einer der Verteidiger
der polnischen Post, vor dem Denkmal auf
der Westerplatte   *(Foto: Ruge)*

Im holländischen Baustil: die Danziger
Frauengasse führt auf die Marienkirche zu
(Foto: Ruge)

den Kopf. Da nimmt die Mutter die Beruhigungspille selbst. Die Eltern sind aufgeregter als die Prüflinge. Peter und ich sind unfähig, etwas zu tun. Wir irren wie die Hündchen durch die Warschauer Altstadt. Inzwischen haben die Abiturienten Platz genommen. Die ganze Jahrgangsstufe ist mit 80 Schülern in der Turnhalle untergebracht. An Einzeltischen. Auf jedem steht ein Teller mit Schinken-, Wurst- und Käsebroten; daneben ein Teeglas. Alle Plätze sind mit Blumen, meist Tulpen, geschmückt. »Ein fast feierlicher Anblick«, erzählt unsere Tochter. Für den aufmunternden Gruß auf den Tischen hatte ein ›Mütter-Komitee‹ gesorgt. Ich hatte mich auch gemeldet. »Nicht erforderlich«, wurde mir jedoch zart bedeutet.

Mathematik und Polnisch waren obligatorisch für alle. 180000 Abiturienten in ganz Polen bekamen die gleichen fünf Aufsatz-Themen:

1. Literatur der alt-polnischen Schriftsteller-Werke als intellektuelles und ästhetisches Abenteuer des zeitgenössischen Lesers;

2. Motiv der ›Hochzeit‹ (von Wyspiański) und die Rolle der Hauptpersonen an ausgewählten Beispielen vom Positivismus bis in die Gegenwart;

3. Polen frei, frei – ich schüttele den Mantel von Konrad ab (nach Mickiewicz ›Jadek‹), darzustellen an Literatur-Beispielen zwischen den beiden Weltkriegen;

4. Gesang aus der ›Feuersbrunst‹ – Nachdenken über das Schicksal und Schaffen der Generationen, die aus der Zeit der ›Kolumbów‹ stammen (zwischen den beiden Weltkriegen Geborene);

5. Was meinst du über den Satz von Immanuel Kant: ›Die Kunst ist nicht eine Darstellung des Schöngeistigen, sondern eine schöne Darstellung der Dinge.‹

Die Modzelewski-Schule hatte Wert darauf gelegt, daß den Kindern ein breites Spektrum internationaler klassischer Literatur vermittelt wurde.

Nicola wählte das 4. Thema. Vorn hat eine sechsköpfige Kommission Platz genommen, wacht streng darüber, daß niemand abschreibt. Keine Stimme ist zu hören, nur das Knarren der Holzdielen, wenn jemand Tee nachschenkt oder auf die Toilette muß. Als wir vor der Tür auf den Abschluß dieser nicht enden wollenden

Das Rathaus der ehemals ›Freien Stadt‹: Schutz des Völkerbundes aufgehoben?
(Foto: Ruge)

Prüfung warten, klopft plötzlich jemand von hinten auf meine Schulter:»Bonjour, Madame«, scherzt Pan Direktor.»Wie geht's der Tochter?«Ich beschreibe ihre Aufregung. Er lacht:»Wie vor der Hochzeit, nicht wahr?«

Als dann nach langen Tagen des Bangens endlich feststeht, daß alle das Abitur bestanden haben, warten vor dem Tor zum Schulhof Familien, Freunde, Bekannte mit Blumen in der Hand, sie bilden ein Spalier für die heraustretenden Abiturienten und singen:»Sto lat – 100 Jahre sollen sie leben.«

Anlaß zum Feiern wäre nun freilich gegeben. Nur – wie feiern 39 Abiturienten, noch dazu mit einer Klassenkameradin aus dem Westen, wenn strenges Versammlungsverbot herrscht? Ein öffentlicher Saal scheidet also aus. Nicht einmal der traditionelle Schul-Ball für die Abiturienten darf stattfinden. Bleibt der private Rahmen. Ein Platzproblem? Daran soll es nicht scheitern; bei uns gehörte zu Wohnung und Studio ein Garten, in dem jetzt im Sommer genügend Platz ist für alle Klassenkameraden, einschließlich Lehrer und Pan Direktor. So wird das Fest geplant. Eine Genehmigung ist einzuholen.

Unsere Anfrage beim polnischen Außenministerium, das ja die Patenschaft für diese Schule hat, beantwortet der zuständige Betreuer für die Auslands-Korrespondenten so:»Eigentlich ist im Kriegsrecht ja beim Versammlungsverbot auch das Feiern im größeren Kreis verboten. Aber wissen Sie, meine Frau hatte kürzlich Geburtstag. Da haben wir gefeiert. Auch gelacht. Immer mehr Verwandte und Freunde kamen. Erst hinterher wurde uns klar, daß das ja eigentlich nicht erlaubt war.« Indirekt ein Tip, daran haben wir uns gehalten. Ein Gang zur Miliz, den Nicola und andere Abiturienten unternommen hatten, war kategorisch mit einem ›Nein‹ beschieden worden.

In Nicolas Klasse befand sich auch der Sohn eines hohen Sicherheits-Funktionärs. Dieser wurde nun von allen Mitschülern bekniet, daß er dem Vater einheizen solle, seine Leute zu informieren, daß sie diese Abiturfeier auf keinen Fall ›stören‹ sollten.

Im Vertrauen auf diesen ›direkten Draht‹ werden die Vorbereitungen getroffen. Eine Woche vor der Abiturfeier findet sich die Klassen-Band bei uns ein. Schlagzeuge werden installiert, Lautsprecher-Leitungen gelegt. Erste Proben des Zusammenspiels – ein lautstarker Widerhall von Posaune, Trompete, Jazz-Orgel und Schlagzeug. Die Nachbarn sind informiert worden, haben voller Verständnis genickt. Draußen am Zaun patrouillieren Milizgruppen mit umgehängtem Gewehr. Junge Kerle. Sie schauen durch den Maschendraht, als wenn sie Lust hätten, mitzufeiern. Die Feier ist für 17 Uhr angesetzt. Wegen der Ausgangssperre müssen um 22 Uhr alle wieder nach Hause gehen. Als kein Gast kommt, wird Nicola allmählich unruhig. Sie läuft auf die Straße und schaut um die Ecke. Da stehen sie alle, die Klassenkameraden. Sie haben sich an der Bus-Haltestelle versammelt. Nun setzt sich die Gruppe kichernd in Bewegung. Sie schleppen einen schweren Gegenstand – einen hohen Wäschekorb aus Flechtwerk, umwickelt bis zum Deckel mit einer dicken weißen Seiden-Schleife. Es ist ein Geschenk für die scheidende deutsche Klassenkameradin. Freudig erregt lüpft sie den Deckel, steckt den Kopf in den Korb, kommt verblüfft wieder zum Vorschein. Erstaunen und Rührung machen sich in ihrem Gesicht breit: jeder Einzelne aus ihrer Schulklasse hat ein Buch in den Korb hineingetan: polnische Klassiker, äußerst schwer zu bekommen, wie jeder Kenner weiß; eine persönliche Widmung steht in allen diesen literarischen Raritäten.

Es wird eine ungetrübte Feier. Erinnerungsfotos werden gemacht, Gruppenbilder. Als der Sohn des Sicherheits-Funktionärs mit Nicola vor die Foto-Linse gerät, witzeln die Lehrer: »Was wäre das für ein Bild für den Propaganda-Apparat, auch bei euch im Westen.«

Jetzt, nachdem die Spannung gewichen ist, gestehen uns die Lehrer, daß die ganze Schule den Atem angehalten hat, und mancher gibt an diesem Abend zu, daß er nie geglaubt habe, dieses Experiment könnte gelingen: daß erstmalig nach dem Zweiten Weltkrieg eine westdeutsche Schülerin an einem polnischen humanistischen Gymnasium das Abitur besteht. Nicht nur wegen der Sprach-Barriere. Und dies bestätige doch eigentlich: es ist mehr als nur die Verständigung zwischen Polen und Deutschen-West möglich.

Im gleichen Sinne etwa äußert sich auch der deutsche Botschafter beim Abschieds-Essen in seiner Ansprache an die Gäste: ein löbliches, ein zukunftsweisendes Beispiel der Normalisierung zwischen Deutschen und Polen sei hier verwirklicht worden.

Auf einem anderen Blatt steht, daß sowohl das hessische wie auch das rheinland-pfälzische Kultusministerium lakonisch mitteilen, daß das in Polen erworbene Abitur in der Bundesrepublik nicht anerkannt werde. Nicola sei einem Aussiedler-Kind gleichzustellen. Oliver dagegen hat es besser. Fast problemlos führt sein Wechsel aus der amerikanischen Schule in ein deutsches Gymnasium.

Eine Erfahrung haben beide gemeinsam mitgenommen aus ihrer vierjährigen Zeit in Polen: während drüben gleichwohl die Lehre vom schuldigen Deutschen aufrecht erhalten wird, treffen sie im Westen auf Gleichaltrige, die nicht mehr bereit sind, die Kollektivschuld der Deutschen auf sich zu nehmen. Schuld wofür – fragt diese junge Generation nicht ohne Grund, da das Thema ›Deutscher Osten‹ lange genug in den Schulen von vielen Lehrern heruntergespielt wurde. Allzu unverfänglich ließ sich die Ausrede übernehmen: Bei den europäischen Nachbarn würde eine ausführliche Behandlung dieses Kapitels als Wiedererstarken des deutschen Nationalismus verstanden werden. Wenn aber schon das Geschichtsbild verdrängt wird, wie steht es dann mit dem Wissen um das Leid von Millionen Deutschen, die Flucht, Vertreibung und Not erdulden mußten? Schuld wofür – fragt diese Generation, wenn doch auf der politischen Bühne in der Bundesrepublik Deutschland sich die Meinung hält, der Überfall auf Polen sei mit dem Verlust von Pommern, Schlesien, Ostpreußen und Sudetenland bezahlt worden. Hatte nicht die SPD/FDP-Koalition nach Abschluß des Warschauer Vertrages wohlweislich darauf verzichtet, sich mit den Vertriebenenverbänden auseinanderzusetzen? Wurde nicht so getan, als ob der in der Stuttgarter Charta ausgesprochene Verzicht der Vertriebenen auf Rache und Vergeltung auch ein Verzicht auf Recht und Heimat darstelle? Die Anliegen der Vertriebenen wurden offiziell in die Schweige-Zone verdrängt, ihre Belange quasi regierungsamtlich zum Tabu erklärt. Ihre Veranstaltungen wurden von SPD- und FDP-Politikern kaum besucht.

Das war der bequemste Weg, das Gespräch mit diesem Teil der Bevölkerung zu umgehen. Wenn also die deutschen Ostgebiete abgeschrieben sind – warum, so fragt die junge Generation, dann noch Schuldgefühle? Darf man dieser Jugend deswegen Ignoranz vorwerfen? Im Gegenteil: Diese junge deutsche Generation ist hellhörig geworden – sie fragt nach geschichtlichen Zusammenhängen, weil sie keine Erklärung weiß, warum es seit 40 Jahren eine ›offene deutsche Frage‹ gibt. Diese Jugend läßt nun nicht mehr locker. Sie fordert Antwort von den Politikern, so daß es nun nicht allein die Vertriebenen sind, sondern eine neue Generation, die auf die Klärung drängt: »Wie war das damals: Wurde verzichtet, abgeschrieben, verdrängt?«

Diese neue Generation wird daher jede künftige deutsche Ostpolitik sehr abwägend beobachten, sie wird nach Preis und Gegenleistung fragen – ohne Emotionen, aber auch ohne die bisherige Bereitschaft, in jede Schuldzuweisung der anderen Seite kritiklos einzutreten.

Die Jugend hüben wie drüben – das ist die Erfahrung von uns und unseren Kindern – ist bereit, sich friedlich zu verständigen, auch über den deutschen Osten. Bezeichnend dafür sind die vielen Vorschläge gerade von jungen Menschen auf beiden Seiten des Eisernen Vorhangs: Sie reichen von einer ›Europa-Zone‹ in Schlesien, in der Polen und Deutsche zusammenleben könnten – ähnlich wie es mit den fünf Millionen Ausländern in der Bundesrepublik möglich ist – bis zum ›geeinten Europa‹, in dem die Landesgrenzen ihre Bedeutung als Trennungslinie verlieren.

Allein die Tatsache, daß viele junge Deutsche sich mit Gedanken beschäftigen, wie eine Brücke von der Vergangenheit in die Zukunft zu schlagen wäre, zeugt von einem gewandelten Selbstverständnis dieser heranwachsenden Generation. Eine Neuorientierung, die die Bonner Ostpolitik nicht mehr außer acht lassen darf – zumal dem Empfinden vieler junger Leute nach eine echte Aussöhnung zwischen dem polnischen und deutschen Volk nur über das offene Aussprechen von Wahrheiten führen kann. Die in Bonn Regierenden könnte diese Neuorientierung schneller als erwartet in die Lage bringen, bei ihren Verbündeten darauf drängen zu müssen, eine völkerrechtliche Regelung der offenen deutschen Frage anzugehen.

»In Danzig braucht jemand unsere Hilfe«, sage ich zu Elisabeth. »Du kennst ihn – ein Pole, einer von den Werft-Direktoren: Treffpunkt Beichtstuhl.«

Wir nehmen den Weg vom Mottlau-Kai durch die Brama Mariacka, das Tor zur Frauengasse. Es ist wie ein Schritt ins Mittelalter: Vor uns öffnet sich eine ›Holländische Reihe‹ – die wohl schönste Gasse in Danzig, sie führt hinauf zur knapp 400 Meter entfernten Marienkirche. Die Häuserzeile, Bauten aus Renaissance, Barock, Rokoko und Klassizismus, wiedererstanden aus den Trümmern, ist bis ins kleinste Detail liebevoll rekonstruiert, ein Bild aus einer blühenden Kaufmannswelt, deren Reichtum sich in baulicher Pracht entfaltet: vor den mehrstöckigen Fassaden kleine Terrassen mit Sitzbänken, Stufen in die Gasse hinunter mit herrlichen Geländern, Stuckverzierungen, kunstvollen Beschlägen an den Türen.

Daß solche Zurschaustellung des Reichtums auch Mißgunst hervorrufen mußte, war schon den alten Danzigern bekannt. Über einem Portal heißt es auf deutsch: »So es Gott behagt, besser beneidet als beklagt.«

Aber nicht nur Kaufleute bevölkerten die Stadt Danzig. Das ›nordische Venedig‹ – vergleichbar in der Bedeutung mit den Stadtrepubliken Italiens – war Heimat bekannter Größen, z. B. des Physikers Gabriel Daniel Fahrenheit, des Philosophen Arthur Schopenhauer, des Kupferstechers Daniel Chodowiecki.

In den letzten Kriegstagen noch hat der Danziger Architekt Jakob Deurer eine fotografische Sammlung der Altstadt angelegt. 22 Bände entstanden, alle wurden in den Westen gerettet. Diese Dokumentation hat die Danziger Familie den Polen als Geschenk vermacht. Sie leistet bei der Rekonstruktion Danzigs unschätzbare Dienste. Deshalb aber anzunehmen, daß Vater oder Sohn Deurer etwa die Ehrenbürgerschaft angetragen worden wäre, ist eine verfrühte Erwartung.

In der Frauengasse können wir unter den vorgelagerten Terrassen in die Kellergewölbe hineinsehen. Hinter den Fensterverglasun-

gen betreiben Bernsteinschleifer ihre Geschäfte. Aber dafür ist
jetzt keine Zeit. Vor uns türmen sich die mächtigen Mauern der Marienkirche auf.
Diese Backstein-Gotik überragt weit die Altstadt.
Die Türme sind
rund 78 Meter hoch, das Kirchenschiff ist 106 Meter lang und 66
Meter breit – eine der größten Kirchen Europas. 25000 Menschen
kann der Dom fassen. Jetzt sind kaum Besucher anzutreffen.
Wir schlendern langsam durch die Seitenschiffe.»Psst«, macht es
beim dritten Beichtstuhl.
»Ich bin verzweifelt«, sagt unser polnischer Freund, der mich im
Gedränge auf der Brücke angetippt hatte.»Einer meiner Söhne ist
schon bei euch drüben im Westen. Gestern ruft der andere, der
Marek, aus West-Berlin an. Über das Telefon erklärt er mir, daß er
sich auch – wie sein Bruder – abgesetzt habe. Er werde nicht mehr
nach Polen zurückkehren. Mein Gott, was soll ich machen«, stöhnt
der Mann.»Meine eigenen Kinder stürzen mich ins Unglück. Wenn
die Sicherheitsleute das Telefongespräch abgehört haben, bin ich
morgen meinen Posten in der Werft los. Dann werde ich bestimmt
strafversetzt – zum Pipeline-Bau nach Sibirien; für eure Erdgaslei-
tung – so wie es einem Kollegen ergangen ist.«
»Wie können wir helfen?« fragt Elisabeth.»Soll ich mit dem
Auffanglager in West-Berlin sprechen, daß dein Sohn sich die
Flucht nochmals überlegen soll?« frage ich.
»Ich habe einen Plan«, sagt der Werftdirektor.»Ihr kauft mir zwei
Fahrkarten für die Fähre nach Schweden. Wie ich mit meiner Frau
an Bord komme, ist meine Sache. Drüben an Land zu gehen, ist
auch kein Problem: Polen reisen nach Schweden visafrei. Aber
unterwegs darf ich nicht auffallen. Wenn die einen Illegalen entdek-
ken und nicht melden, sind sie ihre Konzession los. Ich kann die
Tickets nicht kaufen, vielleicht werde ich schon beschattet.«
Wir schauen uns an.»Hör mal«, sagt Elisabeth zu mir,»das Risiko
liegt bei ihm.«»Was ist mit dem Paß«, frage ich den Werftdirektor.
Normalerweise hat kein Pole seinen Paß in der Schublade. Der liegt
wohlverwahrt bei der Miliz und wird nur nach besonderem Geneh-
migungsverfahren herausgegeben. Den Antrag müssen Betriebslei-
ter, Parteisekretär und noch andere Maßgebliche unterschreiben.
»Keine Sorge«, beschwichtigt er uns.»Wir sind gerade aus Bulga-

rien zurück und haben die Pässe noch – wir sehen uns morgen wieder«, er macht zwei, drei Schritte, ich rufe ihm noch nach: »Überleg' dir's bis morgen«, dann verschluckt ihn die Finsternis der Kirche.

»Ich werde mich mal nach den Fahrkarten erkundigen«, sagt Elisabeth. »Wir sehen uns gleich im ›Pod Łososiem‹, und dann ist auch sie fort.

Das Haus ›Zum Lachs‹ in Danzig ist wohl eines der besten Fisch-Restaurants an der Ostsee-Küste. Stilvoll die Atmosphäre und angepaßt die Preise. Eine Besonderheit: Wenn im Vorraum der livrierte Portier bedauernd die Achseln zuckt, ist der Zugang gesperrt. Das Zucken bekommt er häufig bei Polen und DDR-Besuchern. Bei Westlern hört das Zucken auf, wenn die zugesteckte Banknote eine ›Grüne‹ ist.

Als ich am Ecktisch für zwei Platz nehme, erkenne ich den Bremer wieder. Er sitzt in Gesellschaft am Nebentisch. »Wollen Sie nicht rüberkommen? Lassen Sie uns weiter über deutsche Verzichtpolitik reden«, sagt er und weist mit der Hand auf einen leeren Platz.

»Nun«, sage ich an seinem Tisch, »hat Sie die Realität vor dem Rathaus nicht nachdenklich gestimmt?«

Er scheint seiner Gruppe von dem mißglückten Versuch einer Waffenbrüderschaft berichtet zu haben. »Ist einfach die Zeit noch nicht reif für eine solche Aussöhnung«, sagt einer. »Denen sitzen die Russen im Nacken, die haben doch kaum Bewegungsspielraum, schon gar nicht zu so einer Geste. Bevor da nichts in Moskau gelaufen ist, dürfen die hier auch nicht!«

»Sagen Sie mal«, der Bremer schaut mich an, »wenn Sie schon mir in Sachen Bremen-Gdańsk unbequeme Fragen stellen. Wieso senden eigentlich ARD und ZDF solche Wetterkarten. Da wird jeden Abend Verzicht betrieben.«

»Also, beim Wetter«, sage ich, »sehen Sie überhaupt keine politischen Grenzen. Das Wetter ist grenzübergreifend.«

»Wir haben gerade hier am Tisch darüber diskutiert«, wirft ein anderer ein. »Grenzen sind keine zu sehen, aber wenn's ums eigentliche Wetter nach der Übersicht geht, ist nur die Bundesrepublik herausgehoben, bei der ARD wie beim ZDF sehe ich auch nur eine Wetterlage, die sich auf das Bundesgebiet erstreckt, manchmal

auch die DDR einschließt – wobei nur zwei Städtenamen ins Auge fallen: Leipzig und Berlin.«
»Sie müssen bedenken, die Großwetterlage interessiert doch die wenigsten«, entgegne ich, »die meisten Zuschauer wollen wissen, wie es vor Ihrer Haustür morgen früh aussieht.«
»Hören Sie mal genau hin«, sagt der Bremer. »Bei beiden Fernsehnachrichten wird häufig nach der Darstellung der europäischen Wetterlage gesagt: ›Und nun das Wetter in Deutschland‹ – und dann sehe ich, wo es in der Bundesrepublik vernebelt ist, und wo die Sonne scheint. Das prägt sich doch ein als Bild: Deutschland ist gleich Bundesrepublik und vielleicht noch ein bißchen DDR. So bekommen es jeden Abend Millionen von Zuschauern vorgeführt, die von Geschichte keine Ahnung haben. Das sehen vor allem unsere Kinder, die keine Vergleiche zu früher ziehen können. Wie soll denn der Anspruch auf eine Grenzregelung durch einen Friedensvertrag in Europa aufrechterhalten bleiben und sich im Bewußtsein unserer Bevölkerung wachhalten lassen, wenn freiwillig jeden Abend auf diese Darstellungsmöglichkeit von Deutschland in all seinen Teilen verzichtet wird?«
»Wir reden noch gar nicht von den politischen Karten«, sagt ein anderer in die entstandene Pause hinein. »Aber man muß sich schon fragen, wie die Problematik unserer nationalen und staatlichen Einheit lebendig bleiben soll, wenn dem Volk per Fernsehen die Dinge so dargestellt werden, als seien sie amtlich bereits so abgesegnet worden, als hätten wir uns damit abgefunden.«
Was hatte das ZDF auf eine entsprechende Anfrage mitgeteilt: Karten der Ostgebiete werden mit den jetzigen Grenzen gezeigt. Maßgeblich sind dabei die jeweiligen journalistischen Gegebenheiten. Unter Berücksichtigung der Rechtsfolgen des Warschauer Vertrags vom 7. 12. 1970, Art. I, in dem die Bundesrepublik Deutschland die Oder-Neiße-Linie als Westgrenze Polens nicht mehr in Frage stellt, werden die Grenzen von 1937 nur dann gezeigt, wenn völkerrechtliche Fragen zwischen der Bundesrepublik und der Volksrepublik behandelt werden.
Dies kommt auch in einem Schreiben des ZDF-Intendanten Prof. Stolte vom 21. Juli 1983 zum Ausdruck. Dazu der Völkerrechtler Prof. Blumenwitz, Würzburg, in einer gutachterlichen Stellung-

nahme an den Vorsitzenden der Ost- und Mitteldeutschen Vereinigung, den Bundestagsabgeordneten Dr. Hupka. Hier einige Auszüge:

Die Bundesregierung hat seinerzeit den Warschauer Vertrag (wie alle Ostverträge) den gesetzgebenden Körperschaften als ›politischen‹ Vertrag zur Zustimmung vorgelegt und damit gleichzeitig verbindlich zum Ausdruck gebracht, daß der so vorgelegte Vertragstext nichts enthalten kann, was die Änderung innerstaatlicher Rechtsvorschriften erforderlich machen könnte.

Aus einem ›politischen‹ Vertrag der Bundesrepublik Deutschland kann sich rechtslogisch nichts ergeben, was eine dem Landesrecht unterstehende Anstalt des öffentlichen Rechts unmittelbar beeinflussen könnte. Sollte Art. I des Warschauer Vertrages eine Änderung der bisherigen Darstellung deutscher Grenzen im ZDF bedingen, hätte der Vertrag nicht als ›politischer‹, sondern als ›gesetzesinhaltlicher‹ ins innerstaatliche Ratifikationsverfahren eingeführt werden müssen; zudem wären die Zustimmungsmechanismen zu beachten gewesen, die gelten, wenn der Bund über Vertragsgegenstände Verpflichtungen eingeht, die letztlich der Kulturhoheit der Länder unterliegen.

Die Bundesregierung hat wiederholt zu Art. I des Warschauer Vertrages festgestellt, daß es sich lediglich um die Beschreibung einer Lage, nicht aber um einen Anerkennungsakt handle, da sie über Teile Deutschlands nicht verfügen konnte und nicht verfügen durfte; die grenzbezogenen Regelungen im Moskauer wie im Warschauer Vertrag bedeuten lediglich ›eine Konkretisierung des Gewaltverzichts‹. Diese Interpretation der Verträge wurde vom Bundesverfassungsgericht festgeschrieben.

Das Gericht betont ausdrücklich, daß ›die Gebiete östlich von Oder und Neiße mit dem Inkrafttreten der Ostverträge nicht aus der rechtlichen Zugehörigkeit zu Deutschland entlassen und der Souveränität, also sowohl der territorialen wie der personalen Hoheitsgewalt der Sowjetunion und Polens, endgültig unterstellt worden seien‹.

Bei der kartographischen Darstellung der Grenzen Deutschlands hat das ZDF zweifelsohne einen größeren Ermessensspielraum als z. B. Schulbuchgenehmigungsbehörden. Aber auch hier gibt es Grenzen. Werden die Grenzen Deutschlands nach dem Stand vom 31. 12. 1937

*nicht auf allen einschlägigen Karten gezeigt, stellt sich die Frage,
warum auf einer Karte – die Grenzen zeigt – nicht alle Grenzen
dargestellt werden und warum gerade eine Grenzlinie unterbleiben
soll, zu der aufgrund des Grundgesetzes und der Rechtsprechung des
Bundesverfassungsgerichts ein besonderer Bezug besteht.*

*Die Problematik der kartographischen Darstellung der deutschen
Grenzen in den Medien liegt letztlich in der Spannung zwischen
verfassungsmäßiger Ordnung einerseits und der von der Bundesrepublik in den 70er Jahren aktiv mitgestalteten Erwartung ihrer
östlichen Nachbarn andererseits begründet. Diese Spannung war für
die sozial-liberale Regierung unter der Maxime des ›Wandel durch
Angleichung‹ kalkulierbar. Die verfassungsmäßige Ordnung der
Bundesrepublik Deutschland sollte in ihren deutschlandrechtlichen
und deutschlandpolitischen Aussagen im Sinne der politischen
Schwerkraft der Ostverträge ›stillschweigend‹ gewandelt werden.
Diesen ›stillschweigenden Verfassungswandel‹ haben die beharrliche
Oppositionsarbeit der Unionsparteien und das Bundesverfassungsgericht mit seinem Grundvertragsurteil und mit seinen Ostvertragsbeschlüssen vorerst gehemmt.*

*Entscheidet sich deshalb eine Fernsehanstalt dazu, die verfassungs-
und völkerrechtskonformen Grenzen Deutschlands kartographisch
nicht darzustellen, so verhält sie sich nicht politisch abstinent, sondern unterstützt einen bestimmten Rechtsstandpunkt bei der Interpretation des Warschauer Vertrages und eine innenpolitische Richtung.*

Den Bremern sage ich an diesem Abend in Danzig:»Wissen Sie
eigentlich, wie schmal für Ost-Korrespondenten die Arbeit hier ist?
Nenne ich meine Geburtsstadt Breslau, so wie es in meinem Paß
steht, dann werden wir ins polnische Außenministerium zitiert.
Sagen wir ›Wrocław‹, dann protestieren die Vertriebenen-Verbände. Nennen wir beide Namen in einem Bericht, ist es auch nicht
allen recht.«
»Die Umgangssprache hinkt oft den historischen Prozessen hinterher«, sagt der Bremer.»Warum also so viel Aufhebens um ein paar
Städtenamen?«
»Auf die Wortwahl kommt es schon an«, sage ich.»Nehmen wir mal
an, in einem kleinen Führungskreis setzt sich die Erkenntnis durch,

es sei Zeit für eine historische Wende. Für diesen Umbruch werden Schlagworte gesucht, griffige Formulierungen, die die neuen Gedanken auch wirksam in die Bevölkerung tragen.«

»So, wie in den 60er Jahren beim Einstieg in die Entspannungspolitik der Sozial-Liberalen, die dann in eine Massen-Euphorie umschlug«, nickt der Bremer.

»Sind nicht viele Publizisten damals allzu bereitwillig diesen Wunschvorstellungen gefolgt, weil diese ihren eigenen Empfindungen entsprachen, ohne sich einzugestehen, daß sie damit der Wirklichkeit vorgriffen?«, frage ich. »Haben sie nicht so auch dazu beigetragen, daß ein Denkmodell einer kleinen Gruppe zur Norm für viele wurde? Die Ansicht, daß eine historische Entwicklung zu einer veränderten Sprache führe, läßt sehr wohl den Umkehrschluß zu: daß auch eine veränderte Begriffsnutzung einen historischen Prozeß in Gang setzen kann.«

»Ja«, sagt ein Bremer, »man kann auch etwas herbeireden.«

»Das Wort als Hebel zur Veränderung von Bewußtsein läßt sich an einem aktuellen Beispiel aufzeigen: Nach der Teilung Deutschlands gab es eine britische, französische, amerikanische Zone, aber auch eine ›sowjetische Besatzungszone‹. Daraus wurde die ›Zone‹. Später umschrieb man das ›Gebilde‹ als ›unfreien Teil Deutschlands‹. Dann hieß es ›Mitteldeutschland‹, das ›Phänomen‹, das ›andere Deutschland‹, die ›sogenannte DDR‹, die ›DDR‹, und heute unterscheiden sich die politischen Geister nur noch darin, ob die Anführungsstriche bei der ›DDR‹ gesetzt oder weggelassen werden.«

Fazit: Die jeweils nächste Generation wird den Begriffen die Inhalte zuordnen, die man ihnen vorgegeben hat, wobei es bestimmend ist, wer welchen Begriff zuerst besetzt: der Osten oder der Westen.

Indem wir uns mit dem Osten zu verständigen suchen, scheinen viele bei uns allzu schnell bereit zu sein, unsere Annäherung und Verständigungsbereitschaft dadurch zu belegen, daß wir Wortfindungen und Begriffsdefinitionen der anderen übernehmen, ohne dabei zu realisieren, daß wir damit auch in die Denkmodelle der östlichen Seite eintreten.

Zum beliebten Wortschatz kommunistischer Funktionäre gehört

der Satz: »Die Volksrepublik ist immer zur Verständigung bereit, wenn von der Bundesregierung der Schritt in die richtige Richtung erfolgt.«

Welche Selbstüberschätzung versteckt sich dahinter: Es wird nicht nur eine Art Vorleistung erwartet, auch die Bewertung der Handlung unterwirft der Osten seinen eigenen Kriterien. Paßt der Schritt der Deutschen nicht ins eigene Konzept, bleibt den Kommunisten dann immer die Schuldzuweisung: »Wieder einmal verbaut der Westen mit seiner Haltung den Weg zu einer weiteren Normalisierung.«

»Warum sollten wir also die Worthülsen, die Begriffsinhalte vom Osten übernehmen und damit unser Denken und Trachten verändern«, frage ich die Bremer. »Warum sollten wir nicht weiter auch von Danzig, Breslau und Stettin in unserer Sprache reden? Warum freiwillig darauf verzichten?«

Es ist still an diesem Abend in Danzig. Wir können lange nicht einschlafen. Der Werftdirektor macht uns Kopfzerbrechen.

»Die Fahrkarten nach Schweden zu bekommen, ist kein Problem«, sagt Elisabeth, »wir hätten wie üblich in Devisen zu zahlen, da müßte ich morgen zur Bank, den Betrag einzahlen, dann mit dem Bank-Abschnitt zum Ticket-Schalter, und wir bekommen die Fahrkarten.«

»Und sind Fluchthelfer«, sage ich. »Wir müssen mit ihnen reden.«

Am nächsten Tag warten wir vergeblich. Die Marienkirche wird von uns nochmals durchwandert. Aber die Beichtstühle bleiben leer.

»Hörst du?« fragt Elisabeth, »hier zieht jemand die Register.« Und wie zur Erklärung fügt sie hinzu, »an der Orgel, meine ich.«

»An der deutschen oder an der polnischen?« Wir durchqueren das riesige Mittelschiff, treffen auf ein harmoniumartiges Instrument, es wird daran gearbeitet. Das muß die polnische Orgel sein.

Der Dom in Danzig hatte früher eine berühmte Renaissance-Orgel. »Die Rekonstruktion dürfte annähernd dreiviertel Million West-Mark kosten«, das wiederholten die polnischen Reiseführer so lange, bis die ehemaligen Danziger wie von selbst darauf kamen: Eine Orgel-Spenden-Aktion mußte in der Bundesrepublik Deutschland organisiert werden. Zum Initiator wurde der gebürtige Danziger Otto Kulcke. Der Arzt aus dem südhessischen Oberursel stiftete 350000 Mark. Das reichte für den Grundstock. Der Orgel-Nachbau entstand bei den Gebrüdern Hillebrand in der Nähe von Hannover. Originalgetreu, denn die Pläne des alten Meisters Friese von 1625 hatten sich wiedergefunden. Mit der polnischen Seite kam man 1979 überein, das Orgel-Gehäuse aus der inzwischen säkularisierten Johannes-Kirche von Danzig zu verwenden. Um die Wiederherstellung wollte sich die staatliche polnische Denkmalspflege kümmern. Der geschätzte Kostenaufwand entsprach dem Nachbau des Orgelwerks, das die Deutschen finanzieren wollten.

Für St. Marien sammelte vor allem die Frau des niedersächsischen Ministerpräsidenten. Heidi Adele Albrecht will damit ein ›Zeichen der Aussöhnung‹ mit Polen setzen. Ein Engagement, das um so gewichtiger wirkt, wenn man dagegen hält, daß Ernst Albrecht als Regierungschef eines deutschen Bundeslandes schon einmal Stunden vor einer Polen-Reise von den Kommunisten ausgeladen wurde.

Mehr als Geld war Ausdauer vonnöten für dieses erste große Gemeinschaftswerk von Deutschen und Polen zur Bewahrung von Danziger Kulturgut: 13 Jahre dauerte es, bis die ›deutsche Orgel‹ in St. Marien im August 1985 eingeweiht werden konnte.

Draußen vor der Marienkirche wollen wir gerade zum Langmarkt hinübergehen, als uns ein Auto anblinkt. »Das ist er«, sage ich. Im Auto sitzt auch seine Frau. Tränenüberströmt. »Was ist passiert?« fragen wir bestürzt. »Sie will nicht«, stöhnt der Werftdirektor. »Ich habe sie stundenlang beredet. Aber sie bleibt dabei: ›Du bist 60‹, sagt sie, ›wir sind als Polen geboren, haben drüben keine Rentenansprüche – die Kinder werden sowieso ihr eigenes Leben führen. Was sollen wir da in der Ungewißheit – auch wenn sie ein Stück Freiheit bereithält?‹«

»Ich will nicht weg«, sagt Halina, »meine Heimat ist hier. Über 35 Jahre leben wir in dieser Stadt. Wir haben Trümmer weggeräumt, gehungert, aufgebaut, meine Kinder sind hier geboren.« Sie bricht erneut ins Tränen aus.

Zwei Deutsche sitzen zwei Polen gegenüber. Und wir, die Deutschen, sind es jetzt, die nach Argumenten suchen, um ihnen das Weggehen, die Flucht aus Danzig auszureden. »Bleibt«, sagen wir zu den beiden. »Ihr werdet auch das überstehen.« Er schaut uns stumm an, drückt uns beiden die Hände. Dann sagt er mit erstickter Stimme: »Wir dürfen uns nie mehr wiedersehen. Sonst bringt ihr uns in den Verdacht, mit euch die Flucht der Kinder vorbereitet zu haben. Es ist auch zu eurem Schutz, daß wir uns nicht wiedersehen. Sie hätten sonst eine Handhabe, um euch auszuweisen – lebt wohl, und grüßt eure Kinder!« Eine Freundschaft kapituliert vor der politischen Realität. Wir alle sind nicht Herr der Situation in dieser wehmütigen Abschiedsstunde.

»1000 Jahre Nachbarschaft«, sage ich zu Elisabeth vor der Marienkirche, »und wir scheuen uns noch immer, offen miteinander umzugehen. Unsere polnischen Freunde haben Angst vor der Berührung mit den Deutschen, unsere Bewegungen in diesem Land sind vom Mißtrauen der anderen begleitet.« »Vielleicht, weil sie das Unbehagen spüren, daß sie aus dem, was sie zur Verwaltung übertragen bekommen haben, eine Besetzung machten, statt – wie die Heilige Hedwig – Deutsche und Polen gleichrangig dafür zu begeistern, ein Stück Land zu bebauen, eine Gemeinschaft zu bilden.« »Sie wollen zu Europa gehören, aber sie verweigern Europäern bei ihnen das Heimatrecht.« Vom Turm des Rathauses in Danzig erklingt das stündliche Glokkenspiel. Die Melodie haben die Polen nach dem Krieg ausgewählt, aber sie könnte allen – Polen wie Deutschen – zur Mahnung dienen: »Vom Ahnenboden treibt kein Feind uns fort, nie zwingt er uns, die Sprache zu vergessen.«

Chronologie

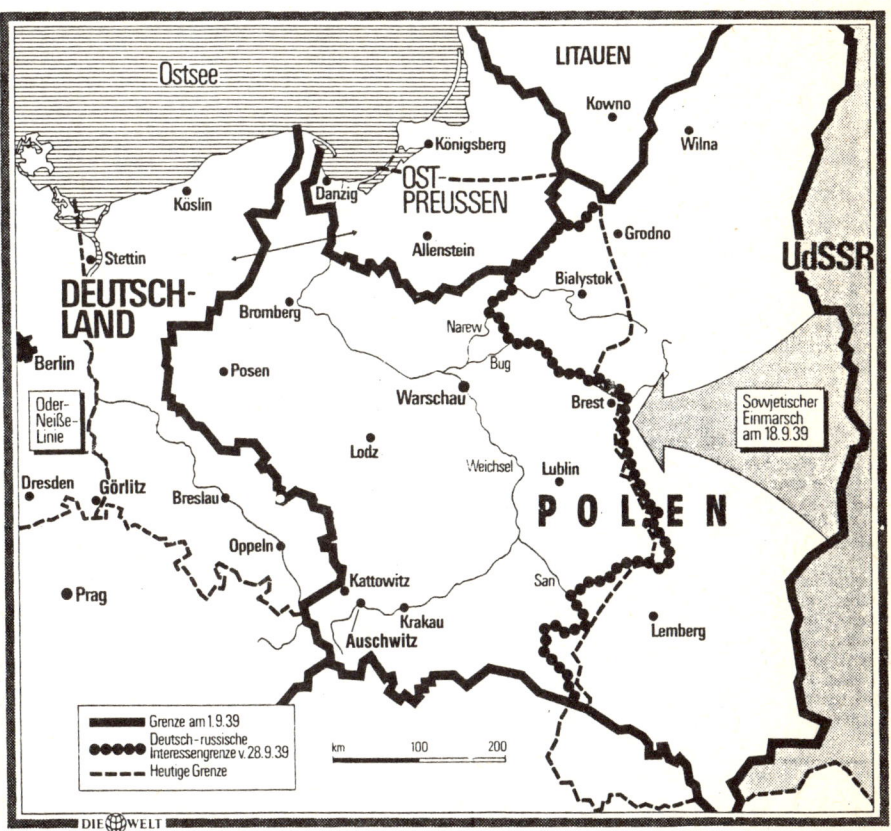

Im Osten von den Sowjets amputiert – im Westen auf Kosten Deutschlands entschädigt: Polens Grenzen 1939 und seit 1945. Stalin behielt nach dem Zweiten Weltkrieg mit westalliierter Zustimmung die ostpolnischen Gebiete, die ihm Hitler im deutsch-sowjetischen Freundschaftsvertrag vom 28. 9. 1939 zugesprochen hatte. Um diese Grenzregelung zu erleichtern, wurde Polen bis an die Oder und die Görlitzer Neiße vorgeschoben; Ostpreußen wurde zwischen Sowjetunion und Polen geteilt. Die Westmächte waren davon zuerst gar nicht begeistert, aber Stalin setzte seinen Plan durch – bis zum Friedensvertrag.

Da dem Leser im vorliegenden Buch immer wieder historische Fakten und Daten begegnen, soll eine geschichtliche Zusammenfassung das Bild des Deutschen Ostens abrunden. Dafür fanden wir einen Beitrag in der WELT vom 24. 12. 1984 vorzüglich geeignet. Wir danken unserem Kollegen Bernt Conrad für seine Zustimmung zum Abdruck seines Artikels.

BERNT CONRAD

WIE ENDGÜLTIG IST DIE ODER-NEISSE-LINIE?

Die Wurzeln der heutigen Auseinandersetzung um die Oder-Neiße-Linie reichen 45 Jahre zurück, bis zum deutsch-sowjetischen Vertrag von 1939. Damals nämlich haben Hitler und Stalin jene Westgrenze der Sowjetunion (oder Ostgrenze Polens) festgelegt, die, ungeachtet aller geschichtlichen Umbrüche, jetzt noch gültig ist und die dazu geführt hat, daß Polen für seine Gebietsverluste im Osten auf Kosten Deutschlands im Westen entschädigt worden ist. Über diese Vorgeschichte spricht man heute weder in Moskau noch in Warschau. Um so aufschlußreicher ist es, ihr genauer nachzugehen. Als Hitler und Stalin im August 1939, kurz vor dem Einmarsch der deutschen Wehrmacht in Polen, den Versuch eines umfassenden politischen Arrangements unternahmen, teilten sie die noch gar nicht erlegte polnische Beute kurzerhand unter sich auf. Der sowjetische Staatchef schlug dem als Verhandlungsführer nach Moskau gereisten Reichsaußenminister von Ribbentrop vor, eine durch die Flüsse Narew, Weichsel und San bezeichnete Linie als Grenze zwischen der sowjetischen und der deutschen Interessensphäre festzulegen. Ribbentrop stimmte sofort zu.
In einem geheimen Zusatzprotokoll zu dem am 23. August 1939 unterzeichneten deutsch-sowjetischen Nichtangriffspakt wurde die Grenzregelung ›für den Fall einer territorial-politischen Umgestal-

tung‹ Polens niedergelegt. Der anvisierte ›Fall‹ trat schnell ein. Am 1. September begann Hitlers Überfall auf Polen. Als die deutschen Truppen vor Warschau standen, ließ der ›Führer‹ den Sowjets mitteilen, nun sei für sie der Zeitpunkt gekommen, den ihnen zugesprochenen Teil Polens zu besetzen. Am 18. September rückte die Rote Armee nach Ostpolen ein. Ende September fuhr Ribbentrop noch einmal nach Moskau, um einen Freundschaftsvertrag abzuschließen. Dabei wurde die polnische Teilungslinie geringfügig geändert. Stalin ließ sich zusätzlich zu Estland und Lettland noch Litauen als Interessengebiet zuteilen und verschob dafür die deutsch-sowjetische Grenzlinie in Polen nach Osten bis zum Bug.

Diese Grenze wurde in dem am 28. September unterzeichneten Vertrag feierlich als ›endgültig‹ bezeichnet. Der Oberste Sowjet nahm die solcherart gewonnenen Gebiete am 1./2. November 1939 in die Sowjetunion auf. Damit war nach Auffassung des Kreml die völkerrechtliche Gültigkeit gesichert.

Ein Mitglied der deutschen Delegation hatte in Moskau darauf aufmerksam gemacht, aber Ribbentrop hatte es ignoriert, daß die mit Stalin ausgehandelte Abgrenzung der deutsch-sowjetischen Interessensphären fast genau mit der sogenannten Curzon-Linie übereinstimmte. Der Sowjetdiktator hatte sich damit einen diplomatischen Trumpf für alle Eventualitäten, einschließlich späterer Arrangements mit den Westmächten nach einer möglichen deutschen Niederlage, gesichert. Denn die Curzon-Linie war zwanzig Jahre vorher von den Westmächten selbst vorgeschlagen, wenngleich zu keinem Zeitpunkt realisiert worden.

Ihre Vorgeschichte sah so aus: Der Oberste Rat der Alliierten hatte am 8. Dezember 1919 eine Ostgrenze Polens entworfen, die den gesamten östlichen Teil des früheren polnischen Königreiches der Sowjetunion zusprach. In diesem Gebiet bildete allerdings die polnische Bevölkerung nur eine Minderheit gegenüber Ukrainern und Weißruthenen. Polen lehnte eine ›derartige Gebietseinbuße jedoch ab und griff unter Führung des Marschalls Pilsudski die Sowjetunion an. Der Kampf verlief wechselhaft – nach anfänglichen Erfolgen Polens stieß die Rote Armee bis in die Nähe Warschaus vor. Dann geschah im August 1920 das ›Wunder an der Weichsel‹: Die Russen wurden entscheidend zurückgeschlagen. Inzwischen hatte der britische Außenminister Lord Curzon im Namen der Interalliierten Konferenz von Spa am 11. 7. 1920 eine Demarkationslinie – die nach ihm benannte Curzon-Linie -- zwischen Polen und Sowjets vorgeschlagen, die im wesentlichen dem alliierten Grenzplan des Vorjahres entsprach und im Süden zusätzlich noch Lemberg den Russen zusprach. Aber die siegreichen Polen wischten den Vorschlag vom Tisch und vereinbarten am 18. März 1921 in Riga eine Grenzziehung mit Sowjetrußland, die ihnen den größten Teil des altpolnischen Gebietes zuerkannte.

So blieb es bis zum deutsch-sowjetischen Vertrag von 1939. Nach dem Überfall Hitlers auf die Sowjetunion 1941 dachte Stalin gar nicht daran, die ihm vom ›Dritten Reich‹ überlassenen Gebiete herauszugeben. Schon Ende 1941 verlangte er von den Westmächten die Anerkennung der Gebietserwerbungen der letzten Jahre: Ostpolen, die baltischen Staaten, Karelien und das Petsamo-Gebiet, Bessarabien und die Bukowina. Am 16. Dezember 1941 schlug der Sowjetführer dem britischen Außenminister Sir Anthony Eden in Moskau vor, die Curzon-Linie solle »die Grundlage der künftigen russisch-polnischen Grenze« bilden; zugleich regte er an, Polen auf Kosten Deutschlands – unter anderem mit Ostpreußen – zu entschädigen.

Anfangs lehnte der britische Premierminister Winston Churchill dieses Ansinnen unter Berufung auf die auch von Stalin anerkannten Grundsätze der Atlantik-Charta ab. Der amerikanische Präsident Franklin Delano Roosevelt wollte die europäischen Grenzfragen angesichts der Vordringlichkeit militärischer Entscheidungen am liebsten erst nach dem Kriege entscheiden.

Doch allmählich gaben beide Stalins Drängen nach und befreundeten sich mehr und mehr mit der Curzon-Linie. Das galt zunächst eher für die Briten. Doch auch Roosevelt plädierte im Oktober 1943 gegenüber seinem Außenminister Cordell Hull für eine polnisch-sowjetische Grenze, »die etwas östlicher als die sogenannte Curzon-Linie« verlaufen solle, »wobei Lemberg zu Polen käme«.

Vereinte Bemühungen Churchills und Stalins, die polnische Exilregierung in London zur Anerkennung der Curzon-Linie zu
bewegen, scheiterten allerdings.

Ungeachtet dessen kam Stalin auf der Teheraner Konferenz vom
28. 11. bis 1. 12. 1943 einen großen Schritt weiter. Denn hier
wurde der Gedanke einer polnischen Entschädigung für die unter
den Westmächten nun kaum noch umstrittene Curzon-Linie All-
gemeingut. Churchill meinte:»Polen könnte sich nach Westen
verlagern, wie Soldaten, die seitlich wegtreten. Falls es dabei auf
einige deutsche Zehen träte, könnte man das nicht ändern. Doch
Polen muß auf jeden Fall stark sein.«

Auf westlicher Seite war bis dahin allenfalls an eine deutsche
Abtretung von Ostpreußen, Danzig und Oberschlesien gedacht
worden. Als Stalin nun aber in Teheran anmerkte, Polen sollte
im Westen bis an die Oder rücken, sagte Eden geradezu erleich-
tert:»Was Polen im Osten verliert, könnte es im Westen gewinnen.« Stalin verlangte für die Sowjetunion selbst das nördliche
Ostpreußen und den ›eisfreien Hafen Königsberg‹. Am Ende
stimmte auch Roosevelt einer Formel Churchills zu, die am 1. Dezember 1943 allseits gebilligt, wenngleich nicht als schriftlicher
Beschluß veröffentlicht wurde. Sie lautete:»Es ist grundsätzlich
anzunehmen, daß die Heimstätte des polnischen Staates und der
polnischen Nation zwischen der sogenannten Curzon-Linie und
der Linie der Oder liegen und Ostpreußen (wie definiert) sowie
Oppeln einschließen sollte; die endgültige Grenzziehung erfordert aber ein eingehendes Studium und möglicherweise an einigen Stellen einen Bevölkerungsaustausch.«

Churchill unternahm nun alles (einschließlich erheblichen politischen Drucks), um die polnische Exilregierung, zu der Moskau
längst die Beziehungen abgebrochen hatte, zur Annahme dieses
Grenz-Arrangements zu bewegen. Aber Ministerpräsident Mikolajczyk lehnte die Curzon-Linie weiterhin strikt ab; er wollte
Lemberg und Wilna um jeden Preis für Polen erhalten. Vergeblich konfrontierte ihn Churchill mit dem Argument,»daß die
deutschen Gebiete viel wertvoller sind als die Pripet-Sümpfe. Sie
sind industrialisiert und würden Polens Wohlstand heben«. Auch
sein Hinweis auf die sowjetischen Opfer im Kriege und für die

Befreiung Polens konnten den polnischen Exil-Chef nicht um-
stimmen.

Unumwunden erklärte Mikolajczyk:»Die polnische Regierung
kann nicht über den Verlust fast der Hälfte polnischen Territo-
riums im Osten bestimmen, ohne die Meinung des polnischen
Volkes einzuholen, die für die polnische Regierung entscheidend
ist.«
Hier kamen weder die Westmächte noch Stalin weiter. Doch die
Sowjets hatten ohnehin schon eine ihnen genehme Alternative für
die störrische Exilregierung in petto: Im März 1943 war von emi-
grierten Kommunisten eine ›Union polnischer Patrioten‹ gegründet worden, die sich am 22. Juli 1944 in ein ›Polnisches Komitee
für nationale Befreiung‹ unter Edward Osobka-Morawski (das
sogenannte Lubliner Komitee) umbildete.
Dieses Komitee schloß mit seinen sowjetischen ›Freunden‹ am
26. Juli 1944 ein geheimes Grenzabkommen, das als polnische
Ostgrenze mit geringfügigen Abweichungen die Curzon-Linie fest-
legte. Als Entschädigung wurde Polen Danzig und Ostpreußen
(bis auf den nördlichen Teil mit Königsberg) und alles deutsche
Gebiet bis zur Oder und zur westlichen (der Görlitzer) Neiße,
einschließlich Stettin, zugesprochen.
Damit hatte Stalin, was er haben wollte. Öffentlich plädierte der
Propaganda-Chef des Lubliner Komitees, Stefan Jedrichowski, am
18. Dezember 1944 in der Moskauer *Prawda* für eine solche Regelung. Doch zu diesem Zeitpunkt waren die Westalliierten dafür
noch keineswegs ›reif‹. George F. Kennan, damals Berater des
US-Botschafters in Moskau, Averell Harriman, äußerte sich in
einem Memorandum geradezu prophetisch über die Auswirkungen einer Grenzregelung, die nach seiner Ansicht im Effekt die
Abhängigkeit Polens von der Sowjetunion ganz beträchtlich vergrößern würde.
»Die Russen wissen das sehr genau«, formulierte Kennan mit
exakter Weitsicht.»Sie wissen, daß die ökonomisch-militärische
Abhängigkeit Polens von der Sowjetunion immer mehr zunehmen
und daß die Wichtigkeit seiner Ostgrenze, wie sie auch schließlich
verlaufen mag, immer mehr abnehmen muß, je weiter die Grenze
im Westen nach Deutschland hinein verschoben wird. Sie wissen,

daß eine Fixierung der Grenze entlang der Oder diese Abhängigkeit bis zu dem Punkt steigern muß, an dem kein polnisches Regime im Gebiet östlich der Oder mehr als eine reine Lokalverwaltung aufrechterhalten kann, wodurch es logischerweise militärisch, ökonomisch und politisch in die Verantwortlichkeit der Sowjetunion fallen muß.«

Kennan fuhr fort:»Das wiederum hat außerordentlich weitreichende Folgen: Es macht jeden Glauben an ein freies und unabhängiges Polen unrealistisch. Es richtet in Mitteleuropa eine Grenze auf, die sich nur verteidigen läßt, wenn an ihrer ganzen Länge dauernd starke Truppenverbände unterhalten werden. Es macht die Lösung der wirtschaftlichen und sozialen Probleme im restlichen Deutschland außerordentlich schwierig.«

Die Schlußfolgerung des amerikanischen Ostexperten lautete:»Die Verwirklichung dieses Plans mag sich nicht verhindern lassen ... Aber ich sehe keinen Grund für uns, die Mitverantwortung für die Komplikationen zu übernehmen, die unausweichlich daraus entstehen müssen.«

Tatsächlich war man in Washington und London mit Jedrichowskis Plan (der nur Stalins Ideen wiedergab) damals durchaus – noch – nicht einverstanden. Die Außenminister Eden und Stettinius mißbilligten am 1. Februar 1945 bei einem Treffen in Malta die territorialen Forderungen des Lubliner Komitees, das sich inzwischen als provisorische Regierung Polens proklamiert hatte. Ihr Nein galt vor allem der Görlitzer Neiße, denn »schon die Grenze am Oder-Verlauf würde Polens Aufnahmefähigkeit schwer belasten und die ungeheuren Schwierigkeiten vergrößern, die mit der Umsiedlung von Millionen Deutschen entstehen«. In einem Memorandum empfahl die amerikanische Delegation für die damals bevorstehende Konferenz von Jalta (4. bis 11. Februar 1945):»Wir sollten uns nachdrücklich den Bestrebungen widersetzen, die polnische Grenze bis an die Oder-Linie oder an die Oder-Neiße-Linie vorzuschieben.«

In Jalta beharrte Stalin dann energisch auf einer Grenze an der Oder und der Görlitzer Neiße. Sowjetaußenminister Molotow verlangte auch Stettin für Polen, obgleich es auf dem westlichen Oder-Ufer lag. Roosevelt erklärte sich schließlich bereit, Polen vorläufig eine Ausdehnung bis zur Oder einzuräumen, stellte aber klar:»Die Grenze bis zur westlichen Neiße vorzuschieben, dafür scheint geringe Rechtfertigung zu bestehen.« Churchill warnte nachdrücklich vor der Ausweisung von »Deutschen in großer Zahl«. Doch Stalin behauptete, die meisten Deutschen in dem betreffenden Gebiet, einschließlich der Deutschen, die zwischen den beiden Flüssen Neiße wohnten, seien vor der Roten Armee geflüchtet. In Wirklichkeit lebten damals noch mindestens fünf Millionen Deutsche dort. Am Ende einigten sich die Teilnehmer auf eine bewußt vage Formel. Sie stellten zwar unmißverständlich fest, daß »die östliche Grenze Polens der Curzon-Linie mit Abweichungen von 5 bis 8 Kilometer zugunsten Polens folgen soll«, fügten aber unscharf hinzu, »daß Polen bedeutenden Gebietszuwachs im Norden und Westen erhalten muß«. Bedeutsam war die Vereinbarung, »daß die endgültige Festlegung der westlichen Grenze Polens bis zur Friedenskonferenz zurückzustellen ist«.

In den folgenden Monaten entschied sich das militärische und politische Schicksal Deutschlands: Am 8. Mai 1945 kapitulierte die Wehrmacht. Vom 17. Juli bis zum 2. August 1945 versammelten sich Stalin, der amerikanische Präsident Harry Truman (der dem verstorbenen Roosevelt nachgefolgt war) und Churchill (der nach verlorener Wahl durch Clement Attlee ersetzt wurde) in Potsdam, um die europäischen Nachkriegsprobleme zu lösen.

In den Richtlinien für die amerikanische Delegation wurde festgehalten, daß Ostpreußen – ausgenommen der Bezirk Königsberg –, Danzig, Deutsch-Oberschlesien und ein Teil Ostpommerns an Polen abgetreten werden sollten. »Die amerikanische Regierung würde es vorziehen«, hieß es weiter, »daß sonstiges deutsches Gebiet ostwärts der Oder deutsch bleibt... Wenn die polnische und die sowjetische Regierung nachdrücklich darauf drängen und wenn sie von der britischen Regierung unterstützt werden, so werden wir nicht umhin können, uns mit der Abtretung des Gebietes ostwärts der Oder einverstanden zu erklären. Es besteht jedoch die Ansicht, daß die amerikanische Regierung sich weigern sollte, auf dieser Konferenz die Abtretung des Gebiets zwischen Oder und Neiße zu sanktionieren.«

In einer Anlage zu den Richtlinien wurde noch klarer formuliert:
»Das Gebiet zwischen Oder und Unterer Neiße sollte bei Deutschland verbleiben. Es gibt keine historische oder ethnologische Rechtfertigung für die Abtretung dieses Gebietes an Polen (ebensowenig wie im Falle des unmittelbar vorstehend erörterten Gebiets ostwärts der Oder).«

Auf der Potsdamer Konferenz kam es zunächst noch einmal zu einer Debatte über die Vertreibung der Ostdeutschen. Churchill äußerte sich, wie schon in Jalta, besorgt über die negativen Folgen einer umfassenden Aussiedlung. Stalin wiederholte sein altes Argument, die Ostdeutschen seien alle geflohen. Der britische Premier erwiderte, mindestens zweieinhalb Millionen seien noch da. Die Standpunkte blieben unvereinbar.

Churchill kritisierte auch generell, Polen wolle ein viel größeres Territorium an sich nehmen, als es verloren habe. Das könne für Europa nicht gut sein. Präsident Truman sagte, die schlesischen Bergwerke seien für die Zwecke der Reparationen und Lebensmittelversorgung ein Teil Deutschlands. »Unter diesen Bedingungen wollten wir über die Grenzen sprechen.« Die Polen hätten jedoch kein Recht, dieses Gebiet jetzt in Besitz zu nehmen und es aus der deutschen Wirtschaft herauszureißen. Auf eine einfache Formel gebracht, laute die Frage: »Sind die Zonen bis zum Friedensvertrag gültig, oder wollen wir Deutschland stückchenweise weggeben?«

Konkret ging es bei der Potsdamer Diskussion immer mehr um die Görlitzer Neiße. Nachdem Churchill mitten in der Konferenz von den britischen Wählern desavouiert worden war, meinte er resignierend: »Weder ich noch Eden hätten jemals der westlichen Neiße als Grenzlinie zugestimmt. Dabei handelte es sich nicht nur um eine Grundsatzfrage, sondern um zusätzlich drei Millionen Vertriebene.« Auch Truman und sein Außenminister Byrnes hatten mit der westlichen Neiße nicht viel im Sinn. Aber ebenso wie der neue britische Regierungschef Attlee und Außenminister Bevin beugten sie sich schließlich Stalins Drängen.

Truman und die Briten stimmten auch ausdrücklich dem sowjetischen Wunsch nach Königsberg als eisfreiem Hafen zu, nachdem Stalin bewegte Klage darüber geführt hatte, daß alle anderen Rußland zur Verfügung stehenden Häfen der Ostsee einfrören.

Offensichtlich war keinem der Teilnehmer klar, welchen Unsinn – laut George Kennan – der Sowjetführer damit verkündet hatte.

Denn »Rußland besaß an der Ostsee (immer vorausgesetzt, man billigte ihm die baltischen Staaten als rechtmäßigen Besitz zu, und in Potsdam schien niemand gesonnen, das nicht zu tun) schon drei tadellose Häfen, die im wesentlichen eisfrei waren: das frühere Windau (jetzt Ventspils), Libau (jetzt Liepaja) und Baltischport (jetzt Baltisky). Königsberg dagegen liegt 49 Kilometer von der offenen See entfernt, am Ende eines künstlichen Kanals, der mehrere Monate im Jahr zufriert und, wenn überhaupt, dann nur mit Eisbrechern offen gehalten wird.«

Trotzdem erklärten sich die USA und Großbritannien in Abschnitt VI des Potsdamer Abkommens bereit, die endgültige Übergabe der Stadt Königsberg und des anliegenden Gebiets an die Sowjetunion »bei der bevorstehenden Friedensregelung« zu unterstützen.

Eine solche Zusage gab es nicht »für die endgültige Festlegung der Westgrenze Polens«, die – laut Abschnitt IX des Potsdamer Textes – »bis zu der Friedensregelung zurückgestellt werden soll.« Wörtlich hieß es dazu weiter: »Die Häupter der drei Regierungen stimmen darin überein, daß bis zur endgültigen Festlegung der Westgrenze Polens die früher deutschen Gebiete östlich der Linie, die von der Ostsee unmittelbar westlich von Swinemünde und von dort die Oder entlang bis zur Einmündung der westlichen Neiße und die westliche Neiße entlang bis zur tschechoslowakischen Grenze verläuft, einschließlich des Teiles Ostpreußens, der nicht unter die Verwaltung der UdSSR in Übereinstimmung mit den auf dieser Konferenz erzielten Vereinbarungen gestellt wird und einschließlich des Gebietes der früheren Freien Stadt Danzig, unter die Verwaltung des polnischen Staates kommt und in dieser Hinsicht nicht als Teil der sowjetischen Besatzungszone Deutschlands betrachtet werden sollen.«

Von westlicher Seite ist damals der vorläufige Charakter der Grenzregelung sehr nachdrücklich betont worden. US-Außenminister Byrnes erklärte, die drei Mächte würden einer ›Interims-Verwaltung‹ durch Polen zustimmen, damit es keine weiteren Streitigkeiten darüber gebe, doch darunter werde von allen verstanden, daß hierdurch keine Gebietsabtretung bewirkt werde. Der Brite Bevin versicherte: »Die Regierung Seiner Majestät ist in keiner Weise verpflichtet, die bestehenden provisorischen Regelungen auf der Friedenskonferenz zu stützen.« Sogar für Polen und die Sowjetunion war der Friedensvertragsvorbehalt zunächst unumstritten. So fand sich in dem sowjetisch-polnischen Grenzvertrag vom 16. August 1945 die klare Formel: »In Erwartung des endgültigen Beschlusses über den Verlauf der Westgrenze Polens auf der Friedenskonferenz«. Erst im Jahre 1946 vertrat Stalin plötzlich den Standpunkt, die polnische Westgrenze sei definitiv. Davon sind Moskau, Warschau und die anderen Regierungen des Ostblocks – im Gegensatz zum Potsdamer Text – dann nicht mehr abgewichen. Seitdem war von dem Motiv der polnischen Entschädigung für im Osten erlittene Gebietsverluste nicht mehr die Rede. Statt dessen begann eine riesige Propagandakampagne über die angebliche »Rückkehr urpolnischer Territorien«. Im Görlitzer Vertrag zwischen der ›DDR‹ und Polen vom 6. Juli 1950 wurde dann die Oder-Neiße-Linie als »unantastbare Friedens- und Freundschaftsgrenze« festgeschrieben.

Demgegenüber stellten die Vereinigten Staaten, Frankreich, Großbritannien und die Bundesregierung der Bundesrepublik Deutschland im Deutschlandvertrag vom 26. Mai 1952 (in der Fassung vom 23. Oktober 1954) in Artikel 7 fest, sie seien sich »weiterhin darüber einig, daß die endgültige Festlegung der Grenzen Deutschlands bis zu einer frei vereinbarten friedensvertraglichen Regelung aufgeschoben werden muß«. Dies ist die bis heute gültige völkerrechtliche Auffassung der drei Westmächte und der Bundesrepublik Deutschland.

Daran änderte sich auch durch den Abschluß des Warschauer Vertrages zwischen der Volksrepublik Polen und der Bundesrepublik Deutschland vom 7. Dezember 1970 nichts. Bei diesem Vertrag ging es der deutschen Seite darum, zwei Motive miteinander zu verbinden:

1. Den Polen in den Oder-Neiße-Gebieten sollte das Gefühl vermittelt werden, daß sie keine neue Vertreibung zu befürchten hätten. Darum die Betonung der Unverletzlichkeit der bestehenden Grenzlinie an Oder und Neiße, die »die westliche Staatsgrenze der Volksrepublik Polen bildet«, und der Verzicht der Bundesrepu-

blik Deutschland auf alle Gebietsansprüche in Artikel I des Vertrages. 2. Dennoch sollte – und konnte – der grundsätzliche Rechtsstandpunkt nicht aufgegeben werden, daß die Grenzen erst in einem Friedensvertrag endgültig geregelt werden können. Deshalb die Klarstellung in Artikel IV, daß der Vertrag nicht »die von den Parteien früher geschlossenen oder sie betreffenden zweiseitigen oder mehrseitigen internationalen Vereinbarungen« berühre. Damit war vor allem der Deutschlandvertrag gemeint, wie in einem Notenaustausch Bonns mit den drei Westmächten klargemacht wurde.

Demnach hat sich die »Bundesrepublik Deutschland als solche in der Grenzfrage unbefristet gebunden«. Das war eine große Geste des guten Willens. Aber: »Ein Friedensvertrag wird durch diesen Vertrag weder vorweggenommen noch ersetzt. Ein wiedervereinigtes Deutschland kann also durch den Vertrag nicht gebunden werden«, wie die damalige Bundesregierung Brandt/Scheel 1970 selbst versichert hat.

Dementsprechend stellte das Bundesverfassungsgericht in seinem Beschluß vom 7. 7. 1975 in den Verfahren gegen die Gesetze zu den Ostverträgen fest: »Der Wille der Bundesrepublik, bei den Grenzregelungen der Verträge von Moskau und Warschau nicht über den territorialen Status Deutschlands zu verfügen, war auch für die Vertragspartner erkennbar und hat sogar seinen Niederschlag in den Verträgen selbst gefunden ... Nach alledem haben die Vertragspartner die Bundesrepublik Deutschland nicht für befugt halten können, Verfügungen zu treffen, die eine friedensvertragliche Regelung vorwegnehmen.«

Hier geht es also nicht etwa um gute oder böse Absichten, wie in der ›Revanchismus‹-Kampagne des Ostens behauptet wird und wie es gelegentlich auch in der innenpolitischen Diskussion unter den Bonner Parteien anklingt, sondern um völkerrechtliche Fakten. Professor Willi Geiger (Karlsruhe), einer der maßgeblichen Gestalter der Entscheidungen des Bundesverfassungsgerichts über die Ostverträge, hat das so formuliert: In den Friedensvertragsverhandlungen – »und erst in diesen Verhandlungen – steht die Grenze des neuen Deutschland zur Disposition in der vollen Breite, die sich ergibt aus der Beschreibung innerhalb der Grenzen nach dem Stand vom 31. Dezember 1937 und der gegenwärtig bestehenden Grenzlinie entlang der Oder und Neiße«.

Geiger, der sich in Heft 41 der Neuen Juristischen Wochenschrift vom Oktober 1983 äußerte, fuhr fort:»Wie die künftige Grenzregelung aussehen wird oder aussehen sollte, bleibt also einstweilen reine politische Spekulation. Was im Rahmen solcher Spekulationen Politiker der Bundesrepublik Deutschland etwa über einen vertretbaren – auch in einem territorialen Zugeständnis bestehenden – Preis für die Wiedervereinigung Deutschlands äußern, gehört in den Bereich der freien Meinungsäußerung und legt die Bundesrepublik Deutschland verfassungsrechtlich nicht fest.«

Weiter argumentierte Bundesverfassungsrichter a. D. Geiger: »Aus diesem Grunde lassen sich – ich denke dabei insbesondere an den notwendigen, auf Frieden und Zusammenarbeit gerichteten Ausgleich zwischen dem deutschen und polnischen Volk – auch die Hoffnungen und Befürchtungen beider Seiten (und innerhalb jeder der beiden Seiten!), mögen sie auf eine Bestätigung oder auf eine Änderung der gegenwärtigen Grenzmarkierungen gerichtet sein, nicht ausräumen, derzeit bedauerlicherweise auch dann nicht, wenn eine Bundesregierung der Bundesrepublik Deutschland der Auffassung sein sollte, daß aus mancherlei Gründen in einem Friedensvertrag an dem gegenwärtigen Verlauf der Grenze zwischen der DDR und ihren Nachbarn substantiell nichts geändert werden sollte.«

Geiger schloß: »Selbst eine Bundesregierung, die durch das Grundgesetz nicht in der dargestellten Weise an einer solchen Äußerung gehindert wäre, würde – das ist hier als politische Feststellung gemeint – unverantwortlich handeln, wenn sie vor den Verhandlungen über einen Friedensvertrag dazu amtlich ein Wort verlauten ließe; sie brächte sich und vor allem Deutschland, den Partner eines Friedensvertrags, um einen wertvollen Verhandlungsbeitrag, für den ein Preis (eine Gegenleistung) gefordert werden kann.«

Damit sollte einer emotionellen Kontroverse in der Bundesrepublik eigentlich der Boden entzogen sein.

Register